模块三 饭店前厅与客房部经营管理

模块一 饭店经营与管理认知

模块四 饭店餐饮部经营管理

模块六 饭店可持续发展管理

模块五 饭店非营业部门业务管理

模块二 饭店经营管理职能

TOURISM

(2006—2010)教育部高等学校高职高专餐旅管理与服务类专业教学指导委员会推荐教材

全国高职高专旅游类"十二五"示范教材

饭店经营与管理

TOURISM

本教材编写委员会

主　编　徐桥猛

副主编　谢　强　齐　琳

委　员　张新峰　苗淑萍　徐溢艳　华力威

南京师范大学出版社
NANJING NORMAL UNIVERSITY PRESS

图书在版编目(CIP)数据

饭店经营与管理/徐桥猛主编. —南京:南京师范大学出版社,2013.4
(全国高职高专旅游类"十二五"示范教材/黄震方总主编)
ISBN 978-7-5651-1125-9

Ⅰ.①饭… Ⅱ.①徐… Ⅲ.①饭店—经营管理—高等职业教育—教材 Ⅳ.F719.2

中国版本图书馆 CIP 数据核字(2012)第 291098 号

书　　名	饭店经营与管理
主　　编	徐桥猛
责任编辑	崔　兰
出版发行	南京师范大学出版社
地　　址	江苏省南京市宁海路 122 号(邮编:210097)
电　　话	(025)83598919(传真)　83598412(营销部)　83598297(邮购部)
网　　址	http://www.njnup.com
电子信箱	nspzbb@163.com
印　　刷	江苏淮阴新华印刷厂
开　　本	787 毫米×1092 毫米　1/16
印　　张	18
字　　数	449 千
版　　次	2013 年 4 月第 1 版　2013 年 4 月第 1 次印刷
印　　数	1～3 600 册
书　　号	ISBN 978-7-5651-1125-9
定　　价	36.00 元

出 版 人　彭志斌

南京师大版图书若有印装问题请与销售商调换
版权所有　　侵犯必究

全国高职高专旅游类"十二五"示范教材专家指导委员会

主　　任：黄震方（南京师范大学）
副主任：黄维兵（四川烹饪高等专科学校）　　海米提·依米提（新疆大学）
委　　员：（按姓氏笔画排序）

  王全在（内蒙古财经学院）　　　　王美萍（北京联合大学）
  石　强（深圳职业技术学院）　　　　冯玉珠（河北师范大学）
  朱水根（上海旅游高等专科学校）　　杨　坚（西南大学）
  杨　柳（中国饭店协会）　　　　　　汪京强（华侨大学）
  邹益民（浙江大学）　　　　　　　　林伯明（桂林师范高等专科学校）
  赵桂毅（淄博职业学院）　　　　　　唐　文（吉林商业高等专科学校）
  徐桥猛（无锡商业职业技术学院）　　彭诗金（郑州轻工业学院）
  魏洁文（浙江商业职业技术学院）

全国高职高专旅游类"十二五"示范教材编审委员会

主　　任：黄震方（南京师范大学）　　　　　徐　蕾（南京师范大学出版社）
副主任：黄维兵（四川烹饪高等专科学校）　林荣芹（南京师范大学出版社）
委　　员：（按姓氏笔画排序）

  丁彦宏（河北旅游职业学院）　　　　方法林（南京旅游职业学院）
  匡家庆（南京旅游职业学院）　　　　朱海榕（南京师范大学出版社）
  刘　伟（广东金融学院）　　　　　　刘晓琳（山东旅游职业学院）
  刘惠芹（江苏经贸职业技术学院）　　吉良新（日照职业技术学院）
  吴　云（上海旅游高等专科学校）　　吴　江（南京师范大学）
  吴丽云（中国旅游研究院）　　　　　汪京强（华侨大学）
  宋益丹（南京旅游职业学院）　　　　张树夫（应天职业技术学院）
  张　骏（南京旅游职业学院）　　　　张　晶（上海旅游高等专科学校）
  邹统钎（北京第二外国语学院）　　　周春林（南京旅游职业学院）
  胡　强（江苏经贸职业技术学院）　　徐桥猛（无锡商业职业技术学院）
  徐洪灿（应天职业技术学院）　　　　崔　兰（南京师范大学出版社）
  曹艳芬（湖北职业技术学院）　　　　谢元博（桂林旅游高等专科学校）
  詹兆宗（浙江旅游职业学院）　　　　滕玮峰（浙江商业职业技术学院）
  魏　凯（山东旅游职业学院）

总 序

近年来,我国高等职业教育主动适应社会经济发展的需要,以培养生产、建设、服务、管理第一线的高素质技能型专门人才为主要任务,坚持以服务为宗旨、以就业为导向,走产学研结合发展道路,通过不断深化教育教学改革,推进体制机制和办学模式创新,办学思路日益明确,教育规模不断扩大,人才培养质量显著提升,为经济社会的发展提供了强大的人才支撑和智力支持。

"十二五"时期是我国高等职业教育稳步发展和全面提升的关键时期,是办学活力明显增强,办学水平整体提升,服务能力显著提高的重要时期,是高等职业教育深化改革、创新发展的攻坚时期。这一时期,也是我国文化和旅游业大发展、大繁荣的黄金机遇期。高等职业旅游教育面临着巨大的行业人才需求,也肩负着深化教育教学改革,全面提高教育质量,培养高素质技能型旅游专门人才的历史重任。

教材是实现教育目的的主要载体,是教学的基本依据,是培养高质量优秀人才的基本保证。伴随着我国高等职业旅游教育的发展,教材建设也取得了明显的成果,教材种类大量增多,教材内容不断丰富,对促进高等职业旅游教育发展起到了积极的作用。但是,现有的高职旅游教材还存在一些不足,主要表现在:一是高职教育特色不强,仍然没有完全摆脱本科压缩型的教材模式;二是教材内容与生产实践结合不紧,实践性内容相对不足,没有充分体现行业生产实践和职业技能鉴定规范的要求;三是教材低水平重复建设现象比较严重;四是教材内容比较单调、陈旧,难以适应现代技术、行业发展和教学改革要求。

高职旅游教材的编写是一项研究课题,需要变革和创新。应根据高职培养目标准确进行教材定位,按照应用导向设计教材内容结构,将"做中学"、"用中学"、"工学结合"等现代性、实用性观念融入教材,进入课堂教学。必须面向广大学生,研究专业的职业特点及培养目标的业务规格,突破传统教材框架,探索易于高职学生接受的编写模式和内容体系,编写体现高职院校自身特色的专业教材,使教材真正成为实现旅游教学与职业紧密对接的现代教学媒体。

高职旅游示范教材的编写更是一项系统工程,需要多领域高水平协同研发。南京师范大学出版社在全国范围内精心组织编审、编写团队,其研发历经三年多时间。从深入一线课堂进行调研,听取相关领域众多师生的意见;到向全国不同教学层次学者、行业专家征求高职旅游课程建设与教材改革、行业发展新建议、新要求,在全国多所骨干、示范性高职院校旅游类重点建设专业和精品课程负责人中遴选作者;再到多次召开调研会、编委会、组稿会、统稿会、评审会……其目的在于让教材跟上时代步伐,体现高职旅游类课程改革最新成果、彰显示范性。

本套教材结合高职旅游专业的特点,围绕工作过程(任务)系统化的课程要求,在遵循科学性、职业性、实用性、创新性、示范性的编写原则的同时,在现代职业教育理念与教材有机融合、体现课程改革与高职教材特点、教材框架体系与教材内容选择、教材编写队伍与编写方式、教材立体化开发和呈现形式等方面,体现出较好的示范作用。

本系列教材基本涵盖了当前高职高专院校旅游管理、酒店管理专业基础课、专业核心课程。编写体例分两个版本:A 版偏重理论知识的课程体例,提倡以案例化、能力活动化形式展现;B 版偏重实践操作的课程体例,提倡以情境化、实操化形式展现。无论是 A 版还是 B 版,其基本体例都包括"目标—过程—评价"。为了让学生在学习的过程中能够了解并熟悉行业要求,我们在体例设置上把"目标"进一步细化,分为"行业要求"和"学习目标或终极目标";为了把"知识和技能"融进学习任务或工作任务中,在每个教学任务下分设了"任务目标"、"案例聚焦"、"任务执行"、"任务拓展"、"任务反馈"栏目(另外,有些教材在栏目的增减或措辞上稍有差异,以适应相关课程的具体发展要求),加强了任务与任务、项目或模块与任务、务之间的条理性和系统性,突出了每个栏目下内容都是科学设置、合理设计的特点;为了使得学习过程和教学过程更加完整,我们在"模块评价或项目评价"栏目下分设了"知识/技能评价"、"能力应变或实训演练"、"模块链接或项目链接"三个小栏目,与行业动态、实训内容等相联系,使得学生在过程评价或实践演练中培养素质、积累经验、提高技能。

本套教材凝聚了国内多位高职旅游院校优秀教师和行业精英的智慧和经验,体现了现代旅游职业教育的特点和教育教学改革的成果,是高职旅游专业教材改革创新的一次有益尝试,对提高旅游专业教材质量,推进专业教材建设具有积极意义。

期待这套教材的出版,能在我国旅游人才的培养中发挥重要的作用,为促进高等职业旅游教育的发展作出更大的贡献。

(2006—2010)教育部高等学校高职高专餐旅管理与
服务类专业教学指导委员会　主任委员

南京师范大学旅游系主任、教授、博士生导师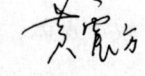

前　言

在与饭店老总们交流过程中,经常听到这样的感慨:饭店越开越多,而饭店的盈利能力却越来越差,经营管理的难度也越来越大,特别是饭店中、基层优秀管理人才实在难求！饭店业的盛衰与饭店管理专业建设水平高低是否有必然联系,我不得而知,但是,饭店业的发展需要大批优秀人才的支撑已成为不争的事实。从事高职饭店管理专业教学十几年,始终把饭店管理专业建设与饭店业的发展联系在一起,每当听到这些感慨,深感内疚,意识到饭店管理专业建设任重道远。教材是专业建设的基石,接受这本高职高专旅游类"十二五"示范教材编写任务时,深感责任重大。

高职院校饭店管理专业的人才培养定位是培养饭店业所需的中基层饭店经营管理人才。基于这一共识,我们确定了本教材的编写思路是:结合饭店业的现实需求和最新理论,吸收近年来高职院校饭店管理专业的教学改革研究成果,实现"基本理论知识够用、经营管理技术实用、职位拓展升级有用"的编写目标。首先,我们优化了经典企业经营管理理论知识阐述,满足中基层饭店经营管理者所需的基础理论支撑。其次,通过两个维度,阐述饭店经营管理运行实务。一是从饭店经营管理职能运用维度,通过案例引导,使学生形成饭店经营管理职能的熟练运用能力;二是从饭店部门经营管理维度出发,把职能管理能力应用到部门经营管理实践中去,使学生得到饭店部门独立经营管理运行的真实体验。再次,通过饭店文化建设、战略管理、品牌建设和创新管理等知识能力的学习,期待为学生构建一个饭店经营管理水平可持续发展的知识和能力储备平台。

高职饭店经营管理类教材众多,特色各异。本教材特色主要体现在:

1. 体例新

通过理论篇、体验篇和发展篇三个篇章,实现知识能力逐步递进,框架结构合理。在每个篇章中,采取"模块＋任务"的呈现形式,充分体现了工作过程(任务)引导的最新课程设计思路,有利于提高学生的学习兴趣。

2. 内容精

基础理论知识依据中基层管理者的需求,量身打造,力求精练。部门经营管理实务体验内容充分融合饭店企业经营管理实际,力求精准。发展篇的内容选择紧扣饭店经营管理最新研究成果和对发展趋势的研判,力求精辟。

3. 案例丰富

针对饭店经营管理理论知识点和每一个实务项目,选用了大量生动、鲜明的案例,对提升学生饭店经营管理的实战能力具有积极作用。

本教材主要对象是高职高专(包括高中、职校起点三年制、初中起点五年制)餐饮服务与管理类和旅游服务类专业的学生,也可以作为成人专科、自学考试和饭店、餐饮业在职中、基层管理人员的培训教材。

本教材由徐桥猛任主编,负责了教材体系和内容设计,对全书进行了审定和统稿工作。谢强、齐琳为副主编,张新峰、苗淑萍、徐溢艳、华力威为参编人员,具体编写分工如下:徐桥猛、华力威负责了模块一、模块五、模块六全部任务的编写,谢强负责了模块四全部任务的编写,齐琳负责了模块二中任务一、任务二、任务三的编写,张新峰负责了模块二任务五、任务六的编写、苗淑萍负责了模块三任务一、任务二的编写,徐溢艳负责了模块二任务四、模块三任务三的编写工作。

在本书编写过程中,编者参考许多相关资料,并在本教材的附录中列出,在此表示衷心的感谢。由于编者的水平有限,书中的缺点和错误之处在所难免,敬请专家和广大读者批评指正,我们将不胜感激。

徐桥猛

2013 年 4 月

目 录

总 序 （黄震方） ■ 001

前 言 ■ 001

理论篇

模块一　饭店经营与管理认知

任务一　饭店认识　■ 003
任务二　经营管理基础理论认知　■ 014
任务三　饭店经营管理认知　■ 027
任务四　饭店经营管理模式认知　■ 039

模块二　饭店经营管理职能

任务一　饭店组织构建与团队沟通　■ 051
任务二　饭店计划编制与执行　■ 061
任务三　饭店人力资源开发与管理　■ 070
任务四　饭店服务质量督导　■ 082
任务五　饭店经营成本控制　■ 096
任务六　饭店营销策划　■ 102

体验篇

模块三　饭店前厅与客房部经营管理

任务一　饭店前厅和客房部概述　119
任务二　前厅部经营管理实务　125
任务三　客房部经营管理实务　141

模块四　饭店餐饮部经营管理

任务一　饭店餐饮部概述　158
任务二　餐厅服务管理实务　165
任务三　厨房运行管理实务　171
任务四　餐饮销售管理实务　182

模块五　饭店非营业部门业务管理

任务一　饭店保安部管理　193
任务二　饭店信息部管理　199
任务三　饭店工程部管理　209
任务四　饭店财务部管理　217
任务五　饭店采供部管理　224
任务六　饭店总经理办公室管理　230

发展篇

模块六　饭店可持续发展管理

任务一　饭店文化建设管理　239

任务二　饭店企业战略管理　252

任务三　饭店品牌建设管理　260

任务四　饭店经营管理创新　267

参考文献　274

理论篇

模块一　饭店经营与管理认知

◆模块目标

【行业要求】

饭店经营管理者应具有扎实的饭店经营管理基础理论知识,能把理论与实践相结合,对饭店内涵的感性认识丰富、理性认识到位。能正确判断所在饭店的类型、管理模式、内外部环境,能理解饭店深层次经营管理理念,熟悉饭店的各类经营管理制度和管理方法,在对饭店历史了解的基础上善于分析饭店现状和未来发展方向。

【学习目标】

①掌握饭店的概念、分类、等级、产品及特征,能把握饭店企业的实质;②掌握饭店经营管理的内涵、体制、理念、环境和方法,能够从经营方式、方法上区别不同类别的饭店;③掌握饭店经典管理基础理论,能在实践中正确、灵活应用;④掌握饭店经营管理模式和选择方法,能根据饭店现实情况,选择与其适应的经营管理模式。

◆模块任务

学生通过对本模块的学习,从饭店的概念、产品特征、种类、分类等视角来正确认知饭店,熟练掌握饭店经营管理理论并能够正确、灵活运用;通过对饭店经营管理的内涵、体制、理念、方法、模式、经营战略及管理创新知识的学习,加深对饭店经营管理活动过程的理解,为进一步学习饭店经营管理知识和技能打下坚实的基础。

本模块共有四项任务,分别是饭店认知、经营管理基础理论认知、饭店经营管理认知、饭店经营管理模式认知。

任务一　饭店认知

【案例聚焦】

美轮美奂的阿拉伯塔饭店

(BurjAl-Arab)

阿拉伯塔饭店坐落在阿拉伯联合酋长国的迪拜,建立在离海岸线280米处的人工岛 Jumeirah Beach Resort 上,是一个56层、321米高的帆船形塔状建筑。饭店设备极其高级,远远超过五星级饭店标准。

在这里,你才能真正体会到什么叫做极尽奢华之能事。中庭金碧辉煌,最豪华的780平方米的总统套房也是触目皆金。客房面积从170平方米到780平方米不等,连门把、厕所的水管,甚至是一张便条纸,都"爬"满黄金。虽然物品全是镀金,但要所有细节都优雅而不俗地以金装饰,则是对设计师品位与功力的考验。饭店最低房价也要900美元,最高房价如总统套房则要18 000美元。总统套房在第25层,设有一个电影院、两间卧室、两间起居室、一个餐厅,墙上挂的画则全是真迹。

饭店在海里有餐厅,在空中也有餐厅,客人只需乘搭快速电梯,33秒内便可直达屹立于阿拉伯海湾上200米高空的Al-Maharani餐厅;进入太空式的餐厅,以蓝绿为主的柔和灯光,再加上波浪设计的衬托,仿佛置身于另一世界。晚餐之际,夜空璀璨,环观迪拜的天空和海湾,享受地中海餐,美妙绝伦。

你也许已心动,下榻在如此豪华的饭店是一种何等美妙的感觉,倘若在此工作你又是如何感受的?饭店就是以舒适和时尚的感觉、超前且一流的硬件设施和卓越服务来赢得顾客并获取利益的。如此豪华的饭店只是饭店中的典型案例。现实生活中的饭店种类很多,吸引顾客的方式也五花八门,饭店在长期的发展过程中形成一种特殊产业,该产业成为社会经济不可或缺的重要组成部分,更是世界各国公认的朝阳产业。

【任务执行】

饭店已经成为现代人工作、学习、生活的重要场所。在满足住宿、餐饮等基本需求情况下,饭店的社交活动中心地位逐步被不同需求人士所认同。一家饭店或许就是一个城市、一个国家的名片,一个民族和区域文化的缩影。

饭店的经营管理者,不仅要用消费者的眼光来认识和评价饭店,更要从经营管理者的视角来剖析和认知饭店。作为一名饭店经营管理初学者,对饭店的认知往往是浅层的,通过本模块的学习,可从不同的角度理解掌握饭店的本质、内涵。正确认知饭店是成为一名优秀的饭店职业经理人的前提。

一、饭店概念

饭店是在古时候的"亭驿"、"客舍"和"客栈"的基础上,随着人类的进步、社会经济的发展,科学、文化、技术和交通的发达而发展起来的。现代社会经济的发展,带来了旅游业的兴旺,饭店业也随之迅速发展,饭店也越来越前卫、越来越豪华、越来越现代化。

饭店在不同的国家和地区有不同的称呼,如饭店、宾馆、度假村、山庄等,但其实质均是企业,是提供住宿、餐饮、会议、娱乐、健身等综合服务的企业,属于第三产业。

饭店是一座现代化的、设备完善的高级建筑物。它和一般旅店不同之处在于它除提供豪华、舒适的住宿条件外,还提供高级餐饮服务,同时具备完善的娱乐及健身等综合服务设施,提供现代生活服务——衣、食、住、行、乐,尽在其中。它通过提供高水准的服务,来实现赢利的目的。现代饭店是社交、信息、文化的活动中心,是社会的饭店,更是社会经济发展的必然产物。

科学技术的突飞猛进,大大提高了现代人的生活质量,改变着世界的一切。随着世界旅游业的发展及国际交往的增多,饭店业在国民经济中的地位日趋重要,其促进国民经济发展的重要作用,主要体现在以下几方面:

(1)饭店以一种特殊的商品形式,吸引着人们用较多的支出去享受在家庭和其他地方享受不到的东西。它以提供贸易场地、会议场所、住宿、餐饮、康乐及优良服务来盈利,这样便直接促进了国家经济的发展。

(2)饭店是一种不出口的商品外贸经营方式,但它的创汇率在某种程度上比商品出口的创汇率要高。因此饭店业是赚取外汇的一个重要行业,它可以帮助国家平衡外汇收支。

(3)饭店业是一个综合性的服务行业,它的大力发展必然会促进社会上其他行业的发展,如建筑业、食品加工业等行业的发展。它对活跃国民经济起到了极大的促进作用。

(4)现代化的饭店必须要运用现代化的科学技术设备及现代化的科学管理,本国和本地区未达到的必然要向先进的国家和地区引进,其他行业也可以从中学习、模仿和借鉴,这样饭店业就必然会带动其他行业向现代化迈进。

(5) 饭店的客人来自世界各地,他们中有各行业、各阶层的人士,有科学家、艺术家、政治家、企业家等,他们的来访可以促进科学技术、文化艺术和经济交流,同时也可以增进各国人民之间的相互了解和友谊。

(6) 饭店业的发展,扩大了就业范围,给社会上的待业人员提供了大量的劳动就业机会。一方面饭店业是劳动密集型企业,餐厅、客房等服务需要大量的劳动力;另一方面饭店业带动了饭店设备制造业、养殖业、物流业等行业的发展,间接提供了许多就业机会。

二、饭店分类

世界上饭店的类别繁多,可根据其经营地点、经营方式、住客种类、规模大小、用途性质的不同来分类。

(一) 以用途性质分类

(1) 商业饭店:是指建于城市内的饭店。它必须具有带浴室的单人房、双人房、套房;有直通国内一些主要城市、世界上一些主要国家和地区的主要都市的电话并能提供总机服务;有电脑订房服务、传真服务、24小时送餐服务、24小时洗衣服务;有中央空调、中央音响、闭路电视、中央消防系统,各种类型的餐厅及宴会场所、会议场所及娱乐设施等等。

(2) 住宅(公寓)饭店:是为长住客人而建的。它除拥有商业饭店的一般设备外,在房间里还必须有厨房、办公设备及供小孩游戏的设施,使住客能充分享受家庭之乐。

(3) 度假饭店:顾名思义,是为旅游度假者而建的。它必须建在交通方便的风景名胜地区,如海滨、著名山区、温泉附近。它一般拥有良好的沙滩和游泳场,有良好的滑雪场、溜冰场,甚至有高尔夫球场和运动场。人们可在这里游泳、晒太阳、滑雪、溜冰、骑马、打球、划艇、玩风帆,尽情享受度假之乐。这种饭店的经营受季节影响较大。

(二) 以饭店地点分类

(1) 机场饭店:随着现代航空事业的高速发展,乘飞机的客人越来越多,但由于诸多客观因素,如飞机故障、气候变化等情况存在,飞机不能按时起飞或客人只是转机不想进城等等,都会造成旅客在机场滞留的现象。为了适应旅客暂住的需要,机场饭店的建立成为必然,其设施与商业饭店大致一样。

(2) 公路饭店或汽车饭店:在一些公路发达的国家,游客利用汽车旅行非常普遍。为了适应他们的需要,人们在一些主要公路或岔路口边兴建起饭店,为他们提供食宿及停车场所。这种饭店的设施与城市商业饭店差不多,驾车旅行的客人可随遇而安。

(3) 都市饭店:主要建设在城市内,也称为城市饭店,这类饭店利用城市商业密集、流动人口大等优势而建造。都市饭店分低、中、高级,规模大小不同,用途有商用、旅游、会议等。它是现代都市的重要组成部分,也成为一道美丽的风景线。

(三) 以房租计价方式分类

(1) 欧洲式计价饭店:指房价内不包括餐费计价的饭店。

(2) 美国式计价饭店:指房价包括了三餐在内计价的饭店。

(3) 修正美式计价饭店:指房价包括早餐及一顿正餐(午餐或晚餐)计价的饭店。

(4) 欧洲大陆式计价饭店:指房价包括早餐在内计价的饭店。

(5) 百慕大式计价饭店:指房价包括美式早餐在内计价的饭店。

(四) 以拥有权及管理分类

(1) 独立经营饭店:是个人独资或政府投资委任经理独立经营的饭店。

(2) 合作经营的饭店：是由两个以上投资者合作兴建并联合经营的饭店，利润除还本付息外，按双方或几方投资额，或协议进行分配。

(3) 连锁经营的饭店：是一个总公司以同一个商标，在不同的国家和地区，拓展其相同的风格或水准来进行经营管理的饭店。

（五）以饭店规模的大小分类

饭店的大小没有明确的规定，世界上也没有什么条约来规范。一般来说，它是以房间数或床位数来分的。如有一百九十九个房间以下的称为小型饭店；有二百至六百九十九个房间的称为中型饭店；有七百个房间以上的称为大型饭店。

（六）以饭店的服务对象分类

(1) 商务饭店：接待商务客人为主的饭店。

(2) 度假饭店：接待度假客人为主的饭店。

(3) 会议饭店：以接待会议客人为主的饭店，也称为会议中心。

三、饭店等级

为了向外推销和方便旅客选择饭店，各国政府或旅游业的团体机构，根据饭店的豪华程度、设施水平、服务范围和服务质量等条件，将饭店划分为不同的等级，并用符号（星、钻石、梅花等）、数字（一、二、三等）、字母（A、B、C 等）以及文字描述（豪华、舒适、现代等）来加以区分。

目前，国际上在划分饭店等级上还未有正式的统一标准，但有些标准是公认的，如清洁、设施水平、家具品质及维修保养、服务与豪华程度。各国和地区在划分饭店等级上都有自己的标准。如：我国台湾地区以梅花数量分等级，四朵和五朵梅花为国际旅游饭店，三朵梅花为旅游饭店；瑞士饭店协会采用五星等级制度；美国汽车协会采用五粒钻石等级制度，这制度是将饭店分为好、佳、优及突出等级；奥地利采用"A1、A、B、C、D"来区分不同等级的饭店。

许多饭店的等级标准要求只是涉及物资设备和服务项目方面的，任何饭店只要经过更新改造就可以达到更高的等级。但应当记住，饭店只有提供优良的服务、高水准的饮食、美好的环境，才有可能进入世界优秀饭店的行列。

我国涉外旅游饭店参照国际标准，1988年制定了《中华人民共和国评定旅游（涉外）饭店星级评定的规定》，并于当年 9 月 1 日起实施饭店星级评定制度。

四、饭店产品

饭店产品是指饭店出售的能满足旅游者需要的有形物品、环境与无形服务的总和。ISO 9000：2000．3．4．2 条的定义中，"产品"被定义为"过程的结果"。"产品"包含四类：服务、软件、硬件和流程性材料。本来国际标准中的"产品"一词，均含有"服务"的意思。

（一）饭店产品的分类

(1) 基本产品，或主要产品、实际产品、有形产品，它从物质上能展示产品核心利益的多种因素，是饭店产品核心利益的有形表现。它具体表现为包装、特性、功能和品牌等，包括饭店的设计风格、建筑特色、地理区位、设施设备、服务项目、服务水平、餐饮产品等。

(2) 期望产品或核心产品，指顾客从饭店提供的产品与服务中得到的根本利益和服务，即希望从饭店所解决的各种基本问题中得到最希望的东西。它满足顾客的各种需要，是饭店产品整体概念中最基本、最主要的部分，也是最吸引顾客的部分，更是其他饭店难以满足或不容易满足的部分。

(3) 延伸产品，或附加产品，指顾客在购买饭店实际产品和服务时所得到的附加利益,表现为交付、保证、信用和售后服务(如饭店的客户关系管理、忠诚顾客的培养等)。例如,金陵饭店为顾客记录出租车号码。

(4)潜在产品,由饭店提供的产品所带来的潜在的、看不见或无法预见的利益或价值,更多表现为人际关系、归属感和自我实现等需要的满足。

(二)饭店产品的构成

按饭店产品的表现形式分可以把饭店产品分为有形设施和无形服务两类。有形设施是指饭店的空间环境、外观形象、陈设、装修与装饰、健身房与康乐中心的设备、商务设施、公共服务中心以及餐饮设施等。无形服务是指服务员的仪表、仪容与仪态,礼节、礼貌与礼仪,技能与技巧,服务程序与标准,交际能力,知识视野与应变能力,服务效率与效果等。饭店的管理者只有将高质量的有形设施和优质的无形服务有机地结合起来,饭店产品的品质才能得以体现。

麦当劳著名的具有战略意义的 QSCV

Q(Quality)是指质量、品质。麦当劳对原料的标准要求极高,例如:奶浆接货温度要在4℃以下,高一度就退货。任何生菜从冷藏库拿到配料台上只有2个小时的保鲜期,过时就扔。汉堡包的脂肪含量应该在17%至20.5%之间,并且拒绝使用添加剂;若炸薯条超过7分钟、汉堡包超过10分钟未售出,就要毫不吝惜地扔掉。麦当劳对顾客的承诺是永远让顾客享受品质最新鲜、味道最纯正的食品,它因此在顾客中建立起了高度的信用。

S(Service)是指服务,包括店铺建筑的舒适感、营业时间的方便性和销售人员的服务态度等。微笑是麦当劳的特色,所有的员工都面露微笑、活泼开朗地和顾客交谈、工作,让顾客感觉满意。全体员工提供快捷、准确和友善的服务,顾客排队不用超过2分钟;在顾客点完所要食品后,服务员要在1分钟内将食品送到顾客手中。餐厅还提供多种服务,如为小朋友过欢乐生日会、为团体提供订餐和免费送餐服务等。

C(Cleanliness)是指卫生、清洁。员工上岗操作前须严格用杀菌洗手液洗手消毒,规定两手揉搓至少20秒钟后再冲洗,然后用烘干机将手烘干。如果接触了头发、衣服等东西就要重新洗手消毒,各个岗位的员工都要不停地做清洁工作。所有的餐盘、机器都会在打烊后彻底清洗消毒,地板要刷洗干净,餐厅门前也要保持清洁。

V(Value)是指价值,意为"提供最有价值的高品质的物品给顾客"。麦当劳食品经过科学配比,营养丰富并且价格合理。让顾客在清洁的环境中享受快捷、有营养的美食,这些因素结合起来,就叫"物有所值"。麦当劳强调 Value,就是要创造和附加新的价值。

五、饭店特征

(一)饭店是一个劳动密集型企业

虽然饭店的许多工作已经实现了机械化、自动化,通过各种各样的工具来完成,但是现代饭店的关键工作仍然需要通过人的手工操作和人与人的交流来完成,与其他企业相比较,人力成本在整个生产成本中占有很大的比例。

(二)饭店产品的特殊性

饭店产品也称为饭店服务产品,在现代社会里,服务已经成为一种不可或缺的产品。饭店服务产品具有以下特殊性:

第一,饭店产品是一种时间价值产品。即随着时间的流逝,饭店的某种产品的价值就会消失,如饭店客房、饭店提供的会场等。饭店产品不可能像工业产品那样,在生产出来后可以储存一定的时间,然后在市场上出售。

第二,饭店产品的无形性。饭店产品是饭店经营管理过程中为顾客在饭店期间消费而提供的使用价值总和。在这"使用价值总和"中,有相当一部分是人们无法看到的服务人员的劳务和劳务质量等等。人们去商店购物可以购到一个使用价值、产品质量和劳动价值凝聚在一起的实物产品;而在饭店消费,顾客所消费的产品的使用价值、产品质量和劳动价值分散和隐含在整个消费过程中,当顾客离开饭店时,他没有带走实物产品,显然,饭店产品属于无形产品。

第三,饭店产品的不可转移性。由于饭店产品依托固定的建筑物,饭店无法超越建筑物的空间来出售饭店产品,出售饭店产品意味着出让一种在特定时空上的使用权利。这一特点制约了饭店的发展,使饭店产品在市场竞争中处于不利的位置,许多饭店经营者通过饭店的连锁、家庭餐厅等灵活的经营手段来改变饭店的这一"缺陷",但收效不大。

第四,饭店产品的情感性。与消费实物产品不同,人们在饭店消费的产品中,除了服务设施、菜肴酒水等以外,还涉及人与人之间的情感互动,以情感的满足来实现饭店消费过程中完整意义的饭店产品的"使用价值总和"。这种饭店服务人员与顾客之间的情感沟通使顾客产生情感的倾向性,这样既满足了顾客情感需求,同时也实现,甚至超值实现了饭店产品的使用价值。

第五,饭店产品质量衡量的局限性。当购买实物产品时,人们完全可以依据实物产品所表现出来的质量判断产品质量的好坏,或者在购买以后通过使用来鉴别其质量。饭店产品质量受到两方面的局限:一方面,饭店产品的生产过程和消费过程几乎同时进行,饭店的产品质量在不同时段(如进入饭店时、住宿中、离开饭店时)体现,顾客需要把整个过程贯穿在一起做出一个整体的质量评价;另一方面,饭店产品质量的高低与顾客自身感受有着密切的关系,同一饭店产品在不同的顾客身上会做出不同的质量评价结果。

(三)饭店产品生产过程的复杂性

饭店产品生产过程是一个复杂的生产系统。这个系统的特点是手工劳动、脑力劳动相结合,以劳务输出为主,员工的独立操作性很强,生产过程中员工随时可以出现改变生产程序的情况,员工必须围着顾客的需求转。这些特点,使得饭店产品的生产过程很难像工业生产那样实现大生产化、流水线等先进的工业产品生产管理模式,需要饭店的从业人员具有很强的自我控制能力、较强的随机应变能力,才能保证饭店过程的流畅和产品质量的稳定。同时饭店是一个综合协调性很强的企业,各部门、各岗位需要通力合作才能生产出一个完整的高质量的饭店产品。由于饭店产品生产的工序繁杂,以及顾客个性化的需求,每道工序之间的配合就显得十分复杂,任何一个环节发生问题,将会影响到整个饭店产品的质量。

六、饭店历史

(一)世界饭店业发展历程

旅游和商务活动自古有之,饭店餐馆也随之早已存在。其发展进程经历了古代客栈时期、大饭店时期、商业饭店时期等阶段,其间几经波折。第二次世界大战以后,欧美各地随着经济形势和旅游业的不断发展进入了新型饭店时期,并逐步形成了庞大独立的饭店行业。

1. 古代客栈时期

为满足外出人们的吃、喝、睡等基本需

要,千百年以前客栈和饭店就出现了。至中世纪后期,随着商业的发展,旅行和贸易兴起,外出的传教士、信徒、外交官吏、信使、商人等人数激增,客栈的需求量大增。当时的交通方式主要是步行、骑马或乘坐驿车,因此,客栈大多设在古道边、车马道路边或是驿站附近。最早的客栈设施简陋,仅提供基本食宿,无非是一幢大房子,内有几间房间,每个房间里摆了一些床,旅客们往往挤在一起睡,并没有什么更多的要求。当然,由于服务项目少,服务质量差,也确实没有什么可供消遣。到了15世纪,有些客栈已拥有20到30间客房,有些比较好的客栈设有一个酒窖、一个食品室、一个厨房,为客人提供酒水和食品。还有一些客栈已开始向多功能发展,注意周围环境状况,房屋前后辟有花园草坪,客栈内有宴会厅和舞厅等。总的来看,当时的客栈声誉差,被认为是赖以糊口谋生的低级行业。客人在客栈内缺乏安全感,诸如抢劫之类的不法事情时有发生。

2. 大饭店时期

18世纪后期,随着工业化进程的加快和民众消费水平的提高,为方便贵族和社会上层度假者以及公务旅行者,饭店业有了较大的发展。在纽约,1794年建成的首都饭店,内有73套客房,这在当时无疑是颇具规模的。而堪称第一座现代化饭店的特里蒙特饭店于1829年在波士顿落成,该饭店不仅客房多,而且设施设备较为齐全,服务人员亦经过培训,使客人有了足够的安全感。它的建立为整个新兴的饭店行业确立了标准。19世纪末20世纪初,美国出现了一些豪华饭店。这些饭店崇尚豪华和气派,饭店内置有高档的家具摆设,供应精美的食物。总之,大饭店时期的饭店,具有规模大、设施豪华、服务正规、具有一定的接待仪式、讲究一定规格的礼貌礼仪等特点。

3. 商业饭店时期

20世纪开始不久,当时世界上最大的饭店业主埃尔斯活思·弥尔顿·斯塔特勒为适应旅行者的需要,在斯塔特勒饭店的每套客房都设了浴室,并制定统一的标准来管理他在各地开设的饭店,增加了不少方便客人的服务项目。20世纪20年代,饭店业得到了迅速发展,美国的大中小城市,纷纷通过各种途径集资兴建现代饭店,而且汽车饭店也在美国各地涌现。到20世纪30年代,由于经济大萧条,旅游业面临危机,饭店业亦不可避免地陷入困境。在兴旺时期开业的饭店,几乎尽数倒闭,饭店业受到极大挫折。商业饭店时期,汽车、火车、飞机等交通工具给人们出行带来很大便利,许多饭店设在城市中心,汽车饭店就设在公路边。这一时期的饭店,设施方便、舒适、清洁、安全。服务虽仍较为简单,但已日益健全,经营方向开始以客人为中心,饭店的价格也趋向合理。

4. 现代新型饭店时期

第二次世界大战结束后,由于经济繁荣,人们生活富裕,交通工具十分便利,从而引起了人们对饭店需求的剧增,一度处于困境的饭店业又开始复苏。1950年后开始出现世界范围的经济发展和人口增长,而工业化的进一步发展增加了人民大众的可支配收入,为外出旅游和享受饭店、餐馆服务创造了条件。至50年代末60年代初,旅游业和商务的发展趋势对传统饭店越来越不利,许多新型饭店大批出现。现代新型饭店时期,饭店面向大众旅游市场,许多饭店设在城市中心和旅游胜地,大型汽车饭店设在公路边和机场附近。这个时期,饭店的规模不断扩大,类型多样化,开发了各种类型的住宿设施,服务向综合性发展,饭店不但提供餐饮、住宿,而且提供旅游、通讯、商务、康乐、购物等多种服务,力求尽善尽美,饭店集团占据着越来越大的市场。

(二) 中国饭店业发展历程

1. 早期旅店时期

中国早期旅店时期,始于殷商时代终于清朝灭亡。旅店整体发展慢,水平低。其主要形式有驿站、迎宾馆、民间旅店和城市旅店等。这一时期的旅店具有以下共同的特征:选址和建筑便于旅者投宿;经营上注重招牌、以营利为主要目的;服务上以"宾至如归"作为标准,特色鲜明,精华和糟粕兼有。

(1) 驿站:殷商时代的驿站是我国古代为信使提供的外出住宿设施。周王朝时出现的馆舍由专人管理,代供各种官府公差人员沿途食宿。其中"侯馆"的规模比较大,相当于现在的宾馆或高级招待所,而当时接待一般旅客的旅店泛称为"逆旅"。秦汉、魏晋时代,也都有专门提供食宿和服务的设施。到了唐代,经济和对外贸易的发展,人口的增长,使驿站有较快的发展。当时首都长安等大城市有不同等级和性质的驿站供各阶层人士居住,还有专门接待外宾的"四方馆"等。在唐宋和元朝时代,许多主要城市和口岸也出现了专门接待外国客商的驿站。当时威尼斯著名的旅行家马可·波罗在游历了元大都(北京)之后写道:"有许多美丽的客栈,给商民居住。"明朝时代北京设有"会同馆",以接待外国使臣和国内各兄弟民族的代表。我国古代的驿站制度曾先后被邻近国家所效仿,并受到外国旅行家的赞扬。中世纪世界著名旅行家摩洛哥人伊本·拔图塔在他的游记中写道:"中国的驿站制度好极了,只要携带证明,沿路都有住宿之处,且有士卒保护,既方便又安全。"

(2) 迎宾馆。我国很早就有了设在都城、用于招待宾客的迎宾馆。春秋时期的"诸侯馆"和战国时期的"传舍",是迎宾馆在先秦时期的表现形式。以后几乎历代都分别建有不同规模的迎宾馆,并冠以各种不同的称谓。清末时,此类馆舍正式取名"迎宾馆"。古代中华各族的代表和外国使者都曾在迎宾馆住过,它成为中外往来的窗口,人们从迎宾馆这个小小的窗口,可以看到政治、经济和文化交流的盛况。我国早期的迎宾馆在宾客的接待规格上,是以来宾的地位、官阶的高低及贡物数量的多少区分的。为了便于主宾对话,迎宾馆里有道事(翻译);为了料理好宾客的食宿生活,迎宾馆里有厨师和服务人员。此外,迎宾馆还有华丽的卧榻以及其他用具和设备。宾客到达建于都城的迎宾馆之前,为便于热情接待,在宾客到达的地方和通向都城的途中均设有地方馆舍,以供歇息。宾客到达迎宾馆后,更会受到隆重接待。如使团抵达时,还受到有关官员和士兵的列队欢迎。为了尊重宾客的风俗习惯,使他们的食宿生活愉快,迎宾馆在馆舍的建制上还实行一国一馆的制度。

早期迎宾馆原为政府招待使者的馆舍,但是,随同各路使者而来的还有一些商客,他们是各路使团成员的一部分。他们从遥远的地方带来各种各样的货物,到繁华的都城做交易,然后将土特产运回出售,促进了经济贸易的发展。我国早期迎宾馆在当时的国内外政治、经济、文化交流中,是不可缺少的官方接待设施,它为国内外使者和商人提供了精美的饮食和优良的住宿设备。迎宾馆的接待人员遵从当时政府的指令,对各路使者待之以礼,服务殷勤,使他们感到在中国迎宾馆生活得舒适而愉快。翻译是迎宾馆的重要工作人员,我国这种早期宾馆的设置,培养了一代又一代精通各种语言文字的翻译,留下了一本又一本译书,丰富了中国古代文化史。

(3) 民间旅店。古人对旅途中休憩食宿处所的泛称是"逆旅"。后来逆旅成为古人对旅馆的书面称谓。西周时期,投宿逆旅的人皆是当时的为官者,补充了官办"馆舍"

之不足。到了战国时期，中国古代的商品经济进入了一个突飞猛进的发展时期，工商业愈来愈多，进行远程贸易的商人已经多有所见。一些位于交通运输要道和商贸聚散枢纽地的城邑，逐渐发展为繁盛的商业中心，于是，民间旅店在发达的商业交通的推动下，进一步发展为遍布全国的大规模的旅店业了。

（4）城市旅店。我国早期的城市与商业活动联系紧密，为城市民间旅店的出现奠定了基础。随着商业交换活动的活跃和扩大，城市功能不断衍变，不少城市逐渐发展为商业大都会，这导致了针对城市结构及其管理缺席的变革，而中国古代的民间旅店，正是在这种历史背景下逐渐进入城市的。中国古代民间旅店在隋唐时虽然较多地在城市里面出现了，但是，却受封建政府坊市管理制度的约束而不能自由发展。在这种制度下开办的城市旅店，不但使投宿者感到极大的不便，而且也束缚了客店业务的开展。到了北宋时期，随着商品经济的迅猛发展，自古相沿的坊市制度终于被取消了，于是，包括客店在内的各种店铺，争先朝着街面开放，并散布于城郭各繁华地区。

2. 近代饭店时期

（1）外资经营的西式饭店。西式饭店是19世纪初外国资本侵入中国后兴建和经营的饭店的统称。这类饭店在建筑式样和风格、设施设备、饭店内部装修、经营方式、服务对象等各方面都与中国的传统客店不同，是中国近代饭店业中的外来成分。1840年第一次鸦片战争以后，随着《南京条约》、《望厦条约》等一系列不平等条约的签订，西方列强纷纷侵入中国，设立租界地、划分势力范围，并在租界地和势力范围内兴办银行、邮政、铁路和各种工矿企业，从而促进了西式饭店的出现。至1939年，在北京、上海、广州等23个城市中，外国资本建造和经营的西式饭店已有近80家。处于发展时期的欧美大饭店和商业旅馆的经营方式，也于同一时期，即19世纪中叶至20世纪被引进中国。

与中国当时的传统饭店相比，这些西式饭店规模宏大，装饰华丽，设备趋向豪华和舒适。内部有客房、餐厅、酒吧、舞厅、球房、理发室、会客室、小卖部、电梯等设施。客房内有电灯、电话、暖气，卫生间有冷热水等。西式饭店的经理人员皆来自英、美、法、德等国，有不少在本国受过旅馆专业的高等教育。客房分等经营，按质论价，是这些西式饭店客房出租上的一大特色，另外，饭店还有美国式和欧洲式之别，并有外国旅行社参与，负责介绍客人入店和办理其他事项。西式饭店向客人提供的饮食均是西餐，有法国菜、德国菜、英美菜、俄国菜等。饭店的餐厅除了向本店宾客供应饮食外，还对外供应各式西餐、承办西式筵席。西式饭店的服务日趋文明化、规范化、标准化。一方面，西式饭店是西方列强侵入中国的产物，为其政治、经济、文化侵略服务。但另一方面，西式饭店的出现客观上对中国近代饭店业起了首开风气的效应，对于中国近代饭店业的发展起了一定的促进作用。

（2）中西结合式饭店。西式饭店的大量出现，刺激了中国民族资本向饭店业投资。因而从民国开始，各地相继出现了一大批具有"半中半西"风格的新式饭店。这些饭店在建筑式样、设备、服务项目和经营方式上都受到了西式饭店的影响，建筑风格上多为楼房建筑，有的纯粹是西式建筑，一改传统的中国饭店庭院式或园林式并且以平房建筑为多的风格特点。中西式饭店不仅在建筑上趋于西化，而且在设施设备、服务项目、经营体制和经营方式上亦受到西式饭店的影响。饭店内高级套间、卫生间、电灯、电话等现代设备，餐厅、舞厅、高档菜肴等应有尽有。饮食上对内除了中餐以外,还以供应西餐为时尚。这类饭店的经营者和股东,多是银行、铁路、旅馆等企业的联营者。中西式饭店的出现和仿效经营,是西式饭店对近代中国饭店业产生很大影响的一个重要方面,并与中国传统的经营方式形成鲜明对照。从此,输入近代中国的欧美式饭店业的经营观念和方法逐渐中国化,成为中国近代饭店业中引人注目的成分。

3. 行政饭店时期

它是指新中国成立后到改革开放前这段时期的饭店。新中国成立后,尤其是通过1956年的社会主义改造高潮,饭店在企业性质、职业地位、服务对象等方面都发生了根本的变化。这期间,原有的老饭店不仅得到了改造,一批新宾馆、饭店也逐步建立起来,这些饭店一般都建于全国各省的省会城市和风景游览胜地,承担着接待外宾的任务。这段时期可以说是新中国成立后我国饭店发展史上的一个重要时期。

行政饭店时期的饭店具有鲜明的特征:饭店为国家所有,数量少,接待顾客的面窄,这时期的许多饭店不对普通老百姓开放,经济效益不是饭店经营管理的目标。

4. 现代饭店时期

党的十一届三中全会以后(即1978年以后),我国实行对外开放经济政策,促进了我国旅游业的发展,我国的饭店业进入了一个新的发展时期。这时期的发展足迹可概括如下:

(1) 硬件改造,软件升级,老店换新颜。老饭店不仅更新和增添了设备,而且在服务质量和管理水平上有了显著的提高和改进。职工素质得到提高,经营手段有了改进,获得了较好的经济效益。

(2) 投资多元化,管理科学化,风格特色化。为适应旅游业的发展,我国采取了国家投资、地方集资和中外合资等多种投资形式,兴建了一批规模宏大、设备先进的四、五星级饭店,并实行现代化的科学管理。如北京的长城饭店(Great Wall Hotel)、南京的金陵饭店(Jin Ling Hotel)、广州的白天鹅宾馆(White Swan Hotel)、中国大饭店(China Hotel)等。许多新饭店的设计和构造具有浓郁的民族特色,体现了中国式的园林艺术和风格,如北京的香山饭店、无锡的太湖饭店、广东的中山温泉宾馆等。

(3) 企业化转型,市场化运作,绩效化管理。改革开放后,我国的饭店都走上了自负盈亏的企业化道路。我国的一部分饭店为适应经济领域内的深刻变革和市场经济的需要,由原来的高级招待所具有的以政治接待为主,以完成接待任务为目标,不搞经济核算,不讲经济效果,实行传统的经验管理的特征,逐步开始发生了由事业单位管理向企业管理、从经验管理向科学管理的转变,以新的姿态和面貌进入国际市场。为适应现代化旅游和商务多元化的发展,满足多类别海内外客人的需求,我国饭店的建筑和设施引进了先进的硬件标准,质量不断提高。同时饭店的设施也向着多功能方向发展。现代大型饭店附设了先进的信息传递设备,如国际直拨电话、传真、电传、闭路电视、文字处理机、卫星转播设备、电脑等;康乐设施如桑拿浴、保龄球、健身房、按摩、舞厅等;旅游服务设施如航空公司代理处、旅行服务处、外汇兑换处等;购物设施如经营旅游纪念品、珠宝等诸多用品的商场。服务规范逐渐完善,服务质量也不断提高,使饭店的管理和服务日趋现代化。

5. 中国饭店业发展趋势

(1) 竞争激烈,规模扩张变缓。由于供大于求,导致饭店企业之间过度竞争,挫伤了投资积极性,饭店产业的规模扩张速度降低,适度控制饭店总量战略成为业界共识。

(2) 投资西移,地域结构优化。由于中

西部发展不平衡、西部丰富旅游资源的吸引和国家西部大开发政策的导向作用,西部成为饭店投资热土,成为中国饭店业新的、最有希望的增长区域。

(3) 水平提升,经济饭店受宠。随着带薪休假等新政实施、交通条件的改善、民众收入水平的提高,国内旅游迅速发展,国内客人已经成为饭店不可忽视的客源。装修朴素、干净卫生、设施便利、价位适中的经济型饭店将成为国内游客所看重的饭店业类型,具有国际水准的经济型饭店将成为未来竞争和建设的重点。

(4) 风险增大,业内问题增多。国内饭店在完成转制后,受全球饭店市场、国内经济运行态势和业内激烈竞争等因素影响,经营风险明显增大。饭店面临着竞争、重组、兼并、破产等多重压力,人才缺乏、经营失衡、管理失调、业绩下降等问题考验饭店经营管理者的智慧和能力。

(5) 发展瓶颈,优秀人才缺乏。中国饭店竞争力不强,关键因素不是技术问题,而是人员素质问题。我国饭店业由数量的发展转向质量的发展时期,饭店行业的发展水平与人力资源开发程度的相关性越来越强。饭店业需要敬业精神强、管理和技术水平高、职业心理素质优的人才和团队。人才将在很长时间内影响着饭店业的竞争力和持续发展。

(6) 集团经营,国际步伐加快。在很长一段时期内,集团化和国际化将是我国饭店业的显著特征。一方面,国内饭店的集团化步伐加快,饭店业集中度提高,主动走出去,与国际饭店集团竞争,以竞争求生存。另一方面,国际饭店集团加快了进入中国的步伐,多种合作形式渗透中国饭店业,加快了中国饭店业的国际化和集团化进程,我国饭店业全球化时代已经到来。

【任务拓展】

掌握饭店的概念、特征、产品、种类和分类,才能深入地理解饭店内涵,作为企业,饭店必须以获利,为占领和站稳饭店市场、追求利益最大化,饭店业呈现出不同等级、不同类别,投资者采取不同经营管理模式,经营着不同的饭店产品,采取不同的投资策略和模式,推动了饭店业的繁荣和进步。饭店的产品、种类、经营管理模式是饭店个性所在,为深入了解饭店,结合本任务内容,通过网络等途径,请作以下调研:

①列出国内10种你认为最新的饭店产品名称,并表明入选的理由。

②列出你所在地区的不同类型的5家饭店,并指出其经营管理风格不同之处。

③调查本地区最具影响力的四、五星级饭店,并判定和评价其经营管理模式。

【任务反馈】

饭店是特殊的企业,很多人对饭店内涵的理解是模糊的,以至于把餐饮企业等能吃喝的场所均称为饭店,有时餐饮、饭店企业投资人也混淆饭店的内涵,把只能供1~20人用餐的餐馆,取名为"某某大饭店",你能正确划分餐饮企业、住宿业、饭店企业等概念吗?

释疑:依据中华人民共和国国家标准《酒家和饭店分等定级规定》(GB/T 13391—2000),酒家包括饮食店、餐馆、酒楼等;饭店则包括饭店、宾馆、旅店、旅馆等。前者属饮食业,负责向消费者提供餐饮服务;后者属旅店业,负责向消费者提供住宿服务。于2002年10月1日开始实施的《国民经济行业分类国家标准》(GB/T 4754—2002),对餐饮业和饭店业的划分作出了明确界定:住宿业包括"旅游饭店、一般旅馆、其它住宿服务";餐饮业包括"正餐服务、快餐服务、饮料及冷饮服务、其它餐饮服务"。

任务二　经营管理基础理论认知

【案例聚焦】

饭店两任老总的经营管理实战

A饭店的王总办事果断，敢罚敢管。他刚上任时，员工劳动纪律涣散、经营秩序混乱，连年亏损。他狠抓劳动纪律，重奖重罚，初见成效，上半年超额35%完成经营任务。下半年开始重奖重罚，对满意员工开出高达1500元的奖励，稍有失误的员工立即被扣除当月奖金有时还被扣工资。结果怨声载道，部分员工为发泄不满情绪磨洋工，个别工人还偷拿饭店物品出去卖。王总十分恼火，一次处分了31名员工，但处分布告一夜之间被撕光，员工向上级主管部门递交了联名请愿书，要求罢免王总。饭店年终时亏损由去年的250万元增加到420万元，结果王总被免，李总经理接替他。

李总经理进店后深入基层听取意见。员工们说："谁不希望把A饭店搞上去啊，但老总应信任我们不要把我们当犯人一样对待。这样狠罚工人比资本家还资本家。"部分基层管理人员说："职工收入低，困难很多，领导应关心他们的疾苦，把严格管理与感情激励相结合。"李总召开饭店总经理和党委联席办公会，随后又召开职代会，宣布自己的施政方针："严格管理加微笑管理。在A饭店让普通员工坐前排，让A饭店充满爱。"他说到做到，在严格执行规章制度的同时，每天早晨上班时他和其他副总在店门口迎接全店职工，下班后进行家庭走访。饭店规定：坐上下班接送车的管理人员自带板凳，把座位让给普通员工；分房子一线员工加两分……与此同时在全饭店开展了"爱党、爱国、爱人民、爱劳动、爱公物"的五爱竞赛，党员带头，群策群力，年终时不仅还清了欠款，而且盈利680万元。员工收入提高，积极性高涨。干群关系和谐、融洽、宽厚、团结。结果第二年利税突破千万元大关。李总经理把这种工作方法概括为"以爱为核心的第一要素工作法"。

课堂谈论：从经营管理理念、作风、方式等方面来分析两位老总实战的依据和得失，据此你有何启发？

【任务执行】

饭店经营管理是企业经营管理的一个分支，同时它又是从饭店本身的业务和经营管理特点出发而形成的一门独立学科。饭店经营管理把经营管理学的一般原理及其方法，运用于饭店经营管理实践，形成了饭店经营管理理论。饭店经营管理者要进行有效的经营管理，就必须了解人类经营管理思想的发展过程，了解饭店经营管理的理论来源。

一、科学管理理论

19世纪末20世纪初产生的科学管理思想，使管理实践活动从经验管理跃升到一个崭新的阶段。对科学管理思想的产生发展作出突出贡献的人物主要有泰罗、法约尔和韦伯，他们分别对生产作业活动的管理、组织的一般管理、行政性组织的设计提出了成体系的管理理论。

（一）泰罗的科学管理理论

美国的弗雷德里克·温斯洛·泰罗（Frederick Winslow Taylor）是古典科学管理的创始人，被管理界誉为科学管理之父。泰罗出生于美国费城一个富裕的律师家庭，从小醉心于科学研究和科学试验。他18岁进入钢铁厂，从一名学徒工开始，先后被提拔为车间管理员、技师、小组长、工长、设计室主任和总工程师。在他的管理生涯中，他不断在工厂实地进行试验，系统地研究和分析工人的操作方法和动作所花费的时间,逐渐形成其管理体系——科学管理。泰罗在他的主要著作《科学管理原理》中所阐述了科学管理理论,使人们认识到了管理是一门建立在明确的法规、条文和原则之上的科学。在这本书中,泰罗总结出以下四条基本的科学管理原理:

(1) 对工人操作的每个动作进行科学研究,制定出标准的操作方法,用以规范工人的工作活动和工作定额。

(2) 科学地挑选工人,并进行专门培训和教育,使之成长,并根据各自的可能进行自我培训。

(3) 真诚地与工人们合作,以确保劳资双方都能从生产效率的提高中得到好处,实行"差别工资制"。

(4) 明确管理者和工人各自的工作和责任,实现管理与操作工作的分工。

(二) 法约尔的组织管理理论

与泰罗等人主要侧重研究基层的作业管理不同,"组织管理理论"是站在高层管理者的角度研究整个组织的管理问题。该理论的创始人是亨利·法约尔(Henri Fayol),他是西方古典管理理论在法国的最杰出代表,1885年起任法国最大的矿冶公司总经理达30年,在实践和大量调查研究的基础上,于1916年出版了《工业管理与一般管理》一书,这是他一生管理经验与管理思想的总结。本书提出了适用于各类组织管理的五大职能(计划、组织、指挥、协调、控制)和有效管理的十四条原则。

(1) 劳动分工。应该通过分工来提高管理工作的效率,劳动分工不只适用于技术工作,而且也适用于管理工作。

(2) 权责对等。有权力的地方,就有责任,应该有有效的奖励和惩罚制度,即"应该鼓励有益的行动而制止与其相反的行动"。实际上,这就是现在我们讲的权、责、利相结合的原则。

(3) 纪律严明。员工必须服从和尊重组织的规定,领导者要以身作则,使管理者和员工都对组织规章有明确的理解并能够实行公平的奖惩。

(4) 统一指挥。一个下级人员只能接受一个上级的命令,并向这个上级汇报自己的工作。

(5) 统一领导原则。统一领导原则是指对于力求达到同一目的的全部活动,只能有一个领导人和一项计划。

(6) 个人利益服从整体利益。任何员工个人或员工群体的利益都不能够超越组织整体的利益。

(7) 报酬。对员工的劳动必须付以公平、合理的报酬。

(8) 集权。集权指的是组织的权力集中与分散问题,管理层的任务是找到该企业最适合的集权程度。

(9) 等级制度。从组织的基层到高层,应建立一个关系明确的等级制度,使信息的传递按等级链进行。

(10) 秩序。无论是物品还是人员,都应该于恰当的时候处于恰当的位置。

(11) 公平原则。所谓"公平"就是在规章制度的基础上善意地对待员工,要根据实际情况对员工的劳动表现进行"善意"的评价。当然,在贯彻公平原则时,还要求管理者不能"忽视任何原则,不忘掉总体利益"。

(12) 人员稳定。对于企业来说要掌握人员的稳定和流动的合适的度,以利于企业中成员能力得到充分的发挥。

(13) 首创精神。应鼓励员工发表意见和主动地开展工作。

(14) 团结精神。强调团结精神会促进组织内部的和谐与统一。

(三) 韦伯的行政组织理论

德国的社会学家、政治学家马克斯·韦伯(Max Weber)在《社会组织和经济组织理论》

一书中提出了理想官僚组织体系理论,他认为建立一种高度结构化、正式的、非人格化的理想的官僚组织体系是提高劳动生产率的最有效形式。为此,韦伯首推官僚组织,官僚制在19世纪已盛行于欧洲。韦伯提出的官僚组织理论为社会发展提供了一套高效率、合乎理性的管理体制。他的行政组织理念认为,理想的行政组织体系就是所谓的"官僚制",这一行政组织体系包括六个方面的内容。

(1) 将组织活动细分给不同的人;
(2) 给每个职务以明确的权利和义务;
(3) 根据职务要求进行培训;
(4) 管理者有明确的工资和升迁机会;
(5) 管理者严格执行规则与纪律;
(6) 管理以理性为指导,不带个人情感目标。

韦伯设计的组织在精确性、稳定性、纪律性和可靠性方面具有绝对的优势,正因为如此,行政组织被后来人通称为"机械性组织"。

二、行为科学理论

古典管理思想把人看作是简单的生产要素,即像机器一样的"工具人",只考虑如何利用人来达成组织的目标,忽视了人性的特点。20世纪20年代中期以后,人际关系学说和行为管理理论的产生,开始注意到"人"具有不同于"物"的因素的许多特殊方面,需要管理决策层采取一种不同的方式来加以管理。对"人"的因素的重视,首先应该归功于梅奥和他在霍桑工厂所进行的试验。

(一) 梅奥的人际关系理论

梅奥(George Elton Myao, 1880—1909),美国哈佛大学的心理学教授。1927年,梅奥应邀参加并指导在芝加哥西方电气公司霍桑工厂进行的有关科学管理的试验,研究工作环境、物质条件与劳动生产率的关系,通常被称为"霍桑试验"。试验结果表明,生产率提高的原因不在于工作条件的变化,而在于人的因素;生产不仅受物理、生理因素的影响,还受社会环境、社会心理因素的影响。梅奥的代表作为《工业文明的人类问题》。他总结了亲身参与并指导的霍桑试验及其他几个试验的成果,并阐述了他的人群关系理论的主要思想,为提高生产效率开辟了新途径。其主要观点是:

(1) 职工是"社会人"。梅奥等人是在"经济人"的人性模式下进行试验的,试图找出工作条件与生产效率的关系。但随着实验的深入,"经济人"的假设受到动摇。梅奥最终提出,人性模式是"社会人",即职工不单纯追求经济收入,还有社会方面和心理方面的需求,如同后来的马斯洛指出的一样,需求是多层次的多方面的。因此,必须首先从社会心理方面来鼓励工人提高劳动生产率。

(2) 正式组织中存在着"非正式组织"。梅奥认为,企业中不仅存在"正式组织",还存在人们在共同劳动中形成的非正式团体,他们有自己的规范、情感和倾向,并且左右着团体内每个成员的行为。譬如湘军中的哥老会,学校里的同乡会。"非正式组织"对组织既有利,也有弊。管理人员要想实施有效的管理,要注意在非正式组织的感情逻辑和正式组织的效率逻辑之间保持平衡。

(3) 新的领导方式在于提高职工的满足度。梅奥认为,管理者的目的在于使人们为实现组织的共同目标而合作。为了实现合作,必须发展一种新的领导方式。在这种新的领导方式下,管理者必须一方面为满足成员物质的、经济的需要而进行生产和分配物质资料,即发挥技术性技能;另一方面,为实现满足成员物质需要的目标而确保成员间的自发性合作,使每个人获得人类的满足,即发挥社会性技能。

梅奥的这些结论使人们对组织中的"人"有了一种全新的认识。在此之后,人际关系运动在企业界蓬勃开展起来,致力于人的因素研究的行为科学家也不断涌现。其中有影响的代表人物及其主张包括马斯洛的需求层次论、赫茨伯格的双因素理论和麦格雷戈的 X 理论—Y 理论等。

(二)马斯洛的需求层次理论

美国心理学家马斯洛(Abraham Maslow)在 1934 年和 1954 年先后发表了《人类动机的理论》与《动机和人》等著作,系统地提出了需求层次理论。他认为人们的行为都有一定的动机,而动机又是由需求决定的,需求是人类行为的原动力。如果人们的某种需求得到满足,这种需求就消失了,同时,另一种需求又出现了,人们就会继续采取行动来满足新的需求。马斯洛的需求层次论的主要内容有:

(1) 生理需求。这是人类生存所必需的一种基本需要,包括水、空气、阳光、食物等。

(2) 安全需求。安全的涵义既有生理方面的,如生命安全、财产安全等,也有心理方面的,如职业安全等。

(3) 感情和归属的需求。即要与他人进行交往,交流感情,建立信任,并且情感有归属,或者组织归属,或者团体归属,或者宗派归属等。

(4) 尊重的需求。即自我尊重和获得他人的尊重。

(5) 实现自我价值的需求。即要使自己的志向、理想、抱负获得实现。这是人的最高级需求。

根据这种理论,管理者应当了解下属的激励因素是什么,并设法把实现企业的目标和满足职工个人的需求结合起来,以激发职工完成企业目标的积极性。

(三)赫茨伯格的双因素理论

双因素理论又称激励保健理论,是美国的行为科学家弗雷德里克·赫茨伯格(F. Herzberg)提出来的。双因素理论认为引起人们工作动机的因素主要有两个:一是保健因素,二是激励因素。只有激励因素才能够给人们带来满意感,而保健因素只能消除人们的不满,但不会带来满意感。

(1) 保健因素是促使人们不产生不满的因素。保健因素不能得到满足,则易使员工产生不满情绪、消极怠工,甚至引起罢工等对抗行为;但在保健因素得到一定程度的改善以后,只能防止员工产生不满情绪,无论再如何努力进行改善往往也很难使员工感到满意,因此也就再难以激发员工的工作积极性,所以就保健因素来说,"不满意"的对立面应该是"没有不满意"。

(2) 激励因素是指能造成员工感到满意的因素。因激励因素的改善而使员工感到满意的结果,能够极大地激发员工工作的热情,提高劳动生产效率;但在激励因素作用下即使管理层不给予其满意满足,往往也不会因此使员工感到不满意,所以就激励因素来说,"满意"的对立面应该是"没有满意"。

赫茨伯格双因素理论把激励理论与人们的工作和工作环境直接联系起来了,这就更便于管理者在工作中对职工进行激励。

(四)麦格雷戈的 X 理论—Y 理论

道格拉斯·麦格雷戈(Douglas M. McGregor, 1906—1964)是美国著名的行为科学家,他在 1957 年 11 月号的美国《管理评论》杂志上发表了《企业的人性方面》一文,提出了有名的"X 理论—Y 理论",该文 1960 年以书的形式出版。麦格雷戈认为,有关人的性质和人的行为的假设对于决定管理人员的工作方式来讲是极为重要的。各种管理人员以他们对人的性质的假设为依据,可用不同的方式来组织、控制和激励人们。基于这种思想,他提出了 X 理论—Y 理论。

(1) X 理论的观点是:人的本性是坏

的，一般人都有好逸恶劳，尽可能逃避工作的特性。由于人有厌恶工作的特性，因此对于大多数人来说，仅用奖赏的办法不足以使其战胜厌恶工作的倾向，必须进行强制、监督、指挥，甚至惩罚、威胁，才能使他们付出足够的努力去完成既定的工作目标。一般人都胸无大志，通常满足于平稳地完成工作，而不喜欢具有"压迫感"的创造性的困难工作。根据 X 理论的假设，管理人员的职责和相应的管理方式是：如何提高劳动生产率、完成任务；管理人员主要应用职权，发号施令，使对方服从，让人适应工作和组织的要求，而不考虑在情感上和道义上如何给人以尊重；应以金钱报酬来收买员工的效力和服从。由此可见，此种管理方式是胡萝卜加大棒的方法，一方面靠金钱的收买与刺激，另一方面通过严密的控制、监督和惩罚迫使其为组织目标努力。

麦格雷戈发现当时企业中对人的管理工作以及传统的组织结构、管理政策、实践和规划都是以 X 理论为依据的。麦格雷戈认为，需要有一个关于人员管理工作的新理论，把它建立在对人的特性和人的行为动机的更为恰当的认识基础上，于是他提出了 Y 理论。

(2) Y 理论的主要内容是：人并不懒惰，他们对工作的喜欢和憎恶决定于这工作对他来说，是一种满足还是一种惩罚，在正常情况下人愿意承担责任，人们都热衷于发挥自己的才能和创造性。根据以上假设，相应的管理措施为：管理者的重要任务是创造一个使人得以发挥才能的工作环境，发挥出职工的潜力；对员工的激励主要来自于工作本身的内在激励，让他担当具有挑战性的工作，担负更多的责任，促使其在工作上做出成绩，满足其自我实现的需要；在管理制度上给予工人更多的自主权，实行自我控制，让工人参与管理和决策，并共同分享权力。

我们也可以说，X 理论和 Y 理论是一个问题的两个方面。我们从两者之中可以看出，不管你怎样看待员工，对员工提出目标并进行管理是完全必要的，既要尊重员工，诱导他们自觉地工作，又要制订科学严谨的管理制度，对员工进行一定的纪律约束。管理的标点应根据员工素质、公司管理基础和工作特点等条件灵活机动地进行滑动。在员工素质比较差、公司管理基础比较薄弱、生产力低下的公司，管理标点应该滑向左端，反之应向右端滑动。优秀的管理者应该根据企业的实际状况和员工的素质特点，善于运用这个杠杆，讲究管理艺术，将员工管理维持在一个高水平上。

三、现代管理理论

（一）巴纳德的社会系统理论

社会系统学派的代表人物美国著名的管理学家巴纳德认为，组织是一个复杂的社会系统，应从社会学的观点来分析和研究管理的问题。由于他把各类组织都作为协作的社会系统来研究，后人把由他开创的管理理论体系称作社会系统学派。社会系统学派的主要内容可以归纳为以下几个方面：

(1) 组织是一个由个人组成的协作系统，个人只有在相互作用的社会关系下，同他人协作才能发挥作用。

(2) 巴纳德认为组织作为一个协作系统都包含三个基本要素：能够互相进行信息交流的人们、这些人们愿意作出贡献、实现一个共同目的。因此，一个组织存在和发展的要素是：信息交流、作贡献的意愿、共同的目的。

(3) 组织是两个或两个以上的人所组成的协作系统，管理者应在这个系统中处于相互联系的中心，并致力于获得有效协作所必需的协调，因此，经理人员要招募和选择那些能为组织目标的实现作出最好贡献并能与成员协调地工作在一起的人员。为了使组织的成员能为组织目标的实现作出贡献和进行有效的协调，巴纳德认为应该采用"维持"的方法，包括"诱因"方案的维持和"威慑"方案的维持。"诱因"方案的维持是指采用各种报酬奖励的方式来鼓励组织成员为组织目标的实现作出他们的贡献，"威慑"方案的维持是指采用监督、控制、检验、教育和训练的方法来促使组织成员为组织目标的实现作出他们的贡献。

(4) 经理人员的作用就是在一个正式组织中充当系统运转的中心，并对组织成员的活动进行协调，指导组织的运转，实现组织的目标。根据组织的要素，巴纳德认为，经理人员的主要职能有三个方面：① 提供信息交流的体系；②促成必要的个人努力；③提出和制定目的。

(二) 西蒙的决策理论

决策管理学派的主要代表人物是曾获诺贝尔经济学奖的赫伯特·西蒙。这一学派是在社会系统学派的基础上发展起来的，他们把第二次世界大战以后发展起来的系统理论、运筹学、计算机科学等综合运用于管理决策问题，形成了一门有关决策过程、准则、类型及方法的较完整的理论体系。其主要观点是：

(1) 组织首先是个决策过程，组织的基本功能就是决策，"管理就是决策"。西蒙对传统组织理论所推崇的一些组织原则进行了批评，例如统一指挥与专业分工、管理幅度与管理层次等，他认为这些原则是彼此矛盾的，究竟哪一种组织原则最为有效，传统组织理论没有回答。而西蒙认为，组织是一个决策系统，有效的组织应以正确的决策为基础，传统组织理论一个很大的不足，就在于他们忽视了对组织决策问题的研究。

(2) 组织的目标就是追求决策的合理性，而合理性取决于为实现某一目的而合理选择的手段。西蒙认为无论何种组织或个人，在手段和目的的关系上都达不到完全的整合。这是因为人的理性是有限的，这就是他提出的"有限理性"决策的著名原理。决策者由于受主观认识能力、知识、价值观念等方面，以及客观上的时间、经费、情报来源等方面的限制，不可能追求到"最理想"、"最优化"的决策，只能追求在当时条件下"令人满意"的决策。

(3) 组织平衡论。西蒙发展了巴纳德的组织平衡思想，认为组织是由人组成的集体平衡系统，组织里组织成员个人提供诱因和组织成员个人对组织的贡献之间存在着互依互动的关系：一方面，组织要根据个人的贡献提供诱因，即物质的精神的报酬；另一方面，组织之所以能提供诱因，又来自成员个人对组织的贡献。为此他特别研究了"诱因效用"和"贡献效用"这两个新概念。

(4) 组织影响论。即研究组织如何影响个人的决策行为。西蒙认为组织影响个人决策行为的因素有：权威、组织认同、信息沟通、培训、效率。

(5) 组织设计论。组织设计是组织理论中的一个老问题。西蒙对组织设计理论的新贡献，在于他的组织设计理论是建立在他的决策理论基础上的。组织设计要有利于组织决策，并有利于决策所必需的信息传递、信息处理工作。

总之，西蒙的以决策为核心的行政组织研究方法，使行政组织的研究焦点由对制度、法制、结构等静态层面的研究转变到对决策过程的动态研究。目前，这种以决策——政策为主导的公共行政学研究潮流已经成为西方行政学的流派之一。

(三) 约翰逊等的系统管理理论

这一理论是卡斯特(F. E. Kast)、罗森茨威克(J. E. Rosenzweig)和约翰逊(R. A. Johnson)等美国管理学家在一般系统论的基础上建立起来的，该理论主要应用系统理论的范畴、原理,全面分析和研究企业和其他组织的管理活动和管理过程,重视对组织结构和模式的分析,并建立起系统模型以便于分析。系统管理理论向社会提出了整体优化、合理组合、规划库存等管理新概念和新方法,因而,系统管理理论被认为是20世纪最伟大的成就之一,是人类认识史上的一次飞跃。系统管理理论的主要观点:

(1) 组织是由许多子系统组成的,组织作为一个开放的社会技术系统,是由五个不同的分系统构成的整体,这五个分系统包括:目标与价值分系统;技术分系统;社会心理分系统;组织结构分系统;管理分系统。这五个分系统之间既相互独立,又相互作用,不可分割,从而构成一个整体。这些系统还可以继续分为更小的子系统。

(2) 企业是由人、物资、机器和其他资源在一定的目标下组成的一体化系统,它的成长和发展同时受到这些组成要素的影响,在这些要素的相互关系中,人是主体,其他要素则是被动的客体。管理人员须力求保持各部分之间的动态平衡、相对稳定以及一定的连续性,以便适应情况的变化,达到预期目标。同时,企业还是社会这个大系统中的一个子系统,企业预定目标的实现,不仅取决于内部条件,还取决于企业外部条件,如资源、市场、社会技术水平、法律制度等,企业只有在内部条件与外部条件的相互影响中才能达到动态平衡。

(3) 如果运用系统观点来考察管理的基本职能,可以把企业看成是一个投入—产出系统,投入的是物资、劳动力和各种信息,产出的是各种产品(或服务)。运用系统观点使管理人员不至于只重视某些与自己有关的特殊职能而忽视了大目标,忽视了自己在组织中的地位与作用,这样可以提高组织的整体效率。

(四) 罗森斯等的权变理论

该学派是从系统观点来考察问题的,它的理论核心就是通过利用组织的各子系统内部和各子系统之间的相互联系,以及组织和它所处的环境之间的联系,来确定各种变数的关系类型和结构类型。它强调在管理中要根据组织所处的内外部条件随机应变,针对不同的具体条件寻求最合适的管理模式、方案或方法。其代表人物有罗森斯、菲德勒、豪斯等。

权变理论的核心概念是指世界上没有一成不变的管理模式。管理与其说是一门理论,不如说是一门实操性非常强的技术;与其说它是一门科学,不如说它是一门艺术。权变管理能体现出艺术的成分,一位高明的领导者应是一个善变的人,即根据环境的不同而及时变换自己的领导方式。权变理论告诉管理者应不断地调整自己,使自己不失时机地适应外界的变化,或进入一个适合自己的环境中。

作为一种行为理论,权变理论以"没有所谓的最好的办法"为原则去组织企业、领导团队或者制定决策。组织形式或许(领导风格、决策方式)在某种情况下效果卓著,然而,换一种情况可能就不那么成功。换句话说,这种组织形式(领导风格、决策方式)受到组织内部的或外部的(因素)约束。

四、当代管理理论

(一) 企业战略和企业文化

(1) 企业战略。美国哈佛大学迈克尔·波特(Michael Porter)教授是企业战略传统定义的典型代表。他认为,"战略是公司为之奋斗的一些终点与公司为达到它们而寻求的途径的结合物"(1980)。波特的定义概括了20世纪60—70年代人们对企业战略的普遍认识。它强调企业战略的一方面属性——计划性、全局性和整体性。

企业战略是对企业各种战略的统称,其中既包括竞争战略,也包括营销战略、发展战略、品牌战略、融资战略、技术开发战略、人才开发战略、资源开发战略等等。企业战略是层出不穷的,例如信息化就是一个全新的战略。企业战略虽然有多种,但基本属性是相同的,都是对企业的谋略,都是对企业整体性、长期性、基本性问题的计谋。例如:企业竞争战略是对企业竞争的谋略,是对企业竞争整体性、长期性、基本性问题的计谋;企业营销战略是对企业营销的谋略,是对企业营销整体性、长期性、基本性问题的计谋;企业技术开发战略是对企业技术开发的谋略,是对企业技术开发整体性、长期性、基本性问题的计谋;企业人才战略是对企业人才开发的谋略,是对企业人才开发整体性、长期性、基本性问题的计谋。以此类推,都是一样的。各种企业战略有同也有异,相同的是基本属性,不同的是问题谋划的层次与角度。总之,无论哪个方面的计谋,只要涉及的是企业整体性、长期性、基本性问题,就属于企业战略的范畴。

(2)企业文化。20世纪80年代初,美国哈佛大学教育研究院的教授泰伦斯·迪尔和麦肯锡咨询公司顾问艾伦·肯尼迪在长期的企业管理研究中积累了丰富的资料。他们在6个月的时间里,集中对80家企业进行了详尽的调查,写成了《企业文化——企业生存的习俗和礼仪》一书,成为论述企业文化的经典之作。它用丰富的例证指出:杰出而成功的企业都有强有力的企业文化,即为全体员工共同遵守,但往往是自然约定俗成的而非书面的行为规范;并有各种各样用来宣传、强化这些价值观念的仪式和习俗。正是企业文化——这一非技术、非经济的因素,导致了这些决策的产生,企业中的人事任免,小至员工们的行为举止、衣着爱好、生活习惯等。在两个其他条件都相差无几的企业中,由于其文化的不同,对企业发展所产生的后果就完全不同。

迪尔和肯尼迪把企业文化整个理论系统概述为五个要素,即企业环境、价值观、英雄人物、文化仪式和文化网络。企业环境是指企业的性质、企业的经营方向、外部环境、企业的社会形象、与外界的联系等方面。价值观是指企业内成员对某个事件或某种行为好与坏、善与恶、正确与错误、是否值得仿效的一致认识。英雄人物是指企业文化的核心人物或企业文化的人格化,其作用在于作为一种活的样板,给企业中其他员工提供可供仿效的榜样,对企业文化的形成和强化起着极为重要的作用。文化仪式是指企业内的各种表彰、奖励活动、聚会以及文娱活动等,它可以把企业中发生的某些事情戏剧化和形象化,生动地宣传和体现本企业的价值观,使人们通过这些生动活泼的活动来领会企业文化的内涵,使企业文化"寓教于乐"。文化网络是指非正式的信息传递渠道,主要是传播文化信息。它由某种非正式的组织和人群,以及某一特定场合组成,它所传递出的信息往往能反映出职工的愿望和心态。

(二)学习型组织

学习型组织是一个能熟练地创造、获取和传递知识的组织,同时也要善于修正自身的行为,以适应新的知识和见解。当今世界上所有的企业,不论遵循什么理论进行管理,主要有两种类型,一类是等级权力控制型,另一类是非等级权力控制型,即学习型企业。

学习型组织最初的构想源于美国学者佛瑞斯特(Jay Forrester)教授。1965年,他发表了一篇题为《企业的新设计》的论文,运用系统动力学原理,非常具体地构想出未来企业组织的理想形态——层次扁平化、组织信息化、结构开放化,逐渐由从属关系转向工作伙伴关系,不断学习,不断重新调整结构关系。彼得·圣吉是学习型组织理论的奠基人,作为佛瑞斯特的学生,他一直致力于研究以系统动力学为基础的更理想的组织,他用了近十年的时间对数千家企业进行研究和案例分析，于 1990 年完成其代表作《第五项修炼——学习型组织的艺术与实务》。他指出"现代企业所欠缺的就是系统思考的能力，之所以会如此，正是因为现代组织分工、负责的方式将组织切割，而使人们的行动与其时空上相距较远。当不需要为自己的行动的结果负责时，人们就不会去修正其行为，也就是无法有效地学习。"

（1）学习型组织的基础：团结、协调及和谐。组织学习普遍存在"学习智障"，个体自我保护心理必然造成团体成员间相互猜忌的情况，这种所谓的"办公室政治"导致由高智商个体组成的组织群体反而效率低下。从这个意义上说，班子的团结，组织上下的协调以及群体环境的民主、和谐是建构学习型组织的基础。

（2）学习型组织的核心：在组织内部建立完善的"自学习机制"。组织成员在工作中学习，在学习中工作，学习成为工作新的形式。

（3）学习型组织的精神：学习、思考和创新。此处学习是团体学习、全员学习；思考是系统、非线性的思考；创新是观念、制度、方法及管理等多方面的更新。

（4）学习型组织的关键特征：系统思考。只有站在系统的角度认识系统，认识系统的环境，才能避免陷入系统动力的旋涡里去。

（5）组织学习的基础：团队学习。团队是现代组织中学习的基本单位。许多组织不乏就是组织现状、前景的热烈辩论，但团队学习依靠的是深度汇谈，而不是辩论。深度汇谈是一个团队的所有成员，摊出心中的假设，而进入真正一起思考的能力行为状态。深度汇谈的目的是一起思考，得出比个人思考更正确、更好的结论；而辩论则是每个人都试图用自己的观点说服别人同意的过程。

（6）学习型组织的五项要素：建立共同愿景、团队学习、改变心智模式、自我超越、系统思考。

（三）业务流程重组

业务流程重组（简称 BPR）最早由美国的麦可汉默（Michael Hammer）和杰姆强普（Jame Champy）提出，这种管理思想在 20 世纪 90 年代达到了全盛。它强调以业务流程为改造对象和中心、以关心客户的需求和满意度为目标、对现有的业务流程进行根本的再思考和彻底的再设计，利用先进的制造技术、信息技术以及现代的管理手段、最大限度地实现技术上的功能集成和管理上的职能集成，打破传统的职能型组织结构，建立全新的过程型组织结构，从而实现企业经营在成本、质量、服务和速度等方面的巨大改善。

（1）企业内部业务流程重组核心内容：在 BPR 定义中，根本性、彻底性、戏剧性和业务流程成为备受关注的四个核心内容。

（2）企业内部业务流程重组的原则：清除、简化、整合、自动化。

（3）企业内部业务流程重组的原理：消除浪费、减少浪费、简化流程、需要时可能组合流程步骤、设计具有可选路径的流程、并行思考、在数据源收集数据、应用信息技术改进流程、让用户参与流程重组。

（四）柔性管理

柔性管理是现代饭店业的经营管理新趋势。所谓"柔性管理"是相对于"制度管理"提出来的。柔性管理是"以人为中心"，依据企业的共同价值观和文化、精神氛围进行的人格化管理。它是在研究人的心理和行为规律的基础上，采用非强制性方式，在员工心目中产生一种潜在的说服力，从而把组织意志变为个人的自觉行动。柔性管理的特征是：内在重于外在，心理重于物理，身教重于言教，肯定重于否定，激励重于控制，务实重于务虚。其最大的特点是依靠人性解放、权力平等、民主管理，从每个员工的内心深处激发出内在潜力、主动性和创造精神，使他们能真正做到心情舒畅、不遗余力地为企业不断取得新的优良业绩,成为企业在全球性剧烈的市场竞争中取得竞争优势的力量源泉。柔性管理在现代饭店企业管理中发挥着重要的作用。

(1) 柔性管理能够激发人的创造性。在工业社会,主要财富来源于资产,而知识经济时代的主要财富来源于知识。要让员工自觉、自愿地将自己的知识、思想奉献给企业,实现知识共享,单靠制度管理不行,只能通过柔性管理。

(2) 柔性管理能帮助企业适应瞬息万变的外部经营环境。在知识经济时代,必须打破传统的严格的部门分工的界限,实行职能的重新组合,让每个员工或每个团队获得独立处理问题的机会,独立履行职责的权利。仅仅靠规章制度难以有效地管理,只有通过柔性管理,才能提供"人尽其才"的机制和环境,才能在激烈的竞争中立于不败之地。

(3) 柔性管理能满足柔性生产的需要。人们的消费观念、消费习惯和审美情趣处在不断变化中,满足个性消费者的需要,对内赋予每个员工以责任,这可以看作是当代生产经营的必然趋势。知识型企业生产组织上的这种巨大变化必然要反映到管理模式上来,促使管理模式的转化,使柔性管理成为必然。

五、经营要素与经营决策

(一) 关于经营

经营含有筹划、谋划、计划、规划、组织、治理、管理等含义。经营和管理相比,经营侧重指动态性谋划发展的内涵,而管理侧重指使其正常合理地运转。经营和管理合称经营管理。

企业的经营是根据企业的资源状况和所处的市场竞争环境对企业长期发展进行战略性规划和部署、制定企业的远景目标和方针的战略层次活动。它解决的是企业的发展方向、发展战略问题,具有全局性和长远性。

企业的经营是企业或经营者有目的的经济活动,是经营者在国家方针政策的指导下,根据国家计划任务、市场需求状况及企业自身的需要,从本身所处的内外环境条件出发,对企业的经济活动进行的筹划、设计与安排。

(二) 经营要素

经营要素就是指企业投入生产经营过程中的各种资源。任何企业的生产经营都必须先投入一定种类和数量的资源,才能最终生产和经营一定的产品或提供服务。因此,经营要素是企业进行正常生产经营活动必不可少的客观条件和物质基础。企业的经营要素主要有:

(1) 土地。在农业中,土地是基本的生产资料,它既是农业生产活动的基地,又是农业生产的劳动对象和劳动手段,而在工商、服务等行业中,土地只是作为生产经营的基地和场所。在目前科学技术条件下,土地的功能是其他任何生产资料都无法替代的。土地的质地和肥力不同、地理位置不同,其经济价值就不同,它们对企业的生产经营及经济效益的影响也各不相同。

(2) 劳动力。劳动力是指企业内部生产产品或为企业提供智力和服务的人。它包括管理人员、技术人员、工人等。劳动者在生产力要素中居支配地位,是最活跃、最富有创造力的因素。企业因人而生、由人组成,企业的任何一项经济活动都要靠人来组织,它的任何一台设备都要靠人来操纵指挥,所以劳动者的数量和质量、劳动力的组织和搭配均会直接影响企业的效益。在现代社会中,劳动者素质、积极性的高低,以及创造性的强弱,在很大程度上决定着企业未来的前途和命运。

(3) 资本。资本是指企业事先用于生产经营所垫付的货币资金和生产资料,又称本金。一定数量的货币资本是企业创立时所必需的条件之一,它也是企业生产经营全过程中始终都必需的条件。在商品经济中,货币作为一般等价物的特殊商品,深受人们的青睐。企业的任何经济活动,都离不开货币资金。企业经济活动效益的好坏往往也要通过货币来衡量。因此,在某种程度上可以说企业生产经营的目标是确保企业资本的增殖。生产资料是一定数量货币物的表现形式,又称劳动手段,它是企业生产经营的物质基础,它需要企业用货币在市场上购买。同劳动一样,生产资料也是创造物质财富的源泉,它包括劳动资料和劳动对象。劳动资料是人们在劳动过程中用来改变或影响劳动对象的一切物质资料和物质条件。企业正是利用这些劳动资料才使劳动对象发生预期的变化,生产出市场所需产品。因此,劳动资料特别是机器设备的数量和质量、工艺技术的先进程度,对企业生产经营的进行及效率影响甚大。劳动对象是指人们在生产中将劳动加之于其上的一切东西,它包括自然物和原材料两大类,其中自然物的品位、蕴藏量、开采的难易程度,原材料的品种、质量是影响企业生产效率和产品质量的关键因素。随着科学技术的发展,人们将会发现自然物更多有用的属性,创造出许多新材料,从而使原材料种类更加多样化,替代范围更加广泛。

(4)技术。技术是人们所掌握的知识在生产中的具体应用,泛指根据生产实践经验和自然科学原理发展而成的各种工艺操作方法和技能。除此之外,它包括相应的生产工具和其他物资设备、生产的工艺过程或作业程序方法。技术常常蕴藏在人们的头脑之中,并通过人们的四肢等器官表现出来,更多情况下,技术物化在生产资料中,以生产资料为载体,通过其质量、种类、性能等表现出来。科学技术的发展可以使人们操纵更多的机器设备,极大地提高劳动效率。新技术、新工艺、新材料不仅能节约时间、费用和材料,而且还能增加生产总量,创造出许多新的产品,

增加产品的使用功能,开拓新的市场。因此科学技术对企业的生存及发展至关重要,也正是由于现代科学技术的飞速发展,人们生活中才出现了功能齐全、日益先进、种类多样的现代化生活消费品。

(5)信息。信息就是接受者预先不知道的音信和消息,这里主要指经济信息。信息同材料、能源一起被称为现代科学技术的三大支柱。在市场经济高度发达的今天,市场有关信息,如需求种类、数量,产品价格,竞争对手的实力、策略,新工艺、新项目、新产品等等,其中的任何一个信息都有可能使一个企业迅速摆脱困境,出现新的转机,获得高额的利润。正是由于信息的巨大价值,现在社会上出现了许多专门以提供信息为生的企业,如信息咨询公司、点子公司等。

在现代化的社会大生产条件下,企业的上述经营要素必须紧密结合,有效配置,才能充分发挥它们各自的作用,为企业创造更多的利润。在上述要素中,土地、资本、劳动力均属于有形资源,而技术和信息则属于无形资源。随着社会生产力的发展和科学技术的进步,无形资源在企业中所起的作用越来越大。土地、资本或劳动力众多的国家,并不一定就富;土地、资本或劳动力短缺的国家也不一定就穷。其原因就在于其资源的发挥和运用。因此,对于现代企业的经营者来说,只计较土地、资本和劳动力的多寡,而忽略技术和信息,必将给企业带来灾难性的损失。

(三)经营决策

(1)决策的内涵。决策一词的意思就是为了达到一定的目标,采用一定的科学方法和手段,从两个以上的方案中选择一个满意方案的分析判断过程。管理就是决策,是指通过分析、比较,在若干种可供选择的方案中选定最优方案的过程。

(2)决策的分类。决策可以按决策的作用、性质、问题的条件和结构进行分类,详见

表1-1。

表1-1 决策的分类表

分类标准	分类	内涵
作用	战略决策	有关企业的发展方向的重大全局性决策,由高层管理人员作出
	管理决策	为保证企业总体战略目标的实现而解决局部问题的重要决策,由中层管理人员作出
	业务决策	基层管理人员为解决日常工作和作业任务中的问题所作的决策
性质	程序化决策	有关常规的、反复发生的问题的决策
	非程序化决策	偶然发生的或首次出现而又较为重要的非重复性决策
问题的条件	确定性决策	可供选择的方案中只有一种自然状态时的决策,即决策的条件是确定的
	风险型决策	可供选择的方案中,存在两种或两种以上的自然状态,但每种自然状态所发生概率的大小是可以估计的
	不确定型决策	在可供选择的方案中存在两种或两种以上的自然状态,而且这些自然状态所发生的概率是无法估计的
结构	结构化决策	对某一决策过程的环境及规则,能用确定的模型或语言描述,以适当的算法产生决策方案,并能从多种方案中选择最优解的决策
	非结构化决策	决策过程复杂,不可能用确定的模型和语言来描述其决策过程,更无所谓最优解的决策
	半结构化决策	介于以上二者之间的决策,对于这类决策可以建立适当的算法产生决策方案,并能从决策方案中得到较优的解决

(3)决策的程序。

①确定决策目标。决策目标是指在一定外部环境和内部环境条件下,在市场调查和研究的基础上所预测达到的结果。决策目标是根据所要解决的问题来确定的,因此,必须把握住所要解决问题的要害。只有明确了决策目标,才能避免决策的失误。

②拟定备选方案。决策目标确定以后,就应拟定达到目标的各种备选方案。拟定备选方案:第一步是分析和研究目标实现的外部因素和内部条件、积极因素和消极因素,以及决策事物未来的运动趋势和发展状况;第二步是在此基础上,将外部环境的不利因素和有利因素、内部业务活动的有利条件和不利条件等,同对决策事物未来趋势和发展状况的各种估计进行排列组合,拟定出实现目标的方案;第三步是将这些方案同目标要求进行粗略的分析对比,权衡利弊,从中选择出若干个利多弊少的可行方案,供进一步评估和抉择。

③评价备选方案。备选方案拟定以后,便是对备选方案进行评价,评价标准是看哪一个方案最有利于达到决策目标。评价的方法通常有如下三种:经验判断法、数学分析法和试验法。

④选择方案。选择方案就是对各种备选方案进行总体权衡后,由决策者挑选一个最好的方案。

⑤执行方案。任何方案只有真切地得到实施后才有实际的意义,因此执行方案是决策的落脚点。

⑥回馈评估方案。通过对决策的追踪,

检查和评价,决策者可以发现决策执行的偏差,以便采取措施对决策进行控制。

（四）企业经营决策

企业经营决策就是企业等经济组织决定企业的生产经营目标和达到生产经营目标的战略和策略,即决定做什么和如何去做的过程。企业经营决策包括以下要素：

（1）企业经营决策的要素包括决策者、决策目标、决策备选方案、决策条件和决策结果。

（2）决策者是企业经营决策的主体,是决策最基本的要素。决策者是系统中积极、能动,也是最为关键的因素。实际上组织中的决策者就是组织的领导者。现代组织中个人决策逐渐被群体决策所取代,集体决策或团队决策成为现代决策的主体。

（3）决策目标的确立是科学决策的起点。为决策指明了方向、为选择行动方案提供了衡量标准、为决策实施的控制提供了依据。

（4）针对一个具体的决策事宜准备两个以上的决策备选方案。

（5）决策条件是指决策过程中面临的时空状态,即决策环境（内外部）。

（6）决策实施后产生的效果和影响。

【任务拓展】

通过经营管理经典理论的学习,学生应对泰罗、法约尔、梅奥、巴纳德等一批著名经营管理学家的思想有了一个全面的了解。一百多年来,这些经营管理大家的实践和思想对世界企业经营管理产生了巨大的影响,为世界经济发展作出了巨大的贡献。在当今世界经济一体化、信息技术飞速发展的今天,经典的经营管理理论仍然具有强大的生命力,是经营管理现代企业的重要理论支柱。正确认知经典经营管理理论是每一位经营管理者的必修课。

请阅读以下两个案例,通过小组讨论和个人思考回答问题。

该不该处罚？

某饭店在开业前各部门仓促制定了一系列的规章制度,并于开业后正式实施。半年来,饭店制度管理的情况不尽如人意,主要问题有两个方面：一是由于开业准备仓促,饭店及部门的制度不切实际,有些条文缺乏实施的客观条件,导致执行困难；二是由于在制度管理问题上认识不一致,导致处理意见分歧或让管理者感到左右为难。

某日客房值台服务员小张在楼层工作间休息,客人因未能得到及时服务而投诉饭店。据调查,小张生病并有两天病假,但小张考虑到饭店团队特别多,人手紧张,故第二早上又拖着虚弱的身体前来上班。下午1:00小张觉得十分疲惫,借客人午休时间进入工作间休息片刻,以便下午有充沛的体力为客人服务。谁知刚休息就有客人因找不到服务员而投诉到大堂经理处。

某日一位饭店管理专家来饭店,临走时,对饭店的盛情款待表示感谢。并提出了几条建议,其中提到从管理人员到普通员工,行为举止比较随便,如手插口袋、工作场所拨弄头发等。饭店总经理听后觉得很有道理,当天就布置总经理办公室拟定一个员工的行为规范,并立即贯彻执行,为了加强执行的力度,规定凡是违反行为规范者,扣发当月奖金,执行的第一天相当一部分人违反了规范。

思考题：

如果你是当日值班经理或者是大堂副理,以上两种情形你认为该不该处罚？应该如何处罚？结合所学理论知识,说出自己的观点。

赵某的两难境地

赵某是某饭店负责员工考勤的行政工作人员。某日,他正常在员工考勤打卡处负责员工的考勤。正在此时,他收到了该饭店某员工蔡某的短信,大意是今天起晚了,来不及考勤,可能要迟到,请他帮忙考勤。赵某陷入了两难境地。原因是这样的,该饭店为了丰富员工的业余生活,组织了篮球俱乐部,而蔡某正是该篮球俱乐部的负责人,有一身较好的球技。赵某也是篮球的狂热爱好者,尤其对蔡某的球技和组织能力非常佩服。如果他不帮蔡某考勤,势必在日后篮球俱乐部组织的各种活动中难以面对负责人蔡某;但是他的职责告诉他不应该玩忽职守,擅自帮他人开后门,从而影响正常的管理和考勤的威信。赵某左右为难,不知该怎么办。

思考题:
①如果你是赵某,你应该做何选择?
②饭店管理者应该采取哪些措施避免"非正式组织"对"正式组织"的冲击?

【任务反馈】

掌握经典经营管理基础理论是成功经营管理饭店的基础。传统经营管理理论博大精深,需要花时间和精力去学习。初学者往往感到管理理论枯燥无味、难以理解,如何形成扎实的经营管理理论功底呢?

释疑:要形成经营管理扎实的理论知识,应该从以下三个方面入手:

①多阅读经典经营管理理论著作。例如,泰罗的《管理科学的实质和管理人员的责任》、法约尔的《管理的要素》、西蒙的《效率准则》等等,有条件的情况下阅读原著。通过研读经营管理大家的著作,汲取理论养分。

②多听经营管理名家讲课。积极创造条件,通过大学讲堂、网络视频资料等听取当今经营管理名家的学术讲座和精品课程,通过名家的阐述来加深对经典经营管理理论的理解。

③多思经营管理实际问题。学会思考,结合经典经营管理理论去思考现实经营管理的现象、问题是提升经营管理理论水平的重要途径。

任务三 饭店经营管理认知

【案例聚焦】

扬子饭店的差异化战略

到20世纪90年代,上海大批现代化饭店已崛起。扬子饭店因设施设备陈旧,虽地处繁华的市中心,但已失去了昔日的风采,出租率、平均房价出现了从未有过的滑坡。

饭店在进行大量市场调研后得出这样的结论:经济全球化趋势必将加速上海国际化进程,商务客市场将逐渐膨胀,商务饭店有效需求存在。我们所要做的就是解决改善供应,并有所为和有所不为,在功能上增加现代通讯功能,为商务客提供便捷的通讯服务。改造方案经整体规划后,实行分步实施的原则,这样既规避了产品创新带来的市场风险,又解决了资金不足的问题。

一期改造我们做了饭店外墙、大堂、二楼餐厅及四十套行政客房的改造,采用光纤加超五类布线,形成了覆盖于饭店每一角落的综合布线系统。外部充分体现老饭店的历史文化底蕴,客房内布设了四个信息点,可分别接驳电话、传真、电脑及其他信息设备。商务客在客房内可同时上网、收发传真、打电话。商务会议室配有先进的大屏幕投影机和带有同声传译接口的数字化会议系统,24台多媒体电脑实现联网操作,提供互联网宽带接入和多媒体视频等服务,极大地方便了商务客在沪的工作与生活。

一期改造成功后,我们在经营中注重

收集宾客信息,针对商务客人的需求进行一系列创新,不断完善,丰富差异化改造方案,在设施设备上体现好客性。每个开关和插座的位置都经过反复调试,将原来安装在桌前低位的电源插座改在写字台面正前方墙面,背面用大块木制板面处理,既美观又极大地方便了客人接插手提电脑、接驳数据接口、完成各种电器充电,同时增加了插座的稳定性,便于维修保养和日常清洁。

此次战略的实施逐步确立了扬子饭店市场竞争优势地位,很多大公司与我们签订了订房协议,便捷和富有特色的商务服务得到商务客人的普遍赞扬。有次一位第二天将飞回公司总部的住店外资公司客人,提出上网要求。原来他们公司在山东一项工程遇到技术问题需紧急处理。要在十几个小时内赶个来回,又不能错过次日航班显然是不可能的,只有通过网络解决难题。很快通过我们在客房内提供的上网服务,客人在电脑上忙碌一阵后,解决了技术难题,并对我们的特色服务赞不绝口。通过近年来的具体实践,扬子饭店取得了可喜的成绩,初步建成智能型商务饭店,宾客满意率、回头率显著提高。

扬子饭店通过实施差异化战略重新焕发了青春,赢得了生机,确立了竞争优势地位。饭店实施差异化战略的关键在于推出不同于竞争对手的特色产品,能为顾客创造多少价值,而为顾客创造价值又必须基于对饭店目标市场客源层需求的理解和对饭店市场趋势的把握。

【任务执行】

饭店是特殊的企业,其特殊性决定了经营管理独有的特点和规律。

饭店经营和管理是两个密不可分的概念,但有着不同的内涵。经营是在国家政策指导下,以市场为导向,充分利用市场规律,通过与市场的双向信息交流,对饭店的经营方向、目标、内容、方式、市场策略等作出决策。经营的重点是"眼睛向外",针对市场、针对需求。管理是为了达到饭店的经营目标,对饭店的人力、财力、物力进行合理的组织、调配和组合,形成饭店的接待能力,最大限度地满足市场需求。管理的重点是"眼睛朝内",针对具体业务,针对内部的人、财、物、组织、制度等方面。经营的内容包括:市场状况分析、开发组合饭店产品以求最大可能地占有市场、参与市场竞争、扩大客源市场等;管理包含的主要内容是:根据科学管理原则组织和调配饭店的人、财、物、信息四大资源,遵循饭店业务运转的客观规律使业务正常运营,在业务运转中保证和控制服务质量,激励并保持员工的工作积极性,通过核算工作保证达到饭店经营的经济目标。经营和管理是两个内涵既有区分又有交叉的概念,经营中蕴含着管理,管理中蕴含着经营,二者互相融合、密不可分。饭店管理者必须既懂经营又懂管理,并能把两者有机结合起来贯穿于实际管理工作之中。

一、饭店经营管理内涵

饭店经营管理是指管理者在充分了解市场需求的情况下,为实现饭店目标,遵循有关法律法规,采取有效的管理方法,对饭店拥有的资源进行计划、组织、指挥、协调和控制等一系列活动的总称。

饭店的目标是取得一定的社会效益和经济效益。社会效益是指饭店在经营管理过程中给社会带来的影响和贡献,包括社会对饭店的认可程度、饭店在社会上的形象等。经济效益是指饭店投资的回报,获取最大的投资回报是任何一家饭店追求的目标。社会效益和经济效益是相互促进的,只有两个效益一起抓,饭店才会实现目标,得到长足发展。

饭店的资源是饭店管理的重要因素,也是管理活动的对象,包括饭店的人力资源、财力资源、物力资源、时间资源和信息资源。

(一)饭店经营管理职能

饭店是多种业务、多个部门合成的有机整体。饭店为了满足各类宾客的多种需要,形成了庞杂的业务和繁复的事务;为确保提供一流的服务,必须确立管理的内容。通过饭店管理过程,执行管理的职能,以达到预期的经营目标,故要执行以下几方面的管理职能。

(1)决策计划职能:饭店管理的决策计划职能体现在饭店经营目标和规定实现目标的途径方法管理上。决策计划职能包括确定目标前对市场状况与饭店状况的了解分析、决策目标、制订计划、确定执行计划的途径和方法等。

(2)组织职能:为达到饭店的决策目标,管理者要通过组织职能对饭店结构进行合理的设置,对人、财、物进行合理的调配,确定各级各部门的责、权、利并督导执行。饭店管理的组织职能贯穿于整个经营业务活动中,是管理的重要职能。

(3)指挥职能:管理的指挥职能是管理者凭借权力和权威,对指挥对象发出的指令,使之服从代表决策计划的管理者的意志并执行。为了实现饭店的决策目标,必须保证饭店的人、财、物按决策目标统一方向、统一行动。饭店管理指挥以现代管理的等级链为原则,即微型垂直领导,令出一头,令行禁止。

(4)协调职能:饭店是具有多种功能的综合性企业。为使各部门保持自身的有效性,并且不偏离饭店的总目标,就必须由管理者执行管理的协调职能。现代饭店实行分工负责、相互协作的原则,这样既可提高工作效率,又可提高单位的工作质量。

(5)控制职能:饭店管理的控制职能是从管理人中接受饭店的市场信息和内部信息,按决策目标和核定的标准对饭店的经营活动进行监督、调节、检查、分析,使之不发生偏差而依预计目标正常动作,以达到预期目的。饭店是生产无形服务产品的企业,其生产方式主要是手工劳动,要制约人们的劳动过程,只能靠控制职能。控制职能要求对各种业务活动的过程或结果制定一个明确的有质有量的标准。标准体现在服务过程的程序标准中,体现在对有形服务和无形服务的数量标准和质量标准上。

(二)饭店经营管理层次

(1)上层经营管理。该层包括总经理、副总经理、总经理助理、总监。他们的主要职责有规划、组织、决策、协调、革新、控制、外联等。一般来说,他们不直接领导很多部属。从上层管理人员的工作来看,亦可分为四个方面的责任:公关、人事、财产、财务。

(2)中层经营管理。该层包括各部门经理、副经理或相当于这一职务的人员。中层管理人员上对总经理负责,下对基层管理人员负责,独当一面,责任重大,对饭店的经营管理起着重要的作用。该层人员主要职能是指导、控制、沟通、预算、决策等。

(3)基层经营管理。该层包括主管和班组长,经理助理亦在此列。他们直接同职工打交道,是管理层与被管理层之间的桥梁。他们的主要职能是督导,但也起到了协调、沟通、控制等作用。

但是,各层经营管理人员的职能并非是一成不变的,也依时间或具体情况而变动。比如饭店营业好的时候,应侧重决策、规划、协调、指导;营业下降时,应侧重控制和预算。基层经营管理人员管理职责的重点是督导、报告、协调;中层管理人员管理职责的重点是控制和预算;上层经营管理人员管理职责的重点是规划、决策、组织、控制、外联等。

(三)饭店经营管理内容

(1)资产管理。经营管理饭店就是在使顾客满意的前提下去谋取利润,那么作为饭店管理人员就要知道饭店这一资产经营的设施设备的标准和服务的要求,设施设备的采购、安全、维护、更新的要求等。

(2)计划管理。饭店计划管理就是指饭店管理者规划在未来一段时期内做什么,谁去做,如何去做。在饭店管理中,要么是事先、主动地去进行计划管理,要么是事后、被动地去进行问题管理,即危机管理。显然,后者是不可取的。如饭店着火了,才去建立饭店防火安全系统,才去教导公关人员如何掌握消极防范的公关技术,并且阻止新闻媒介的报道,以消除不利的公众影响,这就为时太晚了。

(3)组织管理。只要存在一种大家执行统一意志的团体,这种团体就可称为组织。饭店公司就是一批人像一个人一样承担责任和行动的法人组织。饭店组织管理实际上就是对饭店这一组织所承担的任务在全体成员之间分工合作进行管理,目的是完成饭店组织所承担的任务。

(4)人事管理。人事管理的工作有:确定饭店每一部门和岗位所需要的员工数量,挑选录用员工,将合适的员工分配到合适的岗位上去,培训员工,对员工进行日常管理,其中包括对员工的工资管理、评估考核管理和奖惩、晋升、辞退等管理。

(5)沟通管理。沟通就是指信息传递与反馈的双向交流。饭店管理者需进行有效的指挥与指导,所要做的就是处理信息,做出决策。信息的获得就是通过有效的沟通,获得上级的更多支持、同级的默契合作以及下级的理解与帮助。

(6)协同管理。在饭店日常工作中,在员工与员工之间、员工与管理人员之间、宾客与员工之间,经常产生意见不一致的情况,甚至因此发生冲突。协调管理就是指饭店管理者及时地发现冲突并分析多种冲突的性质、类型,并选择正确的方法及时加以解决。如国际饭店制定宾客投诉处理的程序和员工抱怨处理程序等。

(7)动力管理。动力管理又叫激励管理,是指一名饭店管理者创造出使他/她的下属愿意不断地全力工作的态度与行为的管理。美国假日饭店集团的格言之一是"没有满意的员工就没有满意的顾客,没有使员工满意的工作场所,也就没有使顾客满意的享受环境",这说明员工的满意、员工具备积极工作的动力和行为与顾客的满意这三者有密切的联系。每一个管理者都要注重动力管理。

(8)预算与财务管理。不少饭店管理者认为,预算与财务管理是财务部门的事,与自己无关,这种观点是十分错误的。因为只要是涉及用人、用物,就会涉及用钱,而每一个饭店管理者即使没有直接支配钱的权力,至少都拥有支配人和物的权力,因此每一个管理者都直接或间接地和资金的收支预算及管理有关,都必须参与收支的预算与财务管理。

(9)经营运行管理。饭店的投资与经营形式的恰当选择,有利于对饭店产品、价格、销售渠道、促销方式和广告、公共关系与公共宣传的系统管理,以做到使饭店始终有大量顾客,在满足顾客需要的同时,获得长期的满意的利润。

(四)饭店经营管理参数

饭店经营管理参数是指用绝对数和相

对数来说明饭店企业经营管理实际情况的数据。绝对数是直接从饭店财务报表、统计报表、各类计划书等经营管理资料中获取的数据,如销售额、营业天数、利润、日平均就餐人数等等。相对数是两个以上绝对数比较的结果,他反映了饭店企业经营管理过程中的各类情况之间的关系,如饭店员工平均工资效率、万元营业额耗能、经营程度、菜肴喜欢程度、菜点成本率、库存周转率、客房的平均出租率、床位的利用率、取消预订比率、无预订比率等。这些数据反映了饭店经营管理的状态和存在的问题,为经营管理决策提供了科学的依据,是饭店企业提升服务质量、抵御市场风险、提高经营效益,实现企业经营管理目标的重要参数。

饭店经营管理者应根据本地区、本饭店的实际情况,及时准确收集、整理、比较饭店经营管理参数数据,形成一定时期内的动态管理参数,为调整经营管理战略和策略提供科学的决策依据。在教材的模块三、四中将具体叙述饭店经营管理参数。

二、饭店经营管理法规与制度

(一)饭店经营管理法规

饭店法规是调整饭店开设、经营中各种法律关系的法律规范的总和,内容涉及民法、行政法、刑法等法律部门。

最早产生饭店法的国家是中世纪的英国,这部饭店法至今已有五百年的历史。在英、美、法、比等国的法律百科全书中,都有"饭店法"这一条目,详细论述旅客同饭店、餐厅之间有关接待、服务、人身以及财产安全等方面的权利和义务关系。英、美等普通法系的国家还有大量关于饭店法的判例和单行法规。我国香港地区也有关于饭店的单行法例,如香港的《旅馆业条例》和《饭店东主条例》。而大陆法系的德国则在其《民法典》的债务关系法编中规定了"旅店主宠物的携入",明确了饭店对旅客财产的责任。从各国立法上看,对饭店业的专门性立法并不多,尤其在确认饭店和旅客之间的权利和义务关系的问题上,主要侧重于适用民法的规定。1978年国际私法协会起草了《关于旅馆合同的国际协定草案》,虽未生效,但可作为各国的立法范本和仲裁基础。另外国际饭店协会执行委员会于1981年批准了《国际饭店法》,并获得了国际饭店业的普遍承认。该法在宗旨中写明,"法规可作为各国有关饭店住宿契约立法的辅助性条款"。此法现仍具法律效力。

饭店业在我国虽然已经取得了长足的发展,但目前有关饭店业的立法并不完善。由于缺乏专门性的规定,在实践中只能适用《合同法》和《民法通则》中"民事责任"的一般性规定。可是在归责原则,饭店的责任范围和责任限额方面,饭店法有自己的要求,由于对其没有专门性的规定,处理实际案件时会产生一定困难。除了民法之外,对饭店规定较多的就是行政法方面的内容,如《旅馆业治安管理办法》。国家旅游行政管理部门还出台了一系列技术标准,例如《旅游涉外饭店星级标准》,但此类标准的强制性有一定限制。除了国家立法之外,《中国旅游饭店行业规范》是行业性自律规范。

(二)饭店制度化经营管理

饭店经营管理制度化是指饭店制度规范为基本手段协调饭店组织集体协作行为的一种管理理念和模式,即用制度来管理人。

1. 制度的分类

饭店经营管理制度一般分为基本制度、管理制度、业务技术规范和个人行为规范等。

(1) 基本制度。基本制度是指饭店体制、机制方面的规定，主要包括企业的法律和财产所有形式、企业章程、董事会组织、高层管理组织规范等方面的制度和规范。它规定了企业所有者、经营管理人员、企业组织成员各自的权利、义务和相互关系，确定了财产的所有关系和分配方式，制约着企业活动的范围和性质，是涉及企业所有层次、决定企业组织根本的制度。

(2) 管理制度。管理制度是为企业管理各基本方面规定的活动框架，调节集体协作行为的制度，用来引导、约束、激励集体性的行为，成体系的活动和行为规范，如人事管理制度、安全管理制度、财务管理制度等。组织管理的体系中，相当一部分是管理制度，它是将单独分散的个人行为整合为有目的的集体化行为的必要环节，是饭店管理的基本手段。是指饭店各部门的运行机制的规定。

(3) 业务技术规范。业务技术规范是涉及某些技术标准、技术规程的规定，如服务规程、操作规程等。它是针对饭店业务活动过程中那些大量存在、反复出现，又能摸索出科学处理办法的事务所制定的作业处理规定。业务技术规范大都有技术背景，以经验为基础，是概括和提高了的工作程序和处理办法，其所规定的对象均具有可重复性特点，程序性很强，是人们用来处理常规化、重复性问题的有力手段。

(4) 个人行为规范。饭店企业中，个人行为规范是指专门针对个人行为制定的规矩，如礼貌服务守则、员工行为规范等。个人行为规范是所有对个人行为起制约作用的制度规范的统称。它是企业组织中层次最低、约束范围最宽，但也是最基础的制度规范。个人行为规范是组织中对行为和活动约束的第一个层次，其效果好坏、程度如何往往是更高层次约束能否有效实现的先决条件。

2. 饭店制度的功能

(1) 保证功能。饭店制度所确定的工作职责、权力范围，每项工作或服务的程序、质量标准和应该承担的责任等，这实际上是为每个员工确定了工作的准则，对每个员工的行为具有引导与控制作用。同时，饭店的每一项制度都是饭店对员工进行管理的法律依据。饭店招聘、解雇员工，对员工工作质量的评估等，都必须以饭店的规章制度为准绳。饭店正是通过以制度为依据的有序管理，建立起饭店运行的正常秩序，保证了业务经营活动的正常进行。

(2) 控制功能。饭店要在市场竞争中得以生存和发展，服务质量是关键。而饭店服务具有综合性、全过程性、直接性，以及生产与消费的同一性的特点。它不仅需要满足消费者物质方面的需求，而且要满足消费者精神方面的需求；它需要饭店人员自始至终为消费者提供同等优质的服务，任何环节的失误都意味着整个产品的失败；它是一种面对面的服务过程，服务状况与服务质量是与服务者和被服务者的心理需求之间所反映的适应性相联系的。饭店产品的这些特点决定了饭店服务的劳动密集度，这就使管理层难以提供一种真实具体的考核与监督服务质量标准。而信息的非对称性与活劳动的服务更使监督成为难题。因此，饭店这种非实体性产品给饭店的服务员提供了机会主义和"搭便车"的空间，这也增加了饭店管理层对真实服务质量的考核的难度。因此，饭店的制度管理就显得更为必要。只有通过制度安排，控制服务人员的服务质量等级，才能有效控制饭店的质量。

(3) 激励功能。饭店制度不仅为员工

提供了工作的准则、指明了前进的方向，而且还能令员工产生一定的压力和动力，如饭店的等级制度、流动制度、竞赛制度、奖罚制度等，这必然会激励员工奋发向上、不断进取，从而使企业产生一种活力。

（三）饭店制度化管理要求

制度管理就是以制度的制定与执行来协调企业组织集体协作行为的管理方式。饭店制度管理的基本要求主要有：

1. 符合饭店管理的客观规律

首先，饭店制度必须根据饭店经营管理的需要和全体员工的共同利益来制定，服从饭店经营管理的目标。对员工而言，制度不仅要起到规范员工行为的作用，而且还必须起到引导与激励的作用。制度的出发点应本着"鼓励发扬优点、抑止消除缺点"的思想，从而使制度起到"扬善"的目的，促进员工人性中优点的发挥。因为只有员工积极参与工作，饭店各项工作才能顺利开展。因此，饭店在制定制度的过程中，既要充分考虑饭店目标，又要充分考虑到员工的利益。如果仅从饭店目标考虑而不顾及员工利益，那么就会影响到制度的执行。其次，饭店制度必须符合客观实际。饭店的规范不应千篇一律，而必须考虑到绝大多数员工的思想觉悟水平、心理承受能力以及饭店实施的客观条件，要符合人们的行为规律。再次，制度必须是严谨的。在制定制度时，必须严谨、踏实，做到实事求是，切实可行。同时，要注意制度条文要明确、具体、易于操作。

2. 维护制度的权威性和强制性

第一，制度一旦制定成型，就应严格执行，以维护其权威，执行制度要严格、有力度。制度作为企业的法规具有强制性，不一定要获得所有人的理解之后再执行。第二，制度是全体员工共同遵守的准则，是员工行为的依据，具有无差别性的特点。

制度管理必须以事实为依据，以制度为准绳，有制度必依，违反制度必究。在任何情况下，饭店管理者都不能在制度管理上亲疏有别，否则便会损害员工的工作积极性，并危及制度的严肃性，使制度管理的环境发生异化，令制度管理难以进行。"平等"的另一层意思是赏罚分明，功就是功，过就是过，做到赏罚有理有据，合情合理。第三，在处理违章时要有严格的程序，防止情绪化管理。此外，还必须注意制度修订的严肃性，既要在实践中不断完善制度，又要保证制度的相对稳定和持续性。

3. 注意方式方法，把管理工作艺术化

俗话说，制度无情人有情，严格按照制度办事和艺术化处理是相辅相成的，只有这样才能提高管理的有效性。饭店制度管理的艺术性：一是必须注意针对性，要求我们在执行制度中坚持"一把钥匙开一把锁"，必须根据不同的人采取不同的办法。二是要注意灵活性，要做到具体情况具体分析，灵活处理，如奖惩并举、恩威并施、将功补过、多样化选择等。三是要注意情感性，要做到以理服人，以情感人，做好思想工作。四是要注意创造性，讲究与时俱进，方式多样，生动活泼。

（四）饭店制度制定例证

1. 员工手册的制定

每一个饭店的员工手册都有自己的特点，它的制定主要有三个方面的依据：我国政府有关的人事劳动法规、饭店业工作的特点和国际饭店业的惯例。它涉及了员工在饭店工作中的一系列劳动权利、义务、责任以及各种工作要求。

员工手册的具体内容包括：饭店的目标、饭店的组织机构及对各部门工作的说明、劳动管理规定和福利制度、规章制度、奖惩制度。

2. 岗位责任说明书的制定

岗位责任说明书是岗位责任制度的一个重要内容。它说明了某一岗位员工和具有这一岗位身份的员工的工作内容及任职资格。

饭店岗位责任说明书的内容一般有：岗位名称、向谁报告、工作范围概述、具体责任、使用工具、任职条件（工资及其他待遇）、自愿保证、员工签字及签字日期。

仓库主管职责说明书

岗位名称：仓库主管
部　　门：采购部
直接上级：采购部经理
直接下级：酒水管理员、仓库管理员
下级人数：2

一、基本职能

管理仓库人员，解决食品和酒水仓库的日常工作问题；协助食品和酒水的进货工作，确保质量和数量；保持最少投资，减少不必要的损耗；保持卫生标准，执行有关食品和酒水方面的卫生规定。

二、职责

50％管理食品酒水管理员，必要时提供帮助。

5％准备当天的食品订单。

5％准备半周食品订单。

5％保持库存数（烈性酒、啤酒、葡萄酒）。

2％协助采购部经理发订单。

5％准备每月的食品价目单。

2％保存准确的食品酒水供应商档案。

2％协助每月的盘点工作。

2％为行政总厨准备每月的库存食品（没有做成产品的原料）清单。

2％为餐饮部经理准备每月的库存酒水清单。

10％分配杂务；同时检查产品质量；跟行政总厨联络；掌握行情和信息；保持准确的存档。

三、教育程度、经验、技能方面的要求

1. 对文凭不作要求，但有大学文凭更好；
2. 1～2年的食品酒水部工作经历；
3. 会读、会写，英（汉）语流利；
4. 有组织能力。

四、指导工作的能力和独立做决定的权力范围

在采购部经理不在场时能行使采购部管理人员的职责。必须有在采购部经理指导下独立工作的能力。有权雇佣和辞退下属。

3. 作业指导书的制定

作业指导书是用以具体指导某个作业过程,对事物形成的技术性细节进行描述的可操作性文件。作业指导书是针对某个部门内部或某个岗位的作业活动的文件,侧重描述如何进行操作,是对程序文件的补充或是程序文件的具体化。这类文件有不同的具体名称,如工艺规程、工作指令、操作规程等。编写作业指导书的基本要求是:用词准确,文字规范,简明扼要;格式规范,总体结构合理;便于操作人员掌握,方便记忆;要求明确,重点突出,尽可能定量化。

三、饭店经营管理理念

饭店经营管理理念是指支配管理者实施管理的意识和观念,是管理者经营管理饭店的一种思维方式。它来自人们对饭店经营管理实践的一种思辨升华。饭店经营管理理念,直接关系到饭店经营管理的效果,先进的饭店经营管理理念对饭店的稳定、持续发展具有重要的意义。现代饭店新的经营管理理念不断涌现,为现代饭店经营管理提供了很好指导。

(一)绿色理念

这是当前饭店经营管理应对生态和环保要求的一个重要趋势,另外,饭店也可通过创绿活动或实施 ISO 14000 环保认证为饭店节省成本,从而提高经营效益。但现在许多饭店在创绿过程中针对客人推出的一些节水和节能措施,效果发挥得还不是很理想,原因是客人的参与程度不高,事实是国外的客人基本上做得到,国内的客人基本上做不到。鉴于内、外宾在资源意识和环保意识上的明显差异,对于以内宾为主的饭店在创绿过程中还要切实加强对客人的引导和教育。

(二)健康理念

随着人们生活节奏的加快和工作压力的加大,身体健康和心理健康已经成为人们非常关注的一个理念。为适应这种新的发展和变化,希尔顿集团推出了"健身客房"和"精神放松客房"的理念,并配备相应的设施设备。国内也有饭店通过推出"心理咨询"、"压力管理"、"全方位体检问诊"、"心理康复治疗系统"等项目,从关注客人的健康出发来吸引客人。

(三)儿童理念

目前国内有饭店推出"住饭店,孩子可以免费参加由饭店组织的儿童绘画培训班"等项目,用以吸引客人。

(四)文化理念

饭店从某种程度上来说是一种生产文化、经营文化的企业,许多客人到饭店来就是消费文化、享受文化。因此饭店管理创新要在文化氛围的塑造、文化活动的开展、文化项目的出新等方面下些功夫。

(五)忠诚理念

饭店首先要加强客户关系管理,掌握客人兴趣和偏好,塑造忠诚顾客;其次要实行人本管理,重视员工、尊重员工,除工作外,对员工的心理状态、生活状况、个人发展等予以充分关注,从而提高员工对饭店的忠诚度。

四、饭店经营管理环境

(一)饭店经营管理环境涵义

通常的饭店经营管理环境是指影响饭店经营管理的各种外部因素的总和。饭店企业是一个开放的经济系统,饭店经营管理必然受到客观环境的控制和影响。饭店经营管理环境是一个多主体、多层次、发展变化的多维结构系统,主要由两大部分组成:

一是饭店经营管理的宏观环境,一般指对饭店经营决策,尤其是长期的经营决策,普遍产生潜在影响的因素或力量,主要包括政治、法律、经济、科技、社会、文化和自然环境等因素；

二是饭店经营管理的微观环境，主要指直接影响饭店经营活动，同时也受到饭店经营活动影响的环境因素，主要包括消费者、饭店竞争者、饭店供应商、饭店销售代理商、饭店投资者等。

（二）宏观环境

（1）政治环境。它是指一个国家或地区的政治制度、体制、政治形势、方针政策、法律制度等方面，对现代饭店经营产生影响的相关因素。政治环境影响着饭店的建立、饭店的经营活动与发展战略，不同的政治制度、不同的管理体制、不同的法律制度，都会影响到饭店业的建立、饭店的经营活动与发展战略；影响着具体的经营活动，包括资金、土地、人力资源的配置、政策优惠、星级评定、减免税收等方面；影响着饭店的发展，如战争、政治动荡对饭店业的影响是直接和巨大的；影响着饭店与政府的关系，特别是外来饭店或饭店集团与政府的关系，这往往决定了饭店能否全面发展。因此，饭店的经营管理者必须分析和把握政治法律环境的变动趋势，捕捉政策法规提供的有利时机，同时确定政治法律环境对饭店经营战略的限制条件，争取企业经营的有利条件和发展机会，促进旅游饭店取得更好的经营业绩。

（2）经济环境。是指饭店经营过程中所面临的各种经济条件、经济特征、经济联系等各种客观因素，它是各种影响因素中最基本、最重要的因素。影响饭店经济环境的因素有人均国民生产总值、人口因素与个人可自由支配收入、消费结构与产业结构、通货膨胀与物价水平、利率、税率和汇率、经济基础设施以及经济的整体状况等。

（3）科技环境。是指一个国家或地区的科技水平、科技政策、新产品开发能力以及技术发展的动向等。它既影响着人们的消费需求，又影响着饭店经营管理的手段和服务方式。科技的发展使得饭店成为应用高科技比较集中的领域。科技环境影响着饭店的工作效率、竞争力、经营与管理的模式、发展趋势等。

（4）社会文化环境。是指一个国家或地区的民族特征、文化传统、价值观、宗教信仰、教育水平、社会结构、风俗习惯等情况。社会组织结构的变动使具有共同利益的群体成为社会经济生活和文化生活重要的影响力量，社会文化环境是社会经济生活的充分反映。社会文化环境影响着消费群体的选择和对产品与服务的需求、影响和改变着饭店发展的思维和方向、影响着饭店所提供的产品与服务的文化内涵的增加和拓展、影响着饭店特色和创新发展之路，同时由于社会文化环境对时尚、人们的思想观念发生着影响，从而影响着饭店经营观念和战略。

（三）微观环境

饭店经营管理的任务之一是提供有吸引力的产品和服务。本公司、供应商、中间商、顾客和公众以及竞争者等微观环境的对任务的实现有着直接的影响。

（1）本公司。饭店经营管理好坏与饭店最高管理层工作思路、资金筹措和保证、各部门如餐厅需配合计划开发新品、客房部负责提供营销部卖出客房的清洁卫生等有着直接的关系。总之，公司所有各部分通力协作才能实现经营管理的最佳效果。

（2）供应商。供应商作为向饭店提供原材料及各种所需资源的单位，其供货能力及供货价格水平的变化都会深刻地影响饭店的经营管理计划。如某饭店欲推出清真餐厅，专供新疆风味的特色菜，饭店营销部为此制订了完善的营销计划，万事俱备，只欠东风。无奈就在市场引入期边疆地区罕见的雪灾使绵羊大量减产，供应商羊肉价格上涨数倍，餐厅也不得不提高价格，而此价格水平很可能是顾客不愿支付的，因而项目流产了。可见,经营管理必须对供应是否得到保证和供应成本的变化给予关注。

(3) 顾客。顾客是饭店产品的购买者是影响饭店营销活动的最基本、最直接的环境因素。不同类型的顾客表现出不同特性的购买行为。饭店必须对自己要吸引什么样的目标顾客群作准确定位,并及时跟踪其需求的变化,美国维多利亚车站餐馆在20世纪70年代是一个成功餐馆的象征。其菜单以牛、羊肉产品为主,以主肋为特色,因产品味美价廉深受欢迎,公司亦视质量、独特口味及低价为营销法宝,然而70年代中期后肉价开始大幅上升,餐馆只有两种选择,或承受成本提高,或提高菜价。人们的口味也由以前喜欢牛、羊肉,到现在喜欢面食。环境在悄悄变化,维多利亚餐馆的特色过时了,但餐馆却未注意到这些,终于导致其在20世纪80年代末破产。这是不注重顾客环境变化而导致失败的典型例子。

(4) 营销中介。就饭店业而言,营销中介指那些帮助饭店寻找顾客而增加销售的企业。在国内,旅游业是饭店最主要的营销中介,重要的经营管理合作伙伴。某饭店若能"傍"上国旅、上海春秋之类的大旅行社就意味着大量稳定的客源。所以,旅行社组团能力的高低及组团的质量对那些依赖旅行业的饭店来说有着重大的影响。所以对饭店而言必须选择那些声誉好、能向顾客提供所承诺的产品并能支付饭店服务费用的营销中介。

(5) 竞争者。饭店经营者要善于分析竞争的整体形势,饭店竞争者的数量、规模,竞争对手的目标、策略、手段和优劣势,竞争对手的反应模式等一系列问题,从而制定有效的市场竞争方针和手段,使本饭店在竞争中取得优势。美国哈佛大学的迈克尔·波特(Michael Porter)教授认为行业竞争强度的高低是由六种基本竞争力决定的,如图1-1所示:

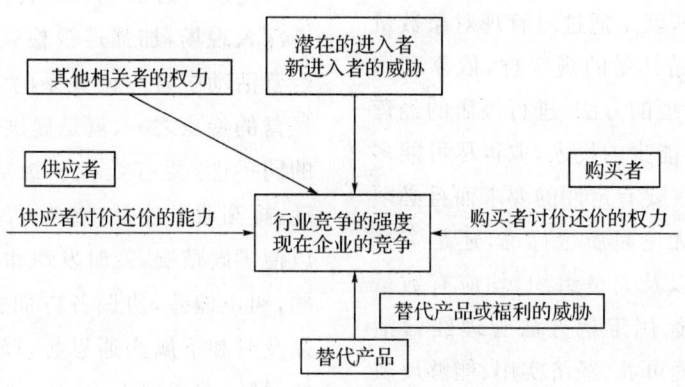

图1-1 迈克尔·波特的竞争分析模盘

饭店经营管理者应当充分分析本企业所处的竞争环境,发挥自身的优势,以便在经营管理活动中取得有利的地位。

五、饭店经营管理方法

在一定条件下,饭店管理决定着经营的成效。饭店要想生财有道,就必须有一套科学的经营管理方法。基本方法可以概括为五种。

(一) 表单管理法

表单管理法,就是通过表单的设计制作和传递处理,来控制饭店业务经营活动的一种方法。表单管理法的关键是设计一套科学完善的表单体系。饭店的表单一般可分为三大类：第一类是上级部门向下级部门发布的各种业务指令；第二类是各部门之间传递信息的业务表单；第三类是下级向上级部门呈递的各种报表。

表单管理必须遵循实用性、准确性、经济性、时效性的原则，并在以下五个方面做出具体规定：一是表单的种类和数量，既要全面反映饭店的业务经营活动，又要简单明了，易于填报分析；二是表单的性质，既属于业务指令，又是工作报表；三是传递的程序，即向哪些部门传递，怎样传递；四是时间要求，即规定什么时候传递，传递所需的时间；五是表单资料的处理方法。

饭店的管理者，必须学会利用表单来控制饭店的业务活动，如通过检查、阅读各种工作报表来掌握并督促下属的工作，通过阅读、分析营业报表来了解并控制饭店的经营活动等。

（二）定量管理法

定量管理法，就是通过对管理对象数量关系的研究，遵循其量的规定性，依靠利用数量关系进行管理的方法，进行饭店的经营活动。要使尽可能少的投入，取得尽可能多的有效成果，不仅要有定性的要求而且必须要有定量分析，无论是质量标准，还是资金运用、物资管理以及人员组织，均应有数量标准。应该说，运用定量方法管理经营活动，一般具有准确可靠、经济实用、能够反映本质等优点。

（三）制度管理法

制度管理法，就是通过制度的制定和实施来控制饭店业务经营活动的方法。要使制度管理真正切实可行，需注意以下三个问题：

一是制度的科学性，即饭店的制度必须符合饭店经营管理的客观规律，必须根据饭店经营管理的需要和全体员工的共同利益来制定。同时要注意使制度条文明确、具体、易于操作。

二是制度的严肃性，即维护制度的权威性和强制性。在制定制度时，必须要有科学严谨的态度，定什么制度，定到什么程度，均应认真研究，仔细推敲。在执行制度时，要做到有制度必遵，违反制度必究，制度面前人人平等，不搞功过相抵，下不为例。在处理违章时，要有严格的程序，要以事实为依据，以制度为准绳，注意处罚的准确性。此外，还必须注意修订制度的严肃性，既要在实践过程中不断完善制度，又要保持制度的连续性。

三是制度管理的艺术性，俗话说，制度无情人有情，一方面我们要严格按制度办事，另一方面要把执行制度和做思想工作结合起来，注意批评和处罚的艺术，同时还要把执行制度和解决员工的实际问题结合起来。

（四）走动管理法

走动管理法也叫现场管理法，要求管理者深入现场，加强巡视检查，调节饭店业务经营活动中各方面关系的方法。饭店业务经营的特点之一，就是提供服务和消费服务的同一性，要有效控制饭店的业务经营活动，提高服务质量，就必须深入服务第一线，以便了解情况，及时发现和处理各种疑难问题，纠正偏差，协调各方面关系。同时也可以及时和下属沟通思想，联络感情，实施现场激励，并发现人才。

（五）感情管理法

感情管理法，实际上就是对人的需要、动机和行为进行控制的方法。它在对员工的思想、情绪、爱好、愿望、需求和社会关系研究的基础上加以引导，给予必要的满足，以实现预期目标的方法。

【任务拓展】

饭店的管理方法很多，请通过查阅图书

资料和网络信息资源,收集十个现代饭店企业先进的管理方法,并加以分析说明,补充"任务执行"中列出的五种基本方法。

【任务反馈】

因为饭店企业的特殊性,饭店经营管理既遵循企业经营管理的一般规律,同时还应遵循饭店自身的经营管理理论。正确认知饭店经营管理理论是经营管理好饭店的前提。饭店经营管理理论知识内容丰富,初学者往往无法判断自己的掌握程度,你有这样的困惑吗?

释疑:判断自己饭店经营管理理论知识掌握程度的方法很多,可以在实践中检验,初学者可以通过理论题测试来判断。

请独立完成以下判断题,判断自我对饭店经营管理理论的掌握程度(每题1分,9—10分表示基本掌握、7—8分表示一般,6分以下表示没有入门)。

① 饭店企业与其他企业一样,其经营管理过程完全一致。（　　）

② 饭店营销是饭店销售工作的一个组成部分。（　　）

③ 我国饭店管理法规目前仍处于空白阶段。（　　）

④ 决策和沟通是饭店基层管理的主要职能。（　　）

⑤ 实现制度化管理能够保证、控制和激励饭店的经营管理运行过程。（　　）

⑥ 饭店经营管理者应致力于提高顾客和员工对饭店的忠诚度。（　　）

⑦ 饭店是企业,经营靠顾客,政治、经济、科技和文化对饭店的经营管理没有影响。（　　）

⑧ 定量管理是饭店经营管理过程中最有效的管理方法。（　　）

⑨ 经营管理过程容不得情感,感情管理法是危险的饭店经营管理方法。（　　）

⑩ 饭店制度不应一成不变,应在相对稳定的基础上动态调整更新。（　　）

▼提示:在完成每一个判断题目时,应寻找判断依据,即教材中涉及的理论知识。

:::
任务四　饭店经营管理模式认知
:::

【案例聚焦】

KFC 经营管理模式

我来举一个例子。假定你发明了一种方法,可以油炸出美味的鸡腿,你决定通过炸鸡腿来创业。那么接下来,你就要开始思考你的经营模式了,也就是你打算怎样来经营炸鸡腿这个事业。显而易见的经营模式是,你自己去开一家炸鸡腿店。这种模式比较常规,可能成功也可能不成功,但是肯定很难在短期内就取得经济效益的大的增长,而且开店很辛苦。但是,还有另一种不用自己开店的模式,那就是你向其他餐馆免费出借炸鸡腿的机器,条件是他们每售出一只鸡腿,你就提成0.5元。看上去第二种模式比第一种模式更容易一些,而且增长的空间比较大。试想一下,如果全国各地都有餐馆出售你的炸鸡腿,那么你会赚到多少钱?

事实上,这就是肯德基连锁快餐店(KFC)的发家模式。1952年,62岁的退休上校哈兰德·山德士(Harland Sanders)经营餐馆失败,他不得不寻找新的经营模式,后来他想到了出售炸鸡配方的主意。在新的经营模式下,他最终创造出一家年销售额高达80亿美元的快餐王国。从这个例子中,我们可以看到,一种好的经营模式对企业的发展是多么重要。

【任务执行】

好的经营管理模式是饭店生存的基础。任何一名饭店经营管理者都必须认识到饭店经营管理模式的重要性,善于吸取先进的、科学的饭店经营管理模式的精华,善于总结自己经营管理饭店的实践,形成能使饭店企业持续盈利的方式方法,并不断改善、完善。这种探索和实践既是自我饭店经营管理价值观的实现,更是使饭店企业经营管理事业的不断健康发展的源泉。

一、饭店经营管理模式概述

饭店的经营管理模式就是饭店赚钱的方式,即饭店如何将自己所有的人力、物力、财力等资源有效组合,产生现金流入的一系列方法。它是饭店经营管理成功的关键。也许饭店的档次、位置、产品优势不明显,但是只要饭店的经营管理模式出色,饭店照样能够实现投资盈利的目的。

(一)成功经营管理模式特征

(1)能盈利。无法实现盈利的饭店迟早要关门,所以盈利是最起码的要求。刚开始的创业,饭店难免会经历一段亏损的痛苦日子。这个时候,你要研究亏损的原因,学会分析这到底是因为经营模式的缺陷,还是属于企业经营步入正轨前的正常磨合期。这种现象,可以根据现金流来判断:如果你的项目迟迟无法产生现金流入,或者现金流入始终处于萎缩状态,那么很可能就说明你的经营模式存在问题。

(2)难复制。如果你的竞争对手,可以很容易地开出一家同你一模一样的企业,那么你的麻烦就大了。你必须保证能够向顾客提供一些不一样的东西,或者说提供给顾客只有在你这里才能买到的东西,否则的话你就会做得很辛苦,陷入价格战的泥坑,劳碌了一年,年终时收益寥寥。如果你不能保证有独门技术,那么确定细分市场,然后着力建设自己的品牌是常规的做法。

(3)易扩展。这并不等于说将来企业做大以后还能奏效。通常刚开始创业的时候,企业规模很小,只服务少数几个客户。这个时候,你的经营模式也能够奏效。很多成功的小企业,一旦扩展经营规模,向大企业的级别跃升,就会出现各种各样的问题,利润的增长开始变缓甚至出现亏损。你在10个竞争对手中脱颖而出,也许不是很难,但是在1万个、10万个甚至100万个竞争对手中脱颖而出,就是难度完全不同的事情了。这里没有通用的解决方法,只有靠你自己慢慢摸索,毕竟不是每家公司都有机会变成世界500强的。但是好在很多时候,一个小规模的市场就能保证企业的存活了。

(4)可独占。这里的意思是,优秀的经营管理模式不应该依赖单个的个人或企业,不管他/她是员工还是供货商或客户。如果你的饭店很依赖某一个人,哪怕这个人是你自己,那也意味着你的公司存在很大的制约性,风险很大。要是有一天,你失去了这个人,那么你的饭店就有一落千丈的可能。换句话说,如果你的公司不太依赖某个特定对象,那么在转让和上市的时候,就容易得到一个好的估价。

(二)中国饭店常见经营管理模式

它主要有两大类。第一类:自行组建班子进行经营管理;第二类:借助或委托其他力量的经营管理。下面介绍比较流行的饭店经营管理公司,提供属于第二类管理形式的管理模式。

(1)带资经营管理。

①控股经营管理,由饭店管理公司对即将托管的饭店投入一定数量的资金,以取得该饭店的控股权,签订长期管理合同的形式。

②参股经营管理,由饭店管理公司对即将托管的饭店投入少量的资金,进行参股,签订中长期管理合同的形式。

③股权置换经营管理,饭店管理公司与托管饭店双方经协商进行股权置换,签订长期管理合同的形式。

④带入流动资金经营管理，由饭店管理公司对即将托管的饭店带入一定数额的流动资金，签订管理合同的形式。

(2) 全权委托经营管理。接受饭店业主方委托，发挥专业特长和饭店集团管理优势，在业主董事会授权范围内，对饭店的日常事宜有自主权和决定权。业主与专业饭店管理公司通过合同形式，界定饭店经营的有关权利和义务，快速提高饭店经营水平。

(3) 顾问式管理。饭店管理公司与开发商或业主方签订顾问管理合同，派出顾问班子（总经理由业主方出任），对饭店进行顾问式管理。

(4) 启动式管理。饭店管理公司在项目启动时即接受业主方正式委托，进行市场调研可行性投资决策分析，并结合实际情况，提出对整个项目方案的意见和建议。在前期筹备阶段，饭店公司为业主提供筹备顾问式服务。在开业筹备、开业庆典策划中及开业后提供经营管理服务。

(5) 特许经营方式。双方签订特许经营管理合同后，饭店管理公司可以提供全套管理模式，对方可以冠名，并加入首创营销网络。

二、饭店连锁经营

(一) 连锁经营

1. 涵义

连锁经营是一种商业组织形式和经营制度，是指经营同类商品或服务的若干个企业，以一定的形式组成一个联合体，在整体规划下进行专业化分工，并在分工基础上实施集中化管理，把独立的经营活动组合成整体的规模经营，从而实现规模效益的一种经营模式。

连锁经营中授权人与被授权人之间是一种合同关系，也就是说，授权人与被授权人的关系是依赖于双方合同而存在和维系的。连锁经营中授权人与被授权人之间不存在有形资产关系，而是相互独立的法律主体，由各自独立承担对外的法律责任。授权人对双方合同涉及的授权事项拥有所有权及（或）专用权，而被授权人通过合同获得使用权（或利用权）及基于该使用权的收益权，其授权是指包括知识产权在内的无形资产使用权（或利用），而非有形资产或其使用权。被授权人有根据双方合同向授权人交纳费用的义务，被授权人应维护授权人在合同中所要求的统一性。

2. 特点

(1) 连锁经营把分散的经营主体组织起来，具有规模优势。

(2) 连锁经营都要建立统一的配送中心，与生产企业或副食品生产基地直接挂钩。

(3) 连锁经营容易产生定向消费信任或依赖。

(4) 消费者在商品质量上可以得到保证（统一管理，统一进货渠道、直接定向供应）。

3. 形式

连锁经营包括三种形式：直营连锁、特许经营和自由连锁。

(1) 特许加盟 FC（Franchise Chain）指由拥有技术和管理经验的总部，指导传授加盟店各项经营的技术经验，并收取一定比例的权利金及指导费，此种契约关系即为特许加盟。特许加盟总部必须拥有一套完整有效的运作技术优势，从而转移指导，让加盟店能很快地运作，同时使加盟店从中获取利益，这样加盟网络才能日益壮大。因此，经营技术如何传承，则是特许经营的关键所在。

(2) 直营连锁 RC（Regular Chain）就是指总公司直接经营的连锁店，即由公司本部直接经营投资管理各个零售点的经营形态中，此连锁业态中并无加盟店的存在。总部采取纵深式的管理方式,直接下令掌管所有的零售点,零售点也必须毫无疑问地完全接受总部的指挥。直接连锁的主要任务在"渠道经营",意思指透过经营渠道的拓展从消费者手中获取利润。因此直营连锁实际上是一种"管理产业"。

（3）自愿加盟 VC(Voluntary Chain)即自愿加入连锁体系的商店。这种商店由于原已存在,而非加盟店开店伊始就由连锁总公司辅导创立,所以在名称上自应有别于加盟店。自愿加盟体系中,商品所有权属于加盟主所有,而运作技术及商店品牌则归总部持有。自愿加盟体系的运作虽维系在各个加盟店对"命运共同体"认同所产生的团结力量上,但既兼顾"生命共同体"合作发展的前提,也保持对加盟店自主性的运作,所以,自愿加盟实际可称为"思想的产业",着重于二者间的沟通,以达到观念一致为首要合作目标。

（二）饭店特许经营

特许经营是指特许者将自己所拥有的商标（包括服务商标）、商号、产品、专利和专有技术、经营模式等以特许经营合同的形式授予被特许者使用,被特许者按合同规定,在特许者统一的业务模式下从事经营活动,并向特许者支付相应的费用。

一家饭店可以通过协议同时接受一家饭店联号提供的两类不同的服务——管理服务和品牌及相关营销服务。如希尔顿、喜来登等大型的饭店公司既可以向饭店投资者提供饭店管理服务,同时又可以向饭店投资者提供饭店品牌特许经营服务。各个不同的饭店公司所提供服务的功能、特色、费用是各不相同的,在这种情况下,一些饭店投资者往往选择最有利于自身的组合方式,由不同的饭店管理公司分别提供不同的管理服务和品牌许可服务。显然这种方式的缺陷是两种以上的特许服务可能包含着两个或多个层面的复杂关系,这就增加了管理者工作的难度。

三、饭店集团

（一）概述

饭店集团是特殊的企业集团,有饭店联号、饭店连锁等形式。它以饭店企业为核心,以饭店产品为纽带,通过产权交易、资产融合、管理模式输出、管理人员输出和计算机管理系统连接等制度性制约而联结在一起,形成更大的经营管理优势,成为现代饭店经营管理的重要形式之一。

（二）优势

饭店集团化经营管理与传统的独立经营管理的饭店相比,竞争优势十分明显:

1. 理念优势

一个成熟的饭店管理集团在长期的经营管理过程中,有专业的智囊团跟踪社会发展的趋势,对新知识、新思想、新信息进行研究和科学处理,及时提出集团超前的管理理念,保证了集团内各成员在先进的理念指导下开展各项经营管理活动。为使饭店集团的理念保持领先,饭店集团积极与政府主办的研究机构、高等院校科研力量合作,聘请专家、学者来不断提升和更新经营管理理念。

2. 市场优势

由于饭店集团采取了统一的形象设计,并由饭店集团统一进行广告宣传,对提升成员的知名度具有良好的效果。随着饭店计算机网络化技术的发展,集团下的成员能够享受到联合营销带来的稳定的客源,大大提高了客源市场的竞争力。

3. 经营管理优势

饭店集团在长期经营管理过程中形成了一套行之有效、科学合理的管理模式,并且不断有专业人士加以研究改进和发展。集团在成员中推行规范和标准并加以监督,保证了成员饭店在饭店的经营管理活动中始终处于最优状态。

4. 人力资源优势

饭店管理人才是饭店管理的核心要素,饭店集团利用自身的力量,很容易实现人力资源的综合开发,例如成立集团的培训基地,建立多种形式的人才培养模式,有力保证了各成员饭店对饭店专业管理人才的需求。

5. 资金财务优势

由于饭店集团的规模和良好形象,容易得到银行等金融机构的信任,获得资金上的支持,同时,饭店集团还可以通过饭店成员之间资金的灵活控制,来提高资金的周转效率。统一的财务,使成员饭店在抗拒风险方面的能力明显增强,在税收、政府的支持等方面明显优于独立经营的饭店。

国际著名饭店经营管理集团的经营管理理念、战略和特色

1. 香格里拉国际饭店管理集团

经营管理理念和战略:由体贴入微的员工提供的亚洲式接待。成为亚洲地区饭店集团的龙头,目标是成为客人、员工和股东的首选。

经营管理特色:由体贴入微的员工提供的亚洲式接待,建立客人忠实感和员工忠实感,有了忠实的员工才会有忠实的客人,削价与价值回报,进行引人注目的广告宣传,与航空公司联合促销,领先运用高科技并重视领导技能。

2. 天天饭店集团

经营管理理念和战略:追求的经济与豪华相统一的经营。明确市场定位,它旨在为中层消费者提供服务

经营管理特色:注重细节方面的个性化,"每周一语"尽显关怀,"天天饭店质量保证组"和质量分级系统SQRS确保服务质量稳定,特许经营顾问委员会(FAC)使加盟商成功收益。

3. 美国希尔顿饭店

经营管理理念和战略:"宾至如归"——"微笑服务"

经营管理特色:你今天对客人微笑了没有?

4. 凯悦饭店/凯悦国际

经营管理理念和战略:在任何时候、任何地方,只要公司能够做到,公司就会通过各种方法回报当地居民和环境。每一个凯悦饭店及其附属机构为了这个目标都会通过公司的"FORCE计划",即富有责任心和爱心的雇员家庭(Family of Responsible and Caring Employees)向当地居民提供志愿服务。

经营管理特色:典雅与豪华完美结合的饭店建筑,凯悦的品牌及服务,关注商务旅游者,"时刻关心您",具有变革性的服务和产品。

四、经济型饭店

(一)经济型饭店涵义

经济型饭店又称为有限服务饭店,其最大的特点是房价便宜,将客户锁定在中小企业商务人士、休闲及自助游客,其服务模式为"住宿+早餐"。这种饭店最早出现在20世纪50年代的美国,如今是欧美国家相当成熟的饭店业态。近十年才在中国蓬勃兴起。所谓经济型饭店就是经济、简约、规模小,设施相对简单,注重功能性,减免大型辅

助设施，在投入运营成本上大幅降低，力求在提供的核心服务"住宿和早餐"上精益求精的饭店。专家认为经济型饭店就是"B&B"，即"床（Bed）＋早餐（Breakfast）"。经济型之所以"经济"就是在满足基本住宿需求的同时，省去了星级饭店的冗杂设施，节省投资成本。

（二）经济型饭店理念与经营特征

1. 经营理念：提供高质量的单项服务

经济型饭店已成为饭店业发展的崭新业态。这类饭店以有限的价格提供有限的服务，其经营的实质就是让客户以相对较低的价格享受单项较高质量的服务。作为饭店行业的一种全新的综合业态，经济型饭店并不是对低星级饭店和社会旅馆的简单的价格调整。

目前大量的所谓经济型饭店，其实质只是价格经济型饭店，大到一些经营业绩不佳的三星及一、二星级的饭店，小到只有10多间客房的招待所等。这种饭店仅在形式上简单拷贝经济型饭店，只是客房价格的经济，走的"低客房价格—低服务质量"的路子。这种把经济型价格饭店等同于经济型饭店，认为只要借用经济型概念提供单纯的廉价客房服务赚钱的观念，显然是错误的。

2. 经营特征：品牌＋连锁

经济型饭店两大支撑点——"连锁"和"品牌"。"连锁"可以使企业做大规模，提高"圈地"速度。在实行连锁经营的同时，这些经济型饭店还辅以网络远程订房系统、饭店前台互相推介等经营手段，以提升客户资源的共享程度。"品牌"可以提高企业知名度，增加客源，提高竞争力。经济型饭店一方面，通过对各连锁饭店实行标准化管理，向客户提供标准化服务；另一方面，根据市场细分来确立自己独特的品牌特征。

中国著名经济型饭店品牌简介

7天连锁饭店。2012年C-BPI（中国品牌力指数）快捷饭店行业第一品牌称号。成立7年来，7天的品牌影响力和竞争力得到了持续的加强。截至2012年2月，7天连锁全国开业分店数突破1000家，成为中国第二个开业门店数超过1000家的经济型连锁饭店。在保持快速增长、规模扩张的同时，7天连锁也把品牌发展放在公司发展的重要位置：一方面继续向3300万会员传达"天天睡好觉"的服务理念；另一方面把提升会员体验放到公司的战略高度，持续完善分店管理，提升产品和服务品质，提高会员满意度。

如家连锁饭店。如家在饭店行业的创新，促进了经济型饭店的蓬勃发展，走出了民族品牌之路。它使得中国民族品牌在这一领域占据了领先位置，为中国饭店品牌走向世界前列奠定了坚实的基础；为现代服务业的发展开辟了大众住宿的新方向，成功定义了服务文化，率先提倡的人与人之间的关爱文化、亲情文化等理念为中国服务业探索服务之道积累了经验。如家以"家"文化、"微笑服务"作为企业的凝聚力和竞争力，不仅促进了企业的快速发展，也积极影响了现代服务业、影响了社会，未来十年如家饭店集团将使饭店规模达到5000家，向世界饭店集团前列迈进，跻身全球前三强。

莫泰连锁饭店。首家以"汽车旅馆"为概念的饭店，从中国国情出发，坚持"时尚创新"的战略定位，积极发展现代化大型汽车旅馆。截至2010年6月，Motel 168已拥有连锁饭店300多家，莫泰168连锁旅店完全按国际上通行的饭店的标准设计。除了现代饭店必备的卫星电视、国内/国际直拨电话、宽带上网、标准卫生洁具等设施外，静音的排风装置、就地控制的灯光等，这些都营造出温馨的家庭气氛。此外，还设有融中餐、茶座、酒吧、咖啡为一体的西班牙风格餐厅——"美林小厨",以满足顾客方便、快捷、美味的饮食需求;而且旅店配有大型停车场,泊车方便。公司注重设计时尚、配套经济、设备齐全、舒适方便。"时尚、经济、实惠"是它的最大特点。公司还在不断地创新产品,以服务日益增多的忠诚客户。

锦江之星饭店。中国经济型连锁饭店品牌先锋。锦江之星旅馆有限公司创立于1996年,品牌品质始终保持行业领先。至今,旗下各品牌饭店总数已超550家,分布在全国31个省、直辖市,140多个城市。客房总数超67 000间。锦江之星提供便捷的饭店快速预订、会员特价预订、地图查询预订等特色服务。锦江之星始终围绕市场、关注客人需求,以全心全意为客人、让客人完全满意为企业服务理念;以共商发展、共创双赢、回馈社会为企业经营宗旨;以创新发展、铸造细节、追求卓越为企业精神,创造了国内经济型饭店业界的多个第一。公司努力成就业内专业典范,努力实现锦江之星成为出行者对专业、超值、简约、安全、舒适的经济型饭店的首选。公司坚持以专业的水平、务实的精神、真诚的服务,精心塑造锦江之星品牌,不断提升产品的质量,追求简约又时尚、不求奢华但讲究品位的风格,在服务中始终关注客人的体验,将产品的服务内涵与客人的基本需求完美地结合,它以健康、安全、舒适的饭店产品,专业、真诚的饭店服务和清新、淡雅的饭店形象,始终保持产品的性价比处于同行最高,深受顾客喜爱。

五、主题饭店

主题饭店也称为"特色饭店",是以某一特定的主题,来体现饭店的建筑风格和装饰艺术,以及特定的文化氛围,让顾客获得富有个性的文化感受;同时将服务项目融入主题,以个性化的服务取代一般化的服务,让顾客获得欢乐、知识和刺激。历史、文化、城市、自然、神话或童话故事等都可成为饭店借以发挥的主题。

主题饭店的一般类型有:

1. 自然风光饭店

此种饭店超越了以自然景观为背景的基础阶段,把富有特色的自然景观搬进饭店,营造一个身临其境的场景。比如位于野象谷热带原始雨林的深处的西双版纳树上旅馆,它的主题创意来源于科学考察队为了更深入地观察野象的生活习性而采用的住宿方式。

2. 历史文化饭店

设计者在饭店建筑了一个古代世界,以时光倒流般的心理感受作为吸引游客的主要卖点,顾客一走进饭店,就能切身感受到历史文化的浓郁氛围。如玛利亚饭店推出的史前山顶洞人房,抓住"石"做主题性文章,利用天然的岩石做成地板、墙壁和天花板,房间内还挂有瀑布,而且沐浴喷洒由岩石制成,浴缸也是石制的。

3. 城市特色饭店

这类饭店通常以历史悠久、具有浓厚的文化特点的城市为蓝本,以局部模拟的形式和微缩仿造的方法再现城市的风采。如我国首家主题饭店深圳威尼斯饭店就属于这一类,饭店以著名水城威尼斯的文化进行包装,利用了众多可反映威尼斯文化的建筑元素,充分展现地中海风情和威尼斯水城文化。

4. 名人文化饭店

以人们熟悉的政治或文艺界名人的经历为主题是名人文化饭店的主要特色,这些饭店很多是由名人工作生活过的地方改造的。如西子宾馆,由于毛泽东27次下榻于此,陈云从1979年到1990年每年来此休养,巴金也曾在此长期休养,推出了主席楼、陈云套房和巴金套房,房间里保留着这些名人最爱的物品和摆设。

5. 艺术特色饭店

凡属艺术领域的音乐、电影、美术、建筑特色等都可成为这类饭店的主题所在。Madonna Inn 就有以电影《美国丽人》为背景的一种美国丽人玫瑰房可供选择。

主题饭店作为一种正在兴起的饭店发展新形态,在我国的发展历史不长,分布范围目前也仅仅局限在饭店业比较发达的上海、深圳、广州等地。虽然主题饭店在我国还是新生事物,但作为国际饭店业发展的新趋势,为处于激烈竞争态势下的我国饭店发展提供了新的思路,拓宽了视野,是我国饭店未来的发展方向之一。

【任务拓展】

请阅读以下案例,通过小组讨论和个人思考回答问题。

香港港丽饭店成功的秘密

1995 年,在美国权威的旅游杂志 Traveler 的评选中,香港港丽饭店被评为全世界服务最好的饭店之一。在 1994 年,该饭店的入住率已经超过 90%。开业仅六年便登上业界的巅峰,港丽成功的秘密在哪?

在港丽饭店成立以前,曾有市场分析报告指出香港其实是由两个完全不同的地区组合而成的:一个是众多大企业(包括许多跨国公司在亚太地区的总部)集中林立的港岛;另一个是聚集了贸易公司,结合购物商场和五光十色夜生活的九龙半岛。维多利亚港则将它们一分为二。如果一位旅客的活动集中在港岛,他会选择入住港岛的饭店;反之,他会选择九龙。筹建中的港丽饭店坐落于港岛,她的首选目标是吸引那群主要在港岛从事各种公私事宜的人。当时,港岛主要的饭店有九家,经过长久以来的经营,这些饭店业者也都在港岛建立了十分完善的运作系统。因此当时市场竞争之激烈可想而知。其中五星级的饭店主要吸引企业高级主管和富有的观光客,而四星级则招揽中级主管或对较便宜的旅游行程感兴趣的个人。

港丽饭店肩负着一项重大任务:就是从零开始在一个全新市场内开拓她的声名。在众多五星级和四星级饭店林立的竞争市场,港丽饭店应如何为自己定位?如何制定价格?建立一个全新的声誉需时多久?饭店应该提供哪些附加服务?需要多少业务人员?最重要的是,港丽应该锁定哪群目标顾客层?所有这一切都是港丽饭店在进军市场前需要解决的问题。

初期定位:基于持续扩展的饭店市场、港丽所提供的服务与产品、港丽邻近香港商务中心等事实,以及美国希尔顿饭店集团的支持等原因,港丽饭店决定将自己定位于足以和另外三间五星级饭店抗衡的地位。当时市场上激烈的竞争情形可以描绘为:文华东方因其服务品质与建立的声名,被誉为全球五家顶尖的饭店之一;新的君悦饭店本身就是卓越的产品,再加上邻近香港会议中心而有地利之便;港岛香格里拉饭店身为亚洲知名连锁饭店的一员,配合其积极主动向外扩张的风格,预料也将会是一家极其优秀的饭店。港丽定位为五星级的饭店,同时要把特定的一群住进四星级饭店的主要顾客,吸引到五星级饭店来。

产品特性:港丽饭店共有 513 个房间。饭店本身位于一幢有 61 层的建筑物最上面的 21 层。

1. 客房:所有客房都配有 10 个频道的彩电(包括饭店自设的八个电影频道)、5 个收音机频道及浴室内扬声器、房内保险箱、床边闹钟和控灯设备、个别调节的冷暖空调、国际直拨电话线路和留言设备(行政主管层的所有房间或套房都配有两条线路)、床边、桌上、浴室都装有具备留言提示灯的分机电话。此外,每个房间都装有图文传真和个人电脑用的资料参考,设有小酒吧和泡茶煮咖啡的器具,提供一瓶免费的瓶装水,设有"请勿打扰"和"请整理房间"的电子按钮。饭店有八层是非吸烟区,并提供装有辅助伤残人士专用设施的房间。

2. 行政主管层:港丽饭店的行政主管层有96个房间,其中包括两间海景套房、一间总裁套房、一间帝皇套房,以及一间总统套房。这些套房都坐拥太平山和维多利亚港的宜人景色。在此享用免费的美式早餐、开胃小菜和鸡尾酒、洗熨衣服的服务和免费的本地电话,对行政主管层房客而言,只不过是众多服务项目之一而已。

3. 商务中心:24小时开放的商务中心提供秘书、翻译、影印和快递等各种服务。此外,还有手提电话可供客人租用。

4. 娱乐设施:在当时的港岛领导新潮流。

5. 初期的餐饮设施:考虑到客人的国籍复杂与口味的不同,港丽饭店在初期开设了不同的餐厅,这些餐厅都提供高水准且不容易在香港找到的美食。

虽然港丽饭店原来的定位策略看起来万无一失,不料饭店却在开业不久便面临外在环境因素骤变而带来的不利冲击。港丽无法预料布什与萨达姆的心情,美国经济陷入衰退,海湾战争和美国经济的不景气给港丽饭店造成了负面影响。基于外在的不利因素,港丽饭店为了赢得更大的市场便必须采取重新定位的策略。因为商务旅客现在看紧钱包,到亚洲旅行的次数骤减,一家不具名气的饭店要能吸引五星级饭店客户和提升四星级饭店客户至较高一级饭店消费,已无法被视为理所当然的事了。

港丽饭店面临的问题是如何影响一个更大范围的商务旅行市场,而不再只是锁定市场里的某一群消费者。经过环境评估之后发现,港丽饭店的产品与服务极易被市场接受,各项服务的设立正逐渐步入轨道,当务之急是如何在亚洲地区尽快建立起港丽的名气。由于海湾战争和美国经济衰退对亚洲市场产生的冲击不尽相同,港丽饭店决定将自己定位成四颗半星级的饭店。为了吸引港岛各大企业来尝试港丽饭店的各项产品与服务,饭店提出了奖励促销计划。在新的营销策略下,港丽饭店预期达到以下目标:

1. 推出40%的促销折扣。当然,这种促销折扣只在某个特定区间内施行。

2. 大规模地在各大杂志的亚洲版上刊登广告,包括《时代杂志》、《商业周刊》、《远东经济评论》、《经济学人》、《亚洲商业》等,宣布特别奖励促销折扣的实施。

3. 不断地进行国际性的广告宣传,试图传达香港港丽饭店就是顶尖商务或休闲旅游设施的代名词,同时也是高效率的同义词。在港丽,远东文化的待客之道更得以发扬光大。

4. 公关部门致力于把尊贵崇高的形象,和来港商务旅客入住港丽饭店的事实互相连贯。

5. 为了把"港丽"告诉给港岛1800家大公司,港丽成立了18个业务开发小组。每组有两个成员。小组的工作任务就是到所分配的地区拜访各个公司。18个业务开发小组的36位成员中,除了六位隶属原业务部门外,其余的成员都是来自饭店各不同部门。这项业务开发计划持续了一个星期,所有小组都被要求提交一份简短的业务报告,这为饭店提供了充足完整的业务开发资料。

6. 每订出一间房,小组成员可以享有五十港币的奖金。此外,在为期一周的业务开发计划期间,每个小组的业绩都显示在大告示板上,对业绩最好的小组予以奖励。饭店还为所有参与业务开发计划的成员举办了大型宴会。

高效的奖励促销折扣，配合以全力支持的地区性广告宣传，再加上18个业务开发小组在港岛拜访了无数家公司，整个计划组合可以说是强力有效的。不论商务旅客还是观光客，只要他们对"港丽"两个字曾有耳闻，知道促销折扣的实施，现在都愿意尝试这家新饭店。为了节省开销，许多来自美国和欧洲的企业主管，也都注意到了奖励促销折扣的实施。

整个计划的目的是在吸引客户，使他们能够尝试港丽饭店的产品和服务。一旦他们住进饭店，里面的餐饮设施、服务、舒适的环境等都会吸引他们再一次回到港丽饭店。如果客户对港丽的种种设施都感到十分满意的话，那么，他们会把这经验和公司里其他要到亚洲旅行的人分享。这对港丽来说意味着更多的顾客。

长期策略：当港丽饭店开始赢得顾客的同时，海湾战争结束了，美国经济不景气的局面也不再那么严重。此时回顾一切，港丽饭店终于可以认定自己的稳固定位是在五星级与四星级饭店之间。

事实上，由于港丽饭店较其他五星级饭店便宜，所提供的服务又比四星级饭店高，所以她正在弥补这两种饭店之间的差距，即"拉拽效应"与"牵引效应"。当时锁定这两种等级饭店的策略实在是再理想不过了。较之先前锁定的五星级的特定顾客层，港丽的策略使她涵盖了更多更广的目标市场。身为商务饭店，港丽在另一方面还吸引某种顾客，不像其他四星级饭店，因为必须招揽观光旅客，而迟迟未能建立起商务饭店的形象。

随着20世纪90年代初期亚洲经济的崛起、中国大陆市场经济的建立和发展，港丽又可以再重新定位于五星级饭店。由于许多美国和欧洲企业在亚洲有大额投资，愈来愈多的企业高级经理必须来到此地从事商务考察，因此，五星级的饭店面临持续扩增的机遇。

为此，港丽饭店也加强她所提供的各项服务设施，并改善某些产品特性。

1. 耗费415万美元重新装潢大厅和宴会厅。

2. 扩充24小时商务中心服务，如今还提供个人工作室、互联网服务、高速影印机和路透社财经新闻显示屏等设备。

3. 大堂接待区连同出纳柜台除了更换了大型木桌，更以柔和的灯光和花束增添温馨的气氛，墙上也饰以豪华镶金边镜面。过去从大堂引领至宴会厅的电梯，如今被意大利大理石质材的旋转楼梯取代。

4. 目前经营十分成功的"怀欧聚"法国餐厅取代了过去的烧烤餐厅。

5. 重新装修行政主管层的客房和交谊厅，以使商务旅客更感舒适。

以上种种改善不外是希望港丽饭店更力臻完美地成为一家五星级饭店。随着各项产品服务的完善，港丽饭店已能够按照她的产品品质调节价格，同时不断加强她身为首屈一指的商务饭店的声誉。

展望未来：今天港丽在香港市场的定位已经明确，但不甘于现状的港丽人又在思考着新的问题：

1. 怎样才能在五星级的市场里扩张市场占有率？

2. 巩固现有主顾，使他们不致被其他五星级饭店抢走，港丽饭店该采取何种行动？

3. 港丽饭店是否该继续说服那些住在四星级饭店的商务人士提升至港丽来？

4. 如果和其他五星级饭店正面竞争，风险何在？

为了使港丽饭店更清楚自己在五星级饭店市场的竞争地位，港丽的决策层又在筹划着新的方案。而这一切都是为了给港丽在未来定位。

请阅读本案例,思考以下问题:

①香港港丽饭店成功的重要原因是什么?

②请概括香港港丽饭店经营管理模式的显著特点。

③如果港丽初期定位为五星级,它采取同样的促销手段能否发挥作用?

【任务反馈】

饭店的经营管理模式众多,请问如何界定个体饭店企业、民营饭店企业?

释疑:民营企业是指在中国境内除国有企业、国有资产控股企业和外商投资企业以外的所有企业,包括个人独资企业、合伙制企业、有限责任公司和股份有限公司。个体企业是民营企业中的个人独资企业,由业主个人出资兴办,由业主自己直接经营的企业。业主个人享有企业的全部经营所得,同时对企业的债务负有完全责任。

◆ **模块评价**

【知识/技能评价】

本模块从多角度认知了饭店,对饭店的内涵、饭店经营管理基础理论、饭店经营管理和饭店经营管理模式等四个方面对饭店企业经营管理进行了深入的剖析,为初学者提供了较全面和系统的饭店经营管理基础理论知识体系。

学生通过本模块的学习,应该十分清晰地认识到饭店企业的内涵和特征,具备从事饭店经营管理所必需的基础理论知识和专业理论知识,具备运用饭店经营管理理论知识分析和解决饭店经营管理过程中一般问题的能力,能够从庞大的饭店企业体系中辨析饭店类型、等级和经营管理基本要求等能力,具备饭店经营管理所需掌握的经营管理理念、方法,为进一步学习饭店经营管理的知识和技能奠定基础。

学完本模块后,你不妨再一次探访不同的饭店(星级饭店或者经济型饭店),并注重以下问题的探究:

(1)这是一家什么性质的饭店,如饭店的规模、地位、社会影响等?

(2)这家饭店的经营管理的特色是什么?您留下最深刻的印象是什么?

(3)通过探访和查询饭店资料,这家饭店的经营管理模式具有什么特征?

(4)你能对这家饭店提出几点经营管理建议吗?

把饭店经营管理基础理论作为重新认识饭店的工具,深入思考、重新审视饭店,获取对饭店企业的新的认知,以发现的眼光提出问题并努力去解决它,建立起基于现代饭店经营管理理论的饭店新认识。

课外复习思考题:

①简述饭店的定义、特征和分类。

②简述世界饭店和中国饭店发展简史

③通过资料查询,结合自己的思考和判断,简述饭店发展趋势。

④科学管理理论有哪些学派,代表人物是谁?主要观点是什么?

⑤行为科学理论有哪些学派,代表人物是谁?主要观点是什么?

⑥现代管理理论有哪些学派,代表人物是谁?主要观点是什么?

⑦当代管理理论有哪些学派,代表人物是谁?主要观点是什么?

⑧什么叫经营,经营要素包括哪些?

⑨简述饭店的经营管理环境。

⑩饭店管理的定义是什么?饭店管理有哪些职能?

⑪简述饭店管理理念和方法。

⑫简述饭店经营管理模式的定义和分类。

【能力应变】

① 请通过网络、图书馆等学习资源，收集和整理以下资料：

1) 现代企业经营管理的新理论；

2) 我国著名星级饭店品牌的经营管理理念和经营管理特色；

3) 我国经济型饭店著名品牌和特色；

4) 我国外来饭店品牌和特色；

5) 本地区饭店品牌分析。

② 开展一次饭店经营管理理念沙龙活动，具体要求如下：

1) 以3～5人为活动小组，分类收集饭店经营管理理念；

2) 交流饭店经营管理理念；

3) 归类总结和评价饭店经营管理理念；

4) 小组选出代表，交流各组饭店经营管理理念心得。

③ 给你最崇拜的饭店总经理写一封信，内容建议如下：

1) 提出你对其崇拜的理由；

2) 提出你想进一步了解所崇拜饭店的细节问题；

3) 向总经理请教你对饭店最困惑的一个问题。

【模块链接】

① 通过浏览 http://www.ctha.org.cn（中国旅游饭店网）、http://www.ccas.com.cn（中国烹饪协会）、http://www.chinahotel.org.cn（中国饭店协会）等行业门户网站，了解饭店业最新动态，实时掌握饭店业经验管理前言资讯。

② 通过阅读 Hotels（美国，《饭店》，月刊）、《饭店现代化》等饭店业杂志，了解饭店经营管理理论与实践经验，跟踪饭店经营管理研究的理论前沿信息。通过阅读《酒店管理经典案例分析》（广东经济出版社，徐桥猛、李丽主编，2007）、《中国饭店管理模式》（复旦大学出版社，黄鉴中编著，2009）等专业书，丰富饭店管理实践经验。

模块二　饭店经营管理职能

◆模块目标

【行业要求】

熟悉饭店经营管理职能,能够根据饭店总目标制订各类工作计划,实现饭店质量和经济效益的控制;具有较强的现场管理、沟通协调能力,能与其他职能部门通力合作,能灵活运用经营管理职能实现饭店高效、科学管理。

【学习目标】

①掌握饭店计划管理职能内涵,能制订饭店总计划、部门计划和接待计划;②掌握饭店组织管理职能内涵,能有效开展饭店内部沟通活动;③掌握饭店人力资源开发与管理职能内涵,能进行饭店员工招聘活动;④掌握饭店服务质量管理职能内涵,能进行饭店常规督导活动;⑤掌握饭店经营成本控制管理职能,能针对饭店经营环节进行成本控制;⑥掌握饭店营销策划职能内涵,能制定饭店营销方案并付诸实施。

◆模块任务

学生通过对本模块的学习,应充分认识到饭店经营管理职能的重要性,掌握饭店组织管理、计划管理、质量管理、人力资源管理、成本控制、营销策划等职能的基本原理,熟悉饭店主要经营管理职能运用的方法和技巧,通过案例学习、网络信息收集、课外书籍的阅读、参观交流等途径,形成饭店企业一般的经营管理能力。

本模块共有六项任务,分别是饭店组织构建与团队沟通、饭店计划编制与执行、饭店人力资源开发与管理、饭店服务质量督导、饭店经营成本控制、饭店营销策划。

任务一　饭店组织构建与团队沟通

【案例聚焦】

总经理的决定是什么?

A饭店是中外合资的一家四星级大饭店,有1 200个床位和800个餐位,某国财团控股51%。其设置机构与国内的星级饭店有很大的差别。在开业后不久,中方代表、员工对饭店的组织机构意见很大,主要有三点:一是饭店应该有工会组织;二是饭店营销部的人员太多,达65人;三是质量监督部权利太大,管理过程中有许多职能与饭店其他部门重叠。外方总经理在了解了这些意见后,作出了决定……总经理的决定可能是什么?并说出你的理由。

饭店的组织机构应该如何设置,在设置饭店组织机构时应考虑哪些因素,遵循哪些原则?等等,这些与总经理的决策密切相关,作为一名饭店管理者,必须有饭店管理的组织理论指导,认识到组织是饭店管理的载体,是饭店存在的基本保证,是饭店运转的前提和纽带,组织管理的成效是衡量饭店管理者能力的重要标志。同时要把理论与饭店的实际相结合,因地制宜地作出正确的决定。

【任务执行】

所谓组织,就是为了使系统达到它特定的目标,使全体参加者经分工、协作以及设置不同层次的权利和责任制度而构成的一种人的组合体。它含有目标是组织存在的前提、没有分工与协作就不是组织、没有不同层次的权利和责任制度就不能实现组织活动和组织目标等三层含义。现代饭店组织就是为了实现饭店经营管理目标,由许多相互联系、彼此合作的部门和人员共同形成的一个有机整体。

一、饭店组织设计与管理

饭店组织设计与管理是饭店管理中的一项重要职能。现代饭店组织管理就是运用各种管理方法,建立精干、高效的饭店组织机构并使之正常运行,这是实现饭店管理目标的前提条件。

(一)饭店组织结构

组织内部构成和各部分间所确立的较为稳定的相互关系和联系方式,称为组织结构。组织结构的基本内涵包括:

(1)确定正式关系与职责的形式;

(2)向组织中的各个部门或个人分派任务和各种活动的方式;

(3)协调各个范例活动和任务的方式;

(4)组织中权利、地位和等级关系。

组织结构与职权形态之间存在着一种直接的相互关系,这是因为组织结构与职位以及职位间关系的确立密切相关,因而组织结构为职权关系提供了一定的格局。组织中的职权之间的关系就是组织中成员间的关系,而不是某一个人的属性。职权的概念是与合法地行使某一职位的权力紧密相关的,而且是以下级服从上级的命令为基础的。

组织结构与组织中各部门、各成员的职责的分派直接有关。在组织中,只要有职位就有职权,而只要有职权也就有职责。组织结构为职责的分配和确定奠定了基础,而组织的管理则是以机构和人员职责的分派和确定为基础的,利用组织结构可以评价组织中各个成员的贡献与过错,从而使组织中的各项活动有效地开展起来。

组织结构图是组织结构简化了的抽象模型。但是,它不能准确、完整地表达组织结构,如它不能说明一个上级对其下级所具有的职权的程度以及平级职位之间相互作用的横向关系。尽管如此,它仍不失为一种表示组织结构的好方法。

(二)饭店组织设计因素

组织设计由管理层次、管理跨度、管理部门、管理职能四大因素组成。各因素是密切相关、相互制约的。

(1)管理层次。管理层次是指从组织的最高管理者到最基层的实际工作人员之间的等级层次的数量。从组织的最高管理者到最基层的实际工作人员,他们的权责逐层递减,而人数却逐层递增。如果组织缺乏足够的管理层次将使其运行陷入无序的状态。因此,组织必须形成必要的管理层次。不过,管理层次也不宜过多,否则会造成资源和人力的浪费,也会产生信息传递慢、指令走样、协调困难等情况。

(2)管理跨度。管理跨度是指一名上级管理人员所直接管理的下级人数。在组织中,某级管理人员的管理跨度的大小直接取决于这一级管理人员所需要协调的工作量。管理跨度越大,领导者需要协调的工作量越大,管理难度也越大。因此,为了使组织能够高效地运行,必须确定合理的管理跨度。管理跨度的大小受很多因素影响,它与管理人员性格、才能、个人精力、授权程度以及被管理者的素质有关。此外,还与职能的难易程度、工作的相似程度、工作制度和程序等客观因素有关。确定适当的管理跨度,需要积累经验并在实践中进行必要的调整。

(3)管理部门。组织中各部门的合理划分对发挥组织效应是十分重要的。如果部门划分不合理，会造成控制、协调困难，也会造成人浮于事，浪费人力、物力、财力。管理部门的划分要根据组织目标与工作内容确定，形成既相互分工又相互配合的组织机构。

（4）管理职能。组织设计确定各部门的职能，应使纵向的领导、检查、指挥灵活，达到指令传递快、信息反馈及时；使横向各部门间相互联系、协调一致，使各部门有职有责、尽职尽责。

（三）饭店组织设计原则

（1）集权与分权统一的原则。在任何组织中都不存在绝对的集权和分权。在饭店机构设计中，所谓集权，就是饭店总经理掌握所有管理大权，各部门经理只是其命令的执行者；所谓分权，是指各部门经理在各自管理的范围内有足够的决策权，总经理主要起协调作用。饭店机构是采取集权形式还是分权形式、集权的程度等，要根据饭店的特点、总经理的能力和精力及各部门经理的工作能力等因素进行综合考虑。

（2）专业分工与协作统一的原则。对于饭店来说，分工就是将饭店的经营目标分成各部门以及全体饭店员工的目标、任务，明确干什么、怎么干。在分工中要尽可能按照专业化的要求来设置组织机构，工作中要有严密分工，每个人所承担的工作，应力求达到较熟悉的程度，同时关注分工的经济效益。

在组织机构中还必须强调协作。所谓协作，就是明确组织机构内部各部门之间和各部门内部的协调关系与配合方法。在协作中应特别注意以下两点：第一，主动协调。要明确各部门之间的工作关系，找出易出矛盾的地方，并加以协调。第二，有具体可行的协调配合办法。对协调中的各项关系，应逐步规范化、程序化。

（3）管理跨度与管理层次统一的原则。在组织机构的设计过程中，管理跨度与管理层次成反比例关系。管理跨度指一位管理者能够有效指挥下属的数量。它在一定程度上决定了组织的层次和管理人员的数目。假定所有条件一样，管理跨度更宽、更大，这样设计的组织就更有效率。越来越多的组织正努力扩大管理幅度，减少管理层次。这就是说，当组织机构中的人数一定时，如果管理跨度加大，管理层次就可以适当减少；反之，如果管理跨度缩小，管理层次肯定就会增多。

在饭店组织管理中，一般认为，营业部门一个管理人员直接管辖的下级为 6 到 7 人，最多不超过 10 人。一名饭店管理者具体能领导多少人数，还取决于上下级的工作能力、工作复杂性、工作标准化与程序化程度、信息沟通方式和能力、工作班次以及外部环境的改变速度等多种因素。

（4）权责一致的原则。在组织机构中应明确划分职责、权力范围，做到责任和权利相一致。从组织结构的规律来看一定的人总是在一定的岗位上担任一定的职务，这样就产生了与岗位职务相适应的权利和责任，只有各岗位做到有职、有权、有责，才能使组织机构正常运行。由此可见，组织的权责是相对预定的岗位职务来说的，不同的岗位职务应有不同的权责。权责不一致对组织的效能损害是很大的。权大于责就容易产生瞎指挥、滥用权力的官僚主义；责大于权就会影响管理人员的积极性、主动性、创造性，使组织缺乏活力。

（5）才职相称的原则。每项工作都应该确定为完成该工作所需要的知识和技能。可以对每个人通过考察它的学历与经历，进行测验及面谈等，了解其知识、经验、才能、兴趣等，并进行评审比较。职务设计和人员评审都可以采用科学的方法，使每个人现有的和可能有的才能与其职务的要求相适应，做到才职相称，人尽其才，才尽其用，用得其所。

（6）经济且高效的原则。饭店机构设

计必须将经济性和高效率放在重要地位。组织结构中的每个部门、每个人为了一个统一的目标，应组合成最适宜的结构形式，实行最有效的内部协调，使办事更加简洁而明确，减少重复和扯皮。

（7）弹性原则。组织机构既要有相对的稳定性，不要总是轻易变动，又要随组织内部和外部条件的变化，根据长远目标作出相应的调整与变化，使之具有一定的适应性。

（四）饭店组织形式

饭店的组织形式，是明确各级管理者与员工的工作岗位、职责及业务范围的一种组织模式。饭店企业组织，根据传统的组织形式，不外乎三种形式：直线式、职能式和直线—职能式。

（1）直线式。采用直线式的饭店一般多为小型的饭店企业和饭店内具体的业务部门。它的优点是简便，职权和任务明确；不利的方面是，经理或上层管理人员的负担较重，它需要具备较高的管理水平并能适应全面需要的管理人才，这显然是不容易做到的。除此之外，严格的直线组织形式可能过于僵化和迟钝，以致不能灵活迅速地应付突发事件。直线式在小型饭店企业和那些与日常业务有直接关系、直接为宾客提供产品与服务的部门（如客房部门、总服务台、餐饮部门等业务部门）应用得较为普遍，并取得了较好的效果。

（2）职能式。职能部门不直接从事接待和供应业务，而是为业务部门服务，执行某种管理职能的部门。目前，大多数饭店都按照分工和专业化的原则设置饭店的职能部门，如饭店的人事部、安全部、工程部、财务部等。这些职能部门均执行某一项专业管理职能，它们的任务各异，但都没有权力做出饭店日常业务的相关决定。职能式的优点是能发挥职能机构的专业管理作用，发挥专业管理人员的专长。但不足的是分工过细，职责不清，容易造成混乱。另外，这种组织形式由于需要很多专业人员，会造成人员费用的增长。

（3）直线—职能式。直线—职能式，在饭店企业中又称"业务区域制"，它是以上两种组织形式的结合。其主要特点是，既保留饭店业务部门直线系统的管理渠道，还吸收了职能系统的优点，实现了管理与分工的统一性。直线—职能式是现代饭店企业组织的基本形式，运用过程中要注意：

①饭店管理层下达的命令是按直线制进行的。

②职能部门的专业人员不具备指挥权，特别不能指挥其他部门的业务活动，其任务是分析和研究问题，并提出解决问题的方案和建议。

③职能部门拟订的计划、方案和建议若涉及其他部门，应由总经理批准发布，由各部门经理对该部门下达执行命令。目的是既要使职能部门有效地发挥监督和参谋的作用，同时又避免多头领导、多头指挥等情况的出现。

（4）事业部制。事业部制是指以某个产品、地区或顾客为依据，将相关的研究开发、采购、生产、销售等部门结合成一个相对独立的单位的组织结构形式。它表现为，在总公司领导下设立多个事业部，各事业部有各自独立的产品或市场，在经营管理上有很强的自主性，实行独立核算，是一种分权式管理结构。事业部制又称 M 型组织结构，即多单位企业、分权组织，或部门化结构。

（5）组织扁平化结构。组织结构扁平化就是通过破除公司自上而下的垂直高耸的结构，减少管理层次，增加管理幅度，裁减冗员来建立一种紧凑的横向组织，达到使组织变得灵活，敏捷，富有柔性、创造性的目的。它强调系统和管理层次的简化、管理幅度的增加以及分权管理。组织结构扁平化就是通过减少行政管理层次，裁减冗余人员，从而建立一种紧凑、干练的扁平化组织结构。扁平化可以加快信息的传递速度，使决策更快更有效率，同时由于扁平化，人员减少，使企业的成本更低，同样由于扁平化，企业的分权得到了贯彻实施，每个中层管理者有更大的自主权，可以进行更好更多的决策。扁平化组织的特点如下：①以工作流程为中心而不是部门职能来构建组织结构；②纵向管理层次简化，削减中层管理者；③企业资源和权力下放至基层，顾客需求驱动；④现代网络通讯手段；⑤实行目标管理。

目前，扁平化结构非常流行，其主要原因，一是分权管理成为一种普遍趋势。金字塔状的组织结构与集权管理体制相适应，而在分权的管理体制之下，各层级之间的联系相对减少，各基层组织之间相对独立，扁平化的组织形式能够有效运作。二是企业快速适应市场变化的需要。传统的组织形式难以适应快速变化的市场环境，为了不被淘汰，就必须实行扁平化。三是现代信息技术的发展，特别是计算机管理信息系统的出现，使传统的管理幅度理论不再有效。在传统管理幅度理论中，制约管理幅度增加的关键，是无法处理管理幅度增加后指数化增长的信息量和复杂的人际关系，而这些问题在计算机强大的信息处理能力面前迎刃而解。在因特网和电脑异地联网成为可能之前，市场信息的传递只能通过电话、传真、信函等方式进行，公司难以对众多经销商提供的、来自市场的大量原始信息进行处理，企业的信息反应能力极度缓慢。在当时情况下，金字塔形的渠道结构有利于信息的处理。随着信息技术的发展，现代网络技术和功能强大的营销管理软件能够对众多经销商反馈的大量信息进行快速处理，并能通过因特网将企业的信息"集群式"（即在同一时点向所有对象传送信息）传递给经销商。因此，渠道扁平化过程中所遇到的信息的传递与处理问题，能够通过现代信息技术迎刃而解，这极大地推动了渠道扁平化的发展。

（五）饭店组织结构图

饭店企业组织图表，就是展示饭店具体组织形式的组织网络示意图。它将饭店各部门的设置情况、职责、业务范围及它们之间的协调关系用结构图的方式展示出来，以便能对整个企业及其组织形式有确切的了解。由于每一个饭店都各有其特点，饭店组织的具体形式也多种多样，此处仅提供几种典型的饭店企业组织结构图以供参考，见图2-1。

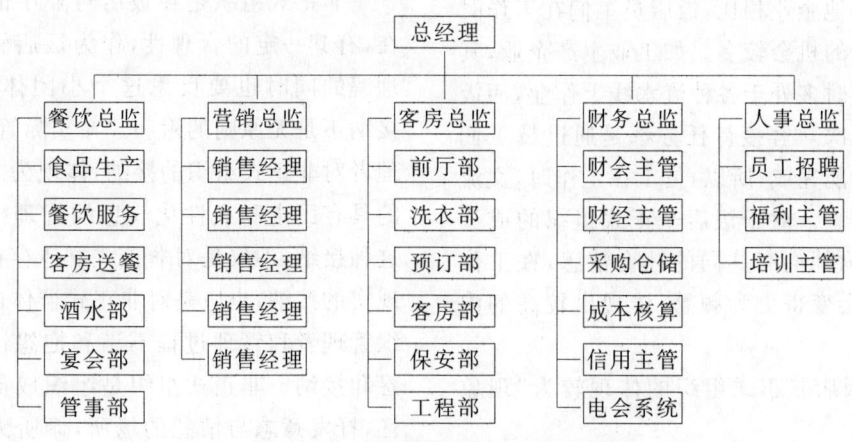

图2-1 中等规模饭店组织结构图

（六）饭店部门设置

一般饭店可以分为营业部门和职能部门两大类。由于饭店提供服务的日益多样化，许多大型的饭店还设有其他综合服务部门，各部门均有其特定的业务范围及其职责。

1. 饭店营业部门

饭店营业部门是与饭店的日常经营活动相关并直接为宾客提供产品和服务的业务部门，又称营业创利部门或饭店直接对客业务部门。它主要包括饭店的前厅部、客房部、餐饮部等。

2. 饭店职能部门

饭店职能部门不直接从事饭店接待和供应业务，而是为业务部门服务、执行自身某种管理职能的部门，又称为间接对客服务部门。饭店的人事部、安全部、销售部、财务部和工程部均属于饭店的职能部门。

二、饭店非正式组织

饭店非正式组织是相对于正式组织而言的，是饭店成员在共同工作过程中，由于共同的经历、共同的爱好、共同的禀性、共同的利益而形成的非正式团体。

（一）饭店非正式组织特点

1. 饭店非正式组织内的员工交流频繁且内聚力高

与其他企业相比，饭店员工们在工作时相互交流的机会较多。如工业生产企业，其员工工作时多处于各种流水线上作业，而饭店的每一次对客接待任务都是通过员工们的协作才能完成，所以，员工在工作时，交流就更为频繁。对于饭店非正式组织的成员而言，因为他们有共同的社会情感，在工作中，交流会变得更为频繁，体现出较高的内聚力。

2. 饭店非正式组织的体现较为"现象化"

这里所谓的"现象化"是指饭店中的这些非正式组织在集聚方面显得较为明显。由于饭店产品生产和顾客产品消费的同步性，饭店的营运场所也是员工的工作场所，饭店非正式组织的员工无论是在工作还是在空闲之时，都极易经常聚在一起。这样，无论是饭店其他员工、部门或饭店领导乃至消费的顾客，都能够一眼识别这一群小团体。

3. 饭店非正式组织成员的集体意识十分强烈

饭店非正式组织中，成员之间的集体意识十分强烈，可以体现在两个方面。一方面，由于非正式组织强调心理上的满足，成员之间会相互帮助，相互信任。但另一方面，如果组织领导对饭店非正式组织中的个别成员，又特别是在这个非正式组织中具有一定"威望"的成员进行批评或处罚时，那么，整个非正式组织的成员都会对组织领导产生一定的反感和敌对情绪。

（二）饭店非正式组织管理要点

当饭店正式组织和非正式组织的利益相一致的时候，两者之间的相互作用是正面的；而当两者之间出现矛盾时，则会产生消极的影响。饭店应积极、主动、科学管理二者的利益关系。

1. 要正确认识和接纳非正式组织，改变对其的传统看法和管理方法

非正式组织是在饭店行业中的普遍存在，有其一定的合理性，作为饭店管理者在理解的同时也要反思这个小团体的成因。接纳不是无原则的附和。在实际管理中，管理者对非正式组织的接纳，体现为一种新型的具有民主和人性化气息的管理模式。而这种接纳，不仅是对非正式群体存在的客观现实的接纳，也应是对非正式群体成员对组织管理者和管理过程不满和抱怨情结的容忍和接纳。非正式组织是组织成员敞开胸怀，抒发意志与情感的场所，倾听人们在此种场所发出的心声，对正式组织管理和运作具有非同寻常的意义。

2. 冷静对待失真的信息传递，及时应对突发事件

失真，物理名词，意为"信号在传输过程中与原有信号或标准相比所发生的偏差"。它使得接受信息者片面理解甚至误解、曲解上级的初衷或意图，造成对上级的不理解、不信任，严重的可能错误执行上级命令，造成不可预期的后果。为了减少由于信息失真带来的弊端，饭店管理者面对突发事件时，必须冷静沉着。有效处理的方法主要有：

首先，要掌握信息的第一手资料，了解其传播途径，以及影响范围，安抚人心。

其次，做好调查分析，写出书面报告，联系有关人员进行探讨，进而得到解决方法。

最后，要吸取教训，做好备案，提高防范意识。由于传递信息的环节较多，信息传递才会失真。

3. 形成一种健康向上的组织文化，积极引导饭店非正式组织成员

斯切因（E. H. Schein）认为，组织文化通过两个过程被发现并形成，即适应组织外部环境的过程和组织中的整合过程。在这种过程中，组织成员之间相互作用，发现和学习那些对组织生存和发展有意义的文化因素，这些因素在组织成员中逐渐成为惯例和生活方式，并得到组织成员的认同，这就是组织文化的形成过程。新加入的组织成员也会接受这种组织文化并适应它。所以，健康向上的组织文化，对遏制非正式组织的消极影响会起到非常积极的作用。

4. 培养团队精神，谨防饭店非正式组织的"紧密化"

饭店非正式组织的"紧密化"是指饭店内部各类非正式组织之间、各类非正式组织与饭店管理者之间的由于消极而紧张的工作关系导致的工作环境氛围的紧张化。

在实际的饭店管理运作中，我们可以发现松散型的非正式组织对于饭店或部门的发展是有利的。它不但能提升饭店人性化管理水平，改善员工之间关系，还能创造轻松融洽的工作环境，激发员工的创造性。当饭店非正式组织的结构逐渐演变成紧密型时，此组织对饭店和部门发展的危害不容忽视。员工之间及员工和管理者之间的工作关系会变得紧张，会产生消极怠工、造谣生事的现象。饭店员工会普遍缺乏创新意识，工作效率不断下降，从而无法实现管理目标。因此，当饭店非正式组织在内部形成后，管理人员需要定期对其非正式组织的紧密程度进行考察评估，根据评估结果做出相应的决策，谨防非正式组织的紧密化带来的消极作用。

5. 尽可能将非正式组织的利益与正式组织的利益相结合

研究表明："当饭店的非正式组织的组织结构和正式组织不一致时，会引起两种组织之间的冲突。"然而，在实际工作中，二者的利益在很多时候是一致的，比如一个项目的完成。饭店管理人员应该融入到非正式组织中，施展个人影响，逐渐使非正式组织的行为和利益与正式组织管理目标保持一致；关注那些相对独立的员工，经常与他们进行交流沟通，听取他们的意见，公正对待；在正式组织内开展各种活动，如集体培训、集体旅游、集体竞赛等，强化正式组织的凝聚力，弱化非正式组织的消极影响等等。

6. 根据饭店非正式组织的类型来对其进行正确地引导

对于饭店非正式组织的存在，饭店管理者不能视而不见，而应当采取正确的方式加以引导，从而使饭店非正式组织的积极作用得到充分的发挥。要找到正确的方法引导饭店非正式组织，首先就要清楚饭店非正式组织的类型。

三、团队沟通

1994年，组织行为学权威、美国圣迭戈大学的管理学教授斯蒂芬·罗宾斯首次提出了"饭店团队"的概念，随后，"饭店团队合作"的理念风靡全球。

饭店团队合作是一种为达到既定目标所显现出来的自愿合作和协同努力的精神。它可以调动饭店团队成员的所有资源和才智,并且会自动地驱除所有不和谐、不公正现象,同时会给予那些诚心、大公无私的奉献者适当的回报。如果饭店团队合作是出于自觉自愿,那么它必将会产生一股强大而且持久的力量。

松下幸之助的团队理念

早在1945年,号称"经营之神"的松下幸之助就提出:"公司要发挥全体员工的勤奋精神",并不断向员工灌输所谓"全员经营"、"群智经营"的思想。为打造坚强的饭店团队,在20世纪60年代,松下电器公司会在每年正月的一天,由松下带领全体员工,头戴头巾,身着武士上衣,挥舞着旗帜,把货物送出。在目送几百辆货车壮观地驶出厂区的过程中,每一个工人都会由衷地升腾出自豪感,为自己是这一团体的成员感到骄傲。

松下幸之助在给全体员工树立一种团队意识的同时,更是花大力气发动每一个工人的智慧和力量。为达到这一目的,公司建立提案奖金制度,不惜重金在全体员工中征集建设性意见。松下公司充分认识到群体力量的重要,并在经营过程中处处体现这一思想,所以松下公司的每一个员工都把工厂视为自己的家,把自己看作工厂的主人。纵使公司不公开提倡,各类提案仍会源源而来,员工随时随地——在家里、在火车上,甚至在厕所里,都会思索提案。

松下公司与员工之间建立起可靠的信任关系,使员工自觉地把自己看成是公司的主人,产生为公司作贡献的责任感,焕发出了高涨的积极性和创造性。松下公司因此形成了极大的亲和力、凝聚力和战斗力,不但使公司从一个小作坊发展成世界上最大的家用电器公司,而且成为电子信息产业的大型跨国公司,其产品品种之多,市场范围之广,成长速度之快和经营效率之高都令人惊叹。

(一)团队内涵

斯蒂芬·罗宾斯认为,团队是为了实现某一目标而由相互协作的个体所组成的正式群体。也就是说团队是由一些具有共同信念的人,为达到共同目的而组织起来的,各成员通过沟通与交流,保持目标、方法、手段的高度一致,从而能够充分发挥各成员的主观能动性,运用集体智慧,将整个团队的人力、物力、财力集中于某一方向,形成比原组织具有更强战斗力的合作群体。优秀的团队具备以下特征:

(1)明确的团队目标。团队中的每个成员都能够描述出团队的共同工作目标,并且自觉地献身于这个目标。成员对团队目标十分明确并且目标具有挑战性。这也就是我们所说的树立正确的经营理念。

(2)资源和信息的共享。团队成员能够共享团队中其他人的智慧,能够共享团队中的各种资源,能够共享团队成员带来的各种信息团队成员共享团队的工作责任。饭店应经常通过班组成员的轮换、员工定期的交流经验等,为员工或班组创造相互学习的机会和条件,尽可能地将个人知识转变为企业的知识。同时在工作中注意各种服务信息的收集及传递,让共享的信息发挥作用,以赢得更多的忠实客户的心。

(3)良好的沟通。团队成员之间肯于公开并且诚实地表达自己的想法,团队成员之间互相主动沟通,并且尽量了解和接受别的团队成员,积极主动地聆听别人的意见,团队成员中间的意见和观点能够受到重视。

(4) 共同的价值观和团队规范。团队成员拥有共同的价值观,共同遵守的行为规范、工作规范。

(5) 归属感。归属感就是凝聚力,成员喜欢他们的团队,愿意从属于这个团队,具有一种自豪感,他们非常愿意留在自己的团队中,并且在必须离开这个团队时依依不舍。在具有归属感的团队中,成员之间可以分享成就带来的快感,分享失败带来的忧虑和不能按时完成工作的焦急。团员之间愿意帮助别人克服困难或是自觉自愿地多做工作。

(6) 有效授权。团队领导使成员有渠道获得必要的技能和资源,团队政策和做法能够支持团队的工作目标。在团队中能够做到人人有职有权。

(二) 团队作用

(1) 团队可以产出大于个人绩效之和的群体效应。团体与个人的关系就如同整体与部分的关系,团队模式使组织结构大大简化,领导和团队、团队和团队以及团队内部成员之间的关系变成伙伴式相互信任和合作的关系。建立在志同道合基础上的团队可以起到功能互补的作用,因而能做出合理、科学、士气高涨的决策,从而产生了比个体简单相加高得多的劳动生产率。

(2) 团队可以提高企业组织的灵活性。企业团队的共同价值取向和良好的文化氛围,使组织能更好地适应日益激烈的竞争环境,以其敏捷、柔性的优势,增强企业的应变和制变能力,提高企业组织的灵活性,提高企业竞争的效能。

(3) 团队有着极强的凝聚力。员工希望在工作中找到人生的乐趣,实现自我价值和自我发展,团队强调沟通协调,注重成员之间相互信任、坦诚沟通,人际关系和谐,这样的环境可以提高员工归属感和自豪感,大大激发企业员工的积极性,增强企业内部的凝聚力。

(4) 团队注重对成员的培养。鼓励成员一专多能,并对员工进行工作扩大化训练,持续学习达到目标所需要的知识与技能,使得团队成员迅速进步,从而带来团队工作效率的成倍增长。同时,团队在文化氛围上既强调团队精神,也鼓励个人的完善与发展,从而激发了个人的积极性、主动性和创造性,使得企业员工从机器的附属中摆脱出来,充分体现了人本管理的思想。

(三) 饭店团队建设

在饭店中塑造高绩效团队是目前许多饭店管理者的主要任务之一,也是对饭店管理者管理能力的一种特殊挑战。

(1) 确立清晰明确的愿景和目标。共同的目标是团队存在的基础,心理学家马斯洛曾说,杰出团队的显著特征便是具有共同的愿望与目的。人的需求不同、动机不同、价值观不同、地位和看问题的角度不同,对企业的目标和期望值有着很大的区别,因此,要使团队高效运转,就必须有一个共同的目标和愿景,就是让大家知道"我们要完成什么"、"我能得到什么"。这一目标是成员的共同愿望在客观环境中的具体化,是团队的灵魂和核心,它能够为团队成员指明方向,是团队运行的核心动力。

(2) 培养良好的团队氛围。健康和谐的人际关系能使团队成员之间从生疏到熟悉、从提防到开放、从动荡到稳定、从排斥到接纳、从怀疑到信任,可以长时期使人们保持亲密。团队关系越和谐,组织内耗越小,团队效能就越大。信任对于团队的健康发展和效率提高具有至关重要的作用。要使团队健康发展,企业高层领导之间就应该团结一心,按时、按量履行对团队的承诺,管理层在实施企业政策时要公正、公开,从而使团队成员对企业领导的信用以及企业的政策产生信心。同时，企业管理者应该在团队工作范围内充分授权，并向团队公开团队共作所必需的信息，尽量创造机会，与团队成员进行交往、沟通，注重提高员工工作满意度和生活满意度。团队是每个成员的舞台，个体的尊重与满足离不开团队这一集体。团队内部必须经常性地倡导感恩和关爱他人的良好团队品质，尊重员工的自我价值，将团队价值与员工自我价值有机地统一起来，通过实行良好的工作福利待遇、改善工作环境、职位调换等，使成员感受工作的乐趣和挑战，从而提高团队的工作效率。

（3）建立健全有效管理制度和激励机制。健全的管理制度、良好的激励机制是团队精神形成与维系的内在动力。一个高效的团队必须建立合理、有利于组织的规范，并且促使团队成员认同规范，遵从规范。合理的制度与机制建设主要包括团队纪律、上级对下级的合理授权、有效的激励约束机制等。

（4）注重培训。要有效的提高团队的整体素质，提高团队竞争力，培训学习是一个重要方面。一个团队应该营造积极的培训氛围，使团队成员乐于培训，确信自己可以做得更好。企业要在生产经营的同时有计划地实施企业的员工教育培训，把企业办成一个学习型企业。同时，要加强员工的思想政治工作，加强员工的职业道德建设，培养员工爱岗敬业、团结拼搏精神，在企业内形成和谐、友善、融洽的人际关系和团结一心、通力合作的团队精神。

（5）提高团队领导的领导力。领导力是指领导在动态环境中，运用各种方法，以促使团队目标趋于一致，建立良好的团队关系，以及树立团队规范的能力。团队领导的行为直接影响到团队精神的建立，优秀的团队领袖往往充当教练员和协调员的角色，他能在动态环境中对团队提供指导和支持，鼓舞团队成员的自信心，帮助他们更充分地认识自己的潜力，并为团队指明方向；优秀的团队领导能够带动并且提高整个团队的活力，指导并帮助团队取得更加突出的成绩。

【任务拓展】

本任务讲述了饭店组织的定义、结构、设计因素和原则等饭店组织基础理论知识，介绍了饭店组织的形式和部门设置要求；讲述了饭店组织扁平化机构的定义、特点、成因和优势；讲述了团队的内涵和作用，饭店团队建设的要求。组织管理是饭店的重要管理职能，构架好饭店组织，形成一支高素质的工作团队是饭店经营管理成功的重要保证。以下案例帮助你进一步认识饭店组织建设的重要性，请仔细阅读，认真分析。

应该如何设置部门？

A饭店过去是一家为政府所属的高级招待所，经过更新改造以后，升为四星级饭店，但饭店的组织机构基本上沿袭了招待所的模式。为了加强销售工作，饭店增设了公关销售部，但是由于过去销售工作由客房、餐厅和各业务部门分别去做，所以这一格局并未打破。这样便出现了饭店所有部门都有销售指标，各个部门一同出去跑推销的局面。有时候为了争取同一个客户，各部门轮番争抢，出现内部竞争，弄得有些客户莫名其妙。这些客户认为如此混乱的管理不可能造就好的服务，因此打消了与A饭店合作的念头。在销售部，每个人的工作都有销售额目标决定，只要你能完成定额，无论你拉的是什么客户都行。结果造成这位销售人员前两天刚来，而另一位销售人员又登门推销，而且每个销售人员报的价格等并不完全相同，弄得客户不知所措。另外，由于经常出现内部竞争，致使销售部与其他部门之间、销售部内部员工之间，经常因为争客户而发生矛盾，影响了饭店内部的协调和合作。

（1）A饭店在组织机构设置上存在什么问题？

（2）你认为应该从哪些方面着手改变

这一现状？

(3) 设置饭店组织机构应遵循的原则有哪些？

【任务反馈】

为了经营管理好饭店，通常设置总经理、副总经理、部门经理、主管、领班和员工这几个层次，在星级饭店和大型餐饮企业中常常设置总监职位，如财务总监、餐饮总监、营销总监等，你是如何来理解总监职位的？

释疑：总监，指承担对公司具有重要影响力或关系公司全局性的工作事务的岗位职务者。站在不同角度，总监的职务定义存在区别。在企业经营权层次，"总监"的岗位级别介于总经理和部门经理之间，如财务总监、餐饮总监等；在企业所有权层次，"总监"是接受董事会授权执行某项关系公司全局性工作事务的岗位职务，对董事会负责，如某饭店集团下属饭店设置营运总监等。

任务二　饭店计划编制与执行

【案例聚焦】

饭店需要计划管理吗？

有300张床位、200个餐位的某家饭店老总认为，现在是市场经济，市场变幻难测，饭店的一切经营管理活动都应该围绕市场动态开展，计划是计划经济的产物。因此该老总废除了饭店的年度计划、月计划，各部门都不需要制订任何计划，改为每天发布任务。由于生意难以预料，饭店时而空闲，时而忙得团团转，一会儿缺人，一会儿又裁员，员工没有规律的休息日。常常出现生意好的时候准备不足，生意淡时没有对策，顾客投诉不断，上上下下怨声载道的情况，总经理感到管理上出了严重问题。请为该饭店分析问题所在，并提出一个改进的方案。

这家饭店显然是没有运用好计划管理职能来科学管理饭店的经营活动，导致工作被动，这是意料中的事情。问题是该饭店的老总混淆了计划经济时代的计划体制与有序管理的计划职能之间的关系。因此作为一名饭店经营管理者必须学习和掌握计划职能的原理，并在饭店管理运行中加以灵活应用。

【任务执行】

一、饭店目标管理

(一) 目标管理内涵

目标管理是美国管理学家彼得·德鲁克(Peter F. Drucker)在1954年提出的，用于调动组织成员在计划执行中的积极性，是全面地、均衡地完成计划的一种方法。目标管理是一个全面的管理系统，它是为了充分发挥不同的组织成员在计划执行中的作用，协调这些组织成员的努力，必须把组织任务转化为总目标，并根据目标活动及组织结构的特点分解为各个部门和层次的分目标，组织的各级管理人员根据分目标的要求对下层的工作进行指导和控制。它具有两个特点：(1)重视人的因素。目标管理是一种参与的、民主的、自我控制的管理制度，也是一种把个体需求与组织目标结合起来的管理制度；(2)建立目标链或目标体系。管理者要通过目标对下级进行领导，目标必须有层次，要形成一个目标链和目标体系，构建主要目标与分目标。各部门目标之间要相互配合，方向一致。

饭店经营管理的目标是以尽可能少的投入，取得最大的社会经济效益。具体主要表现在以下四个方面：

(1) 贡献目标。饭店是社会主义市场经济机体的一个细胞，它的生存和发展取决于社会对它的承认，而社会对它的承认则取决于它对社会所作出的贡献，即饭店履行社会义务的情况。饭店对社会的贡献主要有三个目标：一是促进对外、改善投资环境，发展社会公益事业，以及促进本地区社会主精神文明建设方面的目标；二是满足社会需要积累建设资金,促进地区经济繁荣方面的目标；三是促进本地区企业管理水平方面的目标。

（2）发展目标。饭店的发展目标主要表现为饭店等级的提高,规模的扩大,设施项目的增加和经营范围扩大等方面的目标。

（3）市场目标。饭店的市场目标主要表现为原有市场的巩固,潜在市场的开拓和新市场的创造等方面的目标。当然,也包括目标市场的调整、客源档次提高等方面的目标。

（4）利益目标。饭店的利益目标主要表现为实现利益总额和由此而来的工资奖励基金、福利基金等方面的目标。

（二）目标管理流程

实行目标管理一般有制定目标、执行目标、评价成果、实行奖惩、制定新目标并开始新一轮的目标管理循环这样具体的五个步骤。

（1）制定目标。目标的制定包括确定组织的总体目标和各部门的分目标。总体目标是组织在未来从事活动要达到的状况和水平,其实现有赖于全体成员的共同努力。而各个部门各个成员都要建立与组织目标相结合的分目标,这样就形成了一个目标体系。具体步骤：第一,组织的高层领导者预定目标。预定目标是一个可以改变的暂定的目标,这一目标的提出必须是共同商量决定的,而且领导必须根据企业的长远规划、面临的客观环境而提出这一目标,对任务目标有一个清醒的估计,对目标值有多大,心中有数。第二,重新审议组织结构和职责分工。目标管理要求每一个目标和分目标都要成为某些人的确切责任,即谁对完成这些目标和分目标负责,完不成找谁。第三,确立下级的目标。首先向下级传达和明确组织的规划和目标,在此前提下和下级商定其目标。第四,听取下级的意见,给出自己认为合理的目标告诉下级。第五,应该强调的是目标确定的结果应该是下级目标支持上级目标、分目标支持总目标,每个人员或每个部门的目标要和其他人员或其他部门目标协调一致,不损害本单位和整个组织的长远利益和长远目标。

（2）执行目标。执行目标就是利用组织的资源,保证目标执行者有条件为组织目标而开展工作,授予相应的权力,使之有能力调动和利用必要的资源；权力和责任心并存,能充分发挥执行者的判断能力和创造能力,使目标执行活动有效地进行。在执行过程中要对工作和目标完成情况做定期和不定期的检查,及时发现不足之处,必要时也可以通过一定的手续,修改原定的目标。

（3）评价成果。评价成果既是实行奖惩的依据,也是上下左右沟通的机会,同时还是自我控制和自我激励的手段。

（4）实行奖惩。实行奖惩是以上述各种评价的综合结果为依据,给予物质和精神的奖惩。公平合理的奖惩有利于维持和调动组织成员的工作热情和积极性；奖惩有失公正,则会影响这些成员的行为。

（5）制定新目标并开始新一轮的目标管理循环。通过以上步骤,为下阶段的工作提供参考和借鉴,在此基础上开始新的循环。

（三）目标管理评价

1. 目标管理的优点

目标管理是科学和有效的管理方法,它往往会带来良好的绩效,起到立竿见影的效果。目标管理使各项活动的目的很明确,避免搞形式主义,花架子。目标管理有助于改进组织结构和职责分工,进行分权管理。任何一个组织和职位都应当具有弹性,而这条原则的实施常常使我们发现组织中存在授权不足与职责不清的情况。目标管理是促进分权管理使组织具有弹性的最好方法,它尽可能把完成一项组织目标的成果和责任划归到一个职位或部门。

目标管理启发了工作自觉性,进一步调动了员工的主动性、积极性,提高了士气。由于目标是经过商定的,它使员工明确了自己的工作在组织整体工作中的地位与作用;员工参与了讨论并做了许诺,有了授权,并受到支持,成为一个主动的、自己能够控制的、可以在一个领域内施展才华的积极工作者。目标管理表现出良好的整体性。组成一个完整的目标锁链和目标体系之后,将企业的所有任务和目标联成一个有机的整体。

2. 目标管理的缺点

在目标制订过程中存在一定难度,许多岗位的工作难以使目标定量化和具体化,普通员工不了解整体目标,不了解整体目标和单个人的关系;目标管理对于员工的动机作了过分乐观的假设,认为多数人都有发挥潜力、承担责任、实行自治和获得成就感的需要,都有事业心和上进心,而且只要有机会,他们就会通过努力工作来满足这些需要,把工作中取得成就看得比金钱更重要。而现实并不完全这样,特别是目标的考核和奖励搞在一起以后,往往导致了指标要低、出力要少、奖励要多的状况。

二、饭店计划管理

(一) 饭店计划管理内涵

1. 饭店计划管理的概念

饭店计划管理就是饭店根据内外环境条件,用目标管理的方法,通过对计划的编制、执行、控制,确定饭店的经营目标,指导饭店的经营业务活动,保证饭店取得良好的效益。计划管理有双重的含义:一是指对计划编制本身的管理;二是实施计划,即用计划管理饭店。计划管理是一种管理职能,是从提供编制计划的依据到计划目标最终实现的全过程发挥作用的职能。

2. 饭店计划管理的意义

计划管理对饭店的经营业务活动具有指导性意义,科学的计划管理是饭店实现科学管理的必要条件。

(1) 计划是饭店管理中的首要职能。根据法约尔对于管理职能的划分,计划职能居计划、组织、指挥、协调、控制五大管理职能之首,起着决定性作用,没有计划,其他职能将无法进行。

(2) 计划为饭店的发展明确了方向。饭店计划规定了饭店经营管理活动的主要内容,明确了饭店发展方向,没有计划,饭店的各项经营管理工作将无从展开。

(3) 计划有利于有效配置资源,提高饭店经济效益。饭店的人、财、物等资源都是有限的,要充分利用这些有限的资源,必须实行全面计划管理,只有这样才能优化饭店的资源配置,使饭店获得最大的经济利益。

(4) 计划有利于协调内部利益,提高饭店竞争力。一方面,随着饭店规模的不断扩大、功能的日益复杂,饭店必须统一安排各项工作,以减少各部门之间的摩擦。各部门将根据饭店的总体计划来确定本部门的经营活动计划,并保证部门计划与饭店总体计划的协调一致,避免各部门只强调本部门利益,损害饭店的整体利益;另一方面,随着饭店业竞争的加剧,饭店只有制订周密、科学的计划并有效实施,才能在竞争中立于不败之地。

(二) 饭店计划分类

(1) 长期计划和短期计划。按照计划时间的长短来分,可把饭店计划分为长期计划和短期计划。长期计划是指一年以上的计划,是战略性计划,主要是明确饭店未来的发展方向。它的主要部分是决定如何使饭店的发展和运营更好地适应不断发展变化的客观环境,长期计划的核心是饭店的发展目标,由于这些目标不是短期能够达到的,因此,长期计划不仅要指出目标,而且要指出达到目标的途径,长期计划包括饭店目标、饭店建设与投资的整体规划、饭店规模、饭店经营管理水平、员工培训等内容,它是由高层管理人员制订的。短期计划则是指一年以内的计划，是战术性计划，它用于指导饭店日常的经营活动，比较具体，包括年度计划、季度计划、月计划，它是由部门经理制订的。短期计划是以长期计划为基础而制订的，并与长期计划保持一致，而长期计划又是通过具体的短期计划来实现的。

（2）总体计划和部门计划。按计划涉及的范围来划分，饭店计划可划分为饭店总体计划和部门计划。饭店总体计划主要是围绕整个饭店或饭店的几个主要部门来制订的，其主要内容包括饭店的总体发展方向、目标、策略、执行方案等；部门计划是指各部门制订的较具体的计划，包括本部门实现的目标、具体实施方案等，如饭店客房部计划、餐饮部计划等。

（三）饭店计划原则和特点

1. 饭店计划原则

（1）系统性原则。计划决定着未来行动的方向和方式，因此在饭店计划的制订过程中必须坚持系统性原则，即把计划对象当作一个完整的系统来对待，统一规划、统筹安排，做好各种资源、各个部门的综合平衡工作，协调好局部利益和整体利益，形成一整套科学完整的计划体系。

（2）可行性原则。计划的作用就是饭店经营活动的指导，如果制订的计划脱离实际，缺乏可行性，那么计划就丧失了指导作用，成为一纸空文，所以在计划的制订过程中一定要坚持稳妥可靠、切实可行的原则。

（3）效益原则。计划的制订过程中一定要注重各种资源的优化配置，力求以最小的投入带来最大的产出，以实现饭店利润的最大化，这就要求利用科学的、定量化的决策方法和技术，实现计划的科学化、定量化。

（4）弹性原则。计划是对未来的预测，有着许多不可确定因素的影响，因此计划必须具有弹性，以适应外界环境发展变化，并要制定相应的应变措施，以便在环境突变的情况下及时调整计划，保证饭店目标的实施。

2. 饭店计划特点

（1）超前性。计划是对饭店未来经营管理活动的安排，即在业务活动尚未开始之前就进行分析、预测、规划，因此，饭店计划具有鲜明的超前性。

（2）渗透性。计划职能作为五大管理职能中的首要职能，既对其他各职能有着指导作用，又渗透于其他各职能活动中，具有很强的渗透性。

（3）全面性。饭店计划的制订要包括饭店的各个部门、各种资源，实施过程有赖于饭店的全体员工，因此，饭店计划具有全面性。

（四）饭店计划体系

饭店计划种类较多，用途各异，为了便于管理各类计划的制订和执行，并使计划真正起到指导作用，饭店要按时间、内容的不同制订一系列计划，并将这些计划组成一个统一的饭店计划体系，使饭店能够有效地执行计划管理职能。饭店计划体系实际上是指饭店一些重要计划的总和，一般由长期计划、年度综合计划和接待业务计划组成。

1. 长期计划

饭店的长期计划是经营目标的具体化，是饭店在较长时间内设备、服务、经济、人员等方面建设发展的长远性、纲领性计划，编制长期计划是饭店高层管理人员的重要工作之一。饭店长期计划的内容主要有：

（1）饭店总体目标。主要包括在计划期内，饭店的等级、水平、标准、规模、经营方向、经营内容；饭店对市场的预测和占有情况；饭店各项主要指标所要达到的水平；各项经济的发展速度和增长速度。

（2）饭店建设与投资目标。饭店要确定对现有固定资产更新改造的投资额、资金来源、投资效益测算等，并确定更新改造的具体设备及新建、扩建的项目。在需要的条件下,饭店还可以规划对外投资项目、对本饭店集团所属企业的投资、与其他行业联合开发经营的投资等。

(3) 饭店管理体制目标。确定计划期内管理人员的配备、组织的调整、管理手段的更新方向、中外方管理的更替和交接等。

(4) 饭店规模目标。确定饭店接待能力的扩大,在提高市场占有率、开发新的市场的同时,制订相应的扩建、征地等计划;确定饭店经营业务的扩大,相应设施的增加和组织机构的调整等。

(5) 职工培训目标。主要是对饭店管理人员和职工来源的规划,确定职工教育培训人数和培训方式、时间,以及人员素质应达到的标准。

(6) 生活福利目标。包括职工生活福利在计划期内应达到的水平、职工工资增长的逐年规划以及福利基金规划等。

2. 年度综合计划

年度综合计划是具体规定全年度和年度内各时期饭店在各方面的目标和任务的计划,内容广泛,综合了饭店的主要经营活动,是综合性、指导性的计划。

年度综合计划有两个基本组成部分:第一部分是饭店综合部分,它着重提出全饭店本年度的目标和任务,并对指标的分解和分配做出总括的说明,这些指标包括经济效益指标、经营管理指标和发展后劲指标;第二部分是组成饭店综合计划的部门分类计划,它提出了各部门为达到饭店目标,各自在本业务范围内所需执行的目标和任务。部门分类计划主要有:

(1) 前厅接待计划。前厅部与销售部共同根据年度综合计划中饭店的目标和任务以及自身业务预测,确定全年接待总人数,各季度、月的接待人数,本年度预订人数及按合同接待的团体、散客人数以及饭店营销部自行外联的住宿人数。

(2) 客房部计划。客房部根据年度综合计划中饭店的目标和任务,具体核定本部门客房(床位)数、接待人数,并制订部门经营计划,包括设备购置、用品种类、服务质量标准等计划,同时确定客房部的组织形式、人员安排、劳动定额等管理方面的计划。

(3) 餐饮部计划。餐饮部根据年度综合计划中饭店的目标和任务,具体确定本部门的营业额以及中、西餐厅、宴会、酒吧等各部分在营业收入中分别所占的比例,同时制订餐厅设备购置、服务质量、原材料采购等计划。

(4) 商场部计划。包括商场销售收入、销售品种、服务项目、流动资金占用与周转等计划。

(5) 劳动工资计划。它是对饭店的人员及劳动报酬所做出的具体安排。劳动工资是饭店的重要成本之一,对饭店的经济效益有着重要的影响。劳动工资计划在内容上主要包括职工人数及构成、人员素质标准和劳动组织的基本形式、全员劳动生产率和人均创利率、饭店工资总额、平均工资额、奖金、津贴和其他工资的支付额度。

(6) 财务计划。财务计划是根据饭店经营决策而在饭店资金使用和管理方面做出的规划和安排。财务计划包括筹集资金、固定资产折旧、流动资金需要量和周转速度、收入水平、利润分配等各种专用基金的管理以及成本费用管理等。

(7) 物资供应计划。物资供应计划是为饭店各部门完成接待和供应任务,而提供各种物资的计划。物资供应计划要根据饭店经营管理活动的需要,确定饭店各部门各种物资的种类、规格、特性的基本要求,规定各类物资在计划期的需要量、储备量、进货渠道、采购批量等。

(8) 设备建设和维修计划。它是对饭店设备进行投资建设、保养和维修的计划。该计划除需确定饭店计划期内正常运营需添置设备的种类、数量、资金来源和设备更新改造计划外,还需对设备的归口保养、保养控制做出规定。同时,根据设备的维修制度,确定日常修理方式、工作量、计划修理周期和方法,并提出计划修理期间设备使用的替代方案、经费预算和人力安排。

(9)职工培训计划。培训计划要对计划期内饭店员工的来源、素质要求做出规划,还需对员工的学历结构做出规定,并确定饭店员工短期和长期培训的培训内容、培训对象及时间安排。

3. 接待业务计划

饭店的接待业务计划分为常规的月接待计划和重大任务接待计划两类。前者是以月为计划期限,依时序而确定的常规性接待计划,后者是指针对饭店的某一项重大任务而专门制订的接待计划,是非常规性计划。这里所说的重要任务,是指针对来宾的特殊身份或是来宾的特殊要求或是来宾团队的较大规模提出的应高度重视的接待计划。接待业务计划是饭店年度综合接待计划在短时间内(一般一个月)的具体执行计划,因而内容更为专门化,多数是在客源或任务确定的情况下制订的作业计划,包括具体业务项目的操作程序、应达到的标准、员工工作时间安排、员工分工和工作要求等内容。

(五)饭店计划指标

饭店计划指标是指饭店在计划期内用数字表示的经营、接待、供应等方面要达到的目标和水平。饭店的计划指标按其性质可分为两大类:质量指标和数量指标。质量指标用来表示在计划期间,饭店的人力、物力和财力的利用以及在接待服务活动中,工作质量和服务质量应达到的水平,通常用相对数(百分比)来表示,如饭店的客房出租率、毛利率、利润率、劳动生产率等。数量指标表示计划期间饭店在经营管理活动中应达到的数量要求,通常用绝对数来表示,如利润、销售额、接待人数等。饭店的主要计划指标如下:

(1)客房(床位)数。客房(床位)数是表示饭店接待能力的最基本指标,是其他指标的基础,具体是指饭店各种等级床位的总和。

(2)客房出租率。客房出租率是表示饭店接待能力利用情况的基本指标,具体是指实际出租客房数量与计划期内可供出租客房数量之比,计算公式为:

客房出租率=报告期内实际出租客房数量/(客房数量×计算期天数)×100%

(3)接待人数。饭店接待人数是指计划期间饭店接待人数的总量。它包括两个指标:一是住宿人次数;二是人均停留天数。人均停留天数计算公式为:

人均停留天数=报告期内客人住宿天数总和/报告期入住客人人数之和

(4)营业额(营业收入)。饭店的销售额是由饭店客房、餐饮等各部门的营业额汇总而成,因而在提出饭店营业额指标时,必须同时将其分解到各个营业部门,确定各个部门的营业额指标。首先要确定各部门收入占饭店总收入的比率。其中确定收入指标时应注意汇率变动情况,强调可比性。另外,营业外收入(如折价处理物品收入、罚金收入等)一般单独列项,不列入营业额指标内。

(5)饭店成本。饭店成本是指饭店在经营过程中为完成营业额指标而付出的营业成本(直接成本)和营业费用(间接成本)之和,再加上饭店的企业管理费用。饭店成本的确定有两种方法:一是在以往(或基期)年份成本率和费用率的基础上,通过对计划年份相关因素的预测和分析,推算出计划期内饭店的成本和费用;二是将测算出的各部门的营业成本、营业费用总和再加上饭店的企业管理费用。

(6)利润和税金。利润和税金是饭店盈利的表现。

利润是饭店盈利的一部分。具体指标有利润总额和利润率。其中利润总额是指饭店在计划期内实现的全部利润,计算公式:

利润总额＝经营利润＋营业外收入－营业外支出

利润率是指报告期内饭店实现的利润总额占营业收入的比重，计算公式：

利润率＝报告期内饭店利润总额/报告期内饭店营业收入总额×100％

税金是饭店创造的，提供给社会支配的那一部分价值。核定税金指标，应根据国家规定的税率税种，根据对饭店其他各项经济指标进行的预测，确定应交纳的税金。

（7）人均消费额。它是指客人在饭店内的平均消费金额，体现了饭店经营水平和饭店产品是否适销对路。

人均消费额＝报告期营业额/报告期接待人数

（8）劳动生产率。它是衡量职工工作效果和效率的指标。具体可用人均接待人数、全员劳动生产率、人均创汇额、人均实现利税四个指标来确定。

人均接待人数＝报告期接待总人数/报告期饭店平均职工人数

全员劳动生产率＝报告期内营业收入总和/报告期内饭店平均职工人数

人均创汇额＝报告期内饭店外汇收入总和/报告期内饭店平均职工人数

人均实现利税＝报告期内饭店利税总额/报告期内饭店平均职工人数

（9）设备完好率。它指饭店可使用的设备与全部设备之比，该指标反映了设备质量和维护情况。

设备完好率＝可使用设备/全部设备×100％

（10）能源消耗。饭店内的动力设备、游乐设施都要消耗大量能源。能源是指煤、汽油、电力、煤气等。能源消耗是指计划期内在达到接待人数和营业额的情况下各种能源的消耗指标，它表明了饭店经营过程中能源耗用的情况，是饭店节约能源的重要工具。有条件的饭店还可制定各种能源单耗指标，其计算公式为：

（某种能源）单耗＝某种能源消耗总量/住宿者过夜总人数

三、饭店计划编制

职责清晰，分工明确——东方饭店制订服务标准化工作计划

为切实做好饭店服务标准化工作，确保分步骤、按计划地完成此项工作，东方饭店制订并下发了服务标准化工作计划。

一是明确工作完成时间。要求饭店各部门在3月20日前，完成本部门原有规制工作流程整理、分类工作。3月23日前，工作办公室完成饭店服务标准化指导目录。4月15日前，工作办公室完成服务标准化体系的基础材料工作。4月30日前，饭店各部门完成服务标准化的分类汇总工作。5月15日前，饭店服务标准化工作办公室完成饭店服务标准化体系的整理完善工作。5月30日前完成饭店服务标准化中期评估工作的内部评估。6月份，接受上级部门的中期评估检查。

二是明确工作落实部门、人员。需要工作办公室完成的工作，涉及编制饭店服务标准化工作方针、目标等十个方面。需要各部门完成的工作，在建立服务质量标准体系方面，包括编写制定员工形象标准等5个服务质量特性标准，以及餐厅流程规范等7个服务流程。在建立服务管理标准体系方面，包括编写制定财务、人力资源等19类管理标准。在建立服务工作标准体系方面，包括编写制定高层管理人员、领班以上管理人员及一般员工的工作标准。

三是认真抓好落实。饭店服务标准化工作计划下发后,各部门立即行动,结合部门原有规定,对涉及本部门的服务质量标准、服务管理标准、工作标准等内容进行认真的整理、分类。目前已基本梳理完成整体指导目录,为饭店服务标准化工作奠定了良好的基础。

(一)影响计划编制因素

(1)市场状况。饭店产品也是一种商品,在销售过程中同样存在着供给方和需求方。了解和掌握顾客的需要从而生产出符合市场需要的产品对于饭店运营尤为重要。同时,市场状况是影响饭店计划的重要的外部因素,外界的政治经济环境、市场竞争程度都对饭店产品的销售起着重要的影响,这就要求饭店在制订计划前一定要进行周密的市场调查。饭店市场调查的基本内容包括国内外政治经济状况、竞争对手情况、客源市场需求等,在此基础上进行市场分析和预测,可以为饭店制订计划提供依据。

(2)饭店综合接待能力。饭店综合接待能力是指饭店自身的硬件设施和软件服务所能够接待宾客的最大容量,是饭店内部利用市场机会、获取利益的能力总和。饭店综合接待能力和饭店市场状况同时构成了影响饭店计划编制的决定性因素。

(3)饭店对外的经济合同。饭店对外的经济合同是饭店同有关单位签订的具有法律效力的契约,在制订饭店计划时一定要予以考虑。

(4)饭店的管理水平和技术水平。因为饭店管理水平的高低和技术水平的好坏直接影响到饭店计划的实施效果,所以在制订饭店计划时应予以考虑。

(二)饭店计划编制步骤

计划的编制一般分为以下四个步骤:

(1)调查研究。在着手编制计划之前,必须通过调查研究,掌握饭店所处的内、外部环境因素。只有建立在科学研究基础上的客观可行的计划,才能真正起到指导作用。饭店环境因素分析包括:

① 饭店内部因素。主要是饭店综合接待能力分析,考虑饭店的客房、餐厅、酒吧等部门的接待能力及潜力,同时考虑饭店的设备设施条件、管理水平及员工素质。

② 饭店外部因素。除考虑国内外政治经济形式和饭店已有的对外经济合同外,还应通过市场调查和市场预测,掌握饭店所处地区的旅游发展趋势、市场竞争状况以及市场需求的变化情况,了解客人对饭店产品质量、价格等方面的要求,并掌握饭店所需的原料和物品的供应来源、价格、质量、货源是否充足等信息。

(2)确定计划。计划目标是饭店在计划期内经营管理活动预计达到的期望值。计划目标必须要有明确的表述,尽量使目标量化,少用或不用模糊的语言,以便于执行和修正,如"尽量减少客人投诉"就不够明确,改为"将客人投诉率降低至5%"则更为明确,便于执行、考核。计划目标应相对稳定,以保证计划的执行者有章可循,不至于无所适从。计划目标要具有前瞻性和竞争力,计划是对饭店未来的预测,因此需要具有前瞻性,而饭店要在激烈的竞争中生存和发展,饭店的目标也应反映竞争性这一特点。计划目标要有弹性,尤其是长期计划目标更应留有一定的余地,因为饭店的内、外环境是不断发展变化的,只有制定灵活的具有弹性的计划目标,才能对环境的变化做出及时的反应。

(3)选择方案。最初编制计划时可能有多种备选方案,应根据饭店的内部条件和外部环境选择最优方案,选定的方案应既符合饭店的经营目标,又不超出饭店自身的能力和外部环境的限制。

(4)评估和调整计划。正式计划编制以后,并不是一成不变的,还需在实际执行过程中进行检验、修正。尤其是长期计划，往往由于时间长，环境因素变化多，使原来制订的计划偏离实际，所以需要对计划进行不断的评估和调整，使其符合已发生变化的内外部环境条件。

（三）饭店计划编制方法

饭店计划的编制有很多种方法，如滚动式计划法、固定增长法等。其中滚动式计划法由于具有弹性、比较灵活，因而更适合饭店环境的发展变化，是一种科学实用的计划方法，故本书着重对这种方法加以介绍。

滚动式计划编制法是在每一次制订和调整计划时，将计划期按时间顺序向前推进一个计划期，即进行一次滚动。如每年制订一次长期计划，就按顺序把长期计划向前推进一年，而不是像以往静态计划那样等全部计划执行完毕再重新制订下一计划期的计划，它是一种动态的计划编制方法。滚动式计划编制方法可以不断地根据内外部环境变化和上一时期计划的实施效果及时地对下一时期的计划进行调整，这样就使计划更符合客观实际，对饭店的经营活动更具有指导意义，也更具有灵活性。

用滚动式计划编制法既可编制长期计划，也可以编制饭店的中短期计划，但尤其适用于长期计划的编制，下面就长期计划的编制程序加以介绍。以五年制计划为编制周期，编制程序见表 2-1。

长期流动计划

2011 年至 2015 年的五年计划		
具体	较细	较粗
2011 年	2012 年　2013 年	2014 年　2015 年

本年实际完成计划与实际差异 →

计划修正因素		
差异分析	客观条件变化	经营方向调整

2012 年至 2016 年的五年计划	
较细	较粗
2013 年　2014 年	2015 年　2016 年

表 2-1 滚动式计划编制表

四、饭店计划实施

计划是饭店经营管理的关键，执行计划要有一个强有力的高效率的业务指挥系统作为保证。饭店以总经理为首的行政业务指挥系统是执行计划的有力保证，在这一系统的指挥下，各层次、各部门按照本身的职责和业务范围具体领导计划报告，落实计划中各项任务和指标。

计划实施过程中，要充分注意克服和解决计划执行中的障碍和困难，更要充分运用各种检查手段对计划的实施情况和计划指标的完成情况进行比较、分析、评价，并在此基础上找出差异，分析产生差异的原因，并采取相应的有效控制措施，保证计划的完成。

（一）计划的检查

检查是执行计划的重要环节，计划执行

得正常与否,只有通过检查才能了解。计划的检查工作可按照实际情况采用下列四种方式进行。

(1) 全面检查:定期召开店务会议,会上由饭店高层管理者对各部门及全饭店计划执行情况作全面了解,以便掌握整个饭店计划执行的总体情况。

(2) 文字记录检查:通过各种报表、业务情况记录的文字表单进行经常性的检查,对计划执行结果做到心中有数。

(3) 突击性检查:对于重要接待任务计划的执行情况,或者由于某种因素而使业务活动发生较大波动时,多采用这种形式。

(4) 实行月考核:管理人员每个月检查饭店的业务情况、财务成果和制度执行情况,并实施考核。

(二) 计划的控制

计划控制是在计划检查的基础上,发现计划的实际执行结果和计划目标存在的差异,分析问题的原因,采取相应的措施,以达到计划目标。计划控制的主要工作有:

(1) 通过计划检查对计划和实际状况作一比较,以发现偏差。发现偏差后,对偏差进行分析,偏差值在允许范围内,则只分析原因,不采取措施纠正。如果偏差值超出允许范围,不管是正偏差还是负偏差,都要经过分析,然后实施纠偏措施。如果偏差是由计划制订的不合理引起的,则要调整计划。计划调整是个十分严肃的决策,计划的调整,或调整计划指标,或调整部分内容,或调整方向目标,或调整投入,不管哪一种调整,都须经过店务会议的论证,由总经理做出最后决策。

(2) 饭店计划控制主要由总经理和部门经理配合实施,它和管理的控制职能相结合。在执行控制职能时,同时控制计划的执行。为此,各级管理人员一方面对计划指标和计划进度要十分明确,另一方面为了有效地控制计划的执行,应该经常深入到业务第一线,时时掌握业务进行的实际情况,掌握经济和财务运行情况,把计划的执行控制在正常范围内。

【任务拓展】

本任务讲述了饭店目标管理基本知识,饭店计划管理的概念和意义、计划体系和原则,编制饭店各类计划的方法,为你建立了饭店计划管理的知识体系。建议你积极尝试,运用所学知识,收集饭店各类计划样本,进行学习、分析,化为自己的饭店计划编制和管理能力。在广泛收集整理的基础上,回答以下问题:

①饭店年度工作计划的基本格式和主要内容。

②饭店餐饮、客房、营销部门的计划的基本格式和基本内容。

③饭店接待计划的基本格式和基本内容。

【任务反馈】

提及"计划",许多人联想到影响经济发展的"计划经济"时代之"计划",你能区分管理职能之"计划"与经济体制之"计划"吗?

释疑:广义的计划职能是指管理者制订计划、执行计划和检查计划执行情况的全过程;狭义的计划职能是指管理者事先对未来应采取的行动所作的谋划和安排。作为管理职能的计划是管理活动的重要表现形式,计划对企业的经营、管理、运行具有重要的作用。而"计划经济"之"计划"是一种体制,是一种不利于生产力发展的、带有自然经济色彩的、落后的经济体制。

任务三 饭店人力资源开发与管理

【案例聚焦】

麦当劳的人力资源管理

吃过麦当劳快餐的人都知道,在任何一

个麦当劳店,你所得到的汉堡都是一样的。这就是麦当劳的连锁标准化管理的结果。麦当劳的人力资源管理也同样有一套标准化管理模式,包括如何面试、如何挖掘一个人的潜力,等等。

天才是留不住的,麦当劳不用天才。麦当劳聘请最适合的人才,愿意给努力去工作的人一个承诺。聘请员工不是只来自一个方面,而是从不同渠道请人,人员的组合是家庭式的——有年纪大的人,也有年纪轻的人,年纪大的人可以把经验告诉年纪轻的人,同时又被年轻人的活力所带动。

鼓励员工永远追求卓越。麦当劳的管理人员95%要从普通员工做起,麦当劳花费巨额资金来培训各类、各层次的人员,就是要让员工感觉有发展前途。一个企业在发展中,一定要维护社会地位。发展员工时,不要总提钱。没有钱万万不能,钱也非万能。所以给员工发展机会最重要。

培训就是让员工得到尽快发展。麦当劳的人才体系像棵圣诞树,你能力足够大,就会让你升一层,成为一个分枝,再上去又成一个分枝,你永远有升迁的机会,因为麦当劳是连锁经营。麦当劳鼓励员工永远追求卓越,追求第一,同时给每个人平等的机会,不搞裙带关系。

麦当劳没有试用期。麦当劳的面试分三步:最初由人力资源部门去面试;第二步由各职能部门面试;第三步请他来店里工作三天,这三天也给工资。一般企业试工要三个月,有的六个月,在麦当劳三天就够了。它通常看这个人适合做什么工作,有哪些优点,可以来帮助麦当劳。麦当劳没有试用期,但有长期的考核目标。

人力资源管理主要是做好选人、用人、育人三方面的工作。麦当劳在选人环节能结合实际,不像一些企业那样盲目追求高学历,在用人的过程中无论对正式员工还是钟点工都进行严格的目标管理,并把考核结果和员工的绩效工资挂钩,从而对员工起到激励作用;除了注重能防止员工产生不满情绪的保健因素(如较高的工资薪金)外,麦当劳还尽量创造能让员工充分发挥其能力和潜力的工作环境,给员工通过培训、进修提高自身素质的机会,满足员工自我发展的需要,也很好地满足了激励因素的要求。

【任务执行】

孙武曾说:"用兵之道,以计为首。"其实,无论是单位还是个人,无论办什么事情,事先都应该有个打算和安排。有了计划,工作就有了明确的目标和具体的步骤,就可以协调大家的行动,增强工作的主动性,减少盲目性,使工作有条不紊地进行。同时,计划本身也是对工作进度和质量的考核标准,对大家有较强的约束和督促作用。所以计划对工作既有指导作用,又有推动作用。搞好工作计划,是建立正常的工作秩序,提高工作效率的重要手段。

饭店人力资源开发就是根据饭店人力资源的生理和心理特点,运用科学的方法,充分发挥人力资源的潜力,力求做到各尽所能,人尽其才,达到饭店和员工个人的共同发展。

一、员工招聘

员工招聘是饭店人力资源管理的常规工作,就是发现和吸引有条件、有资格、有能力的人员来填补饭店职务的空缺。饭店为了适应经营环境的变化,提高竞争能力,需要不同的人员。招聘是补充人员的主要方法,也是保证组织生存与发展的重要手段。卓有成效的招聘能使饭店拥有绝对的人力资源优势。

(一)意义

招聘对于饭店的生存与发展具有重要的意义。

首先,招聘有助于改善组织的劳动力结构和数量。招聘活动是以组织战略和计划为基础,根据人力资源规划确定人员需求,在某段时间、某个地点招聘所需要的员工的活动。通过有目的、有计划地录用工作人员,饭店可以控制人员类型和数量,改变人力资源结构,保证年龄结构、知识结构、能力结构等符合饭店发展的整体目标。

其次,招聘可以保障饭店员工充分发挥自身能力。招聘为饭店员工提供了一个公平竞争上岗的机会,保证每个员工都能充分发挥自身的能力。组织对于应聘者一视同仁,按照公平、公正、公开的招聘程序,遵守法律规定和承担应有的社会义务。通过招聘,饭店能够发现最佳人选,减少明显不合格或不合适的人员进入组织,减少人员受聘后离开组织的可能性,帮助员工找到适合自己的工作,提高组织和个人的工作效率。

最后,招聘有助于提高饭店的管理效率。招聘是一项有成本的管理活动。高效率的招聘是组织通过招聘宣传,选择交通便利的招聘地点,吸引、鼓励和促进更多的申请人员应聘,以低成本为饭店增加合格的人才。有效的招聘能保证组织落实计划、稳定人员,提高综合效益。

(二)流程

饭店招聘员工是个连续的过程,包括制订招聘计划、发布招聘信息、面试应聘人员、测试、体格检查、发出录用通知书、评价招聘效果七个方面。

1. 制订招聘计划

招聘计划是在人力资源规划的基础上产生的。饭店发现某些职位空缺需要有人来填补时,就会提出人员的招聘要求。员工的招聘计划的主要内容应包括此项招聘的目的、应聘职务描述、人员的标准和条件、招聘对象的来源、发布招聘信息的方式、招聘工作的组织人员、参与面试人员、招聘时间、新员工进入饭店的时间、招聘经费的预算等。

2. 发布招聘信息

饭店根据面向内部或外部的不同招聘对象,选择最有效的发布媒体和渠道传播信息。发布招聘信息时要有明确的指向性,能够吸引潜在的招聘对象,招聘内容要求有正确描述职务的特点、应聘者应具备的条件和有关应聘的方法以及需要提供的应聘资料等。

3. 面试应聘人员

面试应聘人员是对职务申请人的选拔过程。招聘人员通过审查应聘者的申请表,初步筛选出满足最低应聘条件的人员,然后安排参与面试的人员对应聘者进行面试,通过面对面的接触确定应聘者的外貌条件、表达能力是否符合招聘条件,同时了解应聘者对所应聘工作的兴趣和认识,对工作时间、工作环境、工资待遇的要求。

4. 测试应聘人员

为了进一步掌握应聘者的情况,在面试的基础上有必要进行测试。测试主要能预测应聘者在特定领域的工作表现,以帮助饭店选择最适合某项工作的人选。测试的内容是以职务的要求范围和标准为基础。例如,对于厨师可以用菜肴的制作来测验其掌握烹饪知识和实际操作水平,对于酒吧服务员可用饮料知识、调酒技能来测试。同时,现代饭店企业的招聘还应包括心理测试、兴趣测试、诚实度测试等方面的内容。

5. 身体素质检查

由于饭店行业的特殊性,应聘人员的身体素质检查在饭店员工的招聘工作中是决不能被忽视的一个环节。饭店业作为服务性行业,各项工作都关系到客人的健康,为此要绝对防止有传染性疾病的人员被录用。拥有健康体魄的员工,是饭店工作得以顺利开展的基本保证。

6. 录用手续办理

录用手续办理是一项严肃的工作程序,包括招聘单位与正式受聘人员共同签订劳动合同,向应聘人员发出录取(试工)通知。

通常通知书中应写明新员工的上班时间、地点和向谁报到及试用期等相关信息。

7. 评估招聘效果

这是整个招聘过程的最后阶段。评估招聘效果要求对已完成的招聘工作进行总结和评价，并将有关资料整理存档。评估指标有招聘成本的核算和录用人员的工作评估。核算招聘成本是用经济指标衡量招聘的效果，招聘费用支出低，而录用人员的数量多，说明招聘成本低，在低成本条件下，能招聘到高质量的人才，说明此次招聘的效果比较好。

二、员工培训

（一）意义

现代饭店的一个重要特征在于其经济活动中知识、技术含量的日益增加，更新的速度日益加快。教育培训对于饭店适应这种技术变革和多变的市场竞争发挥着越来越重要的作用。同时，现代饭店业的竞争归根到底是员工素质的竞争，教育培训在提高饭店人力资源素质，开发员工的潜在能力，改善人力资源结构，增强饭店竞争力方面具有不可替代的战略功能。因此，教育培训是现代饭店人力资源开发中不可或缺的内容。

教育培训是饭店企业发展的需要，也是员工个人发展的需要。饭店通过培训员工，可以提高员工知识水平、技术素质，提高员工工作质量和工作效率，降低损耗，减少安全事故的发生，降低员工流动率。员工通过参加培训，满足了自身的学习需求，提高了自己的专业技术水平，从而提升了就业能力；培训可以拓宽员工的知识面和工作领域，有利于员工的事业发展；有效、科学的岗位培训保证了员工工作的安全性。

（二）内容

饭店员工培训包括了新员工的岗前培训和在职员工的继续培训两个方面。

新员工的培训由饭店人力资源部和新员工所在部门共同完成。人力资源部门负责对员工进行系统全面的培训，内容包括饭店概况、饭店的主要政策及实施状况、员工的工资制度、福利、安全和事故预防、员工和饭店的关系、饭店的物质条件、饭店运作的成本因素等。新员工所在部门岗位培训的内容取决于该部门的具体需要和新员工已有的技能和经验。一般包括部门职能、岗位职责、工作程序和规章制度、部门的工作环境、部门员工的介绍等。

在职员工的继续培训是人力资源部门一项重要任务。对在职员工的继续培训有以下几种途径：

1. 在职培训

在职培训是指结合实际工作进行培训，即一边工作一边学习。这种培训方法通常是针对高级职员和管理人员的。培训人员向接受培训的员工示范怎样工作并在他们的指导下完成这项工作。工作轮换是在职培训的一种特殊方式，也被称为交叉培训。员工被要求在同一部门学习做不同的工作，并有一定的时间限制。工作轮换使得员工能够应付工作中出现的各种可能的情况，这一培训不需要任何特别的设备，并且在培训过程中能够完成许多工作。

2. 实景模拟培训

实景培训是指在一个与实际工作场所相似的工作环境，经历相同的程序，使用相同的设备，由这一工作领域的熟练员工对接受培训的员工进行指导的培训。员工在这种培训方式下没有正常生产节拍的压力，可以按照自身的学习节奏进行学习。这种培训方式在饭店员工培训中得到广泛运用，例如对客房服务员、餐厅服务员、酒吧服务员的培训都采用这种方法。

3. 离岗培训

离岗培训包括人们通常所说的脱产培训，以及在工余时间组织的进修、培训。在这种脱离直接工作场所的培训中，员工可以暂时离开饭店,到高校、行业协会等机构学习。这种培训方式以课堂式培训为主,授课人的教学手段也越来越多样化,除了讲授知识,还采用了案例研究、角色扮演、商务游戏、专业研讨会等方式。

三、员工薪酬

员工薪金报酬系统是人力资源管理中极为重要的组成部分。薪金报酬是指员工因其劳动付出而获得的补偿,包括基本工资、奖金和福利三个部分。

(一)工资

在市场经济体制下,工资是劳动力价值或价格的货币表现形式。在现代饭店人力资源管理中,被广泛采用的工资类型主要是计时工资制。计时工资制是指按照员工工作时间长短来支付员工工资报酬的制度,计时工资一般以小时为单位计算员工工资。饭店业广泛采用计时工资,主要是因为饭店业是服务性行业,其主要产品是服务,而服务是个抽象的概念,无法用数字来表述,也无法进行计算;同时,服务是一个连续的过程,需要多个部门多个员工配合完成。因此,饭店业采用计件工资制度不太现实。

计时奖励工资是在计时工资的基础上进一步发展而来的,发挥了计时工资计算简单的优点,克服了计时工资无法调动员工积极性的缺点。这种方式虽然仍属于计时工资制,但是员工的小时工资率将定期根据总体工作情况加以重新修订。采用这种工资制度,员工的实际收入是根据其基本工资率和其他若干部分的奖金百分比综合计算的。这些方面包括:员工工作数量、质量、可靠性、各方面能力、与同事关系、出勤情况等。这些方面往往采用人事考核的结果,定期加以修改。这种工资制度的优点是员工的收入很容易计算,同时又能满足鼓励员工、提高服务质量的需要。此外,员工的实际收入不取决于单纯因素,而是进行综合评判,反映员工实际工作成绩,在员工心理上形成了相对的公平感。目前,我国大多数饭店都是以此为基础,根据企业自身特点,采用修订式的计时奖励工资制度。

(二)奖金

奖金激励的目的在于将员工所得的报酬与其经过个人努力取得的业绩联系起来,对出色的业绩进行适时地、直接地奖励。虽然优秀的业绩可以通过基本工资体系,在员工所处的工资级别允许的浮动范围内进行提薪,然而这样却常常会因为时间滞后或其他的条件制约而使接受人认为报酬与其工作业绩无关。奖金激励体系的建立强化了报酬与工作业绩的关系。员工奖金激励方案有多种类型,且都与其工作业绩紧密联系。奖金激励方案的最大优点是使员工能够看到其所得与劳动付出之间的关系,这种关系在群体激励方案和组织整体激励方案中都不明显。由于这个特点,奖金激励方案能够得以广泛地采用。

有效的奖金激励体系通常有两个基本要求。第一个要求涉及评估员工工作业绩的过程和方法。如果奖金体系以业绩为基础,那么员工必须能够感受到他们的业绩和其他员工的业绩被正确与公正地评估。然而,绩效的评估有难有易。例如,饭店销售部门员工的业绩比较容易衡量,而服务员和中层管理人员的业绩就很难衡量了。因此,业绩衡量的关键是要有一个可信度高的管理层,如果员工不信任管理层,那么就很难建立有效的业绩评估体系。

第二个要求是奖金激励必须以业绩为基础。这点要求看似很容易做到,实际操作起来就不那么容易了。员工必须确定他们的劳动力付出与所得报酬之间的关系。个体奖金方案要求员工能够感受到他们的业绩与报酬之间直接的关系,群体奖金方案要求员工感受到小组的业绩与组员报酬之间的关系,组织整体奖励方案要求员工感受到饭店整体业绩与他们个人的报酬之间的关系,以及个人业绩对组织整体业绩的影响。

饭店现行的奖金方案多种多样,各具特色。科学的奖金方案不仅能够激发员工的工作热情,减少人际矛盾,而且能节约奖金的支出。

(三) 员工福利体系

员工福利是报酬的间接组成部分,与报酬的另外两个组成部分——基本工资与奖金不同的是,福利通常与员工个人工作业绩没有直接关系,也很少以奖金形式表现。它的作用主要体现在为员工提供生活方便以及用丰富员工生活的各种补贴来提高员工对组织的忠诚度,激发员工的工作热情和创造力上。

员工福利的内容非常丰富,并随着社会环境的变化不断地推陈出新。众多的福利内容一般可以被分为两种基本类型:受法律保障的员工福利和饭店自主决定的员工福利。

四、员工激励

激励,从心理学的角度来讲,是根据人的需要,科学地运用一定的外部刺激手段,激发人的动机,使人始终保持兴奋状态,朝着期望的目标积极行动的心理过程。在人力资源开发中,激励通常是指调动员工的积极性,激发和鼓励员工达到组织目标的过程。

(一) 作用

激励,作为饭店人力资源开发的基本途径之一,有其客观的必然性:

首先,员工的工作积极性是饭店活力的源泉,它直接决定着企业的劳动生产率和经济效益水平。员工工作态度越好,其积极性、创造性发挥越充分,企业就越有发展的潜力。因此,饭店要发展,就必须采取有效的激励手段。

其次,个体的需要、认识的差异以及环境的影响,导致员工的积极性有很大的差异,并处于不断变化的状态。要使员工的积极性处于理想状态下,就必须满足以下条件:

(1) 员工认识到组织目标和集体行动有利于个人需要的满足;

(2) 员工把组织目标和集体利益纳入了个人需要系列;

(3) 员工对行为结果持有信心;

(4) 行动结果表明积极行动有利于个人需要的满足。

然而,实际情况下,各种因素的制约使得这些条件不能很好地满足,人力资源的潜能不能充分地释放,专业不对口、工作无兴趣、报酬不满意,都严重阻碍了员工积极性的发挥。在这样的情况下,对员工进行激励尤其重要。同时,研究发现,员工的能力往往大于工作所需的才能,因而存在着人力资源的浪费,激励正是减少这种浪费的最佳方法。

(二) 形式

对员工的激励,可以分为经济性手段和非经济性手段。饭店采用经济手段对员工进行激励,一般有以下几种形式:

1. 绩效工资

现代企业已逐步取消了以资历为基础的工资系统,采用以业绩为基础的绩效工资系统。这一系统中,员工的报酬同其工作绩效相联系,绩效高则报酬高,它的合理之处在于节约了劳动成本并强调个人责任。最常见的绩效工资形式是年度奖金。利用奖金,不需加入基本工资,必须靠员工自己争取,可合理降低成本,更重要的是能够激发员工取得高业绩。凭业绩支付的饭店吸引了优秀的员工,提高了劳动生产率,减少了员工的离职率,提高了员工的工作质量,增加了工作满意度。

2. 利润分红

这种方法是指如果饭店利润超过某个水平,则按事先规定的百分比,将超额利润分配给员工。该方法将员工利益与饭店利益紧密结合，促使员工为饭店着想，减少浪费，增加收入，激励其努力工作。

3. 员工股权计划

饭店提供给员工普通股股票的奖励计划，称之为员工股票计划。对员工股权计划的研究表明，该计划可以提高员工的满意度，带来更高的绩效。执行此计划时，除了赋予员工财务股份的权利外，如果定期告知他们企业的经营状况，使其拥有对饭店的经营施加影响的机会，将更能提高他们的工作积极性。

4. 奖励合理化建议

奖励合理化建议，就是鼓励员工对饭店的经营管理提出合理化建议，并将建议能够为企业带来的经济效益与奖励紧密结合起来。这种激励方法由员工提出建议，经过管理委员会评估，依据其建议是否节省劳动力成本而给与员工适当的奖励。许多建立了完整的建议征求系统的饭店就从中获得了可观的经济效益。

5. 工作激励

现代人力资源管理的一个重要原则就是把工作的要求和员工的能力、兴趣以及报酬恰当地匹配起来。员工必须胜任其工作，同时该项工作又是员工有兴趣的，并且能够对其能力产生一定的挑战性，这样员工在完成工作的同时，就会获得责任感、认同感、成就感以及自身发展。管理者可以倾听员工对工作的改进建议，鼓励他们参与工作的再设计，让其拥有对工作更多的支配权。允许员工在一定的范围内，自主安排工作的进度。管理者可以及时地将有关工作业绩反馈给员工，使其明确实际工作和目标之间的差距。还可以为员工提供培训机会，满足他们个人发展的要求。

6. 环境激励

这里所说的环境主要是指饭店为员工提供的工作环境。工作环境不仅包括员工工作的物质环境如工作场所的卫生、温度、噪音、照明、设备、后勤保障等，更重要的是指员工工作的社会环境，如管理者和员工的关系、工作时间、工资待遇、福利以及公司的规章制度等。为员工提供一个舒适、便利的物质工作环境，能够使员工工作时保持愉快的心情，并且感受到饭店对员工的关心，激励员工努力工作。在社会环境方面，管理者要重视开放的信息沟通系统的建立，与员工之间建立相互信任的人际关系，尊重每一位员工的贡献，以及将工资和福利待遇提高到与竞争对手相同的水平。

7. 培训激励

在前面的内容里我们已经提到了培训对于员工自身发展的重要性，当前许多人把是否有获得培训的机会作为选择应聘单位与否的重要条件，可见培训机会对于员工的诱惑力是相当大的。员工不满足于现状，渴望学习先进的知识，而培训的费用又比较昂贵，因此，继续深造对于那些希望发展事业的员工来说是莫大的激励。

五、饭店内部人际沟通

（一）沟通内涵

所谓沟通是指在工作和生活中，人与人之间通过语言、文字、形态、眼神、手势等手段来进行的信息交流。沟通既是一种文化，也是一门艺术。海曼（Haimann）对沟通的定义是："传递思想，使别人理解自己的过程。"这意味着沟通是一个互相交流的过程。有效的沟通就是为了活动的启动、协调、反馈及中间流程的纠正等目的而互相交换思想和看法。

一个完整的沟通过程一般由六个基本要素构成。

（1）沟通当时的情景，是指互动发生的场所或环境，是每个互动过程中的重要因素。它包括：物理的场所、环境，如公共汽车上、开会的时候等；沟通的时间和每个互动参与者的个人特征，如情绪、经历、知识水平等。

（2）信息的发出者，是指发出信息的人，也称作信息的来源。

（3）信息，是指信息发出者希望传达的思想、感情、意见和观点等。信息包括语言和非语言的行为，以及这些行为所传递的所有影响语言使用的音调、身体语言，如面部表情、姿势、手势、抚摸、眼神等，它们都是发出信息的组成部分。

（4）信息的接收者，是指信息传递的对象，即接收信息的人。

（5）途径，是指信息由一个人传递到另一个人所通过的渠道，即信息传递的手段，如视觉、听觉和触觉等。这些途径可同时使用，亦可以单独使用，但同时使用效果好些。如一部录音电话与幼儿园老师集动作、声音、表情、手势一起配合使用相比，显然后者效果比前者好。美国护理专家罗杰斯（Rogers）在1986年做过一项科学研究，结果表明护士在与病人的沟通交流中，应尽最大努力，使用多种沟通途径，使病人有效地接收信息，促进交流。

（6）反馈，是指信息由接收者返回到信息发出者的过程，即信息接收者对信息发出者的反应。

（二）沟通作用

沟通有外部沟通和内部沟通，这两部分在管理过程中所起到的作用也有所不同。

1. 外部沟通的作用

饭店外部沟通是指饭店对顾客和社会公众的沟通。"顾客就是上帝"，顾客是饭店利润的来源，是饭店赖以生存的基础。社会公众是饭店潜在的消费者，是饭店行为的监督者。与顾客和公众进行有效沟通的重要性显而易见。

（1）有利于吸引顾客。饭店最核心的、最具吸引力的是它的服务，而服务是员工对顾客的一种面对面的活动过程。在这个过程中既有言语的沟通，又有身体语言的沟通（包括微笑、鞠躬等）。如果服务员与顾客无法沟通，或者产生了沟通误会，那么顾客一定不会对服务表示满意，甚至会进行投诉。顾客对服务的不满，就是对饭店的不满，一次失败的沟通也许就等于丧失了一位顾客。因此，有效沟通对饭店来说意义重大。它能让顾客更好地享受到饭店的贴心服务，能让顾客对饭店产生好感。

（2）有利于解决顾客投诉。在饭店管理中，常常会遇到顾客的投诉。其实投诉并不可怕，这代表顾客希望饭店能改善服务。在解决投诉的过程中，与顾客进行有效沟通至关重要，有效的沟通能够迅速舒缓紧张的气氛，能让顾客了解到事情的全貌，能为饭店树立正面的形象。在投诉得到妥善处理后，大部分顾客会对饭店产生好感，会对饭店更加信任。

（3）有利于培养忠诚顾客。忠诚顾客是饭店主要的利润来源。在饭店业中，20%的忠诚顾客往往能创造80%的利润。如何培养忠诚顾客是饭店管理中的一项重要内容。有效的沟通可以作为培养顾客忠诚感的基石。如何在最短的时间内，让顾客了解到饭店的最新信息；如何在最需要的时刻，给顾客最体贴的服务；如何用最简捷的方式，为顾客解决问题，这些都依赖于有效的沟通。一旦沟通畅达，饭店便能了解顾客所需，顾客也能与饭店建立深厚的情谊。因此，有效沟通在培养忠诚顾客方面有着重要的作用。

（4）有利于树立良好的形象。饭店的形象包括知名度和美誉度。知名度是指社会公众对一个饭店的了解程度，而美誉度是指社会公众对饭店的信任和赞许的程度。知名度和美誉度的建立都有赖于饭店与公众的沟通。饭店的宣传标语、新闻发布、广告等等，都是饭店传达给公众的信息。有效的沟通能够使饭店传达正确、及时、积极的信息给公众，公众也会更加深入地了解饭店的文化和特色，从而对饭店产生良好的印象。具有良好沟通能力的饭店往往既能在公众中形成较高的知名度，又能形成良好的美誉度。

2. 内部有效沟通的作用

有效沟通在饭店内部管理中的作用很大。饭店以优质的服务取胜，而服务来源于员工的劳动。以前，饭店往往只重视顾客的重要性，而忽略了员工的作用。如今员工在饭店中的作用得到了越来越多的重视。不少饭店甚至提出了"员工是上帝"的新观念。如何迅速、全面地了解员工的需要，如何充分调动员工的积极性，如何留住饭店的人才，这些都与有效沟通密切联系。

（1）可以增强员工对饭店的认同感。好的饭店通常有独特、鲜明的企业文化。通过有效沟通，可以让员工认识到饭店的文化，增强他们对饭店的认知。当员工与饭店文化融合在一起时，员工就会自觉地建立起主人翁的精神，提高工作积极性和责任感。另外，饭店管理者需要经常对员工进行任务陈述和目标陈述。如果沟通不好，会引起员工的反感和抵触情绪。良好的沟通，有利于目标的传达和任务的执行，也可促使员工大胆地对任务和目标提出意见和建议。这样可以使企业与员工的认知达成一致。

（2）有利于协调人际关系、增强员工凝聚力。饭店内部人员众多，组织结构较为复杂。处理好员工与员工之间、员工与部门之间及部门与部门之间的沟通是极其重要的。马斯洛需求层次理论显示人们在满足基本的生理需求后，往往需要得到社交和情感方面的满足。交流感情和沟通思想是人们一种重要的心理需要。有效沟通能够促使人们相互了解，能够消除人们内心的紧张与不安，使人们感到心情舒畅，改善彼此之间的关系。另外，增强凝聚力也是提高组织效率的一种重要手段。在饭店管理过程中，管理者应当及时地和员工进行沟通，了解员工的需求，并及时解决员工所面临的困难。这样做，能够使员工感受到饭店的关爱，进而增强员工的凝聚力。

（3）有利于留住人才，降低员工流动率。合理的人员流动无论是对社会还是对饭店来说，都是必须且合理的。过高的员工流动率将会给饭店带来许多负面的影响。上下级间思想、感情、兴趣的交流和理解有时候比任何物质刺激都更有效。在广泛的、多样的、充分的沟通中才能增进员工对饭店管理者的决策、政策、目标、计划的了解，及时化解存在或可能产生的各种矛盾，增进团结。同时，饭店管理者在与员工沟通中也加深了了解，增进了感情。因此，有效的内部信息交流就显得十分必要。

（三）沟通类型

它可以分为正式沟通和非正式沟通两类。

（1）正式沟通。正式沟通是指在组织系统内，依据正规的组织程序，按权力等级链进行的沟通。例如组织之间的公函来往、内部的文件传达、召开会议、上下级间的定期情报交换等。正式沟通的效果好、严肃可靠、约束力强、易于保密、沟通信息量大，并且具有权威性，但是沟通速度一般较慢。

（2）非正式沟通。非正式沟通指的是通过正式沟通渠道以外的信息交流和传达方式进行的沟通。非正式沟通是非正式组织的副产品，它一方面满足了员工的需求，另一方面也补充了正式沟通系统的不足，是正式沟通的有机补充。非正式沟通的优点是：沟通形式灵活，直接明了，速度快，省略许多繁琐的程序，容易及时了解到正式沟通难以提供的信息，真实地反映员工的思想、态度和动机。非正式沟通能使团体建立起良好的人际关系，能够对管理决策起重要作用。非正式沟通的缺点主要表现在：非正式沟通难以控制，传递的信息不确切，容易失真、被曲解，并且，它有可能促进小集团、小圈子的建立，影响员工关系的稳定和团体凝聚力。

（四）沟通技巧

饭店管理人员在管理过程中，需要借助沟通的技巧，化解不同的见解与意见，建立共识。

（1）要有自信的态度。成功的饭店管理者不会随波逐流或唯唯诺诺，有自己的想法与作风，不会对别人吼叫、谩骂，甚至连争辩都极为罕见。他们对自己了解得相当清楚，并且肯定自己，他们的共同点是自信，日子过得很开心，有自信的人常常是最会沟通的人。

（2）学会体谅他人的行为。所谓体谅是指设身处地为别人着想，并且体会对方的感受与需要。由于我们的了解与尊重，对方也相对体谅你的立场与好意，因而做出积极而合适的回应。

（3）适当地提示对方。如果产生矛盾与误会的原因，出自于对方的健忘，我们的提示正可使对方信守承诺；反之若是对方有意食言，提示就代表我们并未忘记事情，并且希望对方信守诺言。

（4）有效地直接告诉对方。一位知名的谈判专家分享他成功的谈判经验时说道："我在各个国际商谈场合中，时常会以'我觉得'（说出自己的感受）、'我希望'（说出自己的要求或期望）为开端，结果常会令人极为满意。"这种直言不讳地告诉对方我们的要求与感受，若能有效地直接告诉你所想要表达的对象，将会有效帮助我们建立良好的人际网络。但要切记"三不谈"，即时间不恰当不谈；气氛不恰当不谈；对象不恰当不谈。

（5）善用询问与倾听。询问与倾听的行为，是用来控制自己，让自己不要为了维护权力而侵犯他人。尤其是在对方行为退缩、默不作声或欲言又止的时候，可用询问这一行为引出对方真正的想法，了解对方的立场以及对方的需求、愿望、意见与感受，并且运用积极倾听的方式，来诱导对方发表意见，进而对自己产生好感。一位沟通好手，绝对能够善于询问以及积极倾听他人的意见与感受。

六、绩效管理与绩效考核

（一）绩效内涵

管理大师彼得·F.德鲁克认为："所有的组织都必须思考'绩效'为何物？这在以前简单明了，现在却不再如此。策略的拟订越来越需要对绩效的新定义。"绩效具有多因性、多维性、动态性。目前，对绩效概念的理解，可分为以下五种：

（1）绩效是"完成工作任务"；

（2）绩效是"工作结果"或"产出"；

（3）绩效是"行为"；

（4）绩效是"结果"与"过程"（行为）的统一体；

（5）绩效＝做了什么（实际收益）＋能做什么（预期收益）。

我们更倾向于第五种定义，它启示我们不仅要看员工当前做了什么，还要关注将来能够做什么，能给组织带来什么价值，这是绩效管理的最终目的。

员工绩效通常从任务完成情况、员工在工作过程中对企业资源及员工自身的利用效率以及员工的工作给企业组织创造的经济价值三个方面衡量。

（二）绩效管理涵义

所谓绩效管理是指管理者与员工之间在目标与如何实现目标上所达成共识的过程，以及促进员工成功地达到目标机会的管理方法和促进员工取得优异绩效的管理过程。绩效管理的关键行为是设定目标和衡量标准、总结、评估、沟通、激励和发展等；其核心目的是不断提升个人和组织绩效，实现员工与企业共同发展的长期目标。绩效管理的内涵如下：

（1）绩效管理是管理。绩效管理涵盖

人力资源管理的所有职能,包括计划、组织、领导、协调、控制等。

(2) 绩效管理特别强调持续不断的沟通。它是一个管理者和员工持续不断的交流过程。

(3) 实施绩效管理的唯一目的就是要帮助员工个人、部门和企业提高绩效,它是管理者与员工之间的真诚合作,以便及时有效地解决问题。

(4) 绩效管理表面上关注绩效低下问题,实质上却旨在关注员工的成功与进步。

(5) 绩效管理不仅强调工作结果,而且重视达成目标的过程。它是一个循环过程,更加强调计划、辅导、评价、反馈,以及结果应用的过程。

(三) 绩效管理与绩效考核

绩效考核是指考评主体对照工作目标或绩效标准,采用科学的考评方法,评定工作任务的完成情况、员工的工作职责履行程度和员工的发展情况,并且将评定结果反馈给员工的过程。绩效管理是一个系统,它包括绩效考核,但比绩效考核更全面、更系统,并且与其他人力资源管理职能衔接得更紧密,在现代人力资源管理中发挥出更强大的功能。

传统观念认为,绩效考核是用来控制员工的,也就是将其作为升迁、调职、解聘或加薪的依据。这一过程会引起员工的本能抗拒,引起较多冲突。而绩效管理是要创造一种组织环境,在让员工充分参与绩效计划和绩效沟通的基础上,使其达到个人及组织的目标,其思维和管理方式会让消极情绪减少到最低。传统绩效考核和现代绩效管理的具体区别见表 2-1。

表 2-1 传统绩效考核与绩效管理的区别

比较项目	传统绩效考核	绩效管理
管理过程	绩效管理的局部环节和手段	一个完整的整理过程
方法	主管中心、单向评价	双向沟通、沟通、监督
着重点	注重成果	注重管理过程
结果运用	奖惩	能力开发和提高
管理方式	强调服从	主张自我控制
问题解决	事后解决	过程中解决
评价时间	期末评价	过程中不断反馈和期末评价相结合
与员工关系	多元的、集体的、信任度低的	一元的、单个的、信任度高的

(四) 绩效管理功能

绩效管理给人力资源管理各个方面提供反馈信息,它是企业经营管理系统中必不可少的组成部分,是调动员工积极性的重要环节。具体表现为:

(1) 控制功能。通过绩效管理,使工作保持合理的数量、质量、进度和协作关系,使各项管理工作能够按计划进行。同时使员工牢记自己的工作职责,起到促进员工按照规章制度工作的自觉性。

(2) 激励功能。评价对员工的工作成绩予以肯定,就能使员工体验到成功的满足感、成就的自豪感,由此调动员工的积极性。

(3) 标准功能。评价为各项人事管理提供了一个客观而公平的标准。企业依据这个评价的结果决定晋升、奖惩、调配等,使人力资源管理标准化。

（4）发展功能。一方面组织根据评价的结果，可制订正确的培训计划，达到提高全体员工素质的目标，推动企业发展；另一方面可发现员工的长处和特点，根据其特点决定培养方向和使用办法，促进个人发展。

（5）沟通功能。管理者要通过和员工谈话来说明考核的结果，听取员工的申诉与看法，这就为两者间的沟通提供了机会，从而增进了相互的了解。

（五）绩效考核方法

实际运用的绩效考核方法多种多样。不同的考核方法对绩效的不同方面各有侧重，因而在选择考核方法时应根据考核对象、考核目的来确定。一般而言，考核力求目的明确、方法简单、便于控制、易于执行。下面列举一些主要的绩效考核方法：

（1）工作鉴定法。这是一种最为简单，并且曾被广泛应用的一种考核方法。考核人用书面形式描述被评定人的优缺点、过去的表现、未来的发展潜力，以及需要改进的地方等。这种方法存在一定的不足，比如，在对被鉴定人的评定中容易加入考核人主观的看法，从而影响了考核结果的客观性。

（2）目标考核法。目标考核法是一种以工作目标为依据来对员工的绩效进行考核的方法。它是目标管理在绩效考核中的应用。这种方法要求管理者首先根据目标管理原理和工作责任制确定各部门及个人工作目标，然后将员工的绩效同预先确定的目标进行比较，得出超过、达到、有距离、差距很大等结论。一般来说，工作目标的内容可能是单一的，也可能是多方面的。如果目标是多方面的，在各项内容与目标相比较得出结论后，再将各项内容综合起来得出一个最终结论。

（3）等级法。等级法在考核工作中使用广泛，也是一种传统的方法。等级法考核要求将反映绩效的各方面内容归纳为若干项目，如对工作的了解、工作的质量和数量、与同事的合作程度、对顾客的态度、对饭店的忠诚、学习能力、安全意识、执行指令的能力等等，每一项内容都分为优、良、中、差几个等级。对员工绩效的各方面有一个相对的评价，各项评价的总和即是对员工绩效考核的结果。

【任务拓展】

本任务讲述了饭店员工招聘的程序、员工的培训方法、员工薪酬管理体系、饭店员工激励的方法以及饭店内部人际沟通内涵和技巧。在日益竞争激烈的市场中，饭店要立于不败之地必须要思考如何用人、留人，将人力资源管理提升到战略地位，为深入了解饭店人力资源管理内涵，结合本任务，通过网络等途径，做一个星级饭店专题人力资源热点问题调研：

①调查本地区五家四星级（以上）的饭店的员工招聘要求，并进行分类统计，得出本地区、现阶段星级饭店需求最多的岗位。

②调查本地区三星级、四星级、五星级饭店员工薪酬，制作一份不同星级饭店、不同员工岗位的薪酬分析表。

【任务反馈】

面试是饭店人力资源部门招聘工作的重要任务，是求职者获得职位的重要环节。请问参加饭店企业面试应掌握哪些技巧？

释疑：面试技巧很多，作为刚毕业学生求职，除了实事求是、展示才能外，要获取理想的职位还要掌握以下技巧：

①注重礼仪礼貌，体现良好的个人修养；②要谦虚谨慎，也要扬长避短，充分展现自我才华和潜能；③调整好心态，充满自信，消除紧张心理；④充分准备，多方面收集面试饭店企业信息，做好考官提问回答准备；⑤寻求指导（如就业指导教师、学长等），吸取别人的面试经验。

任务四 饭店服务质量督导

【案例聚焦】

"神秘客人"出现后

Q城市W三星级饭店,总经理为了提高饭店的服务质量,改变饭店在管理中存在的弊端,转变观念,树立正确的服务意识,决定从国内请一位负责质量检查和管理方面的专家对饭店的服务质量进行一次暗访。专家以"神秘客人"面目出现。专家来到饭店,以客人身份入住、消费,一天后,专家向总经理提交了一份报告,记录了该饭店在服务质量中存在的140多个问题,现将主要部门的一些主要问题列出。

1. 客房(1205房)

①电视开关控制不灵,31个频道有6个频道有麻点;
②热水瓶塞上有黄渍;
③脸盆热水管出凉水;
④床单有1个小洞,浴巾大小厚度不一;
⑤浴缸把手松动;
⑥圆珠笔出油不畅;
⑦柜子里的棉被折叠不规范;
⑧抽风机噪声太大,空调过滤网错位;
⑨缺晚安卡、信封、价格表。

2. 前厅

①前台没有客人使用的保险柜;
②前台接待生问候语机械,推销意识差;
③一位行李员在行李柜台内打手机电话;
④饭店正在进行"微笑大使"活动,询问一员工,他却不知道活动搞多久、评选多少人、有何奖励;
⑤晚上11:30打电话至前台要求叫早,服务员答:"请找总机。"

3. 餐厅

①点菜后服务员没有复述菜名;
②自助餐食品前没有放置食品牌;
③餐厅内有蚊蝇;
④厨房与餐厅之间没有设置隔音、隔热、隔气味、进出分开的弹簧门;
⑤餐厅地毯较脏;
⑥用英语向3名服务员交流,都没有反应等等。

当总经理把专家发现的100多个问题在饭店公布于众的时候,所有管理者都非常吃惊:"我们有这么多问题吗?"面对事实大家都陷入了沉思。在总经理的直接指挥下,饭店业务部门和职能部门迅速行动,对饭店存在的问题进行了分析、研究,并提出了经营管理工作的改进措施。这些措施实施以后,饭店的服务质量明显提高。

在这里,我们暂不讨论该饭店是如何分析存在问题的,也不急于寻找该饭店是如何改进和提高服务质量的,我们应该思考的是,饭店的服务质量光靠质量部门的管理就能保证吗?本案例告诉我们的答案是,"神秘客人"发现了服务质量问题。"神秘客人"所做的事情就是饭店重要的服务质量督导的任务之一。

【任务执行】

一、服务质量内涵

服务质量是指饭店以其所拥有的设施设备为依托,为宾客所提供的服务在价值和使用价值上能够满足顾客物质和精神需求的总和。

(一)饭店服务涵义

饭店服务是有形的实物产品和无形的服务活动所构成的集合体。广义的饭店服务还应包括核心服务、支持服务、延伸服务、服务的可及性及宾主关系等内容。

核心服务是饭店为客人提供的最基本的服务,它能够满足客人在饭店中的最基本的需求并满足客人最基本的利益,如清洁的客房、可口的餐饮等。支持服务是饭店为了使客人能够得到核心服务而提供其他一些必需的促进性服务,如预订服务、行李服务等。延伸服务也可称为附加性服务,是在核心服务、支持服务的基础上提供给客人的额外超值服务,如娱乐健身服务、医疗急救服务、商务秘书服务等,它可以增加核心服务的价值,使饭店的服务产品新颖并区别于其他饭店,提升饭店竞争力。核心服务、支持服务和延伸服务构成了饭店服务的主体服务。服务的可及性是指客人进入主体服务的难易程度和饭店向客人提供主体服务的方式,它与饭店提供各项服务的时间布局、设备、设施、饭店的地理位置、交通状况等密切相关。宾(消费者)主(饭店服务人员)关系是指提供服务的过程中买卖双方相互接触、相互影响、相互作用而产生的互动关系。由于客人参与饭店服务生产、交换、消费的全过程,因此,员工的素质、客人对服务的参与程度、员工与客人之间的关系,都成为饭店服务的重要组成部分,并且渗透到服务的每个环节。

(二)饭店服务质量涵义

对饭店服务质量的概念界定,学术界及业界尚没有统一。目前存在四种不同的观点。

一是认为饭店服务质量只局限于饭店软服务的质量,由服务项目、服务效率、服务态度、礼仪礼貌、操作技能、清洁卫生、环境氛围等构成。这一观点缩小了饭店服务质量涵盖的内容,饭店软服务的质量实际上只是饭店服务质量的一部分。

二是认为饭店服务质量由产品质量、有形产品质量和无形产品质量三部分构成。这一观点得到比较普遍的接受。

三是认为饭店服务质量由饭店技术质量、功能质量、客人的期望质量和经验质量决定,这种观点把客人纳入了饭店服务质量的构成要素之中,拓宽了饭店服务质量的内涵。

四是认为饭店服务质量是指客人在入住饭店活动的过程中享受到服务的使用价值,是客人得到的某种物质和精神的感受。这一观点因将质量完全定义为客人的感受而过于片面。

对饭店服务质量界定的不规范是导致当前饭店服务质量评价不系统的原因之一。根据国际标准化组织颁布的 ISO 9004—2《质量管理和质量体系要素——服务指南》,"服务"是指"反映实体满足明确或隐含需要的能力的特性总和"。因此,饭店服务质量可以定义为"以饭店设备、设施等有形产品为基础和依托,以饭店员工所提供的劳动而形成的无形产品所带来的,让客人在饭店中获得物质和精神需要的满足程度"。

(三)饭店服务质量构成要素

根据饭店服务质量定义,饭店服务质量的构成要素包括硬件设备质量要素和软件服务质量要素两大部分,见图 2-2。

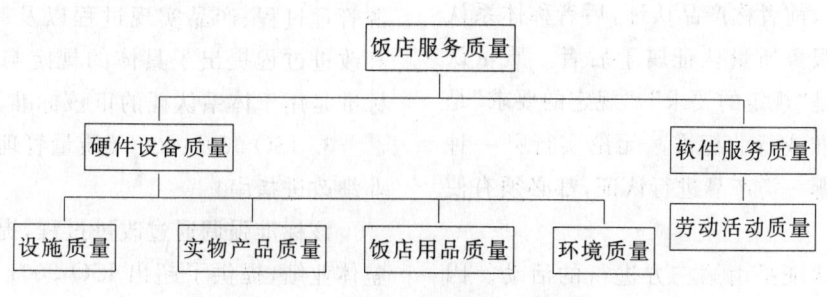

图 2-2 饭店服务质量的构成要素

从图中可以看出，饭店服务质量是通过硬件设备质量和软件服务质量来体现的。其中，饭店的设施质量是指饭店的建筑物和内部设施的规格和技术水平，包括饭店服务项目的多少、设备的完好程度和舒适程度等；饭店的实物产品质量，是指饭店提供的有形产品的质量，包括实物产品花色品种的多寡、质量的好坏等。饭店的服务用品质量是指饭店为提供住宿、餐饮而必备的服务用品，包括布草、餐具等。饭店的环境质量是指饭店所处的自然环境和人文环境的水准。自然环境包括饭店内部自然风景、绿化布局；人文环境指饭店的服务员、管理层与客人之间的相互关系。饭店的劳务质量是指饭店员工对客人提供服务时表现的行为方式，是饭店服务质量的本质体现，包括服务人员的气质、服务方式、服务技巧、服务效率、礼节仪表、语言风度、职业道德、团队精神等。

二、服务质量认证

（一）质量认证

质量认证是第三方依据程序对企业产品、过程或服务规定的要求给予书面保证（即合格证书）。

饭店服务质量认证是第三方根据饭店服务质量标准，对符合要求的饭店进行资格认证，并颁发相应的质量认证书的活动。目前我国饭店的服务质量认证主要采用国际通用的质量认证标准与体系。

质量认证的对象是产品和质量体系（过程或服务），前者称产品认证，后者称体系认证。饭店服务质量认证属于后者。质量认证的基础是"规定的要求"，"规定的要求"是指国家标准或行业标准。无论实行哪一种认证或对哪一类产品进行认证，都必须有使用标准。

质量认证是由第三方进行的活动。因此，第三方的认证活动必须公开、公正、公平才能有效。这就要求第三方必须有绝对的权力和权威，必须具有相对独立性，才能获得有关方的充分信任。目前，我国质量认证的第三方——"认证机构"都是由国家认可的组织来承担的。

质量认证是一种科学、规范、正规的活动。质量认证活动是依据程序而开展的，取得质量认证资格证书的方式是认证机构向饭店颁发认证证书和认证标志。

我国目前有三种管理体系的认证：贯彻 ISO 9000 国际标准的管理体系认证（QMS）、贯彻 ISO 14000 国际标准的环境管理体系认证（EMS）和贯彻 OHSAS 18000 国际标准的职业健康安全管理体系认证（OHSMS）。饭店质量认证主要涉及 QMS 和 EMS 两种认证体系。

（二）QMS 认证体系

1. ISO 9000:2000《质量管理体系——基础和术语》

该标准规定了质量管理体系的基础和术语，明确提出八项质量管理原则是一个企业在实施质量管理时必须遵守的准则，为标准的实施奠定了理论基础。该标准还提出了质量管理体系基础，涉及 10 个部分 80 个术语。

2. ISO 9001:2000《质量管理体系——要求》

该标准规定了质量管理体系的要求，其基本目的是一个企业"证实其有能力稳定地提供满足顾客和适用法律、法规要求的产品"。该标准以 8 个章程、5 个二级条款和 39 个三级条款详细地对管理职责过程、资源管理过程、产品实现过程以及测量、分析和改进过程提出了具体的规定与要求。该标准是用于体系认证的审核标准。

3. ISO 9004:2000《质量管理体系——业绩改进指南》

该标准强调通过改进过程，提高组织的整体业绩，提供了超出 ISO 9001 标准基本要求的应用指南。

4. ISO 19011:2000《质量管理体系——质量和环境审核指南》

该标准是 ISO/TC 176 与 ISO/TC 207（环境管理技术委员会）联合制定的，以便遵循"不同的管理体系可以共同管理和审核"的原则，规定了审核的基本原则、审核方案管理、环境和体系的设施，以及对审核员资格的要求等内容。

在 2000 年版 ISO 9000 系列国际标准中，其他标准（目前只有一项）为 ISO 10012《测量控制系统》。

在 2000 年版 ISO 9000 系列国际标准的技术报告（标准编号为"TR"）中，目前仅发布了 ISO/TR 10013《质量管理体系文件指南》。

在 2000 年版 ISO 9000 系列国际标准中，小册子（ISO/TC 176 根据需要，编写了一些宣传小册子，作为执行 2000 年版 ISO 9000 系列标准的指导性文件）有《质量管理原则》《选择和使用指南》《小型组织实施指南》等。

（三）饭店行业 ISO 9001 质量管理体系建立

饭店行业按照 ISO 9001 国际标准建立质量管理体系的目的有两个：一是证实饭店可以稳定地提供满足顾客需求和行业要求的产品的能力；二是饭店通过体系的运用，可以提高顾客的满意度。饭店建立和完善质量体系有两个途径：一是通过认证咨询机构提供的贯标（贯彻 ISO 9000 标准）咨询进行；二是按照质量体系建立的组织策划阶段、质量体系的总体设计阶段、质量体系的建立阶段和质量体系的编制阶段四个阶段进行。

1. 质量体系建立的组织策划阶段

这阶段所要做的工作是做好建立质量体系的各种准备工作，为质量体系的建立打下良好基础。工作内容包括：

（1）确立领导组织机构，明确各机构层次的责、权。建立领导小组，由总经理任组长，副总经理任副组长，各部门经理为成员，并下设体系认证办公室（一般设在质量管理部或行政办公室）；总经理发文任命饭店管理者的代表，明确其职责、职权；成立质量手册编写小组，由管理者代表任组长，成员从各部门抽调；领导班子统一思想，下达贯彻标准和建立体系工作的决定和文件；召开全体人员动员大会，并利用多种形式进行宣传、动员与培训。

（2）进行各个层次的培训，学习 ISO 9000 标准，统一思想。按照饭店组织的层次，由高层至基层，逐层进行培训。决策层培训的目的是明确建立体系的迫切性、重要性，提高对质量体系的认识，明确决策层在体系建立中的主导地位和作用。管理层培训主要采取理论与实践操作相结合的方法进行。执行层主要培训与本岗位有关的内容，包括其在质量管理中的责、权、利等。

（3）制订工作计划，建立工作机制。工作计划一般包括"贯标"的教育宣传、组建领导机构和工作机构、培训骨干、体系分析、总体设计、资源配备、文件编制、体系的落实、各阶段工作的划分、时间进度和具体要求等内容。计划由领导小组制订，具体由认证办督导、协调和执行。

（4）质量管理体系工作内容的分解与贯彻。按照 ISO 9001 标准，结合饭店质量管理工作的实际情况，对饭店管理体系工作的内容进行分解并贯彻标准。包括质量管理体系、管理职责、资源管理、产品实现、测量分析和改进等内容的分解与贯彻。

2. 质量体系的总体设计阶段

这个阶段的工作是对质量体系的规划、分析和设计的过程。

（1）质量体系总体设计的要求和内容。质量体系总体设计的要求包括：有明确的质量方针和目标；有符合 GB/T 19004—2000 或 ISO 9004：2000 的规定和要求；有结合饭店的实际、能解决产品或服务以及现有体制存在的问题的系统分析，并符合全面质量管理和科学组织设计原理。

质量体系总体设计的内容包括：质量体系以及质量保证的概念、定义、内容、功能、种类等；质量体系的外部环境以及内部环境之间的关系；质量体系的层次和结构；质量体系要求的行为和性质。

(2) 质量体系总体设计工作的步骤。

①收集国内外各种饭店质量体系方面的相关资料和信息；

②制定饭店的质量方针和目标；

③研究确定质量体系标准的使用范围，并依据饭店特点，增删质量体系标准；

④对饭店现有质量体系进行调查和评价，找出存在的问题；

⑤对饭店质量手册编写小组人员进行文件设计、标志要求和方法等方面的培训，最后通过他们的调查与分析，由他们讨论并提出总体设计方案；

⑥对总体设计方案进行审定。

3. 质量体系的建立阶段

(1) 建立、完善组织结构。由管理者代表对饭店现有的组织结构的适用性进行评价，提出建立和完善组织结构的议案，并由总经理批准新成立的组织结构。

(2) 规定质量责任和权限。按 ISO 9001 标准，编制控制过程活动职能、职责、职权分配表；按 ISO 9001 标准，编制饭店质量体系控制过程中各层领导职责和部分职能分配表；组织部门领导讨论；管理者代表审定后，由总经理批准。

(3) 配备质量体系的资源。各部门根据其职能所需的资源和人员配置清单，编制质量体系资源和人员配备计划表，并由各部门经理讨论后确认、批准。

4. 质量体系文件的编制阶段

质量体系文件是指系统地阐述质量方针和质量体系的全部过程、要求和规定的文件。它包括质量手册、程序文件、质量计划以及质量记录等。质量体系文件的编制由以下几个方面工作组成。

(1) 对质量体系文件进行统筹规划。统筹规划的内容包括：确定饭店质量体系文件的层次、所包含的过程、体系文件的目录表以及质量活动的要点等。

(2) 制定质量体系有关文件明细表。对现有文件进行清理和整理，明确不需要修订、需要修订或新编、补充的文件名称。

(3) 编制质量手册。质量手册是规定饭店质量管理文件，阐述饭店质量方针、并规定质量体系基本结构的文件。其内容一般包括：发布令、目录、前言、质量方针、质量目标、手册版本、饭店行政结构图、质量体系结构图、高层领导职责与部门职能分配表、质量管理体系的管理范围、引用的标准、术语和定义、正文。质量手册和编写程序和方法如下：①列出现行适用的质量体系的方针、目标和程序或列出对此的编制计划；②确定与所选用的质量体系标准相适应的质量体系过程；③收集设计质量管理体系的有关资料；④散发、收回并整理对现行做法的调查表；⑤从业务部门收集补充的原始文件或参考资料；⑥确定手册的格式、结构，并根据格式、结构将文件分类；⑦完成质量手册草案。

(4) 编写程序文件。程序文件是实施质量体系的各项过程和质量活动中所规定遵循的程序和方法的书面文件，内容包括：标题和文件编号、目的、使用范围、主要职责、工作程序、相关支持性文件(引用文件)、质量记录。饭店基本程序文件必须包括 ISO 9001：2000 标准中规定的形成文件的六项基本程序：文件控制程序、质量记录控制程序、不合格控制程序、内部审核程序、纠正措施程序和预防措施程序。编写程序文件应以质量体系认证办公室提供的编制指南为指导,在办公室审批的情况下编写。

(5) 制订质量计划。质量计划是针对特定的项目、产品、过程和合同,提出规定,指出由谁使用及合适使用哪些程序和相关资料的文件。质量计划的内容包括:要达到的质量目标;各运作过程的步骤;在项目的各个不同阶段,职责、检查和资源的具体分配;采用的具体的文件化程序和指导书;适宜阶段是适用的实验、检查、检验和审核大纲;随项目的进展进行更改和完善质量计划的文件化程序和指导书;达到质量目标的度量方法;为达到质量目标必须采取的其他措施。

(6) 做好质量记录。质量记录是为质量活动或达到的结果提供客观证据的文件,是对产品达到所要求的质量和质量体系有效运行进行证实的文件。质量记录大体可分为两种类型:一是与质量体系运行有关的记录。包括质量体系审核报告、质量成本报告、审计评审报告、设计验证记录、设计更改记录、操作流程更改记录、合同评审记录、质量培训、考核记录等。二是与产品有关的记录。包括产品鉴定报告、产品审核报告、产品验证报告、质量检验记录、产品试验记录、不合格品处置报告等。

做好质量记录应该做好以下几方面的工作:编制总体要求文件,制作与各程序相适应的记录表卡,汇总所有记录表,认证办公室的校审和总经理批准,所有表式统一编号、汇编、发布与执行。

(四) EMS 认证体系

EMS 认证体系采用 ISO 14000 国际标准。ISO 14000 和 ISO 9000 具有相似的管理思想,它们共同遵循 PDCA 管理原则,通过对环境管理工作的过程进行控制,以获得良好的环境实绩和效率。ISO 14000 是一个系列的环境管理标准,它包括如环境管理体系、环境审核、环境标志、生命周期分析等国际环境管理领域内的焦点问题,旨在指导

各类组织(企业、公司)实施正确的环境行为。ISO 14000 系列标准共分七个系列。其中 ISO 14001《环境管理体系、规范及使用指南》标准是环境管理体系认证所依据的标准。我国采用的国家标准是代号 GB/T14000 系列标准。

1. ISO 14000 系列标准的核心内容

(1) 要求各组织和机构通过制定环境管理方针、环境目标、环境规则以及社会声明、承诺等方式来建立自我约束机制,以达到使环境治理规范化的目的。

(2) 建立与 ISO 14000 系列标准相同的管理体系,并通过该体系的建立与运行来实现所确定的方针和目标。这里的关键问题是自我约束机制的建立与生效。

(3) 推行环境标志制度,向消费者推荐有利于保护人类环境的产品,促使管理人员与消费者遵守环境管理制度。

(4) 推行环境管理体系的审核认证制度,以确保组织和机构的行为符合 ISO 14000 系列标准的要求,并符合饭店组织的环境责任和有关法律法规。

(5) 实施产品生命周期的评定制度,分析市场营销、产品设计开发、加工制造、销售分发、使用运行、报废处理,再利用每个过程的每个阶段,分析资源消耗和环境影响,注意解决资源配置和环境污染问题。

(6) 通过连续动态跟踪,对环境表现与环境负荷等状况做出定量鉴定,从而达到对饭店的环境表现进行评价的目的。

2. ISO 14000 标准的特点

ISO 14000 是一套科学的管理性标准,适用于任何类型的组织。ISO 14000 与 ISO 9000 标准有很强的兼容性,一个通过 ISO 9000 认证的饭店将非常容易建立 ISO 14000 环境管理体系。ISO 14000 标准对组织的环境表现没有提出绝对的要求,仅强调组织的活动符合环境法律法规,并通过建立环境管理体系,识别组织活动和服务中的环境问题,

实行全过程控制和清洁生产，最终实现预防污染、节能降耗和企业永续经营的目的。例如，ISO 14001 标准将环境管理体系的要求分成 17 个要素描述，当饭店的活动符合 17 个要素的规定时，说明已基本符合 ISO 14001 标准认证的要求。

3. ISO 14000 标准的推广进程

ISO 14000 标准目前已在世界各地广泛实施。我国在 ISO 14001 等标准草案的颁布之初就引入了该标准，并成立了国家环境保护局环境管理体系审核中心，进行 ISO 14001 系列标准的宣传、推广和实施工作。从 1996 年开始，国家环保局进行了 ISO 14001 的认证试点工作。饭店在推广 ISO 14000 方面也是比较积极的，在世界各地，有许多饭店都通过了 ISO 14001 认证，我国也有越来越多的饭店开始意识到环境问题的重要性，并在创建绿色饭店的同时，积极导入该标准，按照标准建立环境管理体系，实施环境管理。

4. 饭店推广 ISO 14000 的意义

ISO 14000 标准自颁布以来，得到全球各政府部门和企业界的认可与积极响应，成为 21 世纪企业发展的绿色通行证。

服务业具有明显的行业特点，其质量管理和质量保证不同于制造业。服务业提供的产品是无形产品，但同时也提供有形产品（如餐饮），这就给质量管理带来了难度。因为无形产品的验收含较多定性成分，而且有些无形产品即现即逝，很难掌握和验收。其次，服务业的"人"是服务产品的重要构成部分，服务要通过与顾客的接触才能实现。此时工作人员的工作技能、工作方式和工作态度是顾客感受服务的重要方面。服务业的质量评价往往定性成分较多，凭主观感受来进行，这时，顾客的感受、满意程度就显得至关重要。顾客如果感到不满意，一般不会主动投诉，而是放弃对该服务的采购，并在其活动范围内传播，这时服务企业可能并不知道不满意服务的存在，不会采取措施，这样就会失去一群顾客。企业通过 ISO 9000 认证能持续、稳定地提供质量保证，规范管理，提高市场竞争力，不断拓宽市场，促进效益。

目前，饭店业积极开展创建绿色饭店活动，加强内部环境管理，倡导绿色消费，进行环保宣传，树立饭店管理新形象。此项活动得到大饭店的积极响应，并取得明显成效。而成功提出绿色饭店的管理思想，正是借鉴了 ISO 14000 标准的内涵，ISO 14000 这一科学、严密的管理标准，更是在管理系统上有效地保证了绿色饭店活动的顺利开展、有效维持和提高。因此，在饭店业开展 ISO 14000 认证具有非常深远的意义。

作为人类社会环境的一个重要组成部分，饭店的经营与发展在一定程度上受到环境问题的影响。为了实现饭店的可持续发展，越来越多的饭店开始意识到环境管理的重要性，ISO 14000 标准的颁布，为饭店业实施环境管理提供了一套科学的管理方法。ISO 14000 标准的导入和认证，可以很好地调动饭店环境管理的积极性和主动性，提高饭店管理水平，树立优秀的企业形象，从管理上和系统上确保饭店持续有效地开展环境管理工作。

（1）推行清洁生产，节能降耗，降低经营成本。通过建立 ISO 14000 体系，全面分析饭店服务运作过程中的环境因素和能源消耗状况，使饭店制定科学的改良方案，通过设备改造，提高设备运行的效率，节能降耗。通过科学的管理方式，培养、提高员工的节能降耗意识，鼓励员工自觉参与环境保护工作，从而达到节能降耗的目的。研究表明，实施节约用电、节约用水和降低采购成本等节能降耗措施，可以使饭店的能耗降低 10%~15%。

（2）提高饭店管理水平和员工的环境意识。饭店通过推广和实施 ISO 14000 体系，能全面优化饭店各方面的管理。这一过程是饭店管理模式由粗放型管理变为集约型管理,提高饭店的整体管理水平,建立环境管理体系的过程,是全员参与的过程,也是对饭店全体员工进行教育的过程,通过过程的参与和教育,培育和提升员工爱护环境、保护环境的意识。

(3) 树立绿色饭店形象。一个能对环境负责的企业,它的产品和服务也一定能对消费者负责,让客户满意。ISO 14000 认证已成为代表企业形象的重要因素,可以使企业获得更大的市场份额。饭店导入 ISO 9000 质量管理体系和 ISO 14000 环境管理体系,在规范内部管理的同时,也为饭店树立了良好的外部形象。饭店通过推行绿色饭店活动,建立环境管理体系,在减少浪费、提高设备运行效率、实现节能降耗的同时,为消费者提供了一个更加文明的消费方式。因此,通过 ISO 14000 认证的饭店具有更大的市场占有率。

(4) 与国际接轨,提高市场竞争力。提高环境管理水平对中国饭店业十分重要,尤其是在全球经济一体化、全球环境保护呼声日益高涨的今天,与国际接轨、改善饭店的服务质量和环境形象,已成为饭店的必然。饭店应该深刻认识到实行 ISO 14000 认证可以给饭店带来许多效益:一是可以衡量的经济效益,体现在降低成本、节约费用方面;二是增强饭店竞争力的效益,如市场竞争力的增强和市场占有率的扩大、环境管理水平的提高、企业形象的改善、员工协作能力的加强等。前一种效益可以使企业在短期内获得建立 ISO 14000 体系所投入成本的回报,后一种效益则可以使饭店得到可持续发展。

5. ISO 14000 在饭店实施的具体要求

ISO 14000 在饭店实施的过程中,遵循 PDCA 循环模式,实施程序分为策划、实施、检查和改进四个阶段。

(1) 策划阶段。根据饭店自身的特点确定环境方针,确立总体目标,制定实现目标的具体措施。在实施过程中,饭店应在收集饭店经营使用的法律与其他要求的基础上,识别并评价饭店经营活动中的重要环境因素,明确环境管理重点。识别环境因素可以从能源的使用情况和环境污染程度等方面入手,例如用电情况、用水情况、设备运行效率、一次性用品的消耗、厨房和洗衣房的污水排放、噪声排放、锅炉废气排放和垃圾的分类处理。根据重要环境因素和技术经济条件来确定饭店的环境目标和指标要求,提出明确的环境管理方案、实现目标的职责、方法和时间表等。环境管理方案可以从污染物达标排放、减少污染、节约能源、降低消耗、提高效率、提高环境保护意识等方面进行考虑。

(2) 实施阶段。为实现总体目标,饭店在 ISO 14000 的实施过程中要做到以下几点:

①明确饭店组织中各部门的职责,制定相关管理程序和运行标准来对活动的全过程实施有效控制。

②对员工进行必要的培训,提高管理人员、工程技术人员及全体员工的环境保护意识和工作技能。

③有效沟通和交流有关环境管理的信息,注重相关方所关注的环境问题。

④制定环境管理的体系文件并纳入严格的文件管理之中,确保重要岗位能按文件规定执行。

⑤对环境有较大影响的岗位和设备应制定运行控制程序,并进行日常的岗位巡查和设备维护保养,使各类环境影响因素得到有效控制。

⑥识别饭店活动中存在的安全隐患和紧急意外情况,采取有效的预防措施和应急措施。

(3) 检查阶段。有计划、有针对性地对相关活动进行控制,纠正出现的偏离目标是检查阶段的主要任务。饭店在实施 ISO 14000 过程中应建立严格的检查制度，对重大环境问题及时纠正，并采取预防措施，防止再次发生。同时，要定期进行环境管理体系的内部审核，从整体上了解环境管理体系的实施情况，判断体系的有效性和对标准的符合性。此外，还应对环境管理活动做相应的记录，以追溯管理活动的实施情况。

（4）改进阶段。在平时检查的基础上，定期对环境管理体系的适用性和有效性进行分析与评审，提出对环境管理体系的改进意见和措施，并进行改进，以保证体系的持续有效。

饭店可根据策划、实施、检查、纠正改进的 PDCA 循环步骤，建立 ISO 14000 环境管理体系，通过标准宣传与培训、初始环境调查、体系策划、环境管理体系文件的编写和发布等程序与工作，根据体系文件的要求运行并进行内部审核和管理评审，最后达到 ISO 14000 认证的要求。

三、服务质量督导

（一）饭店质量监督含义

质量监督是为确保满足规定要求，对实体的状况进行连续的监视和验证并对记录进行分析。而饭店质量监督是指依据已建立的程序和规范对饭店产品进行连续的监视和验证，目的在于过程控制。在饭店质量监督中，质量监督的对象包括饭店产品（客房、餐饮、康乐等）、活动（每一项服务）、过程（每一个服务的过程）、组织体系（饭店的各级组织）、人（服务人员的行为和服务过程）以及这些要素的任意组合等。质量监督的目的是确保达到饭店的工作标准、操作程序、规章制度、工作规范等，以及确保工作人员自身形象、仪容仪表、着装规范、礼节礼貌、语音语调、微笑问候等能够达到对客服务标准的规范和要求。质量监督的手段，在饭店可以是部门管理人员的检查、观察，也可以是饭店质量监督机构的巡视、监控录像记录、对工作程序的检查、对员工自身要求的检查等；操作方式可以是突击检查、不定期的巡视检查、特派暗访人员以客人的身份进行体验式检查等。这些检查方式可以是定期的、不定期的、一定频次的。质量监督的主体是顾客或顾客的代表。在饭店行业，质量监督的主体应该是入住饭店消费的顾客，监督内容包括住房、用餐、娱乐、召开会议、举办展览、举行活动等等。对于顾客的反馈，通常饭店方会利用发放宾客意见书和做宾客满意度调查等手段收集顾客的意见和建议。至于顾客代表，一般是饭店质量监督机构的人员，他们会站在顾客的角度，对饭店的服务和操作进行体察和了解，指出饭店不尽如人意的服务和管理问题，组织饭店相关部门和岗位进行调整和改进。

（二）饭店质量监督职责

饭店质量监督机构应当明确工作职责。其工作职责主要内容包括：

（1）制订计划。制订并贯彻执行饭店年度工作计划中关于质量工作的具体计划，或者制订并贯彻上级管理公司的质量管理工作要求的计划。

（2）具体的质量管理监督工作内容。有年度的检查、监控计划和工作步骤、月度的检查巡视计划和实施步骤、每周的检查频次等。

（3）具体的质量监督措施。在质量检查中发现的问题，要当场进行纠正，纠正做法一般是：按规定填写相关的单据，如口头警告、罚款记录单、违纪过失单、整改通知单等。

（4）及时汇总上报。每周、每月的质量检查监督情况要汇总上报。质量机构要定期将检查情况进行汇总，并拟写文字报告，上报饭店行政办公室，请主管领导审阅和批示，并根据主管领导和饭店总经理班子的指示，进行新一轮的检查监督工作。

(5) 接受行业检查和指导。负责组织饭店接受上级管理公司、行业管理单位的检查和评比工作。接受旅游系统的星级评定、复核、访查等检查工作。

(三) 饭店质量监督作用

饭店业是劳动密集型行业,主要靠人的配合操作完成工作要求和服务程序,并达到工作标准。因此强化质量管理要求、加强质量监督工作,是十分必要的。其作用有如下几个方面:

(1) 保证饭店每日工作的正常运行。饭店工作是一个系统工程,是一环扣一环的。饭店一线(即面对客人)的服务岗位要靠二线(即支撑服务的后台)的配合,才能保证饭店的正常运转。二线和一线要有机配合,各个部门之间也要有机配合。质量监督也包括这些部门与部门之间、岗位与岗位之间、人与人之间配合的监督与管理。

(2) 保证饭店各项服务和工作的质量达到标准。饭店操作和服务程序与加工产品的过程是相同的,需要控制过程质量,以便保证饭店产品的整体质量。质量监督机构,就如同工业加工的质量检验科室;质量监督人员如同工业产品加工过程中的检验员。质量监督保证的机构和人员,其作用在于监察服务客人的过程,确保达到质量标准。

(3) 保证饭店工作能够认真贯彻和达到行业服务标准。现代饭店已经初步具备了比较规范的行业标准,这是毋庸置疑的。但是如果没有管理机构的监督和检查,在实际操作和服务中,由于饭店劳动密集型的特点和服务以人的操作为主的特点,服务人员往往不能够认真按标准去操作,或者距离行业标准有一定的差距。饭店的质量监督就是保证本饭店的工作和服务质量达到行业的标准和要求。

(4) 促进饭店服务和质量管理水平的提高。改革开放以来,由于外资饭店的引进,带来了新的具有国际性的管理理念和较高水平的管理方法、制度等,饭店管理水平有了大幅度的提高。但是我们也要正视现实,尽管已发展30多年了,但是距离国际水平还是有一定差距的。饭店的质量管理机构在自身管理的同时必须要学习和借鉴国外先进的管理方法和理念,必须要不断提高自己的管理和监督水平,这样才有利于我国饭店管理和服务质量的提升。质量监督还可以帮助饭店进一步建立和健全规章制度,培训质量监督人员的操作技能,提高服务人员的服务水平,提高基本服务素质等。

(四) 饭店日常质量监控工作

饭店质量管理委员会是饭店的一级组织,一般由其组织成员按照质量监控的工作范围和工作职责履行日常的监控工作。

1. 饭店日常质量监控内容

饭店质量管理的内容主要以对客服务的岗位和工作内容为主,包括对客服务的各个岗位的操作服务标准、服务态度、服务技能、服务效果等。同时,还包括对员工行为规范的检查和控制、二线保证部门和岗位工作质量等。综合起来可概括为宾客服务、运营质量和员工行为规范三部分内容。

(1) 对宾客服务的监控。宾客服务质量是指直接为宾客服务的人员的服务态度、服务技能、服务技巧和服务的规范性、主动性、超前性、灵活性、预知性等总体服务水平。

(2) 对运营质量的监控。运营质量是指饭店各个运营岗位和人员的工作状态、工作规范、工作要求、工作标准的质量是否达标;与运营有关的各个后勤部位的工作状态、工作规范、工作要求、工作标准的总体状况是否达标。在运营方面,各个岗位的操作标准和操作程序,就是检查运营质量的依据。

(3) 对员工岗上行为规范的监控。员工岗上行为规范是员工在工作岗位上必须要遵守的饭店规定。

2. 饭店质量管理工作监控

（1）宾客服务质量监控。宾客服务，是饭店服务中最为重要的部分。宾客服务从某种意义上讲，代表了饭店的形象、饭店的品牌、饭店的荣誉、饭店的竞争力。有好的宾客服务的口碑，饭店就有一定量的回头客，即就会有一定量的忠实客人。宾客服务不够好的饭店，就不具有竞争力，就没有好的口碑。一般采取宾客意见书、宾客满意度调查等方法进行监控，还可以暗访的形式进行监控，即由饭店业内人士，以客人的身份入住饭店来进行监控。

（2）运营质量监控。运营质量包括一线运营和二线运营，主要由饭店委员会成员进行日常管理和监控。通常采取走动监控、闭路电视监控、突击检查和专项检查等手段。

走动监控是指每日由质量委员会成员对饭店一线岗位和二线岗位进行检查，检查中遇到服务操作不规范、程序不规范、仪容仪表不规范和违反劳动纪律等问题时，要在现场及时纠正。走动检查要有记录。在检查中遇到表现突出的服务人员也可以当场进行奖励，遇有违纪现象要及时采取纠正措施。

闭路电视监控是指饭店公共区域的闭路电视监控，主要目的是及时发现安全隐患、及时发现案件苗头、记录案件发生的时间、地点等。饭店还可以利用闭路电视，监控员工在岗位工作中的状况，真实了解其服务状态、劳动纪律状态等情况。因此，在必要时，可以调出某一时段、某一岗位的员工操作情况、精神状态、劳动纪律等记录情况，以便真实反馈员工在岗位上的工作状态，这也可以作为质量监控的手段之一，配合其他手段使用。

突击检查是指在事先完全不通知的情况下，饭店质量检察人员对某个部位进行检查。例如：某天，质量管理人员突然提出要检查酒水库房的管理情况，这样也可以发现管理当中的问题。

专项检查是指饭店列出检查的对象和题目，由质量检查人员进行专项检查。例如：饭店认为近期需要对前台管理工作进行检查，质检人员就要列出检查内容，进行专项检查，并出检查报告。专项检查可以基于专业的指导和帮助，就某个部位或某个问题进行深入、专业的检查，以便提高各个部门、岗位的业务能力和业务水平。

（3）员工行为规范监控。员工行为规范监控主要是指检查员工在岗位上是否精神饱满、着装仪表是否规范、行为是否符合饭店规范等。这些内容主要在走动检查中进行检查和纠正，可以通过闭路电视进行抽查，也可以在某个时段作为专项检查的内容进行检查。主要目的是要始终让饭店员工保持良好的精神状态、规范整洁的仪表、自觉遵守各项规章制度，体现饭店的整体规范、温馨、热情待客的服务状态和精神面貌。

饭店行业，对员工服务的技能要求是一方面，对员工的仪表气质要求也是非常重要的一方面。在饭店，尤其是高星级饭店，其服务对象多是社会上具有一定地位或身份较高的人员，为了体现其身份的尊贵，需要有仪表气质相匹配的服务人员给予优质的服务，而优质服务，首先需要服务者提升自身气质。

四、服务质量评价

（一）饭店服务质量评价要素

（1）可靠性。它指可靠地、准确地履行服务承诺的能力，意味着如清扫房间、结账等服务以相同的方式、无差错地准时完成，是客人消费饭店产品时最重视的一个要素。

（2）反应性。它指帮助客人并迅速满足客人对饭店各种服务的愿望及反应快慢程度。等候服务的时间长短是决定客人感知服务质量优劣的重要因素,让客人等待或不及时解决问题都会给质量感知带来消极的影响。

(3) 保证性。它指饭店员工所具有的知识、礼节以及表达出自信与可信的能力。饭店员工亲切友好地问候和微笑将缩短宾客与新环境之间的距离,员工高超、熟练的操作技能和非同一般的应变能力则可使宾客倍感放心和安全。

(4) 移情性。它指设身处地地为饭店客人着想并对他们给予充分的关注,这体现了饭店对客人的关心体贴与尊重。饭店是客人的家外之家,饭店服务应该具有家的情感色彩。

(5) 有形性。它指有形的设施、设备、环境、人员的可视性和无形服务的有形化。包括饭店员工对顾客的细致服务和体贴关心的有形表现,如床头的晚安卡、天气预报等。

(二) 饭店服务质量评价范围

(1) 服务质量内容。它是饭店服务质量评价的核心内容,包括硬件组成部分和软件组成部分。饭店服务质量内容评价的关键在于考察饭店服务是否遵循了所规定的标准和程序。

(2) 服务过程。评价饭店服务的过程就是要考察饭店服务运作中的各环节顺序是否科学合理,服务活动过程的逻辑顺序安排是否人性化,对服务资源的利用是否协调。

(3) 服务结构。主要评价对客服务的服务组织结构以及饭店服务项目结构。服务组织结构包括服务管理结构和服务运作结构两部分,前者主要考察其组织设计的科学性、人员结构的合理性和管理的效率性,后者主要考察其岗位设置的合理性、服务流程的科学性、服务操作的标准性。服务项目结构主要考察服务项目的设置,服务提供的市场性、经济性以及顾客满意度等。

(4) 服务结果。它不仅是客人评价饭店服务质量的重要方面,也是饭店进行服务质量管理的主要内容。饭店服务质量评价所考察的饭店服务结果包括顾客满意度、投诉与抱怨情况、员工与顾客意见以及诸如"饭店的服务会导致哪些状况的改变"等涉及饭店服务最终结果的问题。

(5) 影响。它指饭店服务结果的后续和延伸。一方面是考察饭店服务对客人的影响。这是饭店服务质量最直接、最重要的影响。另一方面是考察饭店服务是否具有易获性及其对社区公众的影响。一家提供优质服务的饭店必然能在本社区中形成良好的公众形象,也积极参与社区活动,能得到社区的认可和好评,并通过社区的宣传与口碑,吸引更多的顾客。

(三) 饭店服务质量评价体系构成要素

(1) 评价主体。即由谁来对饭店服务质量进行评价,一般包括顾客、饭店组织以及第三方。顾客对饭店服务质量的满意直接影响到饭店服务质量的评价结果。饭店组织的自我评价可以了解、检验和调整服务项目,保证向顾客提供优良的服务质量。第三方的评价具有较高的客观性和可信性,能让消费者对饭店服务质量产生正确的预期并产生信赖感。

(2) 评价客体。即评价饭店服务的哪些内容。饭店服务质量的评价客体包括饭店设施设备、服务用品、环境、实物产品等构成的硬件服务质量,以及由服务项目、服务过程中的服务意识与态度、礼仪礼貌、服务方法与技巧、安全与卫生等构成的软件服务质量。

(3) 评价媒体。即对饭店服务质量评价的表现形式以及各种评价主体反应评价结果的渠道。通常,顾客通过表扬、抱怨、投诉、控告等来表现对饭店服务质量的评价,通过顾客意见调查表得出的结果也可以反映顾客对饭店服务质量不同的满意程度。饭店组织以奖惩制度、服务承诺、专项质量管理等方式来反映其评价结果。第三方评价则以饭店议论、行业公报以及升级、降级等奖惩方式对评价结果进行公布和公开。

（四）饭店服务质量三方评价

（1）顾客方评价。顾客是饭店服务的接受者，饭店服务的购买者，顾客的需求是饭店管理者决策的重要依据，是推动饭店发展的重要力量。饭店服务质量最终由客人的满意程度来体现，而饭店与顾客之间的互动质量决定了顾客的满意度。影响顾客满意度的因素包括顾客预期的服务质量、顾客经历的服务质量和顾客的感知价值。

①顾客预期的服务质量，是指顾客根据以往饭店消费经验，加上各种渠道的宣传（服务品牌、广告、口碑）以及自身的心理偏好所形成的对饭店服务的预期。

②顾客经历的服务质量，是由顾客所实际经历的消费过程决定的，顾客经历的服务受到饭店服务标准化及个性化程度的影响。

③感知价值，指顾客为购买某一服务质量而付出货币价格后所感受到的价值（即顾客对物有所值的感觉程度）。顾客感知的价值越高则其满意度也越高。

除了上面三个影响因素外，影响顾客对服务质量评价的因素还有吸引力因素、理所当然因素、无关系因素、逆反因素、求全因素等。

顾客方评价意见可通过顾客意见调查表、电话访问、现场访问、小组座谈、常客拜访等方式获取，对获取的原始信息进行加工、分析，通过对历史数据的比较，得出有效的顾客方评价。

（2）饭店方评价。饭店是服务的提供者，也是服务产品的相关受益者。饭店进行服务质量评价是经营管理者进行质量管理重要环节。首先，饭店要建立相应的评价机构，如服务质量检查部、服务质量管理委员会等。

饭店方评价可通过饭店统一评价、部门自评、外请专家考评、暗访和专项质量评价等形式来进行。

（3）第三方评价。第三方指除消费者和饭店组织以外的团体和组织。目前我国饭店服务质量评价的第三方主要有国家及各省/自治区、市、县的旅游行政部门和行业协会组织。第三方是独立于饭店利益的相关者，他们依据行业管理的要求，通过行业标准推行等手段，客观、公正地评价饭店企业，有效地推动了饭店业的健康发展。

第三方评价主要通过等级认定、质量认证、行业组织、报刊、社团组织的评比等形式实现评价，其评价结果在社会上具有较强的公信力。

（五）饭店服务质量评价指标

饭店服务质量评价指标包括定性和定量指标，包括以下内容：

（1）顾客满意指标。如顾客满意率、平均顾客满意率、顾客投诉率、投诉回复率、二次购买率等。

（2）服务硬件质量指标。如房间数量、设施设备档次与数量、设备完好率、设备维修率等。

（3）服务软件质量指标。如服务限时、服务人员高素质率、服务人员外语水平等。

（4）饭店经济指标。虽然各项经济指标与饭店服务质量评价并没有直接的关系，但却可以从侧面反映出该饭店的服务质量。因为只有服务质量优良的饭店才会吸引顾客，并在竞争中取得优势，从而赢得较好的经济效益。饭店经济指标包括利润总额、销售利润率、利润增长率、资产利润率等等。

【任务拓展】

饭店服务质量是一项复杂的管理技术和系统的管理工程。本任务开头的案例所描述的很多质量问题可归纳如下：

①服务标准——客房缺晚安卡、信封、

价格表,床单有小洞等;

②服务程序——餐厅服务员没有复述客人点菜的菜名等;

③服务意识——前台接待生问候语机械,对要求叫早的客人让其把电话打到总机等,表明其缺乏服务的主动性和合作意识;

④卫生——地毯脏,说明没有及时清洗或者保养不好;

⑤设施设备——电视开关不灵,卫生间热水管出凉水,浴缸把手松动,抽风机有噪声等;

⑥英语——餐厅三个服务员对客人的英语交流没有反应,说明服务员英语基础太差,平常培训不到位;

⑦信息沟通——前厅员工对正在进行的"微笑大使"活动一无所知。

该饭店的管理者拟从下面三个方面解决该店的服务质量问题:

第一,解决认识问题。要在全店员工中认真开展讨论、自查,充分认识服务质量是饭店的生命线,优质服务是赢得并保住客人的金钥匙,没有服务质量就没有财源,每个管理者都要明白质量管理的重要性。只有在观念上统一认识,员工才会有自觉的行为。

第二,抓培训。本案例中暴露出来的许多问题,与员工培训工作不到位有关。英语水平、信息沟通、服务标准及服务程序等方面的问题都可以通过行之有效的培训加以解决。培训要形成制度,常抓不懈;此外,每个管理者都应是培训者,都应会做培训;培训的内容要有吸引力、有针对性,培训方法要灵活多样。总之,培训要讲究实效。

第三,制定一套可行的服务质量标准。仅有正确的服务意识还远远不够,服务质量还必须建立在可以遵循的依据上,这就是质量标准。前台没有客人使用的保险柜、空调过滤网错位、柜子里的被子折叠不规范等等,都是质量标准问题。因此,为保证该店的服务质量,要组织专家和本店员工一起来制定一套符合本店管理及服务要求的规章制度,包括前后台所有部门的质量规范,以及各部门职责划分、工作程序和标准等。有了这套规范,培训有了依据,管理及服务有了依据,质量检查也就有了依据。

结合本任务讲授的知识,请回答以下问题:

①评价该饭店的服务质量改进措施是否得当?是否全面?

②你认为还需要增加什么措施?为什么?

【任务反馈】

饭店服务质量是饭店生存线,许多饭店经营管理者在不断探索其管理提升方法。目前现代饭店企业流行"6S"管理、"六常法"管理,你了解"6S"和"六常法"管理法吗?

释疑:

1. "6S管理"

"6S管理"由日本企业的5S扩展而来,是现代饭店质量行之有效的现场管理理念和方法,其作用是:提高效率,保证质量,使工作环境整洁有序,预防为主,保证安全。主要内容为:

(1)整理(SEIRI)——将工作场所的任何物品区分为有必要和没有必要的,除了有必要的留下来,其他的都消除掉。目的:腾出空间,空间活用,防止误用,塑造清爽的工作场所。

(2)整顿(SEITON)——把留下来的必要用的物品摆放在规定位置,并放置整齐加以标示。目的:工作场所一目了然,消除寻找物品的时间,整整齐齐的工作环境,消除过多的积压物品。

(3)清扫(SEISO)——将工作场所内看得见与不易注意的地方清扫干净,保持工作场所干净、亮丽的环境。目的:稳定品质,减少工业伤害。

(4) 清洁（SEIKETSU）——维持上面3S成果。

(5) 素养（SHITSUKE）——每位成员养成良好的习惯，并遵守规则做事，培养积极主动的精神（也称习惯性）。目的：培养有好习惯并遵守规则的员工，营造团队精神。

(6) 安全（SECURITY）——重视全员安全教育，每时每刻都有安全第一的观念，防患于未然。目的：建立起安全生产的环境，所有的工作应建立在安全的前提下。

2."六常"管理

"六常管理"在饭店餐饮业广泛应用，其思想源于"6S管理"，更加针对饭店企业的服务质量管理。"六常管理"的"六常"就是常分类、常整理、常清洁、常维护、常规范和常教育。

(1) 常分类，就是把所有物品分成两类：一类是不再用的，另一类是还要用的。

(2) 常整理，就是把不用的物品清理掉；把还要用的物品数量降至最低安全用量，然后摆放有序，贴上任何人一看就能看明白的标签。

(3) 常清洁，意思是整理完了就要给物品、设施做清洁工作。

(4) 常维护，意思就是对前面"三常"的成果进行常维护。维护"三常"的最好办法就是做到不用分类的分类；不用整理的整理；不用清洁的清洁。

(5) 常规范，就是要把员工的一切行为规范起来。

(6) 常教育，就是通过批评教育，使全体员工养成"六常"习惯。

任务五 饭店经营成本控制

【案例聚焦】

节约从下脚料充分利用开始

厨房里，看似派不上用场的下脚料，往往成为垃圾。但如果将其充分利用，慢慢积累下来也能节省一笔不小的数目。用好下脚料，厨师长是关键，饭店要有指导、规定和强制执行的措施，对于那些不会、不愿意很好利用下脚料的厨师一定要严格处罚。鼓励厨师用下脚料做好菜，用下脚料创制新菜，对于销售好的菜品，厨师还可以拿奖金。

杜绝下脚料等浪费，关键从体制和工作程序上下功夫，某饭店的做法是：

(1) 增强节约意识。一种原料能否合理利用，仅一个厨师长知道是没有用的，应该让实际操作的厨师知道，让他们自觉地合理利用，这比我们用哪一种方法去强制执行要好得多。

(2) 建个中央加工点。大部分饭店都采用各部门分别领料、分别加工的方法，这种做法就有可能因为各部门之间沟通不够，造成边角料的浪费。比如今天热菜间切了10份土豆丝，按质量要求，四边边角料去除不用。10份边角料的量太少了，组合起来也做不出一道菜，所以这10份土豆的边角料就因为不能充分利用而浪费了。但如果建立中央加工点情况就不一样了。

饭店一次性用品成本控制方法

饭店业纠结，一次性消耗品中的六小件是否应该为了环保而取消，部分城市已经开始取消使用六小件。有些饭店更是打出为节能环保不再提供一次性用品的口号。在相关部门还未下达取消一次性用品的文件之前，我认为关于一次性消耗品的合理控制有必要提到日常工作中来。饭店现有的一次性消耗品有近20种，这20种是否都为宾客所需？我想并不如此，以下几种情况相信大家都曾发现：

(1) 牙刷一般都与牙膏成套包装，这对于续住客人来说较为浪费。一般与牙刷配套的牙膏为6克，一早一晚刷一次已经没有了，牙刷可以继续使用，但因为没有牙膏的缘故还是要拆开一副牙具才可以，因为这样的关系无形中加大了一次性用品的消耗,既不节能,又不环保。

建议:①将牙膏单独放置(因其本身就有包装,无需另行处理),减少不必要的浪费;②针对入住时间超过三天的房间专门配备45克~60克的品牌牙膏。

(2)客房内的针线包使用率较低,也较为浪费。据统计,饭店一年共计使用针线包742个,这其中还包括内部使用。且针线包内所附棉线较少,颜色却多达五种,需要某一种线时如不够还需另拆一包,所有的针使用一次便扔掉了。

建议:在房务中心备好针线盒,里面有充足的各色棉线、不同型号的针、护指的梭甲、小剪刀等,宾客有需要时可提供免费租借服务,所有的针及其他物品均可重复使用,取消客房内配备一次性使用的针线包。

(3)客房内提供的小香皂是卫生间不可或缺的物品,可供宾客洗手或清洁小件衣物等等。但大部分情况下宾客不能将一整块香皂都使用完,有些甚至拆开洗过手后就不再使用它了。回收的香皂因体积较小,清洁效果不佳,回收的价值大打折扣。

建议:①将香皂换成可重复使用的瓶装洗手液后放至客房内,减少浪费,提高饭店档次;②如宾客需洗小件衣物,可在卫生间提供有偿的小袋品牌洗衣粉,增强清洁效果。

(4)女宾袋使用率低,而且无实际意义,建议撤掉。

(5)客房大便笺夹内放置的信封分为普通信封和航空信封,但全年的使用量不到100个,有部分是因为宾客翻阅时造成损坏。现在与人沟通的渠道不但多样,而且快捷,书信时代已经过去。

建议:在大堂公共区域、商务中心放置信封,如宾客需要可自行拿取,无需放置客房。

如此一来,饭店客房的一次性用品使用成本可由原来的17.48元降至16元左右。此外,除了减少客房内不必要的一次性用品的品种,还需要注意一次性用品的库存方式。现饭店采用的是短期库存预测法,即:根据前一个月的使用量及本月的预订情况制定本月一次性用品的采购数量,一般周期为一个月或两个月,不超过三个月。短期库存预测法的好处在于减少库存,流动资金较为灵活,不会造成部分不易保存的物品变质及过期的情况。在采购时针对部分易变质的物品品种进行数量的控制,以减少物品的报损率。在淡、旺季节时对一次性物品的采购做到因时区分,淡季时物品少采购些,旺季时应提前采购备货。这样可以让财务空出部分流动资金作为它用,而且在旺季时不会出现货不到位、货物价格飞涨现象。

在一次性用品的保存方面也需引起注意,客房部的二级仓库尽量选取较为干燥的地方对物品进行保存。饭店曾将客房部二级仓库放置于地下室,此举较为不妥,对物品的保存不利。6月份时曾出现香皂发霉、火柴受潮不能使用等现象。

除了在以上客观因素上能减少一次性用品的使用量外,对这些易耗品的控制方法还有如下几种:

(1)明确责任人。将领用一次性用品的权限回收至各区域领班,规定每周到二级仓库领取一次。各区域领班根据各栋工作间所剩物品及下周预订情况酌情进行领用。

(2)按标准配发。每个工作间的配备量以物品一周的平均用量作为固定存储量,并按配置的10%配发至各区域作为机动。

(3)严格申领制度。各区域负责人领取物品时必须填写上周各类物品的余数,并将本周领取的物品数量做详细登记,签字确认。

(4)实行奖惩制度。根据各栋每月的实际入住量,统计各栋一次性物品的实际使用量,依照饭店一次性物品的标准配备使用量,如超出标准配备的10%将给予处罚。年底时统计全年应用数量及实际使用数量,节约下来的金额抽出10%~15%给员工当作奖励。

(5) 及时盘存。实行一周一小盘,一月一大盘制度,及时了解所有物品的消耗情况。

(6) 各管理人员抓好物品的节省和再利用工作,做到物尽其用,发挥其最大的利用价值。

相信在各方的努力下,定能将一次性用品的消耗量降低,做到科学管理、加强环保、提升服务质量、减少饭店成本投资。

我们读完以上两个案例,应该能体会到饭店经营成本控制与收益管理是饭店管理的重要内容,也是提高饭店经济收益的基本手段。随着饭店行业的竞争越来越激烈,合理控制成本成为饭店获利的重要渠道之一。成本控制工作,主要表现为:在能源消耗方面,大量使用节能产品;在饭店物资采购方面,积极拓宽采购渠道;在办公用品消耗方面,争取实现无纸化办公等等。但有些"隐形"的成本还未能引起我们足够的重视,如沟通成本、时间成本、人力资源成本等。

饭店成本控制是饭店经营管理中要研究的永恒话题。饭店的任何活动都涉及成本,都应在成本控制的范围之内。饭店的成本控制对饭店的生存有着至关重要的作用,物质和能源的消耗决定了饭店成本的大部分。

【任务执行】

饭店的成本费用,包括营业成本及期间费用两个方面。在为社会提供各项服务而进行的生产经营过程中所发生的各种直接支出和耗费,属于饭店的营业成本,未列入营业成本的各项耗费为饭店的期间费用。

一、饭店营业成本和期间成本的划分

(一) 营业成本的划分

根据饭店的经营特点,营业成本,主要包括直接材料商品进价成本。

1. 直接材料成本

饭店经营中直接材料主要是指餐饮部在其饮食加工,经营过程中发生的各种原料,如鸡、调料和配料的耗费。其中原材料是制成各种饮食制品所用的辅助原料,一般以各种蔬菜、干货等为主;调料是制成各种饮食所用的调味用料,如油、盐、酱等。根据新制度规定,饭店各部门(包括餐饮部)的人工费用直接计入部门费用,不需摊入营业成本。

2. 商品进价成本

商品进价成本主要是指为销售而购入的商品的价格及相关费用。分为:国内购进商品粮进价成本和国外购进商品进价成本。国内购进商品进价成本,是指商品的实际采购成本,不包括购入商品粮时发生的进货费用,如各项手续和运杂费;国外购进商品进价成本,以到岸价(CIF)成本加海上运费、保险费作为商品的计价原价,同时加上商品在进口环节需缴纳的税金,如进口关税,进口产品税,以及购进外汇价差等。

(二) 期间费用的划分

饭店的期间费用包括营业费用、管理费用和财务费用,这些费用直接计入当期损益,从饭店获得的当期营业收入中得以补偿。

1. 营业费用

营业费用是指饭店各个营业部门在其经营过程中发生的各项费用开支,根据新制度规定,饭店的营业费用内容大致包括以下几个方面:

(1) 运输费,指饭店购入存货,商品的各项运输费用,燃料费等。

(2) 保险费,指饭店向保险公司投保所支付的财产保险费用。

(3) 燃料费,指饭店餐饮部门在加工饮食制品过程中所耗用的燃料费用。

(4) 水电费,指饭店各营业部门在其经

营过程中所耗用的水费和电费。

（5）广告宣传费，指饭店进行广告宣传而应该支付的广告费和宣传费用。

（6）差旅费，指饭店各营业部门的人员因出差所需的各项开支。

（7）洗涤费，指饭店各个营业部门为员工洗涤工作服而发生的洗涤费开支。

（8）低值易耗品摊销，指饭店各营业部门在领用低值易耗品分别进行的费用摊销。

（9）物料消耗，指饭店营业部门领用物料用品而发生的费用。物料用品包括客房、餐厅的一些日常用品（如针棉织品、餐具、塑料制品、卫生用品、印刷品等）、办公用品（如办公用文具、纸张等）、包装物品、日常维修用材料、零配件等。各营业部门发生的修理费用也记入此。

（10）经营人员工资及福利费，指饭店各营业部门直接从事经营服务活动的人员的工资及福利费，包括工资、奖金、津贴、补贴等。

（11）工作餐费，指旅游饭店按规定为各营业部人员提供的工作餐费。

（12）服装费，指旅游饭店按规定为各营业部人员制作工作服而发生的费用。

（13）其他与各营业部门有关的费用。

2. 管理费用

管理费用是指饭店为组织和管理经营活动而发生的费用，以及不便于分摊，应由饭店统一认定负担的费用，包括：

（1）公司经费，指饭店行政管理部门的行政人员工资，福利费、工作餐费、服装费、办公费、会议费、差旅费、物料消耗低耗品摊销，以及其他行政经费。

（2）工会经费，指按职工工资总额的2%提取，在成本中列支的费用。

（3）职工教育经费，指按职工工资总额的2%提取，在成本中列支的费用。

（4）董事会经费，指饭店最高权力机构——董事会以及董事执行各项职能时发生的各种费用，包括差旅费、会议费等。

（5）税金，指饭店按规定在成本费用中列支的房产税、车船使用税、土地使用税、印花税。

（6）燃料费，指管理部门耗用的各种燃料费用。

（7）水电费，指管理部门办公用水、电费。

（8）折旧费，指饭店全部固定资产折旧费用。

（9）修理费，指饭店除营业部门以外的一切修理费用。

（10）开办费摊销，指饭店在筹建期间发生的费用，按规定摊销期摊销。

（11）交际应酬费，指饭店在业务交往过程中开支的各项业务招待费，按全年营业收入净额的一定比例控制使用，按实列支。

（12）存货盘亏和毁损，指存货在盘亏和毁损中的净利损失部分。不包括非损失部分。

（13）其他一切为组织和管理饭店经营活动而发生的费用。

3. 财务费用

财务费用是指饭店在其经营过程中为解决资金周转等问题在筹集资金时所发生的费用开支，包括利息（减利息收入）、汇兑损失（减汇兑收益）、金融机构手续费等。

二、饭店营业成本和期间费用的核算

（一）营业成本核算

饭店营业成本费用核算按照权责发生制原则，严格区分本期成本费用与下期成本费用，直接成本与间接成本的界限，按照各营业部门设置有关账户进行核算。以下以饭店餐饮营业成本为例，简要介绍核算过程。

饭店餐饮成本实际上就是餐饮部门在饮食制品的加工过程中所耗用的原材料、配料、调节器料等。对餐饮成本的核算通过

"营业成本"账户进行,每旬核算一次,以每月初至月末最后一天为本月会计计算期间,计算总的营业成本。

按照核算要求,实行"永续盘存制",餐饮核算员应将每日所领物品的领料单加以汇总,算出当日的食品成本额,通过每天的餐饮营业收入,计算出当日的毛利及毛利率,使餐饮部能较好地控制营业成本。月末,通过借"营业成本"贷"原材料"账户结转餐饮成本,对于已领用的原材料期末未消耗的部分,作耗用成本调整,调整公式:实际耗用原材料成本＝厨房月初结余额＋本月领用额＋/－本月调入(出)额－厨房月末盘存额。其中的厨房月末盘存额(剩余原材料、未出售的半成品和制成品总额)需要通过实地盘点,按各自的配料定额与账面价格折合计算。同时在会计核算上,采用"假退料"的方法进行调整。即月底用红字借记"营业成本"贷记"原材料"账户,次月月初再用蓝字作出相同方向的调回分录。

(二)期间费用核算

饭店期间费用的核算通过设置"营业费用"、"管理费用"和"财务费用"账户,汇集和反映各项费用的支出情况。

(1)"营业费用"账户按营业部门设置,用以核算饭店各营业部门发生的,按《旅游饮食服务企业财务制度》规定应计入营业费用的各项费用。费用发生时,借记本账户、贷记"现金"、"银行存款""应付工资"等账户。期限末将本期发生的各项费用直接记入当期损益。

(2)"管理费用"账户用以核算饭店管理部门为管理饭店经营业务活动而发生的各种费用,包括行政管理部门的经费开支和应由饭店统一负担的其他费用。发生时借记"管理费用",贷记"现金""银行存款""应付工资""坏账准备"等账户,期末将全部转入"本年利润"账户。"管理费用"账户按以上明细项目设置。

(3)"财务费用"科目用以核算饭店在其经营过程中为筹集资金所需的费用开支,发生时记入该账户借方,以及饭店所发生的应冲减财务费用利息收入、汇兑收益等,应记入本账户的贷方,期限末将余额转入"本年利润"账户。

三、与饭店成本升降相关的要素

从我国饭店发展过程来分析,与饭店成本升降紧密相关的要素有三个方面,分别是劳动力成本升降、物质消耗成本升降与能源消耗成本升降。

(一)人工成本

人工成本是可由饭店经营层自主控制的最大一部分成本,人力资源优化配置和有效利用也是国内饭店一直在探索的热点问题,管理机制、用人机制和分配机制直接影响了饭店人工成本。

(二)物质消耗成本

饭店物质消耗成本是饭店成本控制的一大重点。饭店属于高能耗、高原材料消耗的企业,所有的服务产品(各种有形无形的产品)都离不开大量原材料和能源的消耗。饭店的物质消耗与饭店企业成本控制系统是否科学完善、规章制度执行是否得力、采供制度是否科学和合理、节约措施的运用是否得当以及成本控制观念的宣传是否到位等管理因素密切相关,饭店物质消耗成本过高将严重影响饭店的整体经营效益。

(三)能源消耗成本

饭店能源消耗成本逐渐成为饭店经营管理者关注的饭店成本因素。一方面随着饭店经营管理水平的提高,在人工成本和物质消耗成本得到科学控制后,能源消耗成本的高度将直接影响饭店效益;另一方面由于现代饭店的新的经营观念,如低碳理念、绿色理念的普及,饭店经营管理者有意识并能主动降低饭店的能耗。饭店的能耗受价格、设施、设备和浪费等因素的影响。与发达国家能耗 7% 左右相比,我国饭店的能耗居高不下,在 9% 左右,我国饭店能源消耗管理水平的提升空间还很大。

四、饭店成本的控制方法

利润是每个企业追求的最终目标,提高营业收入、减少成本是获取最大利润的保证。如何控制成本,职业经理人责无旁贷;如何做好成本控制,团队成员人人有责。把成本控制到最佳是需要每一个团队成员共同努力才能达到的。饭店成本餐饮大于客房,从目前的市场行情来看,人力成本在不断增加、各种原材料频繁上涨,经营压力大是在所难免的。

(一) 整合资源

把各部门、各岗位的编制进行整合,降低人力资源成本。主要从两个方面考虑:

(1) 并岗。避免"一个活两人干",这需要饭店高层对各个部位了解、对各种程序熟悉。例如,某饭店总机与房务中心分别用了 4 个人,一共是 8 个人。当年工资水平按人均 900 元算,8 个人一月是 7 200 元,一年是 86 400 元。如将两个岗位合并在一起,从中选出一名领班,四个文员,节约三个人员薪资,年节约不少于 25 000 元,这种并岗不仅没有影响工作质量还成功地降低了人力成本。

(2) 调动员工的积极性。很多员工一旦养成固定的工作模式后,很难接受改革,或者工作低效,将他们的积极性调动起来才能真正地发挥作用,我们可以将节约的部分资金用作改善员工的待遇,从根本上打消顾虑。这种人力资源的整合,最重要的是要做好调查,科学、合理地重新分配工作内容,不能盲目行事。

(二) 控制库存

合理控制库存,降低库存成本,提高资金周转率。以计划采购为主减少紧急采购。定期、定量地储存物品。总仓人员在申购物品时要按需申购,了解各种品项的保质期,给部门提出建议,不仅做保管员也做监督员。要避免没有计划的大肆购买,造成库存积压、资金积压,在申购的环节中要杜绝重购,按需购买。

(三) 科学采供

完善采购控制措施,提高物资的使用价值。采购价格的高低直接影响成本的大小,应采取积极的采供技术,多途径采供饭店所需物资,达到质高价廉、满足需求的理想采供目标。直接采购等传统采购方式存在许多弊端,网络采购打破了传统市场购买形式。网络采购,中间减少了代理商、分销商的环节,厂家直销价格上更有优势,通过网络搭建采购与供货方的桥梁,已成为了一种趋势。在采供环节中,验收环节是一个重要环节,它是把握住饭店物资质量和数量、控制饭店物资成本的最后一关,饭店的财务等管理人员要密切关注,不定期审查。

(四) 勤俭节约

开源节流、杜绝浪费,倡导勤俭节约之风。浪费是饭店成本控制的天敌。饭店的浪费现象主要表现在有意识浪费和无意识浪费两个方面。有意识浪费是指员工在工作中不顾集体利益明知浪费而为之;无意识浪费是指员工在不知道自己浪费行为前提下的浪费。无意识浪费有时比有意识浪费危害更大。例如节约内部开会成本,会议成本=参加人员平均工资×人数×会议小时×其他费用。200 人的餐饮部开 2 小时的会议成本是:800 元/人×200 人×2 小时×2 元/人=4 000 元。

饭店管理者应加强勤俭节约理念的渗透,加强生产服务过程的控制,通过加强基层组织建设,发挥基层管理人员的作用,杜绝无意识浪费,加大处罚力度,有效控制有意识浪费,通过提高技术水平等措施,提高物质、设施设备的使用效率。

（五）全员销售

通过全员参与销售，增加营业收入，提高员工营销意识。获取利润的途径是增加营业收入、降低成本、减少费用。同等消耗的前提下，收入越高，成本、费用越低。饭店的产品只有销售出去才能收回成本，获得效益。由于饭店服务产品的特殊性，服务产品没有成功销售是最大的浪费，因为服务产品中的服务劳动不具备储藏性。饭店在科学定价的基础上，要使员工树立强烈的营销意识，形成良好的推销意识，积极地推动全员销售，把优质的服务产品最大限度地推销给需要的顾客。

（六）提升效能

计算机在饭店企业的应用已经十分普遍，利用先进的计算机系统，实现饭店成本核算最大管理效能，饭店应该根据本餐饮企业的经营规模、管理模式、管理经验、管理制度、管理流程等因素科学选择饭店计算机管理系统，依据健全的财务成本控制制度，形成准确和及时的成本分析，通过计算机系统管理，提高饭店成本控制的自动化程度，最大限度提升成本控制效能。

【任务拓展】

"开源节流"是饭店成本管理的永恒话题，"挖潜创效"是饭店成本管理不变的主旋律。在饭店业激烈的竞争下，饭店管理者如何将"开源节流"付诸实施，如何将"挖潜创效"变为现实，如何加强内部管理，提高经济效益？挑战和机遇并存。结合本任务内容，遴选本地区一家饭店，通过现场走访调研、网络查询等途径，了解该饭店在营业成本管理过程中使用的常见方法，结合以下问题完成一份调研报告，并和同学们分享：

① 客房一次性耗费品的成本管理方法。
② 人力资源成本控制的方法。
③ 内部节能降耗成本控制方法。
④ 餐厅营业成本控制方法。

【任务反馈】

饭店成本控制是饭店经营管理者的重要任务，实现有效的饭店成本控制需要有丰富的财务会计管理知识。企业财务会计专业性强，饭店的财务会计工作应由专业人士担当，作为一名饭店经营管理者应了解哪些财务会计知识呢？

释疑：饭店企业经营管理者应了解本饭店的财务关系、饭店财务部门的机构设置、财务信息来源和会计工作的体系。熟悉饭店对外报告的资产负债表、利润表和现金流量表等会计数据。掌握财务分析、流动资产、资产资本和经营投资知识，了解金融市场和税收知识。

任务六　饭店营销策划

【案例聚焦】

职达求职旅社：一个以接待求职的大学生为目标客户的低端住宿连锁品牌的兴起

上海职达饭店管理有限公司是国内第一家规模化、连锁化饭店经营管理的大学生求职旅社，公司总部在上海，已经发展成为以旅社为实体，集求职住宿、职前培训、文化传播、人才服务于一体的集团公司。

职达针对目标客户细分为求职旅社、青年旅社、青年公寓三大业态，专业接待上班白领、求职、旅游、培训、实习、考察、考试的受高等教育人群，以最低20元的全国统一基准价格，采用三星级饭店标准硬件配置，打包提供包括空调、电视、淋浴、宽带上网、饮用水、求职指导、英语角、现场招聘会等服务，并免费为职达求职学生提供就业、实习和兼职等机会。

职达具有哪些特色和优势？职达求职旅社是全国规模最大的求职住宿，全国唯一星级饭店物业经营管理的求职公寓，中央电视台、共青团中央、各高校就业办推荐品牌，全国唯一真实创造求职氛围的求职公寓，大学生来管理大学生的求职公寓，国际青年旅社相同的格局，不到一半的价位。

职达以求职旅社为实体平台，以官方网站为数据处理中心，陆续开通如下服务：个人用户服务系统、企业用户服务系统、高校用户服务系统。分别服务于：有求职及住宿需求的个人求职者、白领用户，有招聘需求和员工住宿需求的企业用户，有建设校企联盟需求的学校用户。

胶囊旅馆：主要针对晚上加班，赶不上末班车的上班族客群的经济饭店

"胶囊旅馆"日文叫"カプセルホテル"，就是"Capsule Hotel"的音译，人们也称之为"太空舱饭店、旅馆"、"胶囊公寓"、"格仔旅馆"、"棺材旅馆"、"节能青年客栈"，它是日本极有特色的、充分体现日本资源节约与空间创意的便捷式旅馆。除了独立开店，胶囊旅馆往往与桑拿洗浴一并对外营业。"胶囊旅馆"非常符合如今人们倡导的低碳、环保理念。由于它的低碳排放、经济实用、安全卫生、节约资源等诸多优点，现已被世界各国纷纷效仿，美国、法国、英国、俄罗斯、新加坡、韩国等国家都已建成了"胶囊旅馆"，经营情况超出寻常得好，一般入住率都在100%以上。这说明这种旅馆形式非常适合当下大众的消费理念。

清早起来旅馆提供免费的洗漱用品。这里的牙刷很有意思，不需要挤上牙膏就能刷出满嘴泡沫。除了公共浴室的淋浴，这里还有人工温泉。由于池底装了超声波装置，激荡的水流可以给您捶腿、敲背、浑身按摩，很是解乏。

沐浴后，男士可以使用免费的一次性剃须刀，女士也有各种免费护肤品。木梳虽然不是一次性的，但分为使用过和未使用过的两个篓子。每天都有工作人员清洗，然后放入紫外线灯箱消毒。

公共休息室里有多个自动售货机，出售香烟、果汁、咖啡、泡面、电池、冰淇淋、汉堡包等。沙发旁有免费杂志，爱热闹的人可以和大家一起看电视。如果感觉疲劳，往自动按摩椅里扔几个硬币，就能享受20分钟电动按摩。有的胶囊旅馆设有读书室，商务人士可以在此使用电脑办公，免费的宽带无线网速度很快。

藏身在办公大楼里的胶囊旅馆，主要针对晚上加班，赶不上末班车的上班族客群，供他们休息补觉。有别于传统胶囊旅馆，给人阴暗老旧的刻板印象，这种胶囊旅馆很不一样。以黑白为基本色调，处处充满摩登现代感，旅馆以观光客和女性客人为主轴贴心设计，不只厕所跟楼层男女分开，就连电梯也要分男女，让女客人住得舒适放心。

中国商家也不失时机地结合国情，北京、上海、南京、深圳等地也在筹建这样的旅馆、客栈，上海和安徽的已经开业。相信这种低碳环保、经济便捷的青年旅馆一定能在短期内成为中国新的一种投资业态，成为低碳生活的新方式。

通过以上两个案例的阅读，也许你已被这两个绝顶的市场细分折服，很快联想到饭店市场细分对饭店市场的占领是何等的重要。

饭店市场细分化是一个长期趋势和持续过程，这是人类的经济和社会活动日益多样化的结果。一方面，人类的社会角色在不断变化中，平时可能是穿戴整齐的商务客，周末可能变成无拘无束的度假者，而某天也可能成为新产品的尝试者。另一方面社会的群体划分也越来越多样化，新的职业群体不断涌现，社会呈现出更加扁平化的状态，原来的社会阶层的划分已经被极大地突破了，干部、农民和工人更多地变成了"专业人士，白领阶层"等等，社会群体的多样化自然地要求生活的多样性。再一方面就是人类生活和心理需求的复杂化，原来"老婆孩子

热炕头"的生活更多地被"个人价值实现,体验经济"所带动,人们越来越乐于创造、尝试新鲜的东西。近十年层出不穷的科技产品和技术不仅体现而且加速了这些变化。人类社会越来越丰富多彩,对应于消费者和市场的这些变化,市场细分化,产品多元化,服务个性化将是不可避免的趋势。

在这样精彩纷呈的情形下,对于饭店行业自然而然地就会有新的要求和创造驱动。饭店行业近年两个比较明显的现象就是"传统的愈传统,新奇的更新奇"。一些历史悠久的饭店都在保持那种怀旧感,让人们在纷繁变化的世界中能够体会到文化的延续。而一些新型的业态和产品的创新更是层出不穷,从太空旅馆到海底旅馆,从七星级到经济型等,从超大型到小精品,从主题文化到虚拟实境等等,不一而足。饭店行业的开发、经营和服务比原来要活跃得多,而相关企业如果不能找准点,卡好位,在一个高度竞争的市场中制胜的难度会相应增大。这也是近年来一些守旧的饭店经营越来越困难、逐步被挤出市场的重要原因。

【任务执行】

饭店营销的核心理念就是为了更好地满足目标客户的需求,并不断提高客户的满意度。针对目标客户人群的不同需求及其消费需求的特点,饭店细分为不同类型。饭店市场细分的目的与饭店营销的核心理念一致。上述案例中职达求职旅社与胶囊旅馆分别针对自己的细分目标客户开发相应的住宿等相关服务产品,既最大限度地满足了目标客户的需求,在客户满意度最大化的经验上,又能创造企业的经济利益和社会利益,实现了双赢。

一、饭店市场细分

市场细分的概念是美国市场学家温德尔·史密斯(Wendell R. Smith)于1956年提出来的。市场细分(market segmentation)是企业根据消费者需求的不同,把整个市场划分成不同的消费者群的过程。其客观基础是消费者需求的异质性。进行市场细分的主要依据是异质市场中需求一致的顾客群,实质就是在异质市场中求同质。市场细分的目标是为了聚合,即在需求不同的市场中把需求相同的消费者聚合到一起。这一概念的提出,对于企业的发展具有重要的促进作用。

星级饭店从不同的角度可分为:

(一)商务饭店

商务饭店"高档、大型、奢华"的特征,成为饭店行业的投资热点。商务饭店满足了各个层次、各种类型商务客人的需要,构造全面的商务服务产品体系;它最大限度地发挥了饭店为商务客人在居停期间的服务功能,使商务饭店不仅成为服务的提供者,而且是产品的创造者,更是顾客的合作者;它充分利用高新技术和信息技术推动饭店的标准化,构造新的经营管理平台。它通过"流程再造",跳出传统的经营饭店理念,延长了饭店的服务链、产品链和价值链,形成了完整的商务服务流程,构造了全面的服务供应体系,成为目的地主要的商务服务供应商。

(二)度假饭店

度假饭店的发展在国际上成为近几十年来持续不断的亮点,在国内也迅速成长为新兴的业态。但是,其发展普遍存在着一些误区:一是简单复制城市宾馆的模式;二是过分强调奢华而忽略客人的体验;三是重硬件轻软件,重设施轻活动;四是生硬地侵入环境,不尊重环境。随着体验经济时代的到来和饭店市场的日益细分,度假饭店将成为今后中国饭店业的一个重要组成部分。为了给消费者提供更好的度假产品,使消费者形成更好的度假体验,度假饭店的开发需要借助国际上比较成熟的理论和实践,结合中国不同区域的具体情况、自然条件和文化传统,发展具有特色的度假饭店产品,创造饭店行业的新品牌。

(三) 主题饭店

主题饭店是指以饭店自身所把握的文化中最具代表性的素材为核心,形成独特的设计、建造、装饰、生产和提供服务的饭店。与一般意义上的饭店相比较,它的最大特点是赋予饭店某种主题,并围绕这种主题建设具有全方位差异性的饭店经营体系和氛围,从而营造出独特的魅力和性格特征,实现提升饭店产品质量和品位的目的。使顾客获得满意的服务和快乐的体验,在享受饭店营造的文化氛围当中达到精神上的升华,生发出优美的意境。提升饭店的核心竞争力,创造饭店行业的新品牌,使消费者享受更好的自然、文化产品,达到更深的体验,在较大范围内创建主题饭店,已经成为很多饭店的自然选择。主题饭店是一种新的理念,它要求饭店明确自己的主题,并将该主题渗透于饭店经营的各个空间和各个环节,这就需要饭店调整自身的发展战略、经营理念、管理方式、服务方式,使饭店不仅发挥传统的功能,提供传统的产品,而且要在新的平台上构筑新的旅游吸引物。

(四) 精品饭店

所谓精品饭店(Boutique Hotel),是指那些具有浓郁的当地的文化特色和独特历史记忆的饭店,这个概念源于 20 世纪 70 年代的欧洲,最近几年才被引入中国。相对于连锁形式的星级饭店,精品饭店就像汽车中的保时捷,昂贵而个性十足,同时很多精品饭店本身就是由历史保护建筑改建而来,就像一个小型博物馆,入住其中不啻为一次充满惊喜的旅程。同时,因精品饭店规模小,客房少(客房数量一般不超过 100 个),因而可能实现一对一的"管家式服务"。这也是部分高级精品饭店价格昂贵的原因所在。

如果说传统饭店是标准化的产品,精品饭店的产生就意味着饭店个性化时代的来临。越来越多的人想要一些更个人主义的服务,不是每个人都想要走进饭店的房间,发现所有的房间是同样的地毯和床单。精品饭店的出现和兴起是行业发展到某种程度的必然产物。老牌的精品饭店没有选择像星巴克那样的连锁品牌经营发展模式,而是追求"每个饭店讲述一个故事"并在设计风格上诉求各异。新生代的精品饭店已经从一个独立的饭店,逐渐形成了精品饭店的连锁,如 kimpton 饭店集团,已经成为精品饭店行业著名的公司,其在美国 15 个城市拥有了 38 家精品饭店。

(五) 经济型饭店

经济型饭店又称为有限服务饭店,其最大的特点是房价便宜,其服务模式为"B&B"(住宿+早餐)。最早出现在 20 世纪 50 年代的美国,如今在欧美国家已是相当成熟的饭店形式。

经济型饭店紧扣饭店的核心价值——住宿,以客房产品为灵魂,去除了其他非必需的服务,从而大幅度削减了成本。一般来说,经济型饭店只提供客房和早餐(Bed & Breakfast),一些有限服务饭店还提供简单的餐饮、健身和会议设施。与一般社会旅馆不同的是,经济型饭店非常强调客房设施的舒适性和服务的标准化,突出清洁卫生、舒适方便的特点。相对于高档饭店动辄上千元的房价,经济型饭店的价格一般在人民币 300 元以下,一些青年旅舍和汽车旅馆的住宿价格甚至只有几十元至一百元左右。经济型饭店的目标市场是一般商务人士、工薪阶层、普通自费旅游者和学生群体等。而高档饭店往往以高端商务客人、高收入阶层、公费旅客为主要目标市场。

经济型饭店一般采取连锁经营方式。通过连锁经营达到规模经济,提高品牌价值。这也是经济型饭店区别于其他星级饭店和社会旅馆的一个明显特征。在中国,排名前 10 的经济型饭店品牌如下表 2-2。

表 2-2 中国排名前 10 的经济型饭店品牌

名次	品牌名	客房数	门店数
第一	如家	78 231	674
第二	锦江之星	48 035	358
第三	7天	39 561	399
第四	莫泰	37 004	220
第五	汉庭	33 718	294
第六	格林豪泰	23 623	232
第七	速8	15 595	167
第八	宜必思	7 661	42
第九	中州快捷	3 148	25
第十	城市客栈	2 695	19

（数据统计截至 2010 年 6 月，数据来源：中国经济型饭店网）

（六）会议饭店

在全球一体化的发展背景下，世界经济增长迅猛，社会活动日益增多，各种类型的会议频繁召开、规模不断扩大，由此形成了庞大的会议市场。无论是国际会议市场，还是国内会议市场，都在高速增长。饭店需要以市场需求为导向，完善相关会议设施设备，提供专业化会议服务，调整经营管理思路，才能在这一市场有所成就。会议客人具有团队性质，具有整进整出、集中活动、集中消费、衍生需求多元化、消费集团化等特点，同时基本上以饭店为主要活动区域，在饭店活动的时间也长，由此也形成了会议客人的链条式需求，需要饭店提供全方位的服务。而这种大规模、集中性消费的特点给饭店的经营带来特殊的压力。从活动内容上看，会议客人以会议为入住饭店的主要目的，会议功能的要求是首要的，对商务、会议设施的要求要高于商务散客，尤其是在专业设备和会议的专业服务上提出了更高的要求，对饭店的配套要求也较高，饭店的综合配套能力是能否吸引会议团体的重要因素。此外，不同类型的会议对饭店的要求也不同。会议市场从客户的角度可以分为商务、政务、学术、其他会议市场等。每一类市场都有其独特的要求，饭店如何以相对固定的设施设备和服务接待能力满足不同的要求，也是饭店经营会议市场的挑战之一，这些都需要在开发建设和经营管理服务的各个环节事先得到体现。

（七）饭店式公寓

饭店式公寓是一种提供饭店式管理服务的公寓，集住宅、饭店、会所多功能于一体，具有"自用"和"投资"两大功效，但其本质仍然是公寓。饭店式公寓既吸收了星级饭店的服务功能和管理模式，又吸收了信息时代写字楼的特点，拥有良好的通讯条件，可针对性地提供秘书、信息、翻译等商务服务，集住宅、饭店、会所等多种功能于一体。购买者拥有单元产权，既可以自住、出租，也可以转售，是一种既提供饭店专业服务又拥有私人公寓秘密性和生活风格的综合物业。

饭店式服务公寓，最早始于1994年欧洲，意为"饭店式的服务，公寓式的管理"，是当时旅游区内租给游客，供其临时休息的物业，由专门管理公司进行统一上门管理，既有饭店的性质又相当于个人的"临时住宅"。这些物业就成了饭店式公寓的雏形。

真正意义上的饭店式服务公寓的出现至今已有约30年时间。20世纪中叶，一些发达欧美国家的主要城市，尤其是在美国，经历了巨大的社会变革。这些社会变革带给人们更多文化和教育的机会，人的流动性更强，家庭结构趋于松散，城市社会居住者的生活方式也产生了很大的变化，人们随之开始对配有家具的公寓产生需求。而当星级饭店式管理的概念被引进时，更受到那些喜欢"流动"者的广泛欢迎。社会经济飞速发展，人们生活不再拘泥于一个地区。商旅生活的兴起，造就了"饭店式管理、家居式服务"的公寓住宅功能日趋完善。国际标准化的饭店式服务公寓，是结合饭店的管理模式和设施标准，采用公寓房型设计的一种物业经营模式。由于价格低于饭店标准，而服务水准又大大高于普通公寓，因而深受中长期出差的高层人士的欢迎。

我国的饭店式服务公寓经过十几年的发展，在原有基础上已经形成了自己的特点。与传统的饭店相比，在硬件配套设施上毫不逊色，而服务更加家庭化。它吸收了传统饭店与传统公寓的长处，因此，备受投资人士以及在我国工作的外籍商务人士的青睐。

（八）乡村饭店

乡村饭店也称为农家乐饭店，"农家乐"旅游的雏形来自于国内外的乡村旅游，并将国内特有的乡村景观、民风民俗等融为一体，因而具有鲜明的乡土烙印。同时，它也是人们旅游需求多样化、闲暇时间不断增多、生活水平逐渐提高和"文明病"、"城市病"加剧的必然产物，是旅游产品从观光层次向较高的度假休闲层次转化的典型例子。

乡村旅游在国外已有30多年的历史，在一些欧美发达国家开展得比较成功。20世纪60年代初，当时的旅游大国西班牙把乡村的城堡进行一定的装修改造成为饭店，用以留宿过往客人，这种饭店称为"帕莱多国营客栈"；同时，把大农场、庄园进行规划建设，提供徒步旅游、骑马、滑翔、登山、漂流、参加农事活动等项目，从而开创了世界乡村旅游的先河。后来，乡村旅游在美国、法国、波兰、日本等国家得到倡导和大发展。在欧美国家，乡村旅游已具有相当大的规模，并已走上了规范化发展的轨道，显示出极强的生命力和巨大的发展潜力。乡村饭店主要有以下两种类型：

（1）景区旅舍型。以自然风景区为依托，低档次农家旅舍价格低廉，游客感觉仿佛把自己的家搬到了风景区，花费居家度日的钱，享受景区的自然环境，景区"农家乐"因而受到中低收入游客的欢迎。

（2）花园客栈型。把农业生产组织转变成为旅游企业，把农业用地通过绿化美化，使之成为园林式建筑，以功能齐全的配套设施和客栈式的管理，使之成为在档次上高于"农家乐"低于度假村的一种休闲娱乐场所。

饭店市场的细分化要求饭店的经营趋向专业化，而专业化的经营需要标准的引导和规范。为了将饭店业的研究成果与饭店的经营实践相结合，使中国饭店业既适应国际发展趋势，又与中国国情相符合，更与市场需求相契合，全面提升中国饭店业的核心竞争力。创造新时代的饭店产品，为顾客提供良好的服务，使饭店星级标准在新的形势下深化是大势所趋。除了上述几个方面外，其他类型的住宿设施标准也应根据不同的业态要求逐步提出，丰富完善饭店行业的标准体系，从而使星级饭店标准能更好地指导、服务于行业的发展。

二、饭店营销策略

饭店营销策略是以目标顾客需要为出发点，根据经验获得顾客需求量以及购买力的信息、商业界的期望值，有计划地组织各项经营活动，为饭店顾客提供满意的商品和服务而实现企业目标的过程。

（一）饭店目标市场营销策略

饭店通过市场细分，从众多的细分市场中，选择出一个或几个具有吸引力、有利于发挥企业优势的细分市场作为自己的目标市场，综合考虑产品特性、竞争状况和自身实力，针对不同的目标市场选择营销策略。

1. 无差异性营销

企业不考虑各自市场间的差异性，而只注重子市场需求的共性，决定只推出单一产品，运用单一的营销方案，力求在一定程度上适合尽可能多的顾客需求。可口可乐公司早期，就采取了这种策略，以"可口可乐"一种产品，行销全世界许多国家，经营十分成功。

无差异性营销的优点是由于产品单一，有利于标准化与大规模生产，从而有利于降低研究开发、生产、储存、运输、促销等成本费用，能以低成本取得市场竞争优势。

缺点是忽视了各子市场需求的差异性，企业难以长期采用。一旦竞争者采取差异化或集中化的营销策略，企业必须放弃无差异营销，否则，顾客会大量流失。

例如，20世纪70年代末，在我国一些旅游城市兴建的第一批合资饭店中，所有的房间基本上都是没有差异的统一标准间，较为适应当时以团队客人为主的入境游市场。当入境游散客市场日渐兴旺，且游客越来越倾向于选择单人房时，这种统一的标准客房不再符合市场潮流。饭店无差异营销策略在顾客需求个性化时代背景下，日益不符合时代需要。

2. 差异性营销

企业针对不同的子市场，推出不同的产品，推行不同的营销方案，以最大限度地满足各个子市场的需要。比如，可口可乐公司迫于百事可乐及众多饮料厂家的竞争，已经放弃了无差异营销，转向了差异性营销。

差异性营销的优点是由于企业在产品设计、推销宣传等营销策略方面能针对不同的子市场，有的放矢，从而有利于提高产品的竞争力，提高市场占有率；此外还有利于建立企业及品牌的知名度，有利于提高企业威望，树立良好的企业形象。

缺点是多品种生产，势必增加生产及营销成本，增加管理的难度。因此，该策略多为实力雄厚的大公司所采用。

例如，汉庭集团旗下三大品牌：汉庭快捷、汉庭全季、海友客栈，即运用差异化营销策略，涉足三个不同领域的目标市场群体，并针对目标顾客的需求提供相应的服务产品。

（1）汉庭快捷——最便捷的住宿体验。汉庭快捷饭店是汉庭连锁饭店旗下的品牌，致力于为商旅客人提供便捷的住宿。饭店安心的睡眠系统、现代的卫浴系统、便捷的商旅配套和典雅的饭店氛围保障客人出门在外也有在家一般的感受。精心设计的十大免费项目：商务区电脑、打印复印传真、宽带上网、大堂茶水咖啡、房间阅读书籍、停车、早餐、矿泉水、茶包、大堂书吧，为客人提供最物超所值的服务。

（2）汉庭全季——最优质地段的选择。汉庭全季是汉庭连锁饭店旗下品牌，原来的汉庭饭店，致力于为部分商旅客人提供最优值地段的选择。汉庭饭店多坐落于城市商业中心的标志性地块，客人无需支付五星级饭店的价格，即可享受到五星级饭店的地段优势。

（3）海友客栈——低价住宿带来欢乐。海友客栈是汉庭连锁饭店的旗下品牌，致力于为休闲旅游客人提供干净、低价的住宿选择。汉庭客栈内部设计紧凑，为客人提供了性价比最高的住宿体验。饭店内部所有的设施均能满足客人的基本需求，为客人最大限度节省出行预算。

3. 集中性营销（concentrated targeting strategy）

企业将所有的资源力量集中，以一个或少数几个性质相似的子市场作为目标市场，进行专业化经营，力图在较少的子市场上获得较大的市场占有率。如上述案例中的职达求职旅社和胶囊旅馆，仅选择特定的子市场作为自己的目标市场，采取的就是集中性营销策略。

集中性营销的优点是目标市场集中，企业资源集中，能快速开发适销对路的产品，树立和强化企业和产品形象，也有利于降低生产成本，节省营销费用，增加企业盈利。

缺点是目标市场狭小，经营风险较大。一旦市场需求突然发生变化，或出现更强的竞争对手，企业就可能陷入困境。该策略适用于实力弱，资源少的小型企业。

4. 定制营销（custom marketing strategy）

若将市场细分进行到最大限度，则每一位顾客都是一个与众不同的细分市场。随着现代信息技术和现代制造业的迅猛发展，为顾客提供量体裁衣式的产品和服务也逐渐成为可能。

定制营销是指企业在大规模生产的基础上，将每一位顾客都视为一个单独的子市场，通过与顾客进行个体的沟通，明确并把握特定顾客的需求，并为其提供不同方式的满足，以更好地实现企业利益的活动过程。定制营销也被称为一对一营销、个性化营销。

定制营销的适用范围十分广泛，不仅适用于自行车、汽车、服装、家具等有形产品，也适用于金融、咨询、旅游、餐饮等服务领域。

定制营销的突出优点是能极大地满足消费者的个性化需求，提高企业竞争力；以需定产，有利于减少库存积压，加快企业的资金周转；有利于产品、技术上的创新，促进企业不断发展。

但定制营销有可能导致营销工作的复杂化，增大经营成本和经营风险，因此，定制营销需要建立在定制的利润高于定制的成本的基础之上。

（二）市场营销十大新理念及应用价值

1. 知识营销

知识营销指的是向大众传播新的科学技术以及它们对人们生活的影响，通过科普宣传，让消费者不仅知其然，而且知其所以然，重新建立新的产品概念，进而使消费者萌发对新产品的需要，达到拓宽市场的目的。

2. 网络营销

网络营销就是利用网络进行营销活动。当今世界信息发达，信息网络技术被广泛运用于生产经营的各个领域，尤其是营销环节，形成了网络营销。例如，在专业化的网络分销平台（如携程旅行网、芒果网等）就单体饭店进行网络宣传和促销活动。

3. 绿色营销

绿色营销是指企业在整个营销过程中充分体现环保意识和社会意识，向消费者提供科学的、无污染的、有利于节约资源使用和符合良好社会道德准则的商品和服务，并采用无污染或少污染的生产和销售方式，引导并满足消费者有利于环境保护及身心健康的需求。当前，绿色低碳的生活方式越来越受到大众的青睐，绿色饭店的经营理念也日益深入人心，以绿色营销理念为依托，适时针对目标客户进行宣传引导,充分调动市场潜能,既倡导了先进的生活方式,又为饭店赢得了效益。

4. 个性化营销

个性化营销即饭店把对人的关注、个性的释放及个性需求的满足推到空前中心的地位,饭店与市场逐步建立一种新型关系,建立消费者个人数据库和信息档案,与消费者建立更为个人化的联系,及时地了解市场动向和顾客需求,向顾客提供一种个人化的销售和服务,顾客根据自己需求提出服务要求,饭店尽可能按顾客要求提供,迎合消费者个别需求和品味,并应用信息,采用灵活战略适时地加以调整。当前,女性客房、贴身管家服务等个性化饭店服务方式得到了市场的普遍认可。

5. 创新营销

创新是企业成功的关键,企业经营的最佳策略就是抢在别人之前淘汰自己的产品,这种把创新理论运用到市场营销中的新做法,包括营销观念的创新、营销产品的创新、营销组织的创新和营销技术的创新。要做到这些,市场营销人员就必须随时保持思维模式的弹性,让自己成为"新思维的开创者"。

6. 整合营销

整合营销是20世纪90年代欧美以消费者为导向的营销思想在传播领域的具体体现,起步于90年代,倡导者是美国的舒尔兹教授。这种理论是制造商和经销商营销思想上的整合,两者共同面向市场,协调使用各种不同的传播手段,发挥不同传播工具的优势,联合向消费者开展营销活动,寻找调动消费者购买积极性的因素,达到刺激消费者购买的目的。

7. 消费联盟

消费联盟是以消费者加盟和企业结盟为基础,以回报消费者利益的驱动机制的一种新型营销方式。

8. 连锁经营渠道

连锁经营渠道是一种纵向发展的垂直营销系统,是由生产者、批发商和零售商组成的统一联合体,它把现代化工业大生产的原理应用于商业经营,实现了大量生产和大量销售相结合,对传统营销渠道是一种挑战。

9. 大市场营销

大市场营销是针对传统市场营销组合战略的不断发展而提出的营销理念。该理论由美国营销学家菲利浦·科特勒提出,他指出,企业为了进入特定的市场,并在那里从事业务经营,在策略上应协调地运用经济的、心理的、政治的、公共关系等手段,以博得外国或地方各方面的合作与支持,从而达到预期的目的。

10. 综合市场营销沟通

综合市场营销沟通是一种市场营销沟通计划观念,即在计划中对不同的沟通形式,如一般性广告、直接反应广告、销售促进、公共关系等的战略地位作出估计,并通过对分散的信息加以综合,将以上形式结合起来,从而达到明确的、一致的及最大程度的沟通。这种沟通方式可以带来更多的信息及更好的销售效果,它能提高公司在适当的时间、地点把适当的信息提供给适当的顾客的能力。

(三) 适用中国饭店业的营销策略

(1) 功效优先策略。国人购买动机中列于首位的是求实动机。任何营销要想取得成功,首要是要有一个功效好的产品。因此,市场营销第一位的策略是功效优先策略,即要将产品的功效视为影响营销效果的第一因素,优先考虑产品的质量及功效优化。

(2) 价格适众策略。价格的定位,也是

影响营销成败的重要因素。对于求实、求廉心理很重的中国消费者,价格高低直接影响着他们的购买行为。所谓适众,一是产品的价位要得到产品所定位的消费群体大众的认同;二是产品的价值要与同类型的众多产品的价位相当;三是确定销售价格后,所得利润率要与经营同类产品的众多经营者相当。

(3) 品牌提升策略。所谓品牌提升策略,就是改善和提高影响品牌的各项要素,通过各种形式的宣传,提高品牌知名度和美誉度的策略。提升品牌,既要求量,同时更要求质。求量,即不断地扩大知名度;求质,即不断地提高美誉度。

(4) 刺激源头策略。所谓刺激源头策略,就是将消费者视为营销的源头,通过营销活动,不断地刺激消费者购买需求及欲望,实现最大限度地服务消费者的策略。

(5) 现身说法策略。现身说法策略就是用真实的人使用某种产品产生良好效果的事实作为案例,通过宣传手段向其他消费者进行传播,达到刺激消费者购买欲望的策略。通常利用现身说法策略的形式有小报、宣销活动、案例电视专题等。

(6) 媒体组合策略。媒体组合策略就是将宣传品牌的各类广告媒体按适当的比例合理地组合使用,刺激消费者购买欲望,树立和提升品牌形象。

(7) 单一诉求策略。单一诉求策略就是根据产品的功效特征,选准消费群体,准确地提出最能反映产品功效,又能让消费者满意的诉求点。

(8) 终端包装策略。所谓终端包装,就是根据产品的性能、功效,在直接同消费者进行交易的场所进行各种形式的宣传。终端包装的主要形式:一是在终端张贴介绍产品或品牌的宣传画;二是在终端拉起宣传产品功效的横幅;三是在终端悬挂印有品牌标记的店面牌或门前灯箱、广告牌等;四是对终端营业员进行情感沟通,影响营业员,提高营业员对产品的宣传介绍推荐程度。调查显示,20%的保健品购买者要征求营业员的意见。

(9) 网络组织策略。组织起规模适度而且稳定的营销队伍,最好的办法就是建立营销网络组织。网络组织策略,就是根据营销的区域范围,建立起稳定有序的相互支持协调的各级营销组织。

(10) 动态营销策略。所谓动态营销策略,就是要根据市场中各种要素的变化,不断地调整营销思路,改进营销措施,使营销活动动态地适应市场变化。动态营销策略的核心是掌握市场中各种因素的变化,而要掌握各种因素的变化就要进行调研。

三、饭店营销组合

营销组合指的是企业在选定的目标市场上,综合考虑环境、能力、竞争状况等企业自身可以控制的因素,进行适当组合和运用,以完成企业的目的与任务。营销组合是企业市场营销战略的一个重要组成部分,是指将企业可控的基本营销措施组成一个整体性活动。市场营销的主要目的是满足消费者的需要,而消费者的需要很多,相对应采取的措施也很多。因此,企业在开展市场营销活动时,就必须把握住那些基本性措施,合理组合,并充分发挥整体优势和效果。营销组合这一概念是由美国哈佛大学教授尼尔·鲍顿(N. H. Borden)于1964年最早采用的,并且他确定了营销组合的12个要素。随后,理查德·克莱维持教授把营销组合要素归纳为产品、订价、渠道、推广。市场营销组合是制定企业营销战略的基础,做好市场营销组合工作可以保证企业从整体上满足消费者的需求。市场营销组合是企业对付竞争者强有力的手段,是合理分配企业营销预算费用的依据。

1960年,20世纪著名的营销学大师,美国密西根大学教授杰罗姆·麦卡锡(Jerome Mccarthy)提出了著名的4P组合。麦卡锡认为,企业从事市场营销活动,一方面要考虑企业的各种外部环境,另一方面要制订市场营销组合策略,通过策略的实施,适应环境,满足目标市场的需要,实现企业的目标。麦卡锡绘制了一幅市场营销组合模式图,图的中心是某个消费群,即目标市场,中间一圈是四个可控要素:产品(Product)、地点(Place)、价格(Price)、促销(Promotion),即4P组合。在这里,产品就是考虑为目标市场开发适当的产品,选择产品线、品牌和包装等;价格就是考虑制订适当的价格;地点就是讲要通过适当的渠道安排运输储藏等把产品送到目标市场,促销就是考虑如何将适当的产品,按适当的价格,在适当的地点通知目标市场,包括销售推广、广告、培养推销员等。图的外圈表示企业外部环境,它包括各种不可控因素,包括经济环境、社会文化环境、政治法律环境等。麦卡锡指出,4P组合的各要素将要受到这些外部环境的影响和制约。

以后,市场营销组合又由4P发展为6P,6P是由"现代营销学之父",菲利普·科特勒(Philip Kotler)提出的,它是在原4P的基础上加入了政治(Politics)和公共关系(Public Relations)。6P组合主要应用实行贸易保护主义的特定市场。随后,科特勒又进一步把6P发展为10P。他把已有的6P称为战术性营销组合,新提出的4P:研究(Probing)、划分(Partitioning)即细分(Segmentation)、优先(Prioritizing)即目标选定(Targeting)、定位(Positioning),称为战略营销,他认为,战略营销计划过程必须先于战术性营销组合的制定,只有在搞好战略营销计划过程的基础上,战术性营销组合的制定才能顺利进行。菲利浦·科特勒等著《日本怎样占领美国市场》。在讲到战略营销与战术营销的区别时指出:"从市场营销角度看,战略的定义是企业为实现某一产品市场上特定目标所采用的竞争方法,而战术则是实施战略所必须研究的课题和采取的行动。"现在,战略营销与战术营销的界线已日趋明朗,通用汽车公司等已按这两个概念分设了不同的营销部门。

到90年代,又有人认为,包括产品、价格、销售渠道、促销、政治力量和公共关系的6P组合是战术性组合。企业要有效地开展营销活动,首先要有为人们(People)服务的正确的指导思想,又要有正确的战略性营销组合(市场调研 Probing、市场细分 Partitioning、市场择优 Prioritizing、市场定位 Positioning)的指导。这种战略的4P营销组合与为人们(People)服务的正确指导思想和战术性的6P组合就形成了市场营销的11P组合。

20世纪90年代,美国市场学家罗伯特·劳特伯恩提出了以"4C"为主要内容的作为企业营销策略的市场营销组合,即4C理论。该理论针对产品策略,提出应更关注顾客的需求与欲望,应重点考虑顾客为得到某项商品或服务所愿意付出的代价,并强调促销过程应用是一个与顾客保持双向沟通的过程。

(一) 市场营销组合特点

市场营销组合作为企业一个非常重要的营销管理方法,具有以下特点:

1. 市场营销组合是一个变量组合

构成营销组合的"4P"的各个自变量,是最终影响和决定市场营销效益的决定性要素,而营销组合的最终结果就是这些变量的函数,即因变量。从这个关系看,市场营销组合是一个动态组合。只要改变其中的一个要素,就会出现一个新的组合,产生不同的营销效果。

2. 营销组合的层次

市场营销组合由许多层次组成,就整体而言,"4P"是一个大组合,其中每一个P又包括若干层次的要素。这样,企业在确定营销组合时,不仅更为具体和实用,而且相当灵活;不但可以选择四个要素之间的最佳组合,而且可以恰当安排每个要素内部的组合。

3. 市场营销组合的整体协同作用

企业必须在准确地分析、判断特定的市场营销环境、企业资源及目标市场需求特点的基础上,才能制定出最佳的营销组合。所以,最佳的市场营销组合的作用,绝不是产品、价格、渠道、促销四个营销要素的简单数字相加,即$4P \neq P+P+P+P$,而是使它们产生一种整体协同作用。就像中医开出的重要处方,四种草药各有不同的效力,治疗效果不同,所治疗的病症也相异,而且这四种中药配合在一起的治疗,其作用大于原来每一种药物的作用之和。市场营销组合也是如此,只有它们的最佳组合,才能产生一种整体协同作用。正是从这个意义上讲,市场营销组合又是一种经营的艺术和技巧。

4. 市场营销组合必须具有充分的应变能力

市场营销组合作为企业营销管理的可控要素,一般来说,企业具有充分的决策权。例如,企业可以根据市场需求来选择确定产品结构,制定具有竞争力的价格,选择最恰当的销售渠道和促销媒体。但是,企业并不是在真空中制定的市场营销组合。随着市场竞争和顾客需求特点及外界环境的变化,必须对营销组合即时纠正、调整,使其保持强有力的竞争力。总之,市场营销组合对外界环境必须具有充分的适应力和灵敏的应变能力。

(二)营销组合意义

(1) 市场营销组合的出现,意味着市场经营观念完成了新旧观念的转变,即发展到了新观念——市场营销观念。市场营销观念的核心是以目标顾客的需要为中心,实行市场营销组合,着眼于总体市场,从而取得利润,实现企业营销目标。在这里,市场营销组合作为营销手段至关重要。

(2) 市场营销组合体现了现代市场营销学一个重要特点,那就是具有鲜明的"管理导向",即着重从市场营销管理决策的角度,着眼于买方行为,重点研究企业市场营销管理工作中的各项战略和策略,从而使决策研究法在诸多研究方法中显示出其概括性强、适应面广的优点,并成为研究市场营销问题普遍采用的重要方法。

(3) 市场营销组合的理论基础是系统理论。它以系统理论为指导,向企业决策者提供了为达到企业营销整体效果而科学地分析和应用各种营销手段的思路和方法。

(三)营销组合作用

企业营销管理者是否正确安排营销组合对企业营销的成败有重要作用。

(1) 可扬长避短,充分发挥企业的竞争优势,实现企业战略决策的要求;

(2) 可加强企业的竞争能力和应变能力,使企业立于不败之地;

(3) 可使企业内部各部门紧密配合,分工协作,成为协调的营销系统(整体营销),灵活地、有效地适应营销环境的变化。

(四)营销组合应用原则

为更好地发挥市场营销组合的上述作用,在具体运用时须遵循下列原则:

1. 目标性

营销组合首先要有目标性,即制定市场营销组合时,要有明确的目标市场,同时要求市场营销组合中的各个因素都围绕着这个目标市场进行最优组合。

2. 协调性

协调性指协调市场营销组合中各个因素,使其能机地联系起来,同步配套地组合起来,以最佳的匹配状态,为实现整体营销目标服务。可根据要素的相互关联作用组合得当和谐一致。

在组合方案中,也可以重点选择几个因素进行组合搭配,如产品质量和价格的关系直接关系到市场营销组合整体策略的优劣,将二者进行多方案选优,可以组成九种不同的组合策略方案。企业可据此进行知己知彼的分析,包括竞争对手组合策略分析,本企业资源、技术、设备等情况分析,切实推行价值工程,进而达到预期营销目标。

3. 经济性

经济性指组合的杠杆作用原则。主要考虑组合的要素对销售的促进作用,这是优化组合的特点。当广告费用开始增加时,对销售量影响不大,当广告费用增加到 a 点后,销售量增长很快,广告费用继续增加到 b 点后;销售量趋于一个常数。若要发挥广告宣传对销售量的杠杆作用,在组合中就应考虑销售量和广告费用的这种关系:在它们处于曲线 AB 段时,采用增加广告费用的组合,若它们的关系处于曲线 AB 段以外,就要考虑其他要素了。其他各要素与销售量的关系曲线都类似于图 2-4。

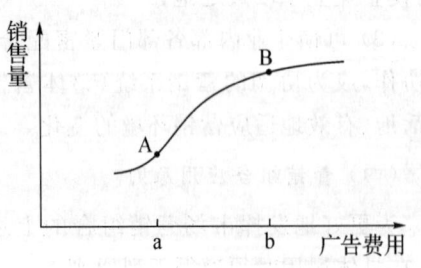

图 2-4 销售量响应曲线

4. 反馈性

从营销环境的变化到企业营销组合的变化,要依靠及时反馈市场信息。信息反馈及时,反馈效应好,就可随营销环境变化,及时重新对原市场营销组合进行反思、调整,进而确定新的适应市场和消费者需求的组合模式。

【任务拓展】

请学习饭店市场细分、饭店营销策略及饭店营销组合等知识,深入地理解饭店营销的核心理念及其内涵:一方面饭店在激烈的市场竞争环境中要取得优势地位,另一方面又要不断满足日益变化的顾客需求。饭店营销是市场营销的一种,也是饭店经营活动的重要组成部分。它始于饭店提供产品和服务之前,主要研究宾客的需要和促进饭店客源增长的方法,致力于开发饭店市场的潜力,增进饭店的收益。饭店市场营销涉及满足宾客需求的产品,贯穿于从饭店流通到宾客的一切业务活动,最终使饭店实现其预设的经营目标。

饭店营销策划除开发新产品、新活动项目外,更要推出独特的宣传方式来吸引顾客,这就要在广告策划推销上多做文章。结合本任务内容,从下列选题中选择一个主题,完成一份营销策划方案。

(1)节庆活动:春节、情人节、中秋节、圣诞节等。

(2)主题活动:婚庆、会议、客户答谢会等。

(3)其他特殊活动:周年店庆、淡季促销、新产品推广等。

【任务反馈】

在饭店业,营销与销售常常被混为一谈,不足为奇。你能正确区分两者的区别和联系吗?

释疑:"营销"和"销售"饭店经营的两个相互关联的概念,其关系可通过图 2-5 来表示。

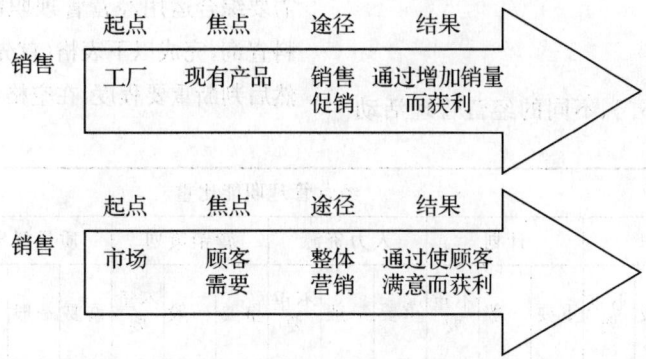

图 2-5 销售与营销观念比较图

◆ 模 块 评 价

【知识/技能评价】

经营管理职能是饭店经营管理者的工作职责和功能,是饭店经营管理者应该发挥出的作用和任务,是饭店经营管理者完成本职工作的综合素质和能力的体现。饭店经营管理职能发挥得好与坏、强与弱直接影响到饭店的综合竞争力。

经营管理职能不是孤立的,它与其他职能是相互作用、相互制约的关系。在饭店实际经营管理活动中,一项业务活动的开展必须有效组合职能,才能发挥经营管理职能的最大效应,实现经营管理目标的最大化。请思考:某饭店拟举行 30 年老客户答谢月大型营销活动,请结合所学的经营管理职能知识,谈谈这个活动开展过程中各经营管理职能应如何发挥。

课外复习思考题:

①什么叫组织和组织结构?

②组织设计应考虑哪些因素?应遵循哪些原则?

③什么叫非正式组织?它有何特点,应如何管理?

④什么叫团队?如何加强饭店团队建设?

⑤什么叫目标管理?简述目标管理的流程。

⑥什么叫饭店计划管理?饭店计划如何分类,并应遵循哪些原则?

⑦简述饭店计划指标的含义。

⑧饭店制订计划时应考虑那些因素,基本步骤是什么?

⑨简述饭店员工招聘的步骤。

⑩饭店员工培训有哪几种形式?

⑪什么叫激励,员工激励有哪些具体形式?

⑫什么叫沟通?沟通的作用是什么?饭店管理人员的沟通技巧有哪些?

⑬什么叫服务质量?饭店服务质量包括哪些构成要素?

⑭什么叫饭店质量监督?饭店日常包括哪些具体监督内容?

⑮饭店服务质量评价的要素和范围包括哪些?

⑯简述饭店服务三方评价的内涵和饭店服务质量评价指标。

⑰简述饭店营业成本和期间成本的内涵。

⑱哪些因素影响饭店成本的升降?如何控制饭店成本?

⑲什么叫市场细分?我国饭店可以细分为哪些具体的饭店市场?

⑳饭店目标市场营销策略包括哪些?

㉑饭店最新营销理念有哪些?

㉒什么叫营销组合?营销组合应用的

一般原则是什么?

【能力应变】

饭店不同的部门、不同的经营管理活动需要综合运用经营管理职能,请通过讨论、资料查询,完成以下表格(首先判断需要不需要,然后判断重要程度,在空格中打"√")。

部门类别	部门名称	经营管理职能比重																	
		组织			计划			人力资源			营销策划			质量督导			成本控制		
		重要	一般	不重要	重要	一般	不重要	重要	一般	不重要	重要	一般	不重要	重要	一般	不重要	重要	一般	不重要
业务部门	餐饮部																		
	销售部																		
管理部门	财务部																		
	人事部																		

【模块链接】

① 通过浏览 http://www.jakj.com.cn(企业管理世界网)、http://www.88ht.com/(中外饭店资讯门户网站)、http://www.cn.chinahotel.com/index.html(中国饭店网)、http://www.meadin.com/(迈点—饭店业门户网站)等网站,掌握饭店企业管理和研究的最新资讯,收集饭店经营管理的成功案例,积累饭店经营管理知识和技能。

② 通过阅读《饭店六常管理》(北京大学出版社,2006)、《现代饭店营销创新 500 例》(广东旅游出版社,2000)、《饭店质量管理》(科学出版社,2009)、《饭店督导》(上海大学出版社,2011)等专业书,拓宽饭店经营管理职能方面的视阈,从不同角度汲取饭店经营管理职能的理论和实践知识,深入对饭店经营管理职能的理解。

体验篇

模块三　饭店前厅与客房部经营管理

◆ 模块目标

【行业要求】

饭店前厅和客房部肩负着饭店主要任务,即住宿经营任务。饭店经营管理者应熟悉前厅和客房的任务、业务特点和管理要点,能根据市场变化适时调整经营策略,实现客房收益的最大化,通过有效管理使饭店客房产品安全、卫生、舒适。

【学习目标】

①掌握前厅部地位和组织机构,能围绕前厅的功能管理运行前厅部;②掌握饭店前厅部和客房部的主要管理制度,能实施前厅的规范化、制度化管理;③掌握饭店客房房价制定、收益管理要求,能实现客房收益的最大化;④掌握客房预订和销售管理要求,能组织开展客房销售活动,实现客房预期销售;⑤掌握客房人员配备、安全和卫生管理要求,能确保客房安全卫生运行。

◆ 模块任务

学生通过对本模块的学习,能够正确认识前厅部和客房部的地位和作用,掌握前厅部和客房部的业务管理要求,熟练掌握房价制定和收益管理理论,并能够正确、灵活运用,能对前厅部和客房部日常管理,实现客房经营管理目标。

本模块共有三项任务,分别是饭店前厅和客房部概述、前厅部经营管理实务、客房部经营管理实务。

任务一　饭店前厅部和客房部概述

【案例聚焦】

预订处理的得与失

小张是上海某饭店的前厅接待员。2003年国庆节期间,上海几乎所有饭店客房都已爆满,而且房价飙升。10月1日11:30左右,小张在繁忙的工作中接到一位李先生预订客房的电话。李先生是该饭店常客、某协议单位老总,所以小张格外小心。当时还剩下一间标准间,小张就把它留给了李先生,并与他约好抵店时间是当晚23:00。但一直等到23:40,李总还未抵店。在这半个多小时期间,有许多电话或客人亲自到饭店来问是否还有客房,小张都一一婉言谢绝了。之后小张心想:也许李先生不会来了,因为经常有客人订了房间后不来住,如果再不卖掉,24:00以后就很难卖出去了。为了饭店的利益,不能白白空一间房,到23:45,小张将这最后一间标准间卖给了一位正急需客房的熟客。24:00左右李总出现在总台,并说因车子抛锚、手机无电,故未事先来电说明。一听说房间已卖掉,他顿时恼羞成怒,立即要求饭店赔偿损失,并声称将取消与饭店的协议。

不合格的客房产品

一宗大生意将于今日敲定,赵老板喜形于色地来到饭店前台,接受了通过其秘书长长途电话预定的豪华三套间客房,心想在寒冷的冬日在房间冲个痛快的热水澡,既能解除旅途的疲劳,又能振作起精神参加中午的合同签约仪式。结果在冷冰冰的客房脱掉衣服一头钻进卫生间,放了五分钟的水依然是冷水,美好、兴奋的感觉一下被身体冻得瑟瑟发抖的现实所破坏。他愤怒地抓起电话接通大堂经理,气愤地投诉差劲的饭店客房设施和服务,并扬言马上退房搬出这家晦气的饭店。大堂副理敷衍"换房间"的建议更让赵老板不可接受。他在饭店餐厅用餐时对同事及朋友大声抱怨,不仅惊动了在旁桌就餐的客人,也引来了餐厅经理的注意。餐厅经理一边安抚客人,调换更好的僻静些的单间,忙着为客人周到地点菜和安排服务;一边通过大堂副理迅速为客人解决所遇到的不快事情,一顿美味佳肴和优质服务,又得到重新调换的房间,使赵老板的气恼心情得以缓解,继续往下办理他的签约大事。而赵老板进店后的不愉快经历,使饭店管理层真正认识到,要重视提高管理水平和服务工作质量。

通过以上两个案例可知,前厅和客房管理涉及很多技术细节问题,每一个细节问题均会导致饭店质量的波动,甚至产生无法挽回的损失,提升前厅和客房部的工作质量是提高饭店经营业绩的重要途径。

【任务执行】

饭店前厅部,也称大堂部、前台部、总服务台。前厅部一般设置在饭店大堂最显眼的位置,使客人进入饭店后能够很方便地发现前台,以便办理与有关入住手续。"大堂部"的名称突出了其在饭店中的位置和大堂与有关区域的关系。"总服务台"则强调了其在饭店综合服务中的重要地位与作用,但并非指它是饭店所有服务的提供者。

客房是饭店的核心产品,通常客房收入能达到饭店总收入的50%~60%,有的甚至高达70%~80%。正因为前厅部与饭店收入直接相关,加上前厅部所处的位置使它有可能最多地接触到各类客人和处理各类问题,所以,前厅部是任何一个饭店中最为重要的部门之一。它的工作质量,不仅直接影响客房出租率和经济收入,而且反映出一家饭店的工作效率、服务质量和管理水平的整体面貌。

一、前厅部和客房部地位

（一）前厅部地位

前厅部负责招徕并接待宾客,销售饭店客房及餐饮娱乐等产品和服务,协调饭店各部门的对客服务,为饭店高级管理决策层及各相关职能部门提供各种信息。

前厅部是现代饭店的重要组成部分,在饭店经营管理中占有举足轻重的地位。前厅部的运转和管理水平,直接影响到这个饭店的经营效果和对外形象。前厅部在饭店中的重要地位,主要表现在以下几个方面。

（1）前厅部是饭店业务活动的中心。前厅是客人与饭店联系的纽带,服务项目多,服务时间长,饭店的任何一位客人,从抵店前的预订、到入住、直至离店结账,都需要前厅部提供服务。前厅部通过客房商品的销售来带动饭店其他各部门的经营活动,同时,前厅部还要及时地将客源、客情、客人需求及投诉等各种信息通报有关部门,共同协调整个饭店的对客服务工作,以确保服务工作的效率和质量。所以,前厅部通常被视为饭店的"神经中枢",是整个饭店承上启下、联系内外、疏通左右的枢纽。无论饭店规模大小、档次如何,前厅部总是为客人提供服务的中心。

（2）前厅是饭店形象的代表。一个好的形象是饭店巨大的精神财富。饭店前厅部的主要服务机构通常都设在客人来往最为频繁的大堂。任何客人一进店,都会对大堂的环境艺术、装饰布置、设备设施和前厅部员工的仪容仪表、服务质量、工作效率等产生深刻的"第一印象"。而这种"第一印象"在客人对饭店的认知中会产生非常重要的作用,它产生于瞬间,但却会长时间保留在人们的记忆表象中。客人入住期满离店时,也要经由大堂,前厅服务人员为客人办理结算手续、送别客人时的工作表现,会给客人留下"最后印象",优质的服务将使客人对饭店产生依恋之情。客人在饭店的整个居住期间,前厅要提供各种相关服务,客人遇到困难要找前厅寻求帮助,客人感到不满时也要找前厅投诉。在客人的心目中,前厅便是饭店。前厅是饭店工作的"窗口",代表着饭店的对外形象。

(3) 前厅部是饭店组织客源,创造经济收入的关键部门。为宾客提供食宿是饭店的最基本功能,客房是饭店出售的最大、最主要的商品。通常在饭店的营业收入中,客房销售额要高于其他各项。前厅部的有效运转是提高客房出租率,增加客房销售收入,从而提高饭店经济效益的关键之一。

(4) 前厅部是饭店管理的参谋和助手。作为饭店业务活动的中心,前厅部直接面对市场,面对客人,是饭店中最敏感的部门。前厅部能收集到有关市场变化、客人需求和整个饭店对客服务、经营管理的各种信息,在对这些信息进行认真的整理和分析后,每日或定期向饭店提供真实反映饭店经营管理情况的数据报表和工作报告,并向饭店管理机构提供咨询意见,作为制定和调整饭店计划和经营策略的参考依据。

(二) 客房部地位

客房是饭店的主体,客房部就是顾客的家,饭店一次投入,通过客房的销售分次回收投资,并获取利润。客房部是饭店投入最大,收入最多的部门,饭店的其他功能均围绕客房销售而运转。

(1) 客房是饭店存在的基础。饭店是向旅客提供生活需要的综合服务设施,它必须能向旅客提供住宿服务,而要住宿必须有客房,从这个意义上来说,有客房便能成为饭店,所以说客房是饭店存在的基础。

(2) 客房是饭店组成的主体。按客房和餐位的一般比例,在饭店建筑面积中,客房占70%～80%;饭店的固定资产,也绝大部分在客房,饭店经营活动所必需的各种物资设备和物资用品,亦大部分在客房,所以说客房是饭店的主要组成部分。

(3) 客房收入是饭店经济收入的主要来源。饭店的经济收入主要来源于三部分——客房收入、饮食收入和综合服务设施收入。其中,客房收入是饭店收入的主要来源,而且客房收入与其他部门相比,收入较稳定。客房收入一般占饭店总收入的50%以上。从利润来分析,因客房经营成本比饮食部、商场部等都小,所以其利润是饭店利润的主要来源。

(4) 客房服务质量是饭店服务质量的重要组成部分。客人在饭店中逗留时间最长的地方是客房,是客人的家外之"家"。因此,客房的卫生是否清洁,服务人员的服务态度是否热情、周到,服务项目是否周全丰富等,对客人有着直接影响,是客人衡量"价"与"值"是否相符的主要依据,所以客房服务质量是衡量整个饭店服务质量,维护饭店声誉的重要标志,也是体现饭店等级水平的重要标志。

(5) 客房是饭店经济活动的枢纽。饭店作为一种现代化食宿购物场所,只有在客房入住率高的情况下,饭店的一切设施才能发挥作用,饭店的一切组织机构才能运转,才能带动整个饭店的经营管理。客人住进客房,要到前台办手续、交房租;要到饮食部用餐、宴请;要到商务中心进行商务活动,还要健身、购物、娱乐,因而客房服务带动了饭店的各种综合服务设施收入。

(6) 客房部的运行直接影响到全饭店的运行和管理。客房部的工作内容涉及整个饭店的角角落落,为其他各个部门正常运转提供了良好的环境和物质条件。另外,客房部员工数量占整个饭店员工总数量的比例很大,其管理水平直接影响到饭店员工队伍的整体素质和服务质量。

二、前厅部组织机构

常见的前厅部的组织结构如图3-1。

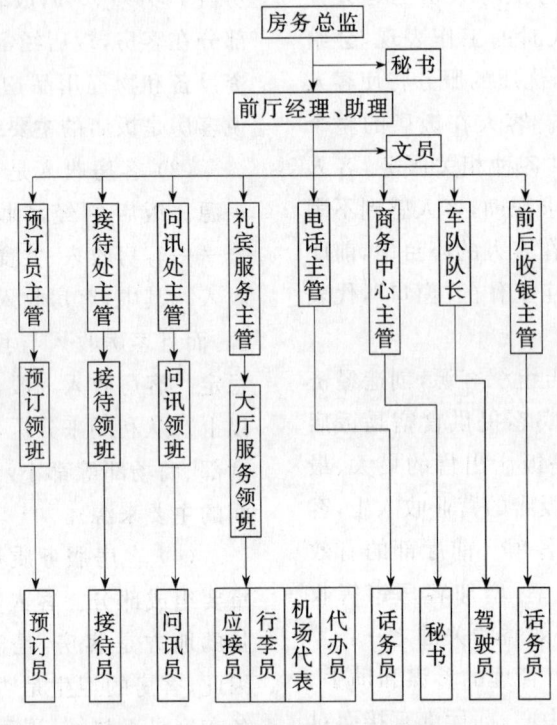

图3-1 大型饭店前厅组织机构图

前厅部主要部门的职责如下:

1. 大堂副理

代表饭店处理日常事务,协调饭店各部门的工作。它是饭店与客人之间密切联系的纽带,能帮助客人排忧解难,并监督问题的处理。

2. 客房预定处

接受客房预定,办理预定手续,制作预定报表,对预定计划进行安排,按要求定期预报客源情况和保管预定资料。

3. 接待处

办理登记入住手续,分配房间;对内联络、协调对客关系;正确显示客房状态,掌握并控制客房出租状况;制作客房营业日报表;保管有关情报资料。

4. 问询处

回答宾客有关饭店各种服务、设施及饭店所在城市的交通、游览、购物等内容的询问;代办客人委托事宜等。

5. 礼宾服务处

又叫行李处,负责迎送宾客,代客卸送行李、陪送宾客进房,介绍客房设备及饭店服务项目,为离店宾客搬送行李,提供行李托运服务;代客联系出租车辆;机场、车站的迎送工作及其他委托代办事宜。

6. 电话总机

转接电话,叫醒服务,回答电话问询,接受电话留言,通知紧急和意外事件,播放背景音乐等。它是饭店与客人之间密切联系的纽带。

7. 商务中心

为客人提供商务助理、通讯和秘书性质的服务。

8. 前厅收银处

负责饭店宾客在店的一切消费的收款业务；货币兑换；同饭店内各营业部门的收款联系，催缴、核实账单；夜间审核全饭店营业收益情况，制作全店当天营业日报表；为离店宾客办理结账手续；负责应收款账的转账等。

三、客房部组织结构

合理的组织结构，是客房部搞好管理、组织接待业务的重要保证。客房部常见的组织结构如图3-2和3-3。

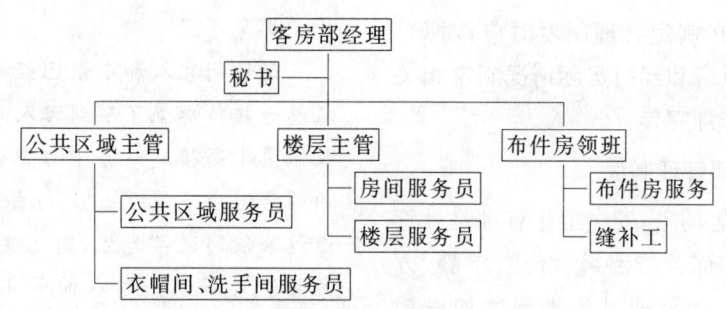

图3-2 中小型饭店客房部组织结构图

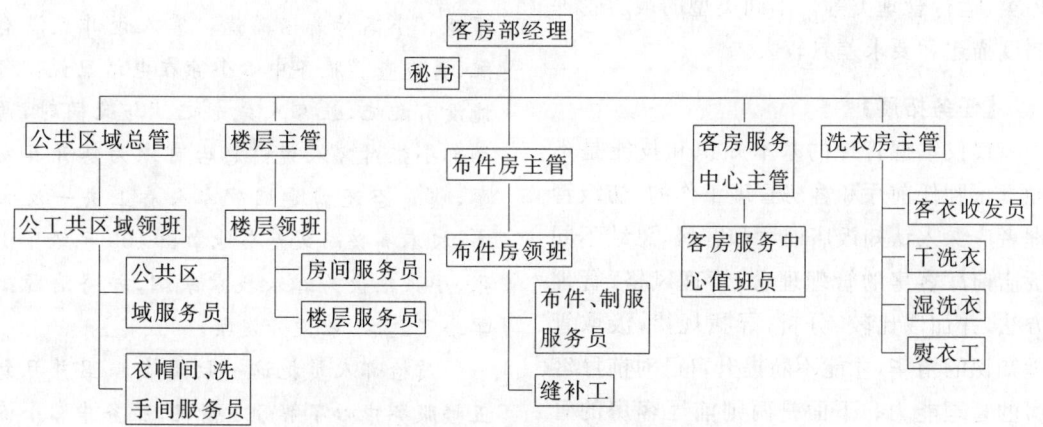

图3-3 大中型饭店客房部组织结构图

客房部主要部门的工作任务如下：

（1）秘书。主要负责处理客房部的日常性事务及与其他部门的联络、协调等事宜。

（2）布件房。主要负责饭店的布件和员工制服的收发、送洗、缝补和保管等工作。

（3）客房楼层服务组。主要负责楼层客房的清洁卫生工作和接待服务工作。

（4）公共区域服务组。主要负责饭店范围内公共区域的清洁打扫以及衣帽间、洗手间的服务工作（因地毯、外窗的清洗工作及庭院园艺工作专业性强，所以专设地毯清洁工、外窗清洁工及园艺工）。

（5）客房服务中心。主要负责统一安排、调度对住房的服务工作，并负责失物招领事宜。

（6）洗衣房。主要负责洗涤客房部、餐饮部等所需的布件、棉织品和全体员工的制服，同时提供饭店住客衣物的洗烫服务。

四、前厅部主要管理制度

前厅部的岗位多、业务多、工作时间长，为保证前厅部各项工作有序开展，必须制定相应的规章制度，通过制度进行管理，确保前厅部运行通畅、服务到位、业绩优良。前厅部的主要规章制度包括礼仪规范、服务规范、业务规范、安全管理制度等内容。不同的饭店各项管理制度的目标是一致的，就是提高前厅部的服务质量。因管理理念、管理模式的不同，不同饭店的前厅管理制度存在侧重点、具体管理项目要求不一致情况。饭店前厅管理者在制定管理制度时应该博采众长、结合本饭店和部门实际情况制定相关制度，并动态修订完善。

五、客房部管理制度

客房是顾客的家，安全卫生管理是其管理重点，同时如何营造温馨、舒适、宁静、方便的住宿环境，需要通过各类制度加以规范。客房的管理制度有安全管理类、卫生管理类、运行管理类等。不同类型的饭店管理制度描述和要求差异较大。

【任务拓展】

仅仅掌握管理的基本知识和技能是不能真正胜任前厅和客房管理工作的，初级管理者应深入认知饭店前厅和客房，总结不同饭店前厅客房的管理理念、管理风格、管理方法，并加以比较、分析，寻找规律，汲取管理知识的精华，才能不断提升自己对前厅客房的管理能力。下面是两则前厅客房的管理案例，请认真阅读，深入思考，进行分析。

问题出在哪里？

暮秋的一天上午，河南郑州海天大饭店的总台人员和往常一样，进行着交接班工作。

8点20分，一位中年男子走到总台对服务人员说："小姐，我要退房。"说着把钥匙放到总台。总台收银随即确认房间，电话通知服务中心查房，并办理客人的消费账单。但是客人没有停在总台而径直走向商场，商场部服务员小张面带微笑询问客人："先生，您需要什么？"客人说："要两小包'金芒果'香烟。"小张对客人说："麻烦问一下，您在海天住吗？"客人说："是的，在501房，可挂账吧？"细心的小张刚刚看到客人把钥匙放在总台，不知客人是否要退房，如是退房，客人就有逃账的可能。职业习惯和强烈的责任感使小张对客人说："先生，您稍等，我到总台问一下您能否挂账。"说着便走向总台，客人急切地问："能否开发票？"小张说："商场不能开，但我可以在总台为你开发票。"客人说："那算了。"

话语间客人和小张已经走到总台，小张从总台接待那里了解到客人正在结账，此时收银员小高接到服务中心电话说，501房间内两条浴巾不见了。小高看到客人从商场走过来便问道："先生，您见没见501房间内的两条大浴巾？"客人面带不悦高声说道："昨天晚上你们根本没有给我配，我还没有投诉你们，昨天我回来得晚，还没找你们的事呢。"小高对着话筒说："客人说昨天没有配，再查查。"服务中心小徐在电话里说："可能没有配吧，让客人先走吧。"与此同时，商场部小张对客人说："总台可以为您开具发票，您是否还需要烟？"客人看上去一反常态，极不高兴而又无奈地拿出100元给了小张，小张很快为客人找零拿烟，并将消费小票给了总台，以便开发票。

质检部人员把这一切看在眼里并且到五楼服务中心了解501情况，服务中心小徐说："昨天有一个房间里没有配毛巾，501房间里找不到大浴巾，我想可能是没有配。"这时，服务中心领班说："501房间客人住了好几天，查一下房态以及物品配备情况记录。"经过查证，501房间客人从13号入住到18号早上退房，在这5天内，每天都有配备大浴巾的记录，服务中心领班又打电话到清洁服务员家，结果是大浴巾配了。质检人员说再到房间查查，501房间除了大浴巾不在，所有物品配备齐全，因此推断，是客人拿走了大浴巾，服务中心人员打电话到总台，收银员小高告知客人已经离店。

请分析思考：本案例中问题出在什么地

方?该如何改进?业务部门之间该如何发挥相互之间的监督职责?

可以先打扫810房间吗?

住在810房的两位客人来自浙江温州,他们今天上午刚抵达杭州,经朋友介绍下榻到这家饭店。离午饭还有近两个小时,他们去苏堤、白堤转了转,下午便开始了工作。

第二天上午用完早餐回到房里,一位原定下午来与他们商议一宗出口业务的杭州市某大公司副总经理来电,告知会面因故欲改到上午进行。由于这宗买卖关系到温州客人半个年度的经营计划,同这位副总经理洽谈是他们此次来杭的首要目标,所以尽管上午已有安排,他们还是一口答应。挂上电话后,马上与另外两家公司联系,把原定上午会面的计划推迟到下午。

"邢副总还有半小时便要到达,房里还是很乱,请服务员快来打扫吧。"年纪较大的那位营业部经理对助手说道。

助手开门出去找楼层值台服务员时发觉,一辆服务车已停在801房外面,801房的门敞开,显然服务员已经开始在那儿做客房清洁工作。

助手到801房,十分斯文地请两位服务员立即打扫810房,最后没有忘记说一声"谢谢"。

两位服务员听到他的要求面面相觑,似乎有什么难处。

"不知我的要求会给你们带来什么困难吗?"助手还是彬彬有礼地询问。

一位年纪稍大的服务员开口了,她说:"我们每天打扫房间都按规定的顺序进行。早上8点半开始打扫801房,然后是803、805等,先打扫单号,接着才是双号。打扫到810房估计在10点左右……"

"那么能不能临时改变一下顺序,先打扫810房呢?"助手十分耐心地问道。

"那不行,我们的主管说一定要按规范中既定的顺序进行。"她们面露难色,显然她

们很理解客人的心情,她们也很愿意满足他的要求,但她们不敢违反饭店的规定。

请分析思考:如果你是服务员,你会按照业务程序的规定做还是会满足客人的要求?为什么?到底是规矩重要还是客人的需要重要?如果你是管理者,应该如何解决问题?

【任务反馈】

前厅部是饭店重要的部门,大堂副理是一个特殊的岗位,你对大堂副理岗位特殊性的理解有困难吗?

释疑:大堂副理岗位在饭店具有特殊性,主要表现在:

(1)形象地位的特殊性,他(她)在大堂是饭店的形象代表,可以代表总经理处理相关事务。

(2)业务能力要求的特殊性,要具有饭店的综合管理能力,能够处理和协调部门之间以及饭店和外部之间的各类关系,具有较强的处理投诉能力,一般大堂副理具有较强的语言表达能力,并要求熟练掌握一种以上外语听说。

(3)工作时间的特殊性,要求24小时在大堂提供管理和服务。

(4)岗位设置的特殊性,大堂副理在不同的饭店其岗位等级差异较大,可能是中层部门级管理人员,可能是主管和领班级管理人员,部分饭店把大堂副理作为一般员工。为保证全天候管理服务,大堂副理一般设置多人。

任务二 前厅部经营管理实务

【案例聚焦】

记住客人的姓名

一位常住的外国客人从饭店外面回来,当他走到服务台时,还没有等他开口,问讯

员就主动微笑地把钥匙递上,并轻声称呼他的名字,这位加籍客人大为吃惊,由于饭店对他留有印象,使他产生一种强烈的亲切感,旧地重游如回家一样。

还有一位客人在服务台高峰时进店,服务台问讯小姐突然准确地叫出:"××先生,服务台有您一个电话。"这位客人又惊又喜,感到自己受到了重视,受到了特殊的待遇,不禁添了一份自豪感。

另外一位外国客人第一次前往住店,前台接待员从登记卡上看到客人的名字,迅速称呼他以表欢迎,客人先是一惊,而后作客他乡的陌生感顿时消失,显出非常高兴的样子。简单的话语迅速缩短了彼此间的距离。

此外,一位VIP(非常重要的客人,贵宾)随带陪同人员来到前台登记,服务人员通过接机人员的暗示,得悉其身份,马上称呼客人的名字,并递上打印好的登记卡请他签字,客人感到自己地位的不同,由于受到超凡的尊重而感到格外的开心。

学者马斯洛的需要层次理论认为,人们最高的需求是得到社会的尊重。自己的名字为他人所知晓就是对这种需求的一种很好地满足。

在饭店及其他服务性行业的工作中,主动热情地称呼客人的名字是一种服务的艺术,也是一种艺术的服务。饭店服务台人员通过尽力记住客人的房号、姓名和特征,借助敏锐的观察力和良好的记忆力,作出细心周到的服务,使客人留下深刻的印象,客人今后在不同的场合会提起该饭店如何如何,等于是饭店的义务宣传员。

目前国内著名的饭店规定:在为客人办理入住登记时至少要称呼客人名字三次。前台员工要熟记VIP的名字,尽可能多地了解他们的资料,争取在他们来店自报家门之前就称呼他们的名字,当再次见到他们时能直称其名,这是作为一个合格服务员最基本的条件。同时,还可以使用计算机系统,为所有下榻的客人做出历史档案记录,凭借它对客人做出超水准、高档次的优质服务,把每一位客人都看成是VIP,使客人从心眼里感到饭店永远不会忘记他们。

离店之际

某饭店总台,一位服务员正在给915房间的客人办理离店手续。

闲聊中,那位客人旁顾左右,捋下手指上的一枚戒指,偷偷塞到服务员手里低声道:"我下星期还要来长住一个时期,请多多关照。"

服务员略一愣,旋即,镇定自若地捏着戒指翻来覆去地玩赏一会儿,然后笑着对客人说道:"先生,这枚戒指式样很新颖,好漂亮啊,谢谢你让我见识了这么个好东西,不过您可要藏好,丢了很难找到。"

随着轻轻的说话声,戒指自然而然地回到了客人手中。

客人显得略有尴尬。

服务员顺势转了话题:"欢迎您光顾我店,先生如有什么需要我帮忙,请尽管吩咐,您下次来我店,就是我店的常客,理应享受优惠,不必客气。"

客人正好下了台阶,忙不迭说:"谢谢啦,谢谢啦!"

客人转身上电梯回房。

这时,电话铃响,服务员拿起话筒。

旁白:915房的预订客人即将到达,而915房的客人还未走,其他同类房也已客满,如何通知在房的客人迅速离店,而又不使客人觉得我们在催促他,从而感到不快呢。

服务员一皱眉,继而一努嘴,拨打电话。

"陈先生吗?我是总台的服务员,您能否告诉我打算什么时候离店,以便及时给您安排好行李员和出租车?"

镜头一转,915房间,陈先生:"哈哈,我懂你的意思啦,安排一辆的士吧!"

旁白:服务需要委婉的语言,而委婉的

语言是一门艺术,需要刻意追求与琢磨才能到位。

宾馆饭店的软件提高,需要做方方面面的工作,而最基本的、最直接的就是服务工作中的语言,有道是:"一句话把人惹哭,一句话把人逗笑。"处理得当,锦上添花,处理不当,则前功尽弃。

【任务执行】

饭店前厅部是客人入住、离店、结账等消费活动的中心,通过一系列前厅部功能的实现,完成对客服务活动,完成客房经营任务,实现饭店经营目的。

一、前厅部功能

前厅部在饭店运行中起着推销、沟通、协调等重要作用,是饭店的"神经中枢",具有下列九项功能。

（一）销售功能

前厅部的首要功能是销售客房,客房是饭店最主要的产品,其收入是饭店营业收入的主要来源。我国的许多饭店和世界上相当数量的饭店一样,客房的盈利占整个饭店利润总和的50%以上。因此,能否有效地发挥销售客房的功能,将影响饭店的经济效益。

（二）信息功能

前厅是饭店的信息中心,前厅服务人员应随时准备向客人提供他感兴趣的资料,如将餐饮活动(举行美食周、厨师长特选等)的信息告诉客人。这样做,不但能方便客人,还能起到促进销售的作用。前厅部服务人员还应向客人提供饭店所在地、所在国的有关信息和指南。例如,向客人介绍游览点的特色,购物中心的地点及营业时间,外贸公司及科研机构的地址、联系人、电话号码,本地区及其他城市主要饭店的情况,各类交通工具的抵离时间等。

前厅部的服务人员应始终做好准备,充分掌握并及时更新各种固定的与变动的信息,以亲切的态度、对答如流的技能,给客人提供正确无误的信息。

（三）协调功能

为了能使客人享受到区别于其他地方的高水准的服务,前厅部服务人员应以优质服务来衔接饭店前、后台之间及管理部门与客人之间的沟通联络工作。为了达到使客人满意的目的,前厅部应在客人与饭店各有关部门之间牵线搭桥。例如,客人投诉房内暖气不足,前台服务人员应及时向工程部反映,并通过适当途径给客人以满意的答复。前厅部的责任是根据客人的需求,发挥其信息的集散点和总经理室的参谋部的作用。

（四）控制功能

控制客房状况是前厅部又一重要功能。这项功能主要由两方面的工作组成:一是协调客房销售与客房管理,二是在任何时候都正确地反映饭店客房的销售状态。

协调客房销售与客房管理,一方面是指前厅部必须正确地向销售部提供准确的客房信息,避免超额预订和使销售部工作陷入被动;另一方面是前厅部必须向客房部提供准确的销售客情,以使其调整工作部署。例如,总台排房时应注意将团队、会议用房相对集中,以便客房的清洁和管理;在客情紧张的旺季应将客情随时通报客房部,以便其安排抢房和恢复待修房。这里必须强调,协调好客房销售与客房管理之间的合作关系是前厅部的重要职责。前厅部和客房部双方都必须抱着理解与合作的态度,努力为每一位客人提供准备好的房间,最大限度地将客房销售出去。

正确反映饭店的客房状况依赖于前厅部负责管理的两种客房状况显示系统:一种为预订状况显示系统,也可称为客房长期状况显示系统;另一种为客房现状显示系统,也称为客房短期状况显示系统。目前大多数饭店使用计算机管理,其应用软件内含有这两种控制系统的子目录。还未使用计算机的饭店通常要用客房状况显示架(分为预订显示架和总台开房显示架两种)来控制和反映客房状况。客房状况控制系统要随时反映整个饭店每间房——住客房、走客房、可售房、待修房、内部用房等的状况。正确地掌握饭店状况,为客房销售提供可靠的依据,是前厅部的管理目标之一。要做好这一工作,除了控制系统计算机化和拥有必要的现代化通讯联络设备外,前厅部还必须建立健全行之有效的管理制度,切实做好与客房、销售、收银等部门之间的信息沟通工作。

（五）服务功能

作为对客服务的集中场所,前厅部还是一个直接向住店客人提供各类相关服务的前台服务部门,如电话、商务、行李、接受投诉、邮件、票务代办、钥匙收发、迎宾接站、物品转交、留言问讯等服务。这些众多工作内容构成了其直接对客服务的功能,其中有一些服务还担负着为饭店创收的任务。但是前厅部最主要的任务是通过日益完善的机制和管理将各种服务工作做好。前厅部的服务质量亦是其重要的考核内容之一。高质量的前厅服务能使客人对饭店的总体管理水平留下良好的、深刻的印象。基于此,目前世界上一些饭店奉行"大堂区域"管理理论,其核心思想是使客人在饭店客人集中处的一层大厅内形成对饭店气氛、服务与档次的良好感觉,以便为其他各项服务工作的进行打下一个良好的基础,从而促使客人对饭店总体留下良好的、深刻的印象;而前厅的服务与管理显然是这"大堂区域"管理中最为关键和重要的一环。因此前厅部的管理人员要在积极推销饭店产品的同时将自身所提供的各种服务的质量抓好,以圆满实现其服务功能。

（六）客账功能

前厅部具有提供客人统一结账服务功能。客人经过必要的信用证明,查验证件后,可在饭店营业点(商场部除外)签单赊账。前台收款处不断累计客人的消费额,直至客人离店或其消费额达到饭店政策所规定的最高欠款额时,才要求客人付款。要做好这项工作,必须注意建立客人账户、对客人消费及时认真地登记和监督检查客人信用状况这三个环节。

客人账单可以在客人预订客房时建立(记入定金、预付款和信用卡号码),或在其办理入住登记手续时建立。建立客账的目的是记录和监视客人与饭店之间的财务关系,以免饭店发生经济上的损失。前厅部的职责是区别每位客人的情况,建立正确的客账,提供客人以往消费和客人信用的资料,以保持饭店良好的信誉及保证饭店应有的经营效益。

（七）结账功能

客人离店前,应核查其账单。客人要办理离店手续时,应将账单交给客人,请客人检查。离店手续办理完毕,前台应按程序与有关部门进行及时的沟通。

做好客人的离店工作是十分重要的。客人住店期间,全体员工千方百计地提供优质服务,如果在最后一刻,由于某一环节上的疏忽而破坏客人对饭店的美好印象,那将是十分令人遗憾的。让客人心满意足地离去是饭店的目标,满意而归的客人很可能成为饭店的回头客,饭店的良好声誉很大程度上取决于常客的间接宣传。

（八）客档功能

前厅部为客人提供入住及离店服务,因而自然就成为饭店对客服务的调度中心及资料档案中心。大部分饭店为住店一次以上的零星散客建立客史档案。按客人姓名字母顺序排列的客史档案记录了饭店所需要的有关客人的主要资料。这些资料是饭店给客人提供周到的、具有针对性服务的依据,同时也是饭店寻找客源、研究市场营销的信息来源,所以必须坚持规范建档和保存制度化。

(九)决策功能

前厅部处于饭店业务活动的中心地位,每天都能接触到大量的信息,如有关客源市场、产品销售、营业收入、客人意见等。因此,前厅部应当充分利用这些信息,将统计分析工作制度化和日常化,及时将有关信息整理后向饭店的管理机构汇报,与饭店有关部门沟通,以便其采取对策,适应经营管理上的需要。为了起到决策参谋的作用,前厅部还应当将有关市场调研、客情预测、预订接待情况、客史资料等收存建档,以充分发挥这些原始资料的作用,真正使前厅部成为饭店收集、处理、传递和储存信息的中心。前厅部的管理人员还要亲自参与客房年度销售预测,进行月度、年度销售统计分析,向总经理提供有价值的参考意见,并亲自检查各类报表和数据,通过掌握大量的信息来不断改善本部门和饭店的服务工作,提高前厅部的管理水平。

从上面介绍的九项功能中可以看出,前厅部是饭店的营业中心、协调中心和信息中心,它在饭店经营中起着销售、沟通、控制、协调服务和参与决策的作用。前厅部管理的好坏与上述九项功能是否正常发挥作用密切相关,特别是与首要功能——销售客房有关,也就是与饭店的经营效益有关。因此,在日常的运转与管理中,前厅部必须重视以上九方面功能的正常发挥。

二、房价管理实务

(一)客房价格特点

1. 价值补偿的区间性

客房作为一种特殊商品,不同于一般商品,它的使用价值的实现靠零星出卖,为旅游者提供住宿环境,满足其物质和精神享受的需要,在一个区间内出租客房的使用权。重复消费不可能,在超区间范围内消费也不可能,房价因此具有有限性。

2. 价值的不可储存性

客房商品的价值完全随时间而消逝。客房在规定的时间内不出售,当天的效用就自然失去,并且永远也收不回来,客房当天的价值也就永远也不能实现。客房作为综合性商品,其基本内涵就是服务,客房商品价值的实现是服务过程与消费过程的统一,它们在时间上是不可分离的,即客房服务人员利用客房各种设备用品为住客服务的过程,也是客人的消费过程。这表明了客房商品价格的制定需要从服务的角度来考虑。

3. 客房商品价值集生存因素、享受因素和发展因素于一体

客房是人们旅游投诉活动的物质承担者,又是一种高级消费品,它同时具有满足客人生存需要、享受需要和发展需要三种功能。只要旅游者出门旅游就要住宿,就要购买客房商品,因为这是他生存的基本条件;如果客人要求有舒适感或豪华感,以满足精神上的享受,就可购买更高价格的高档次客房。这一特点决定了商品价格的多样性。

4. 客房商品价格的季节波动性

客房出租主要受季节、气候及节假日等因素影响,出租率在时间上常呈明显的淡旺季差别。特别是观光型饭店和度假型饭店这种出租率的季节波动更为明显,即使是商务旅游者或会议旅游者,也会在旅游时机上有所选择。再如,由于双休日的原因,在周末商务客人会明显减少。这一特点决定了客房商品价格应更具有灵活性。

5. 客房经营费用中不变费用较大,可变费用较小

现代饭店客房商品的一次性投入很大,而经营过程中的劳动耗费很小。在客房经营费用中,不变费用占绝大比重。因此,鉴于不变费用的负担,在确定客房价格时,必须考虑所定房价能够实现保本点的最低出租率。这又决定了客房定价要有一个最低限度。

(二)客房价格构成

客房商品的价格构成是由其成本和利润构成的。

1. 客房商品的成本

客房商品的成本项目包括建筑投资及由此而产生的利息、客房设备、修缮费、物资用品、土地资源使用费、客房人员工资福利、经营管理费、保险费以及营业税等。

2. 利润

利润包括所得税和客房净利润。

(三)影响客房定价因素

制定房价是企业的自主经营活动,企业可以自由地选择定价目标。但是由于市场环境和企业内部条件的制约,使得定价自由度受到一定的限制,合理制定房价,必须综合考虑影响房价的各种内在因素和外在因素。

1. 影响客房定价的内在因素

(1) 投资成本。投资成本是影响客房定价的基本要素。筹建一家饭店首先需要大量投资,这项投资的回收期长,将对企业在长时期内产生影响。饭店必须在一定时期内,用营业收入抵偿投资成本,并获得较好的收益。尽管饭店的营业项目很多,如餐饮、娱乐、商场等,但是客房收入通常要占到饭店总收入的一半以上,投资成本的抵偿也主要依靠客房收入。因此,客房价格的制定要考虑投资成本的偿付周期。

(2) 非营业部门费用分摊。这些部门主要包括饭店的财务部、人事部、工程部、保安部及其他行政管理和后勤保障部门。这些部门在正常的运转中要耗费一定的资金,这部分费用支出也要分摊到包括客房在内的各创利部门的产品价值中去。因此,客房价格要能够抵偿非营业部门的部分费用支出。

(3) 非盈利性服务支出。饭店的一些服务项目并不是直接盈利的,例如楼层卫生、客房设备维修等。但这些服务是饭店经营活动顺利进行所必不可少的,要投入一定的人力、物力,也需客房收入予以偿付。所以,制定房价时就需予以考虑。

另外,饭店要为一些特殊客人提供优惠价住宿甚至免费住宿。由此所导致的客房服务成本增大也要以正常房价收入来补偿。

(4) 饭店的等级标准。饭店的等级标准不同,其产品价格水平也明显不同。一般来讲,高星级饭店高档豪华,建筑造价高,设备先进,服务项目齐全,服务质量高,饭店的客房价格也应高些,而中低星级饭店,相对来说,条件差些,造价低些,价格也应低些。

(5) 饭店的服务水准。服务是饭店向客人提供的产品,是客人最直接的利益所得,它的质量水平高低,直接影响客人的购买。客人对服务质量的看法往往和价格有一定联系,客人愿意支付的价格是根据他们对某项服务的价值的看法而定。对一定质量水准的服务,客人愿意支付的价格是有限度的。如果价格过高,客人就不会购买;如果价格过低,饭店就无盈利,而且会使客人产生低价劣质的印象。高质量的服务水准不仅需要先进的设施设备作保证,更需要有高素质的服务人员和管理人员,这些人员需要经过专门的训练,需要更多的投入。因此,从成本角度看,成本价格也高。

除以上因素外,客房的位置、朝向、外景等也会对房价的制定产生一定影响。

2. 影响客房定价的外在因素

(1) 饭店所在地区和位置。饭店的地理位置不同,交通条件不同,满足消费者精神和物质需要以及实现其旅行目的的程度不同,对消费者的吸引力也不一样。"商业饭店之父"斯塔特勒说过:"对任何饭店来说,取得成功的三个根本要素是地点、地点、地点。"可见,饭店的地理位置对饭店经营是何其重要。一般来说,旅游业发达城市比一般城市饭店客房价格高,处在市中心、风景区的饭店要比处在一般地区、偏远地区的饭店的房价高。这种差价是合理的,它体现了价值规律的要求。

(2)供求关系。当供过于求时,就不得不考虑降低房价;当供不应求时,则可以考虑提高房价;当供求平衡时,当前的市场价格即为合理价格。供求关系是不断变化的,平衡是暂时的,而不平衡则是绝对的。因此,客房价格应随供求关系的变化,不断地进行调整。

(3)市场竞争。在制定房价时,除了要考虑其本身的价值形成和市场供求关系外,竞争者的价格也是必不可少的影响因素。如果本地相同类型档次的饭店少,竞争对手少,那么这家饭店在制定房价时就有较大的自由度和灵活性。相反,如果本地区有多家类似的饭店,而每个饭店的市场占有率是有限的,房价的制定就会受到竞争对手的制约,缺乏自由度和灵活性。因此,在制定房价时,一定要对本地区饭店的数量、等级、类型、客房价格水平及其策略做好调查,制定出既切合本饭店实际情况又有竞争力的房价。

在市场竞争中,饭店要根据自身的优势,尽量选择能体现特色的目标市场,这样可以提高饭店的竞争力,减少其他因素的影响。如果本地区饭店较多,但本饭店有自己的经营特色,有自己特定的比较稳定的客源,那么,本饭店制定房价的自由度就相对大些,在一定范围内提高或降低房价不会引起其他饭店强烈反应,但如果没有经营特色,即使本地区只有数量较少的饭店,也会因目标市场的选择相同,使竞争加剧,房价制定的自由度就相对较小。

(4)国家政策与国际国内形势。制定房价是饭店企业自主的经营活动,但是必须服从国家对价格的控制与协调。没有任何国家允许百分之百的自由定价和自由竞争,政府总是要以各种方式来干预企业价格的制定,以维护国家利益,保护本地市场。国家为保护旅游业的正规发展,防止发生不正当竞争,对各等级饭店制定了最高房价和最低房价的限制。

国际国内形势对制定房价也有一定影响。如世界政局动荡、经济发展速度减缓、国家或地区间的战争等,都会导致旅游业大幅度滑坡,从而引起饭店房价的波动。

(5)汇率变动。汇率是指两国货币之间的比价,即用一国货币单位来表示另一国货币单位的价格。我国的汇率变动,主要指人民币对美元、日元、港币等的比价变动趋势,这一变动直接影响饭店房费的外汇收入水平。在其他因素不变时,人民币汇率处于升值的趋势时,则房价不宜定得过高;人民币汇率处于贬值的趋势时,贬值幅度较大,则应提高房价水平。因此,要注意了解有关国际汇率的变动趋势,以便合理制定房价。目前,我国旅游饭店对外报价一般应用美元报价,以减少汇率变动所带来的损失。

此外,诸如通货膨胀,客人的消费心理、需求弹性、季节变动以及其他自然因素(如地震、洪灾等)都是制定房价时需要考虑的客观因素。

总而言之,制定房价要综合考虑各种影响因素,并根据这些因素的变化及时进行调整。而房价的制定与调整应该有一个区间范围,其下限是饭店为了保本盈利或亏损最小所能接受的最低价格,其上限是对饭店产品价值评价最高的消费者所愿意接受的最高价格。最优化的房价应是在这个变动区间内,既能使饭店收入最大化,又能最大限度地吸引客人的价格。

(四)客房定价方法

饭店有多种房价类型和计价方式。对此,饭店决策者应会同营销部、前厅部、客房部等有关部门的人员认真研究、合理制定。

1. 房价的种类

（1）标准房价。标准房价又称"门市价"、"挂牌价"，是由饭店管理部门制定的，价目表上明确公布的各类客房的现行价格。该价格不含服务费或折扣等。

（2）商务合同价。饭店与有关公司或机构签订房价合同，并按合同规定向对方客人以优惠价格出租客房。房价优惠的幅度视对方能够提供的客源量及客人在饭店的消费水平而定。

（3）团队价。团队价是饭店提供给旅行社团队、会议团队及航空公司机组人员等团队客人的一种折扣房价。其目的是确保饭店长期、稳定的客源，保持较高的客房出租率。团队价可根据旅行社等团队的重要性、客源的多少以及淡、旺季等不同情况来确定。

（4）旺季价。旺季价是饭店在经营旺季所执行的客房价格。这种价格一般要在标准房价的基础上，上浮一定的百分比，有时上浮的比例很大，以求得饭店的最大收益。

（5）淡季价。淡季价是饭店在经营淡季所执行的客房价格。这种价格一般要在标准房价的基础上，下浮一定的百分比，有时下浮的比例很大，以刺激需求，提高客房出租率。

（6）小包价。小包价是饭店为客人提供的一揽子报价，除房费外，还可以包括餐费、游览费、交通费等其他费用，以方便客人。

（7）折扣价。折扣价是饭店向常客、长住客、订房客人或其他有特殊身份的客人提供的优惠房价。

（8）白天租用价。白天租用价是饭店为白天到饭店休息，不在饭店过夜的客人所提供的房价。白天租用价一般按半天房费收取，所以又称半日价，但目前更多的饭店按小时收费。

（9）免费。为了促进客房销售，建立良好的公共关系，饭店还为某些特殊客人提供免费房。这些特殊客人主要包括：社会知名人士、饭店同行、旅行代理商、会议主办人员等。按惯例还需对满15名付费成员的团队，免费提供双人间客房的一张床位，即所谓十六免一。饭店免费提供客房要严格控制，通常只有总经理才有权批准。

另外，还有家庭租用价、加床费等。

2. 饭店的计价方式

按照国际惯例，饭店的计价方式通常有以下五种：

（1）欧式计价。欧式计价是指饭店标出的客房价格只包括客人的住宿费用，不包括其他服务费用的计价方式。这种计价方式源于欧洲，在美国及世界绝大多数饭店被广泛使用。我国的旅游饭店也基本上采用这种计价方式。

（2）美式计价。美式计价是指饭店标出的客房价格不仅包括客人的住宿费用，还包括每日三餐的全部费用。因此，又被称为全费计价方式。这种计价方式多用于度假型饭店。

（3）欧陆式计价。欧陆式计价是指饭店标出的客房价格包括客人的住宿费和每日一顿欧陆式简单早餐的计价方式。欧陆式早餐主要包括果汁、烤面包、咖啡或茶。有些国家把这种计价方式称为"床位连早餐"计价。

（4）百慕大计价。百慕大计价是指饭店标出的客房价格包括客人的住宿费和每日一顿美式早餐的计价方式。美式早餐除含有欧陆式早餐的内容以外，通常还包括火腿、香肠、咸肉等肉类和鸡蛋。

（5）修正美式计价。修正美式计价是指饭店标出的客房价格包括客人的住宿费和早餐，还包括一顿午餐或晚餐（二者任选一个）的费用。这种计价方式多用于旅行社组织的旅游团队。

（五）饭店房价定价策略

在影响饭店产品定价的诸因素中，最主要的是产品成本、需求与市场竞争。饭店在定价时，通常应考虑其中至少一个以上因素。因此，饭店产品定价的基本方法通常有以成本为中心的定价、以需求为中心的定价和以竞争为中心的定价三种类型。

1. 以成本为中心的定价法

以成本为中心的定价法，是以饭店经营成本为基础制定客房产品价格的一种方法，以产品成本加企业盈利就是产品的价格。从饭店财务管理的角度看，客房产品价格的确定应以成本为基础，如果价格不能保证成本的回收，则饭店的经营活动将无法长期维持。具体方法有以下几种：

（1）经验定价法。经验定价法又称"千分之一法"，它是以饭店总建造成本为基础计算的。具体的方法是将每个房间所占用的建造成本除以 1 000，得出客房的平均价格。

饭店建造总成本包括建筑材料费用，各种设施设备费用，内装修及各种用具费用，所需的各种技术费用、人员培训费用、建造中的资金利息费用等等。

"千分之一法"是人们在饭店经营管理长期实践中总结出来的一般规律。人们认为饭店的造价与房价之间有直接的关系，因此，通过 3 年左右的经营，饭店的建造总成本应通过客房的销售收入收回来。这种方法计算简单，管理人员可迅速地做出价格决策。

但是，这种方法也存在一些问题。首先，这个方法有一定的假设条件：饭店要有一定百分比的举债筹资和产权筹资；计划期内债务数额不变；其他营业部门能提供一定份额的部门利润；在扣除资本费用前，饭店需达到一定百分比的利润等等。如果这些方面所作的假设与实际情况不符，那么，应用"千分之一法"就不能制定出合理的房价。

其次，"千分之一法"只考虑了投资成本的因素，而没有考虑饭店的实际经营费用、供求关系和市场状况等因素。因此，"千分之一法"可仅作为制定房价的出发点，制定房价还要综合分析其他各种因素，这样的房价才具有合理性、科学性和竞争性。

（2）盈亏平衡定价法。盈亏平衡定价法是指饭店在既定的固定成本、变动成本和产品估计销量的条件下，实现销售收入与总成本相等的客房价格，也就是饭店不赔不赚时的客房价格。

（3）成本加成定价法。饭店经营其实质就是经营饭店的资金以获取利润。在正常的经营情况下，饭店的资金必须获取正常利润。这样，饭店经营者首先要运用成本加成法来制定出保证饭店客房商品取得合理利润的基本价格。

（4）目标收益定价。目标收益定价法是另一种以成本为中心的定价法，它的出发点是通过定价来达到一定的目标利润，以期在一定时期内全部收回投资。

美国饭店和汽车饭店协会主席罗伊·赫伯特主持发明的一种类似于目标收益定价法的客房定价法，称之为赫伯特公式法。它以目标回收率作为定价的出发点，在客房成本计算的基础上，在保证实现目标利润的前提下，根据计划的销售量、固定费用和需达到的合理的投资收益率来测算客房的平均单价。

2. 以需求为中心的定价法

以需求为中心的定价法是以市场导向观念为指导，从客人的需要出发，认为商品的价格主要应根据客人对商品的需求程度和对商品价值的认同程度来决定。而以成本为中心的定价方法忽视了市场需求和竞争因素，完全站在企业角度去考虑问题。

（1）理解价值定价法。理解价值定价法就是根据客人理解的某种价值即买主的价值观念来制定价格。这就要求企业运用营销组合中的非价格因素影响客人，使其对饭店客房产品形成一种价值概念，并根据这种价值概念制定相应的价格。

采用理解价值定价的饭店，其经营管理人员必须善于识别和创造本饭店区别于竞争对手的所能给予客人的独特利益，并把这种利益恰如其分又别出心裁地宣传给客人。在这里客人对饭店所能给予他们的这种独特利益的认识和判定，是他们选择饭店的关键。

（2）需求差异定价法。需求差异定价法就是根据饭店不同细分市场的需求差异确定客房价格。饭店在使用需求差异定价法时，要充分考虑到顾客的需求，顾客的心理、产品的差异、地区和时间差别等因素。例如：对顾客群体进行细分，针对不同职业、阶层和收入的顾客，制定不同的价格；对季节性强的产品和服务规定不同的季节差价。

3. 以竞争为中心的定价法

以竞争为中心的定价法就是以饭店面临的竞争环境作为制定房价的主要依据。处于激烈竞争中的饭店，往往会把对抗竞争或谋求一定的市场占有率作为定价的出发点。

（1）随行就市定价法。随行就市定价法是一种在竞争激烈、价格之间存在差别时期，饭店普遍采用的方法。它以竞争对手客房产品的平均价格水平作为定价依据，而对本饭店的成本和市场需求考虑较少。价格制定者认为市价在一定程度上反映了行业的集体智慧，随行就市定价能使本饭店获得稳妥的收益率，减少定价的风险。

（2）率先定价法。率先定价法就是饭店根据市场竞争环境，率先制定出符合市场行情的客房价格，以吸引客人并且争取主动的定价方法。有些饭店经营者认为应有率先定价的魄力，为当地其他饭店树立榜样。率先定价饭店所制定的价格若能符合市场的实际需要，即使是在竞争激烈的市场环境

中，也可获得较大的收益。

（六）饭店房价控制

客房价格制定之后，还要有各种政策和规定与客房价格的制定相适应，并要认真贯彻执行这些政策和规定，使房价具有连续性、一致性和相对稳定性。但是，房价又不是一成不变的，由于情况变化，饭店就需对房价及时进行调整，以使房价更适应客观实际。

1. **房价控制**

饭店所制定的房价，是由前厅部和营销部负责执行的。在贯彻执行过程中，涉及前台销售、房价限制和团队房价可行性三个方面的工作。

（1）前台销售。对于饭店制定的各类房价，前台服务人员要严格遵守。同时，饭店还须制定一系列的规章制度，以便于前台工作人员操作执行。这些规章制度要明确规定以下内容的细则：

①对优惠房使用的报批制度；

②各类特殊用房留用数量的规定；

③与客人签订房价合同的责任规定；

④有关管理人员对浮动价格所拥有的决定权的规定；

⑤对优惠价格的享有者应具备的条件的规定；

⑥对一些优惠种类和程度的规定。

（2）房价限制。限制房价的目的是为了提高实际平均房价。如果根据预测，将来某个时期的客房出租率很高，这时总经理或前厅部经理就会对房价进行限制。例如：限制出租低价客房或特殊房价客房；不接待或少接待团队客人；房价不打折；不接受住一天的客人等等。

前厅部管理人员必须熟知本饭店客房出租率的动态，善于分析近期客房出租率的变化趋势，准确预测未来的各种客人对客房的需求量，及时做出限制某种房价的决定。

（3）团队房价的可行性。团队房价的

可行性研究,即进行团队房价的限制,是前厅部与营销部的共同职责。营销部应逐日预测团队客人数量和客房需求数,并将预测结果通知有关人员。如果根据预测,某一时期的客房出租率可能会接近100%,这时,饭店就只应接待支付较高房价,甚至最高房价的团队客人。

但是,饭店使用团队房价限制时,要谨慎行事。任意地限制团队房价,会产生消极的影响,甚至破坏房价的完整性。有关人员必须对未来的客房出租情况做出正确的推测,并制定可行性计划,提出正确的团队和散客接待比例,以保证营业收入和经营利润目标的实现。

2. 房价调整

饭店的客房价格制定之后,在实际运用过程中应保持相对稳定。但是,房价并不是一成不变的,由于情况变化,饭店就需及时调整房价,以使房价更适应客观现实。房价的调整有两种情况:一是调低房价;二是调高房价。

(1) 调低房价。调低房价是饭店在经营过程中,为了适应市场环境或饭店内部条件的变化,而降低原有的房价。饭店降低房价的主要原因有:

①饭店业市场供大于求。在这种情况下,应通过加强促销活动,改进服务质量等途径来稳定客房的销售。如果成效不大,就可考虑调低房价。

②在激烈的竞争中,饭店的市场份额日趋减少。尤其是在竞争对手调低价格时,为了保持并提高本饭店的市场占有率,有时也要采取调低房价的措施,使房价与竞争对手的价格处于同一水平线上,从而提高竞争力。

③采用率先定价策略的饭店,希望通过降低房价,增加客房销售量或降低成本。这些饭店希望通过低价销售,增加市场份额,以利于在市场确定牢固的地位。

但是,调低房价也会引起一些问题。例如,房价降低了,客房销售量不一定就会增加,即使销售量有所增加,营业收入的增加也往往无法抵消价格下降的影响。价格降低了,客人会对饭店产品质量产生怀疑,从而会影响饭店自身在市场上的声誉,同时还会打乱饭店客源的类型。尤其要注意的是,靠降价竞争将会导致饭店之间的价格大战,当大家都竞相降价,饭店就会面临无法控制房价的局面,最终将导致饭店业的全行业亏损,这种竞争也就变得毫无意义。因此,饭店在降低房价的问题上,应采取慎重的态度,进行周密的分析和研究,只有在调低房价之后,饭店仍能实现预期的销售量,并提高饭店的利润水平,降价才是有意义的。

(2) 调高房价。一般来讲,调高房价往往会引起客人和代理商的不满,但是如果成功,就会极大地增加饭店的利润,对饭店而言是有利的。饭店调高房价时,要考虑的主要原因有:

①客房供不应求。当客房需求量大于现有客房数量时,可以通过调高房价来限制需求量,实现供求平衡。

②市场物价上涨。由于物价上涨,饭店的成本费用不断增加。这时饭店需调高房价,并使调价幅度不低于市场物价上涨幅度,以保持或增加饭店的利润水平。

③饭店服务质量或档次有明显提高。服务质量、服务档次与价格有直接的联系。所以,如果其他因素不变,饭店的服务质量或服务档次提高,就可以考虑适当提高房价。

无论是提价还是降价,都会对客房销售造成一定影响,引起客人和竞争者的各种反应。因此,饭店应充分考虑各种可能,做好准备工作,使房价的调整真正能够达到预期目标。

三、前厅收益管理实务

(一) 收益管理概述

收益管理(Revenue Management 或 Yield Management)是一种谋求收入最大化的新经营管理技术。

收益管理,又称产出管理、价格弹性管理,亦称"效益管理"或"实时定价"。它主要通过建立实时预测模型,对以市场细分为基础的需求行为进行分析,确定最佳的销售或服务价格。其核心是价格细分亦称价格歧视(price discrimination),就是根据客户不同的需求特征和价格弹性向客户执行不同的价格标准。这种价格细分采用了一种客户划分标准,这些标准是一些合理的原则和限制性条件。

收益管理的基本原理是"五个最":即企业的产品能在最佳时机,以最好的价格,通过最优的渠道,出售给最合适的顾客,以实现饭店收益的最大化。

饭店收益管理的操作实务就是通过对市场和客人的细分,对不同目的的顾客在不同时刻的需求进行定量预测,通过优化方法确定动态的控制,最终使饭店总收益最大化,确保饭店利润的持续增长。

在实施收益管理系统时,要明确这一系统不是单靠前厅部就能运作好的,它是饭店提高经营收益、加强管理的一项系统工程,需要饭店各层面的协调动作。美国万豪饭店集团董事长 J. W. Marriot 二世说:"饭店最高层必须对饭店实施收益管理,CEO 则需要 100% 地支持这项工作。"最高层的介入,是支持和建立一套管理系统并保证系统有效工作的基础。

因此,要运作好收益管理系统,应由饭店统筹安排,综合营销部(是收益管理的大头)和前厅部,协调运作,并由饭店总经理担纲收益管理系统的领导。

(二) 前厅收益管理内涵

前厅部是饭店的信息汇集中心,各种客房经营数据、价格历史档案、各类房价的细分档案、各时期的各房类的入住率、各种客史资料等都集中在前厅部的资料库,有时人们就会产生将前厅作为收益管理系统主阵地的误差。谈到饭店的房价收益管理,需要了解饭店房务收入的各项结构:

一是协议客人房租收入,包括协议公司散客和团队客人、协议旅行社旅行团收入、协议会议团客收入、协议长住房收入;

二是网络公司和订房中心协议房租收入;

三是前厅散客房租收入。

第一、二类房租收入基本上是由饭店营销部通过协议形式与相关企业签订的,这两类协议客人房租收入大体占到当期饭店房务总收入的 75%～80% 左右,而第三类前厅散客房租收入则占到当期饭店房务总收入的 20%～25% 左右。

前厅的收益管理运作主要是对前厅散客的营销,包括如何有效地提高门前散客的房价,如何充分使用饭店和社会各种资源,增加门前散客的消费。

(三) 前厅收益管理实务操作

1. 对市场和顾客细分并进行需求预测

现代营销之父——菲利普·科特勒(Philip Ketler)和包文(John Bowen)先生在其《接待业和旅游市场营销》一书中指出:"收益管理背后的概念是通过定价的差别来有效地管理收益和库存,而它的基础是被选择出来的细分市场的需求弹性"。每一个饭店都有其自己的市场定位,但顾客的分类、来源渠道和消费特点仍有许多不同之处,不同类别的客人消费的需求、价格承受力和消费特点也有很大的不同,因此其消费行为模式也不一样。科学地对市场和客人进行细分,能够为饭店控制资源、提高收益提供准确的信息来源。

在细分市场和客人信息的基础上,就能对不同类别的客人需求进行相对准确的预测,并采用不同的预售方法和价格差异化的控制,实行动态管理和边际收益管理,让资源的使用风险最小化,如果资源使用风险达到了最小化,则饭店预期的收益就可以乐观其成了。

2. 要调控好门前散客的入住比率

平均房价和平均入住率是影响饭店房务收益的两大因素。而门前散客的房租收入又对饭店的平均房价有重大影响。因此应适度调控好协议客人和门前散客各自的入住比率,才能达到饭店平均房价的最大值。在饭店中,一般协议客人房价要低于门前散客房价,而协议客人通常是由营销部洽谈联系,由于市场竞争激励和饭店管理当局对营销部门的关注力度和工作压力加强,营销部门会不断地千方百计地扩大协议客人的覆盖面并以此作为部门的工作业绩,随着营销部门协议客人覆盖面的增加,门前散客的入住率会一路走低。如果要保障饭店平均房价的最大值,就需要饭店当局出面加以协调,并根据市场情况和营销、前厅各自的房租收入历史资料进行分析,理清合适的前厅散客入住比率,才能防止前厅散客入住比率不断下滑。在实施前厅收益管理时,这个问题应引起饭店管理当局的足够重视。

3. 动态的价格设定

价格是顾客最敏感的消费因素,是销售最直接的管理杠杆,是饭店赢利增减的主要手段。现时在供大于求、竞争激励的市场态势下,几乎所有饭店都对价格管理由单一静态价格发展为多重价格、有市场竞争力的优化价格。动态价格包括了协议公司散客优惠价、旅游团队房价、会议团队房价、长住客房价、门前散客浮动价等。对于饭店来说,在制定动态价格时,最有参考价值的资料数据是同一地区相近星级的竞争对手饭店的分类房价。

四、客房销售管理实务

(一) 客房预管理

客人在未到达到饭店预先提出用房的具体要求,称为"预订"。

开展预订业务,一方面满足了旅客对旅行中使用的饭店设施得到预先保证;另一方面也使饭店对客服务的质量得到保证。

1. 预订的类别

饭店在接受、处理个人预订时,根据情况分为三种类型:确认类预订、保证类预订和等待类预订。

(1) 确认类预订是指客人通过各种方式、渠道预先向饭店订房时,饭店根据客情,接受客人的预订要求,并以口头或书面的形式予以确认。饭店为客人保留房间至预订入住日的规定时限,否则作为自动放弃预订。无论是口头确认,还是书面确认,饭店都必须明确地向客人申明饭店所规定的抵店时限。

(2) 保证类预订是指宾客可以预付定金来保证自己的订房要求,或饭店以此来避免因预订客人擅自不来或临时取消订房而引起的损失。这类预订为保证类预订。定金的标准一般为预订客房一天的房费。对如期到达的客人,在其离店结账时予以扣除;对失约的客人则不予退还,饭店为其保留客房至第二天中午12时;反之,如届时饭店不能提供房间则负全部责任。

(3) 等待类预订是指饭店的客房订满的情况下,仍接受一定数量的等待类订房。对这类订房宾客,饭店不发给确认书,只是通知客人,在其他客人取消预订或提前离店的情况下,予以优先安排。

2. 客房预订的分类方法

(1) 分层预订法。按照客房所在楼层的房号,将确定的客房预订给客人,满足客人对客房等级、方位和设备等要求。分层预订法主要针对贵宾和老顾客。

(2) 分类预订法。按照客房的等级和种类来预订房间,不考虑楼层和方位。客人预订时,预订处只提供客房的类型、等级和价格等。客人进店后,由总台接待员根据客房租用的具体情况来排房。分类预订法适用于客房以类型区分、客人平均停留天数较少的现代化饭店。

3. 客房预订的程序(见图3-4所示)

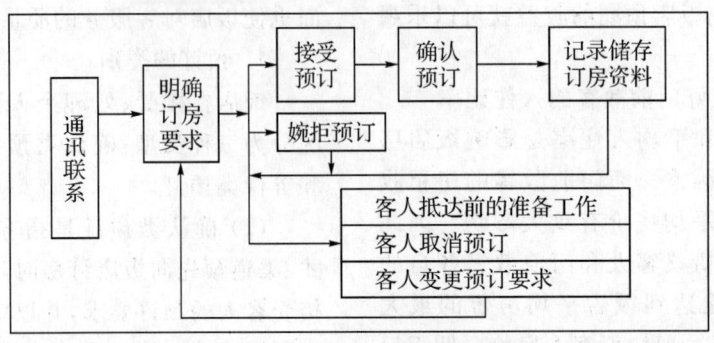

图3-4 预订程序图

（二）客房销售过程管理

前厅部客房销售包括接受预订的预约阶段和出售的实施阶段以及提供客房的具体服务阶段。由此表明，前厅的销售工作贯穿前厅部运行的全过程。

（1）充分认识客房预订的重要作用。客房预订是前厅销售工作的基础，是客房产品销售的主要方法。凡预订客房的宾客除少数是慕名而来外，大多是回头客，所以做好客房预订，对巩固和扩大客源十分重要。客人一旦订房，前厅部必须讲究信用，将房间保留到客人的最晚到达时间；超时进店的客人也应尽量照顾好，对交纳定金的房间必须保留到客人到店为止。

（2）加强促销，建立自己的客源渠道。加强对外联系，努力开辟市场，争取更多的回头客。加强业务联系，扩大饭店影响，吸引有名望、有身份的重要客人住店。同时注意与当地机构，如外国使领馆、外商机构、外贸办事处、"三资"企业、航空公司、旅行社等建立良好的业务联系，积极地进行"就地推销"。

（3）控制客房状况，加强分房管理。建立合适的客房显示系统并保持正确的客房状态是做好饭店销售工作以及提高接待服务水准的前提。随时掌握准确的客房状态，既可以做好预订客人的接待服务，又可以随时进行现房销售，提高客房开房率。

（4）提高销售管理的艺术和技巧。为更好地做好客房销售工作，工作人员要充分了解饭店的各种产品和服务，善于观察，把握宾客特点，灵活运用销售政策和技巧，分析客人的消费心理，主动介绍情况，区分不同类型客人的特点和需求，兼顾饭店和客人的利益，恰到好处地宣传、推销饭店的产品。特别是要灵活运用不同的客房报价方法，实现客房销售的最佳效益。

客房报价技巧和方式介绍

客房销售的根本是销售其价值，而不是价格。前厅销售人员要有针对性地向客人提供价格选择的范围，合理和熟练使用相关报价技巧。坚持客人利益第一的原则，注意礼貌和言语的精练，不夸大其辞，强人所难。常用的报价技巧有：

（1）"第三者意见"技巧。用"第三者"的意见影响客人。

(2)"代客人下决心"技巧。当客人未最后决定时,先予以登记。

(3)"扳道岔"技巧。将客人的思维引入事先预备好的岔道(如不同的房型)上,提高成交率。

(4)"高码讨价法"。向客人推荐合适其地位的最高价格的客房,如不接受,再推荐低一档次的客房。

(5)"利益引诱法"。向客人说明只需在原来收费标准上稍微提高一些,便可得到其他好处。

报房价时不能只报金额,还要介绍房间的特点等内容,采取一定的方式形成最佳的报价,常见的报价方式有:

(1)"冲击式"报价。先报出房价,再说明房间所提供的服务设施和项目——突出"价廉物美"的吸引力。

(2)"鱼尾式"报价。先介绍所提供的服务设施和服务项目、特色等,最后报出房价——适合推销高价房,减弱高价对客人的敏感强度。

(3)"夹心式"报价。先介绍房型,后报价格,再补充介绍其服务设施、项目及特点,将价格这一十分敏感的东西裹在中间,从两面冲击价格的强度——适合推销中档客房。

五、前厅服务项目管理实务

(一)接待服务管理

当宾客抵店后,由前厅接待处给予办理登记入住手续,安排房间,这样就完成了客房的销售。由此可见加强接待服务管理十分重要。应从以下几方面进行:

(1)精心做好接待前的各项准备工作。包括掌握正确的房态,预先做好预订房的分配,在预先分房的基础上,进行预先登记,当预订客人抵达时,只需签名,即可完成入住登记手续。

(2)尽可能获取客人的基本资料,为客人提供个性化的服务。在可能的情况下,了解客人的姓名、性别、籍贯等信息,当客人到达时,能够提供带姓氏的尊称等个性化服务,给客人留下良好的第一印象。

(3)做好接待应急处置方案。如果出现客人晚点、预订超员入住等特殊情况,前厅必须有接待处置预案,以保证客人能够得到最大限度的满意服务。

(二)入住登记服务管理

入住登记既是国家法律规定的入住环节,也是前厅接待人员进一步与客人沟通,提供更加个性化服务的关键点,应从以下几方面加强管理:

(1)接待人员要熟悉业务,为客人提供快捷的登记服务。

(2)要指导客人登记,做到登记信息完整、正确。

(3)要按照入住登记程序操作,做到细致入微,不出差错。一般入住登记程序如图3-5所示。

步骤一	步骤二	步骤三	步骤四	步骤五	步骤六
识别客人有无预订	填写登记表	排房定房价	决定付款方式	完成入住登记手续	制作有关表格

图3-5 入住程序图

（三）客账服务管理

客账管理是前厅收银处的日常工作，按业务性质讲，前厅收银处隶属财务部，但因其所处位置，同时接受前厅部的指挥。客账服务管理的要点是：

(1) 建立客人账户符合饭店规定。因为客人一旦在饭店建立了记账消费，特别是出现采取多次消费一次性支付的情况，要符合建账要素，方可建账。

(2) 规范客账记录行为。客账记录是前厅收银处的一项日常业务工作，为避免工作中的差错，发生逃账、漏账情况，客账记录应确保账户清楚、转账迅速、记账标准统一。

(3) 加强不同结账方式的管理。客人结账方式有现金支付、信用卡支付、支票支付和签单来支付等四种方式。不管何种方式均要按照收银规范操作，特别要加强假钞识别、支票的信用等级、信用卡的省份认证、签单人的授权情况等环节的管理，确保收银成功。

(4) 做好夜审及营业报表编制工作。夜间审核包括核查上个夜班以后所收到的账单，把房租登记在宾客账户上，并做好汇总和检查工作。此外，夜审员还负责制作报表，做好各类收入统计、编制营业日报表。

（四）迎送宾客和行李服务管理

做好迎送宾客和行李服务能够给客人留下一个完整的印象，要从以下几方面进行管理：

(1) 做好迎送宾客和行李人员的选配。迎宾员和行李员是饭店的"门面"，要注重他（她）们的形象、素质、平时的礼仪、操作技能等方面的训练。

(2) 突出操作规范管理，要求迎接客人和进行行李服务符合服务规范，一视同仁，服务到位。

(3) 做好迎送宾客和行李服务的增值服务，如代购、代订出租车等，尽可能为客人提供方便、高效、优质和附加值高的服务项目，提升饭店的形象。

（五）问讯邮件服务管理

前厅问讯处负责接受可能的问讯及查询、处理宾客的邮件、收发住客的房间钥匙等。问讯邮件服务体现了饭店优质、细致的个性服务，要从以下方面进行管理：

(1) 注意平时培训问询邮件服务人员，做到业务精通，热情、礼貌、耐心、准确、清楚，百问不厌、有问必答。

(2) 谨慎、细致，注意为客人保密。

(3) 按饭店规定的程序处理客人的邮件。

（六）电话总机服务管理

电话总机是饭店内外部信息沟通交流的枢纽，关系到客人的切身利益，应严格规范管理，提供优质、安全、迅捷的服务。

(1) 加强保密管理，服务人员要严格执行保密规定，杜绝泄密事件的发生。

(2) 注重总机服务人员的业务培训，满足迅捷、准确的客人电话转接服务要求。

(3) 准确提供叫醒服务。

(4) 做好联络服务。当住客向总机求助某种服务时，接待员应立即与有关部门联络，及时满足客人的要求。

(5) 接线员是用声音来为客人服务的，因此，要注意讲究语言艺术，文明礼貌、热情体贴。

（七）投诉处理管理

投诉是指客人对饭店服务工作感到不满而提出意见。现代饭店都设有"大堂副理"来接受和处理客人的投诉。接受投诉时应关切地倾听，保持平静，不作辩解性的反应，不与客人争执，同时注意与客人交流感情。处理投诉时，要认真记录客人的问题，在此基础上，作出即刻的判断，告诉客人可以采取的措施。注意尽量提供可选择且切实可行的方案，不作空洞保证。然后，及时将有关信息通报或转告有关部门、有关人员，督促其及时采取纠正行动，并掌握进展情况。处理后，要继续与客人保持联系，了解客人对投诉处理结果的反应。最后，做好相应的记录工作。大堂副理还应定期对投诉记录写出分析报告，供有关部门分析，供管理层决策。

【任务拓展】

前厅部每天要面对不同的客人，随时有意料之外的事情发生，需要前厅服务人员及时处置，结合本任务内容，通过网络、相互交流等途径，分析思考以下问题，尝试相互提出前厅服务管理过程中可能发生的问题，无法达成共同的意见时，可求助老师和饭店管理人员，或者通过网络征求答案。

①当为客人办理行李寄存时，客人表示不理解何为贵重物品时，我们应当如何解释？

②当客人提出五星级饭店没有泊车服务而进行投诉时，你会如何处理？

③一位以前曾经逃过账的客人又要求入住你饭店，你应如何处理？

④一位客人无法和你进行语言和文字交流，你该怎么办？

⑤前厅的POS终端发生故障而无法使用信用卡结账，而客人坚持要求信用卡结账，你如何处置？

【任务反馈】

住宿业务是饭店经营管理最核心的任务，为保证住宿服务质量，国内许多饭店加入了"金钥匙"组织，你了解国际饭店"金钥匙"组织吗？

释疑："金钥匙"是西方国家或城市向来访贵宾表示友好和崇敬所赠送的象征性礼物，并须举行赠送仪式。这种仪式起源于古代欧洲，当时欧洲城市多为城堡，进出开启城门需用钥匙。由一个城市的最高官员把该城市大门钥匙赠送给某一外来贵宾，即意味着对该客人的尊敬、信任和欢迎。国际"金钥匙"是一个全球性的协会，目前已分布在全球近四十个国家和地区，拥有数千名会员。我国于1997年加入该协会。"金钥匙"的口号是"在客人的惊喜中，找到富有乐趣的人生"。奉行"友谊、协作、服务"工作风格，坚持在不违反法律和道德的前提下，为客人解决一切困难的宗旨，推行"尽管不是无所不能，但是也是竭尽所能"的理念，对中外商务旅游者而言，"金钥匙"是饭店内外综合服务的总代理，一个在旅途中可以信赖的人，一个充满友谊的忠实朋友，一个解决麻烦问题的人，一个个性化服务的专家。

"金钥匙"既指专业化的饭店服务，又指一个国际化的民间专业服务组织，此外还是对具有国际饭店金钥匙组织会员资格的饭店礼宾部职员的特殊称谓。两把金光闪闪的交叉金钥匙代表着饭店委托代办的两种主要的职能：一把用于开启饭店综合服务的大门；另一把用于打开该城市综合服务的通道。通常我们说的"金钥匙"指的是具有国际饭店金钥匙组织会员资格的饭店礼宾部职员的特殊称谓。如同大饭店的小管家、小饭店的大管家一般，"金钥匙"要随时随地满足客人对"家"的各种特殊需求。他们在饭店中所充当的角色，就是替饭店担当迎来送往的礼宾大使，为宾客解决旅途中遇到的日常生活疑难，在饭店中维持各运作部门间的协调和沟通。

任务三　客房部经营管理实务

【案例聚焦】

枕头"拉锯战"

6月27日，青岛Q饭店正在举办一个旅游发展高层论坛。晚上，饭店宴请来自旅游界的几位专家、学者，大家共同探讨、交流饭店服务与管理中的一些问题,对于如何提供个性化的服务,黄教授提高了入住Q饭店期间亲自经历的一个案例。

Q饭店的客房为客人准备了一硬一软两种枕头,正常情况下,软枕头放在硬枕头之上。他喜欢睡硬的枕头,但硬枕头不够高,于是在第一天睡觉时他就将软枕头拿掉,将浴巾放在硬枕头下面。这一现象本身暗示了黄教授的一个睡眠习惯,为饭店提供个性化服务提供了暗示。但饭店员工在第二天整理房间时并没有注意到黄教授的这一细微需求,每次做房时仍把浴巾撤走,重新再放上一硬一软两个枕头,到了晚上休息时这位黄教授还是要把浴巾拿出垫在枕头底下。第三天还是如此,按黄教授的形象说法,在枕头如何摆放上,服务人员与他展开了一场"拉锯战"。如果员工能多动动脑筋,及时注意到客人的这一习惯,每天垫上浴巾或进行其他加高处理,客人的感受会大不一样。参会的饭店总经理边听边写了一张纸条,责成相关部门马上处理。晚上黄教授回到房间后发现浴巾已摆放在枕头边。

从这个案例中,我们不难看出该饭店服务人员不知道怎样去体现个性化服务。像"枕头"服务,如果员工在每天工作或做房时用心观察工作现场,就会发现客人喜欢什么样的枕头,此时按客人的习惯为客人进行针对性的准备也是非常容易做到的。这个案例需要探讨的有两点:一是员工粗心的原因在何处?如何改进?二是在席间客人提到这一案例时,现场的管理人员意识到之后,应该怎么去做?如何避免遗憾又一次发生?

首先,员工粗心的问题可以归结为管理人员对员工细微服务方面的培训与有效引导不够。从管理层级上讲,部门上一级管理人员对下一级人员的有效培训与引导不够,基层管理人员对基层员工培训指导、检查与落实不够。不够的现象还表现在日常工作安排上,强调的多,跟踪检查与落实少,现场管理跟不上,不能及时发现服务中存在的问题。因此,出现服务粗心的现象,更多的责任在于各级管理人员身上。饭店每天都会发生一些员工"用心服务"的优秀事例,饭店也在要求各部门管理人员不要放过任何一件员工认真做事的事例,以便激励员工、总结推广。但同时,正如"枕头"一事,饭店每天也可能在发生着一些忽视客人需求的粗心服务,这时需要有关部门充分意识到要及时发现并采取有效措施解决问题。工作中,不仅要强调个性化服务,而且要使员工养成细心服务的习惯,把握细微服务的四个步骤,即热情对待每一位顾客,细心发现顾客的需求,主动满足顾客需求,给顾客一个惊喜。要做到这些,管理人员首先意识要强,以身作则,办法要得当,主动深入现场,及时发现工作中容易忽视的问题,带领员工总结、细化、改进服务,并持之以恒地做好检查与督导工作。

其次,意识到了,应该采取什么行动?如何避免遗憾的事情再次发生?客人在用餐过程中提到的"枕头"一事让饭店每一名管理人员意识到了工作需要改进的地方。总经理一听到此事后,反应很强烈。他意识到了一旦客人结束用餐进房休息,饭店可能就会又一次错失改进服务的最佳时间,于是总经理立即写了一张纸条安排客房部立即改进,在客人回房之前成功地结束了枕头"拉锯战"。在当天的服务中,饭店靠快速反应机制给客人留下了良好的印象。饭店强调工作执行力,体现在行动上,就是"立即行动,马上行动,绝不错失良机",也就是"全心全意、立即行动,就是最好的执行力"。枕头的事情,客房部抢在了客人回房之前解决,可以肯定客人会赞许饭店"闻过则喜,闻过则改"的意识与行动,由此客人可能会忽视过去服务的不足,进而对饭店的执行能力产生深刻的印象。工作中,立即补救的重要性,就如同与高手竞技,很多时候不在于你是否犯了错误,而在于你对失误怎样迅速补救,很多使坏事变好事的机会就在于个人如何及时转化。在枕头事件上,每个部门每一名员工必须从中吸取教训,面对顾客需求,千万不要有任何的迟疑与拖沓。

闻过则改,立即反映,迅速行动。这样的饭店、这样的员工都将是令人敬畏的。或许,这是枕头"拉锯战"带给大家的另一个收获。

【任务执行】

一、建立客房部管理系统

现代饭店是一个综合性很强的服务性企业组织,客房管理要实现其目标,首先必须要建立合理的管理系统。在明确系统管理的基础上,设计组织结构,这样才能适应饭店客房管理需要,达到预定目的。

管理系统是一种有规律的、互相作用和相互依存的事物组成的统一体。一个现代饭店企业就是一个管理系统,客房管理系统则是这个系统中最重要的一个分系统。尽管它服从于饭店企业管理系统,但又有相对的独立性,这是由客房商品的特点和营销过程中的特殊矛盾运动决定的。客房商品生产过程和消费过程的同一性,决定了其生产和消费必须结为一体、成为同一个系统。生产过程中的输入部分不仅有物资、能源,还必须有顾客,这和其他企业生产、销售、消费阶段进行的状况不同。因此,确立客房管理系统必须适应客房商品本身的特点和旅客投宿活动规律,将预测、销售、生产服务、个人消费结为一体,形成一个完整、合理的饭店客房管理系统。

饭店客房管理系统是由客源市场预测、计划、决策、执行、客房商品生产和反馈等几个环节构成的,如图3-6所示。

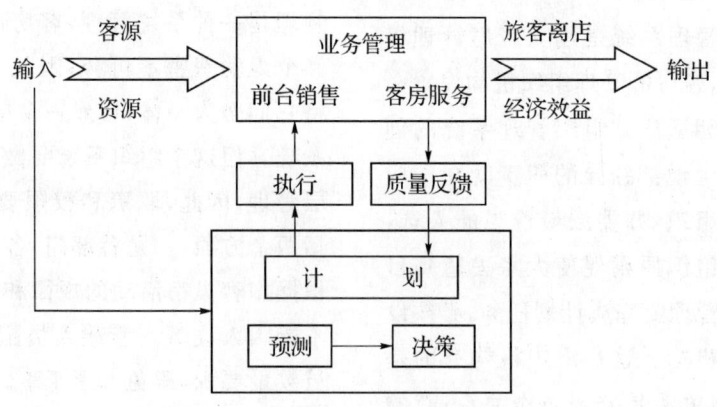

图3-6 饭店客房管理系统

这个系统的输入不仅有客房物资设备(渐进消耗,提供使用价值而不发生所有权的转让)和水、电等能源消耗,还有客源,否则,客房商品生产无法进行,客房服务就没有对象。输出即指旅客离店,同时饭店获得经济效益。而饭店客房管理系统则是根据客源市场进行预测,在综合平衡、统筹安排的基础上做出决策;制定客房部门管理计划方案,中心是贯彻部门经济责任制;然后由前厅部、客房部贯彻执行,将客房商品销售、生产和个人消费结合起来,将旅客住店后的反应形成质量反馈,发现问题,做出新的决策。

在客房管理系统中,一般来说,有三个不同层次的思维角度——战略角度、策略角度和执行角度。在客房商品营销活动中,饭店业务经理(有的直接由总经理负责)处于战略地位,他最关心的是饭店计划目标、经营方针、管理体制、部门经理人才和经济效益。客房管理机构处于策略地位,其管理人员所关心的是部门经济责任制的贯彻执行,是客源状况、客房销售、物资定额以及经济收入如何同部门经济责任制结合起来。管理员则处于执行地位,他们所关心的是如何执行部门计划给自己规定的任务,保证服务质量。但是,如果问题改变,管理级的地位也会随之发生变化。以客房商品生产为例,客房部处于战略地位,管理员处于策略地位,客房班组处于执行地位。饭店客房管理系统中这种和某一问题的战略、策略和执行地位所对应的管理级都可以组成一组,这就是饭店企业管理三元组(见表3-1)。管理人员的作用就在于明确自己在不同三元组中的地位,从而灵活驾驭相应的管理职能,实现管理目标。

表3-1 饭店客房管理三元组

项目	三元组(1)	三元组(2)	三元组(3)
战略地位	饭店经理	客房部	管理员
策略地位	前厅部、客房部	管理员	班组
执行地位	管理员	班组	服务员

二、饭店客房组织机构管理

饭店客房管理系统是建立客房管理组织机构的基础,客房的管理组织机构设置必须与管理系统相适应。组织管理系统的创始人巴克斯先生说:"领导的职责就在于成功地设计一种组织,并委派最恰当的人选,然后力求按照组织原则促使大家去达到目标。"饭店客房管理要完成计划任务,必须设计这样的组织机构。这些组织机构有的是平行的,其相互关系是分工协作关系;有的是垂直的,其相互关系是领导和隶属关系。但它们并不是简单的组合,而是一个有机的统一体,服从于饭店客房管理的总目标。

(一)饭店客房组织机构管理原则

客房组织机构管理是饭店客房管理系统正常运行、提高客房管理效率的保证,应遵循以下原则。

(1)层次分明、职权制度化。饭店客房管理是一种系统管理,客房商品生产、销售和个人消费密不可分,因此,机构设置必须将它们融为一体,形成一个层次分明的组织系统。但这个组织系统要做到逐级授权,分层管理,因此,职责和权限要制度化。这包括两个方面:一是各部门、各班组、各环节要根据旅客投宿活动的规律和实际需要设置,不能因人设事。管理人员配备、要精干,人员数量要少,避免人浮于事。人员数以及各部门、各班组、各环节的关系要形成制度,一经确定,就不能随便变动。这样才有利于保证领导关系的连续性和稳定性。二是要明确规定每一层管理人员的管理职责,同时赋予完成这一职责所不可缺少的管理权限,职责和权限保持协调一致。有权无责会助长瞎指挥、滥用权利的官僚主义,有责无权或权限太小又会束缚管理人员的积极性、主动性,实际上不可能负起应有的责任,岗位等于虚设。所以,只有层次分明、职权制度化,才能各得其所,人尽其才,提高管理工作效率。

(2) 幅度合理、指挥统一化。幅度是指管理幅度,即一名上级领导直接指挥多少下级人数。影响管理幅度的因素包括企业规模、组织机构的类型、管理人员的能力、素质等几方面,因此,管理幅度大小,往往因时、因地和管理层次、饭店客房数量的多少而变化。

确定管理幅度是为了更好地指挥。为了提高管理实效,还必须要指挥统一化,这也包括两个方面:一是组织机构本身就是一个统一的管理系统,必须实行统一指挥,部门、班组在执行经济责任制的过程中又必须有相对的独立性,给下级机构一定的权限,实现权、责、利的统一。二是一个好的客房管理组织机构不允许员工同时有多头领导。否则,令出多门,相互矛盾,相互推诿,下属人员无所适从,很难达到预想的效果。

(3) 渠道畅通,管理工作效率化。渠道是指信息渠道。现代社会化大生产和科学技术、管理技术的广泛发展,使企业管理对信息的要求越来越高,管理工作效率取决于信息传递的速度、数量及质量。信息可以是数据、图像、设计图纸、传票、作业卡、计划表、统计表等,可以通过开会、电话、电传和利用电子计算机的传递来获得。信息流不断反映物质流的状况,指挥着物质的运动。物质在企业中不断地改变其状态,信息也就随之变换形式。管理者的职责就是通过信息流来控制物质流。

饭店客房管理是一种微观经济管理,在信息时代,对信息传递的速度和质量要求更迅速、更准确无误。否则,一个有几百间、上千间客房的现代化饭店,管理者对每时每刻的客房出租状况心中无数,必然造成淡季大量客房闲置或旺季时的应接不暇。前者造成永远也无法收回的经济损失,后者影响服务质量和饭店信誉,这样也就谈不上管理效率了。所以,渠道畅通、管理工作效率化,是设立客房管理组织机构的最高原则。

(二) 饭店客房组织机构管理要求

组织机构只是完成客房管理任务的一种组织保证,管理人员能否完成任务是由多种因素决定的。就饭店客房管理来说,有三个问题必须首先解决:一是管理关系的明确,二是管理人员的素质,三是客房管理的职责范围。只有解决好这三方面的问题,才能更好地完成管理任务。

(1) 明确客房组织机构中成员之间的管理关系。饭店客房管理人员处在一定的组织机构中,要提高服务质量和工作效率,完成管理任务,获得好的经济效益,首先必须明确自己在组织机构中的地位和管理关系。

在现代旅游饭店中,任何一个组织机构,都是由四种不同地位的人员组成的,即高层管理人员、中层管理人员、基层管理人员和服务人员。而高层、中层和基层并不是绝对的,组织系统层次发生变化,管理人员的层次地位也随之变化。任何管理人员在饭店客房组织机构中,一般都要做好以下三个方面的问题:一是管理方面的,即清楚地了解组织机构的职责、权限和管理原则;二是实务操作方面的,即明确工作程序、工作标准和工作操作细节;三是人际关系方面的,即管理人员不仅要善解上级的意图,还要会解下属人员的要求和其对工作的态度,善于发现问题,及时解决问题,设法增强下层人员的事业心和责任感,这三个方面的问题形成错综复杂的管理关系,但对同一组织机构中不同层次管理者的要求又有所不同。明确其相应的要求程度,客房管理人员就有了明确的指导思想和管理原则,便于有重点地完成管理任务,这种管理层次关系如下图3-7所示。

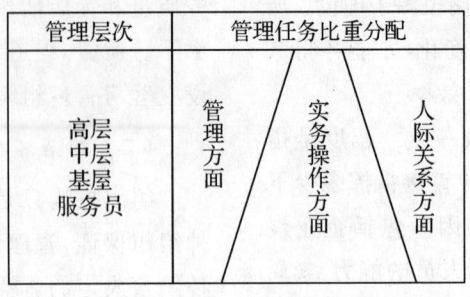

图 3-7 客房组织机构管理层次任务分配

饭店客房管理人员除了明确自己在组织机构中的地位和管理关系以外,还要处理好另外两种管理关系:一种是管理人员所担负的具体工作和来自各方面的要求、压力之间的关系,只有处理好这种关系,才能完成任务。例如一名客房部经理,对上要对饭店总经理负责,对下要组织、指导和督察管理员努力按计划完成管理任务,对外要处理市场销售方面的关系和应付其他部门及家庭、甚至社会方面的压力。只有灵活处理这些关系才是一名出色的客房部经理。另一种是管理人员为了完成工作任务,按照一定的原则并采取一定的方法组织、指导和督察有关人员,而经常遇到的人事关系和工作关系。这种关系因接触的人员不同,关系的性质和应该采取的态度也不相同,只有正确处理这种关系,才能充分调动员工的积极性和主动性。

(2)注重饭店客房管理人员的基本素质的提升。管理人员的素质高度决定了管理绩效,通过提升饭店客房管理人员的素质来提高客房管理整体质量。因此饭店要制定客房管理人员的基本素质要求,在聘任、考核过程中加以对照,在平时管理人员的培养教育中加以重视,形成一支优秀的客房管理团队。

某饭店客房管理人员素质要求

1. 政治素质条件

(1)政策水平。具备政治理论修养,对外政策、侨务政策、旅游方针政策水平,外事纪律,维护国家声誉的责任感,国家经济政策、对外经济开放政策水平。

(2)工作态度。①对工作的责任心和事业心;②维护饭店声誉,维护国家财产和企业经济利益的责任感;③贯彻"宾客至上,服务第一"的宗旨,忠实、可靠、组织观念强;④贯彻执行饭店计划和部门经济责任制等;⑤能够努力克服困难,有干劲、钻劲,具有团结协作精神,善于总结经验等。

2. 业务能力条件

(1)文化程度。一般工作人员应有高中以上的文化程度;业务总经理和部门经理应受过专业训练或有实际工作经验,具有大专以上文化程度,最好是旅游专业院校毕业或具有同等知识水平;业务主管或管理员也应有大专以上文化程度。各级管理人员都应懂得一门外语,能应付日常接待服务并能运用饭店常用外语同客人谈话,交流思想感情,处理日常业务。

(2) 专业水平。懂得一般经济理论和管理科学理论,对旅游企业管理,特别是饭店管理应有一定的专业知识,能运用旅游学、饭店管理学、心理学、旅游市场学等知识为饭店管理服务。

(3) 实际工作能力。包括管理经验,业务推销能力,业务工作能力,收集、处理和传递信息能力,指导和督察能力,应变能力和处理复杂事物的能力等。

(4) 计划能力。上层管理人员应根据本单位、本部门情况制定单位经济责任制和部门经济责任制,善于根据饭店的总体计划分解经济指标,做好财政预算,并结合本部门实际将权、责、利结合起来,调动员工积极性。中层和基层管理人员能认真执行计划。整个组织机构能实行计划管理。

(5) 组织指挥能力。主要指中层以上管理人员能根据业务接待需要和计划任务合理组织人力、物力和财力,降低成本消耗,工作有预见,善于协调各方面的关系,将各种力量纳入同一个轨道。

3. 心理及身体素质条件

(1) 智力条件。要求头脑灵活,反应快,有自信心和幽默感,还应具有理解能力、业务谈判和推销能力、判断能力、逻辑性和记忆力等。

(2) 心理素质。包括工作的主动性、创造性,完成任务的坚韧性、必要的忍耐性,以及处理问题的果断性等。

(3) 身体素质。要求身体健康,高层管理人员年龄不能太大。各级管理人员和服务员都应注意仪态、仪表,对服装、发式等也有一定要求。

(3) 积极推行饭店客房管理责任制。饭店客房管理的职责范围是由它的管理任务决定的,是通过客房管理组织机构实现的。在规模庞大、组织细密、经营复杂的现代旅游饭店里,推行管理责任制,通过责任状等方式明确客房各管理层级的职责,通过奖惩机制实现客房管理的最优化。

(4) 科学设置客房部的机构。遵循精简、高效、分工明确的原则,并结合本饭店的实际情况,考虑饭店的规模、等级、经营管理方式等因素来具体确定客房部的组织机构。各饭店之间存在一定的差别,并没有固定不变的模式。

(三) 客房部人员配备管理

客房部的人员配备和安排不仅关系到日常工作能否顺利进行,而且其配备人数的多少及能否有效地使用还直接影响到整个饭店的劳动力成本,关系到整个饭店的经济效益。客房人员的配备要根据客房服务模式(客房服务中心制和楼层服务班组制)、客房工作预测数量和饭店确定的员工劳动定额等具体情况来科学确定。

1. 员工配备的步骤

(1)确定客房部门管辖区域内所有的岗位或工种设置,如客房清扫员、值台班服务员等。

(2)明确各工作岗位的班次划分。

(3)根据工作定额和工作量的预测,确定每个班次的员工数及整个客房部的员工数。

在具体的应用中,可依据工种及岗位性质,分别采用效率定员、比例定员、岗位定员、设备定员等不同的定员方法,并利用下面的公式最终确定员工及管理人员的配备数量:

$$客房部所需员工数 = \frac{全年所需工作量 / 工作定额}{有效开工率}$$

其中，有效开工率 $= \dfrac{员工一年中实际工作天数}{365} \times 100\%$

$= \dfrac{365 - 双休 - 法定假日 - 年假 - 病假}{365} \times 100\%$

饭店客房人员配备实例

某饭店有1 000间客房(均折成标准间)，分布在6层到30层，其中6到15层为内宾房，设早、晚值台班，服务员各1名/层。客房清扫员的定额为：日班12间，中班48间。领班的工作定额为：日班60间，中班120间。假定饭店年平均开房率为80%，员工每天工作8小时，每周工作5天，享受固定假日共11天(元旦1天，春节3天，清明1天，劳动节1天，端午1天，中秋1天，国庆3天)，年假7天，一年中人均可能病事假7天。客房部设部门经理、经理助理和主管三级管理人员。试计算上述客房部人员总数。

解：由题意可得

员工一年中实际工作天数 $= 365 - (365 \div 7) \times 2 - 11 - 7 - 7 = 236$ (天)

则有效开工率 $= 236 \div 365 \times 100\% = 65\%$

A. 服务人员数

- 日班清扫人员人数 $= \dfrac{全年所需工作量 / 工作定额}{有效开工率}$

  $= 1\,000 \times 80\% \div 12 \div 0.65 = 103$ (人)

- 中班清扫人员人数 $= 103 \div 4 = 26$ (人)

- 值台班服务员人数 $= \dfrac{2(班次) \times 10(层) \times 365(天)}{236(天)}$

  $= 31$ (人)

B. 领班人数(领班与服务员的比例为1:5)

- 日班人数 $= 103 \div 5 = 21$ (人)
- 中班人数 $= 103 \div 10 = 11$ (人)

C. 主管人数

按领班与主管6:1的比例确定，主管人数为6人。

D. 经理、助理人数

各设1名，共2人。

则上述客房部人数总计为200人。

2. 加强客房劳动力的动态管理

虽然事先经过仔细的斟酌和计算，但由于种种原因，劳动力定额和实际需求之间通常不是自然吻合的，这就要求在实际工作安排中做好调节，使其具有"弹性"。

(1)根据劳动力市场的情况决定用工的性质和比例，如果劳动力较为饱和，则制定编制时应偏紧，以免开房率较低时造成窝工而影响工作氛围，在旺季开房率较高时，可征招临时工缓解矛盾；反之，则要将编制做得充分些,以免在开房率较高时造成工作质量下降。

通常为了控制正常编制,减少工资和福利开支,许多饭店愿意使用临时工来做一些程序比较简单、技能要求并不太高的工作。这对于增强人员编制的弹性、降低培训费用等较为有利。但这种编制弹性应限制在可控范围内,同时不能因此而放松对合同工技能和观念的培训,以便掌握安排劳动力的主动权。

(2)了解客源市场动向,力求准确预测客情。客源情况是不断变化的,因而由客房部承担的那部分可变动工作量也在不断地变动,而掌握了客情的大致动向后就可以做好应对准备,以免到时措手不及。

客房部除了要做出年度及季度的人力预测外,更应做好近期的劳动力安排。这样,掌握客情预测资料就成为一项十分重要的工作。客情预测资料主要包括每周预测表、团队和会议预定报告、每日开房率及客房收入报表、住客报表和预计离店客人报表。

(3)制定弹性工作计划,控制员工出勤率。客房管理者必须通过工作计划来调节日常工作的节奏,如计划卫生的周期性工作和培训的穿插进行等,做到客人少时仍有事可做,工作忙时又有条不紊。控制员工出勤率的方法有很多种,除了利用奖金差额来控制外,还可通过合理安排班次、休假等方法来减少缺勤数或避免窝工。对于一些特定的工种,可灵活安排工作时间,采用差额计件制等各项行之有效的方法进行人员控制。

3. 做好劳动力成本控制

客房部劳动力成本的控制,除运用上述方法进行科学合理的定员外,还应从以下几方面进行劳动力成本控制管理。

(1)坚持遵循以岗定人的原则。另外,在饭店日常运转中,还应根据本饭店的星级档次和客源构成等情况,考虑某些岗位是否能合并或取消。

(2)做好年出租率的预计工作。必须对饭店的年出租率情况有一个比较精确的预计,因为这是测定客房实际工作量的重要依据。

(3)做好有关的计划和研究工作。必须科学合理地制定工作程序,进行动态研究,以期达到提高工作效率、节约劳动力成本的目的。

(4)饭店所规定的员工数必须控制在饭店人均营业收入或工资成本预算线以内。

(5)合理安排合同工与临时工的比例。根据饭店营业的淡、旺季,合理安排合同工与临时工的比例,做到忙时有人干,闲时无人余。

(6)充分利用旅游职校的实习生。尽管这会给饭店人事工作带来一些麻烦,但只要饭店和学校合作得好,仍不失为一种节约劳动力成本的好方法。

三、客房安全管理

客房是客人的私人空间,安全是优质客房产品的重要组成部分。提高安全意识,加强预防管理,切实落实各项安全制度,是保证客房楼面安全的重要举措。

(一)客房楼面安全管理

(1)配备齐全客房安全设备。客房是为客人提供住宿和各项服务的地方,人、财、物比较集中。如今犯罪分子的犯罪活动正朝着智能化、科技化、集团化的方向发展。配备必要的客房安全设施可以有效地预防、发现、控制和打击违法犯罪活动,并预防各种灾害事故的发生。客房安全设备包括:电视监控系统、安全报警系统、门禁(钥匙)系统、饭店消防控制系统等。

(2)建立安全规章制度并刚性执行。为了使安全工作落到实处,饭店必须制定一套安全规章制度来约束人们的行为。

(二) 客房钥匙安全管理

工作钥匙按照不同的登记权限可以开启一个楼层、一幢楼甚至全部客房门,为保证客房安全,严格的钥匙控制措施是必不可少的。客房钥匙丢失、随意发放、私自复制或被盗等都会带来各种安全问题。

(1) 统一管理。在客房部办公室内或客房服务中心设置一个钥匙箱,集中存放楼层或区域万能钥匙及楼层储物室钥匙、公共区域万能钥匙。该箱一般由客房中心服务员负责保管。每次交接班都需交接清楚,如发现有遗失,必须马上向客房部报告。

(2) 制定钥匙领用制度。每天上班时,客房主管、领班及服务员领用工作钥匙时,客房中心服务员都须记录下钥匙发放及使用的情况,如领用人、发放人、发放及归还时间等,并由领用人签字,客房服务员还应在相关工作记录表上填写进入与离开每间客房的具体时间。

(3) 严格钥匙使用制度。员工领取钥匙时须在钥匙领用表上签名;清洁整理房间时,工作钥匙必须随身携带,严谨私自解下、乱丢乱放或把工作钥匙放在工作车上;下班或离开饭店必须将钥匙交回;服务员在楼层工作时,如遇自称忘记带钥匙的客人要求代为打开房间,应请客人去前台领取钥匙,绝不能随意为其打开房门。

(4) 如果丢失钥匙或门卡,必须第一时间报告上级。有关部门应采取有力的保安措施,保证安全。

(三) 客房防火安全管理

饭店火灾的发生率虽然很低,但一旦发生火灾后果极为严重。他不仅直接威胁饭店内人员的生命安全和饭店的财产安全,而且会破坏饭店的声誉。客房人员多,一旦发生火灾,扑救和疏散工作都很难进行。因此,饭店必须制定完整的火灾预防措施,防止火灾的发生。

1. 常用灭火器的使用

在灭火过程中,经常用水灭火。因此,在饭店的建筑物内外都应配置消火栓和水龙带、水枪等。由于用消防水龙灭火时接水龙、放水等需要一定的时间,所以还必须配置必要的灭火剂及灭火器。此外,还有些火灾,如油类、电气类等,不宜用水来救。因此,饭店安全人员要熟悉常用灭火剂及灭火器的功能。

2. 防火灭火的基本原理和方法

根据燃烧的基本原理,防火灭火的主要措施是把燃烧三要素(可燃物质、助燃物质和着火源)分隔开来,即把燃烧的化学反应链切断。防火的方法有:

(1) 减少可燃物质。按照《高层民用建筑设计防火规范》和《高层建筑消防管理规则》的要求,饭店建筑耐火等级为一级。室内装修,应当用非燃或难燃材料,尽可能减少使用可燃材料。

(2) 预防着火火源。严格控制明火的使用。维修、施工动用明火,需按有关规定经过批准,并在防火员监督下进行。建立感温防火系统,及时发现温度异样上升的迹象,采取降温措施,防止火灾的发生。

(3) 建立防火分隔。饭店建筑要按防火要求,用防火墙及防火门等将建筑物分隔成若干防火防烟分区,每层楼之间也要有防火防烟分隔设施,万一发生火灾,便于控制,能够防止火势蔓延。灭火的方法有:①冷却灭火。即将燃烧物的温度降到燃点以下,使燃烧停止下来。②窒息灭火。指采取隔绝空气或减少空气中的含氧量,使燃烧物得不到足够的氧而停止燃烧。③隔离灭火。指把正燃烧的物质同未燃烧的物质隔开,使燃烧因缺少可燃物而停止。④抑制灭火。指用有抑制作用的化学灭火剂喷射到燃烧物上,并参与燃烧物的化学反应,与燃烧反应中产生的游离基结合形成稳定的不燃烧的分子结构,而使燃烧停止。

3. 客房常见的火灾起因

(1) 乱扔未熄灭的烟头、火柴棒,引起地毯、沙发、衣服等可燃物起火。

(2) 宾客酒后在客房内吸烟,不慎引起被褥或窗帘起火。

(3) 宾客睡觉前在床上吸烟,不慎引起可燃物起火。

(4) 客房内使用电饭锅、电炉,不慎引起火灾。

(5) 无限度增加电器设备,引起负荷量超载造成电路短路,引起火灾。

(6) 客房内客人所带的易燃、易爆物品引起火灾。

(7) 服务员吸尘作业时把未熄灭的烟头吸到吸尘袋内引起火灾。

(8) 客房内使用电熨斗不慎引起火灾。

(9) 客房内台灯、壁灯、立灯等灯罩与灯泡相触或距离太近,引起火灾。

(10) 在客房内维修,未采取防火措施引起火灾。

(11) 在客房内使用化学涂料、油漆等,没有采取防火措施。

(12) 可燃气体发生燃料爆炸。

(13) 客房电器设备安装不良,短路引起火灾。

(14) 电冰箱、电视机、电风扇等开启后,使用时间过长,导致元器件发热起火。

(15) 防火安全系统不健全等。

4. 客房火灾预防措施

客房部应成立防火组织,由客房部经理担任负责人,结合本部门的运转特点,制定具体的火灾预防措施及处理程序,在其管辖的客房及公共区域内预防火灾、处理火灾事故。火灾预防措施主要有以下几点:

(1) 客房内安装烟感报警器,地毯、床罩、家具、房门等应选用由阻燃性能的材料制作成的。房内"安全须知"中应说明防火灾要点及需要客人配合的具体要求。房门背面应有遇火灾时的安全指示图。客房服务员在房内清扫时,应注意可能引起火灾的隐患。

(2) 客房走道上应安装报警及灭火装置,较长的走道中间应有防火隔离门,安全通道应保持畅通,定期打扫检查。安全通道应有通气装置,在火灾发生时能自动启动,抽排燃烧引起的大量烟雾,使安全通道真正起到安全的作用。

(3) 配合安保部定期检查防火、灭火设备及用具,提出维修保养及更换的要求,训练员工掌握消防知识和操作技能。

(4) 制定客房各岗位员工在防火、灭火中的职责和任务。

(5) 制定火警时的紧急疏散计划,包括如何引导客人疏散、保护重要财产等。

(四) 客房防盗安全管理

客房是饭店失窃最多的地方。究其原因:一是客房是一个封闭和安静的环境,二是客人在饭店时安全意识不强,三是罪犯犯案具有隐蔽性且容易逃脱。

1. 客房偷盗的类型

(1) 社会上不法分子混入饭店作案。此类案件占饭店客房失窃的多数。此类案件的做法主要有以下两种:一是窃贼冒充饭店的客人,骗取服务员开房门作案;二是犯罪分子以会客的身份到客房作案。

(2) 宾客中一些不良分子进行作案。住店客人在住店期间,窜入别的房间作案。有时趁客人忘记关门而进房行窃;有时趁客人在卫生间窜入客房作案。

(3) 内部员工利用工作之便进行作案。此类案件在饭店中也不可忽视。

2. 客房防盗的措施

防盗工作是客房服务管理工作的重要

内容,客房部除了加强员工思想教育,增强员工责任心外,还需完善内部管理制度,防止案件的发生。

(1) 设有楼层服务员的饭店,值台服务员要坚守岗位,掌握客人出入情况,熟悉客人的特征、国籍、姓名、性别等情况,非住店客人不得无故进入楼层。

(2) 服务员对住店情况要保密,不向外泄露,以防不法分子了解住客情况后进行作案。发现可疑情况,立即报告。

(3) 完善来访登记制度。来访者到客房会见客人须得到被访者允许后方可进入房间,如客人不在房间,来访者不得进入房间。住客的钥匙只能客人本人领取,他人一律不得代为领取。

(4) 严格执行表格登记制度。客房服务员清扫整理客房时,要认真填写进出客房时间。打扫一个房间开一个房间的房门,严禁打开多个房间后再逐一打扫。打扫完毕或暂时离开房间要将房门锁上,以免为行窃者提供方便。清扫客房时严禁非本房间的客人进入。

(5) 加强钥匙的管理。宾客凭住房卡取钥匙,必要时提醒客人要将房门锁好;服务员清扫客房时,钥匙要随身携带;专人专管收发钥匙工作,履行钥匙领取登记制度,发现钥匙丢失,应迅速采取防范措施。

(五) 客房突发事件处置管理

客房是饭店突发事件多发之地,主要有突然死亡、突然停电、电梯困人、偷盗事件等,饭店应建立突发事件的处理预案,平时加强突发事件的处置演练和突发事件的监控工作,做到预防为主、化险为夷、处置及时,减少饭店的损失。

某饭店的客房部突发事件处置预案

(1) 客人突然死亡事件处置预案。

在日常工作中,如遇客人突然死亡事故,应按如下程序处理:

①保护现场并及时报告。保安部接获客人在饭店内死亡的报告后,应有保安部经理在内的保安人员及时赶到现场,并做好现场保护措施,劝阻无关人员靠近,同时报告饭店领导和公安机关。

②配合公安机关开展必要的调查访问。在公安人员到达前,应首先向报案人或发现人了解所见所闻,其次向死者家属或同行人了解有关情况,另外,还要从服务员中了解死者在饭店的各种情况,最后把调查访问的情况综合后提供给公安等相关部门参考。

③做好善后工作。配合饭店公关部做好家属接待工作,协助家属做好遗体处理。事件处理结束后,写出详细的书面报告,呈送上级领导并存档。

(2) 突然断电的处置预案。

①立即通知工程部并询问原因。

②通知相关部门并打开应急灯。

③加强对重点部位安全巡逻和监督。

④当值主管配合大堂副理、值班经理处理有关工作。

⑤封锁营业区域及重点部位出入。

⑥配合有关人员向客人作出解释。
⑦维持好各部门的运作程序。
⑧督促工程部发电机投入运作。
⑨做好事件的记录和报告。
(3)客人滞留电梯的处置预案。
①发现电梯出故障,应敲打电梯门询问是否有客人滞留于电梯内,并通知工程部紧急维修。
②通过对讲机向客人解释,安抚受困客人,使客人保持镇静,等待救援。
③配合医务室采取必要的急救措施。

四、客房卫生管理

客房部清洁卫生工作是客房服务的重要内容,也是客房服务质量和管理水平的综合反映,因此,应严格按照服务规程制定的标准、要求进行管理和检查。客房清洁卫生工作,一般可分为日常清洁和计划清洁两大类。

(一)客房日常清洁工作管理

许多客人入住饭店,不一定经常在饭店就餐,但会天天使用客房。客房的清洁程度是客人入住饭店最关心的问题之一,也是客人选择饭店的标准之一。明亮清洁的房间、优雅的环境能让客人产生一种宾至如归的感觉,因此,服务员必须按时、按服务规程和标准,认真、高效地清洁客房。

1. 确定科学的清洁工作规范和程序

(1)客房清扫的顺序。客房服务员必须先到相关楼层巡查,核实其要打扫的客房的具体状况,然后根据开房的急缓先后、客人情况或主管的特别交代,决定房间的清扫程序。一般情况下,客房的清扫顺序为:挂有 MUR(Make up Room)指示的房间,即请速打扫房;总台或领班指示打扫的房间;走客房;普通住客房;空房。另外,VIP客房一般采取专人打扫;长住房则与宾客协调,定时打扫。

(2)客房清扫的准备工作。客房服务员按以下工作程序操作:领取客房钥匙;了解当天房态;决定清扫顺序;准备房务工作车及清洁用品、器具与各类客房用品;准备吸尘器;检查着装。

(3)走客房清扫的注意事项。客房服务员接到通知后,迅速来到客房,对客房进行检查,检查要点为宾客有无遗留物品,房间的设备与家具、物品有无损坏与丢失,房客的 Minibar 与饮料消耗情况。如有以上情况,立即通知前台及领班,并进行登记;对卫生间各个部位进行严格的洗涤消毒;清扫合格后,立即通知总台。

(4)住客房清扫的注意事项。要先征得房间内宾客的同意后再打扫房间,宾客的物品与文件不能翻看,不得自行处理宾客物品;不得接听客房电话;房间清扫完毕后不得无故停留。

2. 进行有效的客房检查控制

客房检查是客房部日常管理的重要内容之一。应建立并实施客房清扫质量检查制度,该制度应包括:

(1)服务员自查。自查时间在整理客房完毕并交上级检查之前。自查内容包括设备是否完好、环境及物品布置是否整洁。

(2)领班查房。领班要对每间客房都

进行检查并保证质量合格。

（3）主管抽房。主管抽查房间数要求在领班查房数的10%以上。

（4）经理查房。经理查房一般定期进行，因为要求较高，被象征性的称为"白手套"式的检查。

在实施检查房间时，应执行查房程序。检查房间与整理房间的程序和标准基本一致。查房时应按顺时针或逆时针方向顺序进行，发现问题马上记录，及时解决。典型的查房程序如下：房门——墙面——护墙板或地脚线——天花板——地毯——床——硬家具——软家具——抽屉——电话机——镜子——画框——垃圾桶——灯具——电视机——衣柜——窗帘——窗户——空调——小酒吧——印刷品——文具——客用品。

检查卫生间的内容及顺序是：门——墙面——天花板——地面——浴缸——脸盆及梳妆台——坐厕——抽风机——客用品。

（二）客房计划卫生管理

客房除日常打扫工作外，还须有计划进行全面的清洁打扫，加强计划清扫工作的检查、考核工作，以达到计划清扫目的。计划清扫的内容包括：地板打蜡、清洗地毯、擦拭家具、清洁墙面、卫生间清洁消毒。

（三）PA管理

公共场所（简称PA）包括楼道、前厅、办公室、客厕、庭院等部位。公共场所清洁卫生工作是一项经常性的工作，稍有疏忽，将对整个公共环境产生不良影响，甚至对整个饭店的服务质量产生消极影响。饭店应加强过程控制，采取有效的措施保证公共卫生质量。饭店公共场所卫生清洁的内容包括：

（1）各餐厅、宴会厅、咖啡室、酒吧：利用餐间的空隙时间进行。

（2）客用公共厕所：随时进行巡视检查，保持其清洁。有条件的可设立客厕服务员为客人服务。

（3）门厅、会议厅：随时清洁整理。倒烟灰缸，保持地面清洁，午夜进行地面清洗工作。

（4）客用电梯：随时打扫，并定期更换地毯。

（5）庭院花木：每日整理，定期修剪。

（6）饭店建筑四周：每日打扫，尤其注意大门口的整洁。

（7）停车场：随时打扫。

（8）屋顶平台：定期打扫。

（9）各办公室、职工食堂、工作电梯、员工浴室、厕所、更衣室：每日打扫。

（10）虫害控制：定期进行灭鼠、灭蚊蝇、灭蟑螂等工作。

要管理好公共场所的清洁服务工作，必须建立岗位责任制，明确职责和清洁服务的标准，加强日常的检查和督促，以保证清洁服务工作的质量。

（四）客房部沟通管理

客房是饭店的核心产品，没有饭店其他部门的配合支持，就无法保证客房产品的质量。顾客在饭店消费客房产品的过程就是客房部与饭店相关部门密切合作的过程。客房部必须重视与相关部门的沟通管理。

1. 客房部与前厅部的沟通

客房部与前厅部的联系最为密切，很多饭店的前厅部与客房部都是合二为一的。沟通要点：

（1）客房部每天需要随时从前厅部获取宾客入住信息，以便做好楼层接待服务，准确核对最新的客情房态。

（2）客房部根据前厅部提供的客情房态，获得即将抵店的宾客、团队等信息，根据客情的特殊要求，做好准备工作；根据客情预报定期安排清洁计划和客房维修。

(3) 对携带少量行李的住客,客房部与前厅部需保持密切联系,防止逃账。

(4) 客房部接到前厅收银处传来的宾客结账信息,立即查房并告知结果,协调行李生送出行李。

(5) 宾客离店时,客房部需及时清理房间,并通知前厅部来调查房间状况。

(6) 前厅部根据电脑登记情况和客人入住及离店情况及时作出房态表或预先口头通知客房部,客房部根据前厅部提供的信息进行每日例行查房,做出房态误差报告送交前厅部。

2. 客房部与工程部的沟通

工程维修人员是除客房部员工外被允许进入客房的少数员工之一,是负责客房产品硬件质量的主要部门,与之沟通的要点是:

(1) 当客房设备设施发生故障,客房部应填写报修单或电话通知工程部,工程部应及时派人修理。如果是住客房,将由客房服务人员陪同。两部门需密切配合,对客房的设备设施进行定期维护和保养负有重要责任。

(2) 客房部应向工程部提供客情预报,以便工程部安排客房维修计划。

3. 客房部与餐饮部的沟通

驻店客人是餐饮部的重要客源,为客人提供饭店特色餐饮也是饭店客房部重要的服务项目,客房和餐饮部门应加强沟通,密切合作,提高饭店的经营效率。

(1) 客房部要负责餐厅范围内的清洁卫生、布草和员工工装的洗涤熨烫工作。

(2) 客房部要协调餐饮部搞好客房送餐及餐饮促销活动,如在客房内放置餐饮宣传材料。

4. 客房部与保安部的沟通

(1) 客房部应积极协助保安部对饭店客房和公共区域进行细致检查,做好防火防盗工作,确保住客安全。

(2) 客房部发现可疑住客、访客情况或者安全隐患,应及时与保安部取得联系。并在必要时协助公安局、保安部打开客房门。

(3) 客房部和保安部应共同制定住客紧急疏散方案,一旦出现险情,客房部应配合保安部,并在保安部的统一指挥下,做好住客安全工作。

(4) 对重要外宾将由保安部提供特别保卫。

(5) 对住客报失报案要会同保安部处理。

5. 客房部与采购部的沟通

(1) 客房部所需要的物资设备种类繁多,为保证客房服务质量的上乘稳定,应向采购部提供所需设备物资的规格、质量要求,特别是在客房更新改造前提出切合实际的采购建议。

(2) 为控制客房成本费用,客房部应对价格问题提出建议。采购部应按要求采购美观、价格合理的设备物资,保证及时足量供应。

6. 客房部与财务部的沟通

(1) 客房部要协助财务部做好客房有关账单的核对、固定资产的清点工作。

(2) 客房部要在财务部的协助下制定房务预算、定期盘点布草和其他物料用品。

7. 客房部与公关部的沟通

(1) 客房部要协调销售部的公关促销活动,在客房内放置饭店宣传卡,宣传推销客房和饭店其他设施与服务。

(2) 对公关销售部陪同参观的宾客,客房部要积极配合给以方便,并热情介绍房间设施等。

8. 客房部与人力资源部的沟通

为保证客房服务质量,客房部应协调人力资源部做好部门员工的招聘、培训等工作。

(1)当饭店人手紧缺时,客房部可向人力资源部报告,由人力资源部协调处理。除了可以补充实习生外,还应注意合理安排人手,以老带新;或将工作表现良好的公共区域服务人员抽调至楼层服务组,而把临时工配备给公共区域服务组。

(2)当饭店出现季节性接待任务不足时,为避免劳动力过剩,客房部可与人力资源部组织员工休假、培训等。

【任务拓展】

客房部就像一个大家庭,事物繁琐,管理工作面广量大,制度规范、人员配备、安全卫生等等,任何一个环节都不能放松。要让客人宾至如归,我们的管理人员和服务人员就必须做"保姆",提供全方位的服务;做"母亲",为客人提供温馨、舒适的居住空间;做"警察",保护客人绝对的安全。客房部的管理工作必须做到安静、细致、周到、卫生和安全,从每一个服务细节上下工夫,实现客房部的精细化、规范化和标准化管理。

通过本任务的学习,应掌握客房部管理的主要内容和管理方法,针对客房部业务特点,积极探索客房业务管理的新方法,为宾客提供优质的、具有市场竞争力的客房产品。请结合本任务所讲述的知识和技能,积极思考以下问题:

①为"客房就是温馨的家"制定一个标准指标体系。

②饭店客房如何实施低碳、环保理念?请设计五个低碳、环保的客房服务具体措施。

【任务反馈】

为了给不同的顾客(群)提供更为贴身、个性化的服务,现代饭店纷纷推出特色客房产品,如行政楼层、淑女楼层等,你知道这些楼层含义吗?

释疑:行政楼层也称为商务楼层,是饭店面向公务人员、企业老总、社会名流等高消费客人的豪华客房楼层,客房的实施先进、家具及设施豪华,服务周到。淑女楼层是高级饭店为那些"经常在外出差、对住宿有较高要求的白领女性"设立的专属楼层,除配备清一色的女服务员和保安员外,还禁止男性访客进入,房间内也增添了一些女性用品。

◆模块评价

【知识/技能评价】

前厅和客房是饭店的销售中心、利润中心、对客服务中心。本模块从前厅和客房的地位作用入手,介绍了饭店前厅和客房部的任务、组织机构、主要业务的管理要求,通过典型案例,传授前厅和客房部的管理方法和技巧。与相关课程客房服务与管理、前厅管理等课程配合,期待形成初级管理者较系统的饭店前厅和客房运行管理能力。

前厅管理的重点是宾客的进出环节,规范的销售、接待、登记、退房离店、收银结账等业务环节是前厅管理的重中之重,管理者必须掌握这些环节的管理规程和管理要求,同时要举一反三,触类旁通,才能形成前厅管理能力,通过实践提高,才能成为优秀的前厅管理者,客房部的管理能力形成也是同样的过程。

在饭店从事前厅和客房工作除掌握前厅和客房管理基本知识和技能外,管理者还必须具有强烈的销售意识、安全和卫生意识,具备生态、环保、低碳等现代饭店经营理念,具备发自内心为顾客服务的心态,只有这样,才能成为一名合格的前厅客房经营管理者。

课外复习思考题:

①简述前厅部的地位和作用。

②前厅部和客房部有哪些组织机构？

③请列出饭店前厅部和客房部的主要规章制度清单。

④前厅部有哪九项功能？

⑤客房价格有何特点？简述其构成。

⑥影响客房定价的因素有哪些？

⑦简述客房常用的定价方式。

⑧如何控制饭店房价？

⑨什么叫收益管理？饭店客房收益管理包括哪些内容？

⑩如何提升饭店收益？

⑪如何进行饭店客房销售的过程管理？

⑫饭店客房报价有哪些技巧？

⑬前厅服务项目有哪些？简述其管理要求。

⑭简述客房管理系统的构成。

⑮饭店客房组织机构管理应遵循哪些基本原则？

⑯如何配备客房员工？

⑰饭店客房楼面安全管理的要求是什么？

⑱如何保证饭店工作钥匙的安全？

⑲简述饭店防火安全措施。

⑳如何加强饭店客房日常和计划清洁工作的管理？

【能力应变】

饭店的种类很多，所有的饭店对前厅和客房管理均有相同的要求，如安全、卫生、舒适等，但是，不同类型饭店在前厅和客房管理方面均有自己独特的经营举措和管理方法。请通过资料检索、网络查询等途径，选取典型饭店样本，完成以下两组饭店的前厅客房经营管理特色比较。

①经济型饭店和星级饭店的前厅经营管理特色比较。

②商务饭店和度假型饭店的客房经营管理特色比较。

【模块链接】

①通过浏览 http://www.cn.chinahotel.com/index.html（中国饭店网）、http://www.bbs.canyin168.com/（职业餐饮论坛）、http://www.bbsjdjl.com/forum.php（饭店职业经理人论坛）、http://www.hotel-un.com/（中国饭店联合网）等网站，拓展饭店前厅和客房管理的知识技能，了解饭店前厅和客房经营管理的最新资讯和成功经验。

②通过阅读《现代宾馆饭店旅游业服务技能规范与标准服务程序指导手册》（吉林音像出版社，2005）、《饭店前厅管理》（旅游教育出版社，2003）、《客房管理》（高等教育出版社，2006）、《客房服务员——初、中、高级》、《前厅服务员——初、中、高级》（中国劳动社会保障出版社，2011）等书，了解不同饭店的前厅和客房经营管理方式和方法，了解饭店前厅和客房的主要操作技能，拓展饭店前厅和客房管理的知识面并积累管理经验。

模块四　饭店餐饮部经营管理

◆模块目标

【行业要求】

熟悉饭店餐饮部门工作特点和工作任务，具有较全面的餐饮业务知识和技能，能组织餐饮部独立开展经营管理活动，具有较强的餐饮市场预测和营销能力、菜点创新能力和经营效益控制能力。

【学习目标】

①掌握饭店餐饮部的地位、作用、任务，能进行餐前、餐中、餐后管理；②掌握饭店厨师长日常管理要求，能进行厨房菜点出品质量管理和出品创新；③掌握饭店餐饮成本的特点，能进行饭店餐饮成本分析和一般成本控制；④掌握饭店餐饮服务、物料、生产过程和岗位培训管理要求；⑤掌握饭店餐饮安全卫生管理要求，能够有效防止安全事故、卫生事故的发生；⑥掌握饭店餐饮常用销售模式和管理要求，能对饭店餐饮市场进行分析并提出应对措施。

◆模块任务

通过对本模块的学习，学生能够从餐饮部的地位、作用、餐饮管理业务流程等方面了解饭店餐饮部的组成，认知饭店餐饮部的任务与岗位职责，重点掌握饭店餐饮部中餐厅、厨房的对客服务流程、餐饮销售管理，熟悉饭店餐饮部的基本业务流程；加深对饭店餐饮部生产、管理活动的理解，为进一步掌握饭店经营管理奠定基础。

本模块共有四项任务，分别是饭店餐饮部概述、餐厅服务管理实务、厨房运行管理实务、餐饮销售管理实务。

任务一　饭店餐饮部概述

【案例聚焦】

星级饭店餐饮——薄利多销也赚钱

许多星级饭店为跻身于行业领先地位挖空心思，使出浑身解数，抢占市场，而一旦企业优势互补地位确立，就开始脱离大众消费层，这反过来限制了饭店的市场占有量。放弃最广大的消费群——普通老百姓，既给饭店带来了困扰，也暴露出饭店经营意识的不成熟。其实，薄利多销并不是饭店业摆脱困境的权宜之计，而应是一项合乎市场规律的战略选择。

在客源不甚畅通的情况下，经济发达的无锡中高档饭店竞争激烈，一家不久前刚刚试营业的四星级饭店——无锡国际饭店竟然生意兴隆，让人真正感受到了什么是门庭若市。每逢节假日，有41张餐桌的大厅必定爆满，一小时内至少有五六张桌子要翻两次台。亲朋相聚、婚庆喜宴、企业宴请，气氛异常热烈。为什么"国际"这样"火"？"薄利多销"的经营之道被这家饭店运用的淋漓尽致，"薄利"给"国际"的餐饮带来了良性循环。价位不高，客人就多了，客人多了，资金和原材料的周转就快了，原料新鲜、菜品质量有保证，环境、服务较好，"回头客"就多了。如此滚动,靠规模效益,"国际"的餐饮立稳了脚跟,无锡国际饭店充满自信。

那么"薄利多销"会不会引起行业内不良的"削价竞争"呢?该饭店认为:近几年的盲目竞争造成了一些价格畸形。市场经济中的经营需要实事求是,"薄利"不是"无利",而是价格的回归。"薄利多销"实际上是让利于民,是对"暴利"的一种抵制,对消费者来说是极大的好事。而对整个行业来说,应该起到这样一种作用:让一些经营不好的而又不肯放下架子的饭店看到还有另一种赚钱方法,而对那些有实力的同行而言,我们也只不过是通过实力用自己的方法经营而已,没必要在经营方式和风格上攀比。

餐饮市场原本就该是大众化的市场,只有大众消费才能带动餐饮业的繁荣。我国改革开放和特色社会主义建设的国策,使中国人民生活水平得到逐步提高,开始从温饱进入小康。但一掷千金的大款毕竟是少数,进入小康的家庭要求家庭服务社会化却是一种必然趋势。工薪阶层将成为大众消费的主体,这也是餐饮业在全国范围内比其他行业增长速度快的根本原因。餐饮经营者应尽快认清形势,转变观念,迎接大众化消费的来临。当然,任何时候,成功的营销都必须以高水准的产品、高水平的服务质量为坚强后盾。任何疏忽大意所造成的失误都将给饭店带来意想不到的损失,而这样的损失一旦超过临界点,就对饭店形象造成了严重危害,哪怕降价都无济于事了。无论采取什么手段,选用哪种策略,都必须以扩大营业总量为根本前提。

【任务执行】

一、餐饮部的地位和作用

通常饭店里的餐饮部包括点菜餐厅、团队餐厅(多功能厅)、咖啡厅、酒吧、特色餐厅、自助餐厅、客房送餐、外卖部等部门。饭店餐饮在整个饭店经营活动中具有重要的地位和作用,主要表现在:

(一)餐饮部是饭店的重要组成部分

饭店餐饮部除了食品、饮料等有形产品外,还为宾客提供无形的产品,如烹饪技艺、餐厅服务。宾客可以根据餐饮部为他们提供的食品与饮料的种类、质量以及服务态度等来判断一个饭店服务质量的优劣和管理水平的高低,餐饮部工作人员,特别是餐厅服务人员,他们与宾客直接接触,其一举一动、片言只语都会在宾客的心目中产生深刻的印象。所以,餐饮服务的好坏直接影响饭店的客源和经济效益。

(二)餐饮服务直接影响饭店声誉和形象

服务即一种助人或济人的行为,是友善友好的具体表现,是关心他人福利或利益的行为。我们应该从现代人及其生活角度来理解服务。现代饭店是人与人、人与自然相互交流的场所。作为社会生活中的一分子,我们都与其他人息息相关。餐饮服务构成内容见如下图4-1:

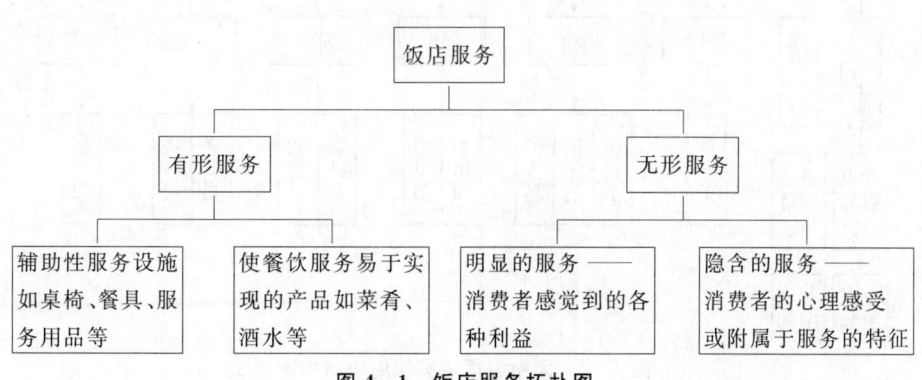

图4-1 饭店服务拓扑图

(三)餐饮收入是饭店收入的重要组成部分

餐饮部是饭店获得经济效益的重要部门之一。我国旅游饭店的餐饮收入大约占饭店总收入的1/3。

(四)餐饮部为社会创造了就业机会

餐饮部是饭店劳动力最密集的部门,由多个小分支组成,而每个分支又由前台、后台服务人员组成。从餐饮原料的采购、验收、储存、发放,到厨房的初步加工、切配、烹调,再到餐厅的各项服务工作,需要许多员工共同配合才能做好。饭店餐饮部对社会的贡献在于它为社会创造了众多的就业机会。

二、餐饮部的工作任务和组织结构

(一)餐饮部的工作任务

饭店餐饮部主要承担着向海内外宾客提供优质菜肴、饮料、点心和优良服务的重任。并通过满足客人的各种需求,为饭店创造更多的营业收入。

(1) 向宾客提供以菜肴酒水等为主的有形产品,满足宾客的需求。

(2) 向宾客提供针对性的,能满足心理和生理需求的个性化服务。

(3) 增收节支、开源节流,提高餐饮经营管理水平。

(4) 加强自身的形象建设,为饭店树立良好社会形象。

(二)餐饮部的组织结构

饭店无论规模大小,餐饮部主要通过四个模块开展业务。具体见图4-2所示。

(1) 采保部门(Purchasing and Storing Department),负责餐饮部生产原料的采购与保管(以鲜活原料为主)。

(2) 厨务部门(Kitchen),负责所有餐饮产品(菜肴、点心等)的烹饪加工。

(3) 各营业点(Outlets),餐饮部门直接对客服务的部门,包括各类餐厅、宴会厅、酒吧、房内用餐服务部等。

(4) 管事部(Steward),是餐饮运转的后勤保障部门,担负着为前后台运转提供物资用品、清洁餐具和保障餐饮后台环境卫生的重任。

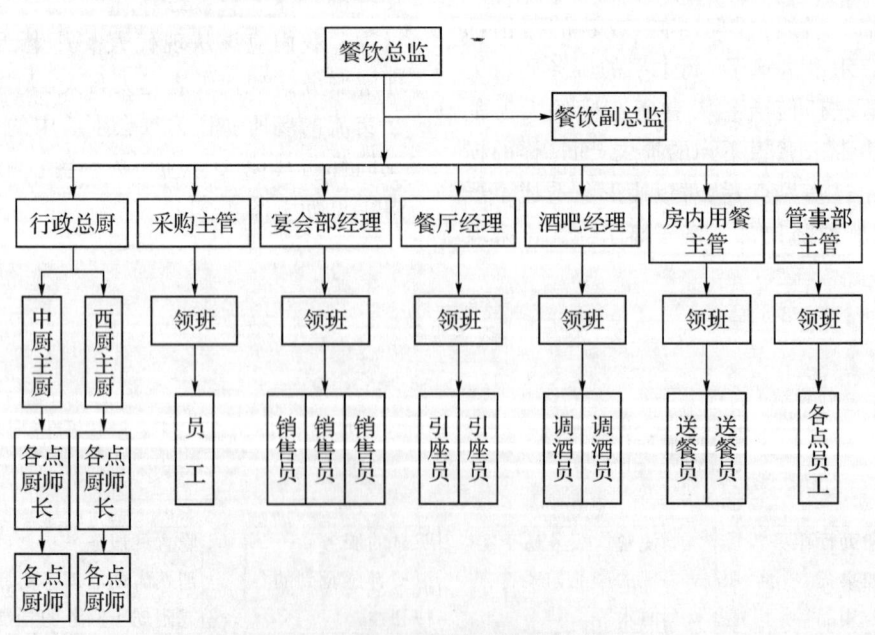

图4-2 大中型饭店餐饮组织结构图

三、餐饮服务管理

服务管理是餐饮管理体系的重要组成部分,也是餐饮管理最重要的任务之一。餐饮服务管理工作包括环境布置与安排、服务方式的确定、服务质量控制、收银服务管理等内容。

(一)餐饮服务环境的布置与安排

通过餐厅环境的布置与安排,为就餐者提供一个舒适、美好的就餐环境。具体来说要精心设计餐厅的店面和外表,形成美观、清洁、醒目的店面形象,以充分激发顾客对餐饮产品的想象,刺激消费。同时要以餐厅的档次、面积及经营性质合理安排好餐桌、餐椅的配置,达到适用、调和、统一的目的,提高餐桌的利用率。以方便客人活动为原则精心设计好客人的流动线路,以提高工作效率和最小化影响客人为原则设计好餐厅服务人员的活动线路。另外要特别注意餐厅的光线、色调和背景音乐的配置,给顾客创造一个明亮宽敞的就餐环境,使顾客心情舒展,用餐愉快。

(二)餐饮服务方式的确定

不同地区、不同民族在长期的餐饮发展过程中逐步形成的饮食待应习惯,并成为约定俗成且又相对固定的形式叫餐饮服务方式。确定服务方式的目的是既能使餐饮部依据不同的服务对象、不同的服务需求,提供标准、规范的服务,从而使服务质量相对稳定,又可使服务项目相对固定。

1. 西餐常用服务方式

西餐的服务方式是指西餐所提供的侍应招待方式,西餐的各种服务方式均保留各种鲜明的特点,适合不同类型、不同场合、不同特色的消费。

(1)美式服务(American Service),又叫"盘子式服务"(Plate Service),主要适用于中低档次的西餐零点和宴会。美式服务的程序:厨师根据客人的点单烹制食物后装盘,然后由服务员直接分送给每一位顾客。美式服务的操作要点:服务员用左手从客人左侧上菜,用右手从客人右侧撤碟,(饮料从右面上)。服务快捷、方便、易于操作。

(2)俄式服务(Russian Service),起源于俄罗斯的贵族与沙皇宫廷之中,并逐渐为欧洲所采用。俄式服务又叫"大银盘"服务,主要用于高档的西餐宴会服务。俄式服务的基本程序和要点是:厨师将菜肴加工制作好后,按一道菜配置一个银质大浅盘的原则,放置在大浅盘内,由服务员将盘端至餐厅;服务员在上菜前按顺时针的方向向依次用右手从每位客人的右侧送上餐盘;服务员开始派菜,其方法是服务员左手托着装菜有大浅盘,右手用分叉、分匙按逆时针的方向从每位客人的左侧均匀地将菜放入客人面前的餐盘。

(3)法式服务(French Service),起源于路易十四的宫廷宴会,是一种十分讲究礼节,也很奢华的服务方式,主要适用于高档包房。法式服务的基本程序和要点是:每位客人通常有两名服务人员同时进行餐桌服务,一名为主,另一名做一些辅助性工作;每道菜的最后一道工序都得在餐桌完成,而后递送给客人;服务员用右手,从客人右侧上菜操作。法式服务炫耀性强,能为客人提供极为细致入微的服务,但服务速度慢,劳动成本较高。

2. 中餐常用服务方式

在饭店的餐厅中,目前常用的中餐服务方式有:共餐式、分餐式、转盘式。

(1)共餐式服务,就是由餐者用自己的筷子到菜盆中夹取菜肴。但如今有了较大的改进,就餐时客人用附加的公筷、公匙等盛取喜爱的菜肴。共餐式服务适合2~6人的中餐零点服务。

(2)转盘式服务,就是在一个大圆桌面上放置转盘,将菜肴放置在转盘上供就餐者夹取。转盘式服务适用于大圆台的多人就餐,既可用于一般团体用餐,也适用于中餐的宴会。转盘式服务的基本服务程序同共餐式服务。

（3）分餐式服务，一般用于较正式的高档宴会。主要有"席上分菜"和"席边分菜"两种形式。席边分菜服务是指在宴会餐桌旁设置分菜台，放置备用餐具，并在分菜台上完成菜肴分派，然后按顺序递送给每位就餐者。席上分菜是指将菜肴在桌面上展示和向客人介绍后，由服务员左手托盘，右手用分叉、分匙按逆时针方向在每位客人左侧将菜肴均匀地分到每位客人面前的餐盘内。

席上分菜服务的基本程序与西餐服务中的俄式服务相似。服务员不管采用那种分菜形式，均要稳健、快捷、轻巧，并要确保所分菜肴数量、质量均匀。

（三）餐饮服务质量的控制

通过建立合理的服务规程，了解、收集各种服务质量信息和强化员工的培训等环节，形成餐饮服务质量控制的长效措施，通过对准备阶段、执行阶段和结束阶段的预先控制、现场控制和反馈控制，实施餐厅服务质量的有效控制。

（1）预先控制就是在开餐前做好一切相应的管理，防止在开餐过程中发生偏差，其主要内容有：

①人力资源的预先控制——合理安排、灵活使用劳动力，确保员工仪表仪容符合规范要求。

②物资资源的预先控制——各类用品品种齐全、数量充足。

③卫生质量的预先控制——各部位的卫生如不能达标，必须返工。

④事故的预先控制——客情通报应及时、迅速、完整，前后台联系应规范、畅通。

（2）现场控制就是现场监督正在进行的餐饮服务，使其规范化、程序化，并迅速妥善处理意外事件。其主要内容有：

①服务程序的控制——发现偏差，及时纠正。

②上菜时机的控制——恰到好处，符合要求。

③意外事件的控制——处理投诉，迅速及时；顾客醉酒，劝其离开，餐厅气氛，始终和谐。

④人力的控制——划分区域，分工负责；客情需要，及时调整。

（3）反馈控制就是通过内部系统和外部系统质量信息的反馈，找出服务工作在准备阶段和执行阶段的不足，采取措施，加强预先控制和现场控制，提高服务质量，使宾客更满意。

（四）餐饮收银服务管理

餐饮服务收银控制是保证餐饮收入、防止饭店损失的重要手段。收银控制包括收银员和餐厅服务人员的舞弊控制和差错控制。

1. 餐厅人员舞弊行为的主要表现

（1）走单，指故意使整张账单走失，以达到私吞营业收入的目的。比如：有意丢弃或毁掉账单，私吞相应的收入；不开账单，私吞钱款。

（2）走数，指账单上的某一项目的数额或该项目数额中的一部分走失。比如：擅改菜价，漏记收入等。

（3）走餐，指不开账单，也不收钱，白白走失餐饮收入。当有工作人员（服务员或收银员）的亲朋好友用餐时，这类作弊尤易发生。

（4）走汇，主要指餐厅收银及有关人员私兑收入的外币而使饭店的营业收入因私兑外币蒙受损失。

2. 餐厅人员的差错主要表现

（1）账单遗漏内容或计算错误。

（2）外汇折算不正确。

（3）给予客人优惠折扣错误。

（4）账单汇总计算发生误差。

3. 收银控制的主要手段和基本程序

单据控制是餐饮收入日常控制的主要手段。为此须设计和运用适当种类和数量的单据来控制餐饮收入的发生、取得和入库,做到单单相扣,环环相连。

餐饮收入活动涉及钱、物、单三个方面,其中物品是前提,货币是中心,单据是关键。据此"三线两点"控制法是餐饮收银控制的基本程序。

所谓"三线两点"就是把钱、物单分离成三条互相独立的线(即物品传递线、账单传递线、货币传递线)进行传递,在三条传递线的终端设置两个核对点,以联络三线进行控制。经手物品的人,不经手账单和货币,而仅仅从事物品传递,形成一条线;经手账单和货币的人又将账单和货币分开进行传递,形成另两条线,从而形成餐饮收入的三条传递线运作。其中,每一条线上都由相关传递链条或环节组成,每向前传递一步,就对上一步的传递进行一次检查、总结,最后再将三个传递结果互相核对准确,从而进一步提高整个控制系统的可靠程度。

四、餐饮物料管理

餐饮物料是饭店餐饮服务的重要物质基础。通过对餐饮物料的管理和控制,既能确保餐饮生产所需的各类原料供应,又能使餐饮原料成本处于最理想状态。

(一)餐饮原料采购管理

餐饮原料的采购管理,主要是为了保证所采购的原料质量符合要求,以及使餐饮成本得到控制。

(1)采购质量控制。采购过程中要坚持规格标准,坚持适用和经济性原则,坚持最优质量的原则。

(2)采购数量控制。应根据营业需要、资金情况、仓库条件、现有库存量、原料特点、市场供应状况等因素确定近期所需采购的原料数量。

(3)采购价格控制。以理想的价格获得满意的原料和服务是采购工作的目标之一;通过货比三家,取得最优的价格;通过采购效益分析不断提高采购技术;利用市场竞争因素,与供应商商定延缓付款的信用期,以尽量提高饭店资金的利用率。

(二)餐饮原料验收管理

原料验收是餐饮物料管理的重要环节,目的是保证所收到的货物是已定购的数量、已说明了的质量和已报过的价格。

(1)原料验收程序控制。严格按照核对价格、盘点数量、检查质量等三个程序操作。认真填写有关报表,将原料送到各使用部门入库储存。

(2)原料验收方法控制。验收人员要严格按发票验收和填单验收的方法进行验收。

(三)食品原料的贮藏管理

对食品原料贮藏管理主要是为保证库存原料的质量,延长其保质期,减少损耗。贮藏管理应做好以下三方面的控制管理。

(1)人员控制。应有专人负责贮藏工作,任何人未经许可不得进入库区。严格控制有权进入库区的人员数,库门钥匙须由专人保管,门锁应定期更换。

(2)环境控制。不同原料应有不同的贮藏环境,如干藏仓库、冷藏仓库、冷库等。各类库房均应符合安全卫生要求和原料贮存条件。如有条件应在库区安装闭路电视以便监察。

(3)日常管理要求。①定点存放。合理规定各种原料的固定存放点,以简便操作。②先进先出。按进库日期确定发货顺序,以保证原料质量。③温度、湿度。确保各种原料在合适的温度和湿度环境中贮藏。④清洁卫生。保证库区清洁卫生,杜绝鼠害、虫害。

(四)食品原料的发放管理

原料发放是物料管理的最后一个环节。控制发料,既能满足厨房用料需要,又能有效控制发放数量,从而达到控制成本的目的。库存原料发放控制的要求是:

(1)定时发料。饭店应根据具体情况,规定仓库每天发料的时间和次数,以促使厨房作出周密的用料计划,避免随便领料,减少浪费。

(2) 凭单发料。即凭已经审批的领料单发料。领料单是仓库管理和餐饮成本控制的重要工具。使用领料单发料有三大作用,即控制仓库的库存,检验各厨房的餐饮成本,控制领料量。

(3) 准确计价。领用原料的成本是饭店每天食品成本的组成部分。因此,仓库管理员每天及时、准确地计算领料单上各种原料的成本及全天的领料成本总额。

五、餐饮生产管理

餐饮生产过程即是食品加工过程。餐饮生产管理就是对食品加工过程中的各种活动进行计划、指导、监督和控制。

(一) 餐饮生产的组织

为使餐饮生产活动正常运作展开,应本着科学、合理、经济、高效、实用的原则,配置餐饮生产的组织。

1. 餐饮生产各部门的职能

加工部门:主要负责菜点原料的初加工,向切配岗位提供净料。

配菜部门:负责原料的成形加工和配份,是成本控制的关键。

炉灶部门:将配好的半成品烹制成菜肴,并及时提供给餐厅。

冷菜部门:主要负责冷菜的制作和供应。

点心部门:主要负责各类点心的制作和供应。

2. 餐饮生产人员的配备

合理选配餐饮生产人员既能保证餐饮生产效率和产品质量,又能控制劳动力的成本。一般有以下几种方法来确定餐饮生产人员的数量:

(1) 按比例确定。就是根据饭店的餐位数来确定生产人员。目前国防大学内饭店平均的人备比例是1:10,即平均10个餐位配备1名餐饮生产人员。

(2) 按工作量确定。将既定的厨房里每天所有加工生产制作菜点所需时间累计起来,计算出完成当天所有餐饮任务的总时间,乘以一个员工轮休和病休等缺勤的系数(如10%),除以每个员工规定的日工作时间,即可得出所需餐饮生产人员的数量。公式为:

总时间 $\times (1+10\%) \div 8 =$ 餐饮生产人员数

(3) 按岗位描述确定。根据厨房规模,设置相应的工作岗位,将厨房所有工作任务分岗位描述,进而确定各种岗位完成其相应任务所需人手,汇总成厨房用工数量。

(二) 餐饮产品生产运作管理

餐饮生产运作过程,主要是指加工、配份和烹调三大阶段,餐饮生产运作管理就是针对不同阶段的特点,制定操作程序,及时、灵活地对生产中出现的各类问题加以协调、督导,确保生产运作有序开展。

1. 产品加工阶段的管理

加工阶段包括原料的初加工和深加工,通过加工使原料适合烹调。加工质量主要有以下几方面工作和要求:

(1) 冰冻原料的解冻质量。为使解冻后的原料恢复新鲜、软嫩的状态,尽量减少汁液流失,保持其风味和营养,应注意解冻媒质量温度要尽量低;要防止微生物的污染;要控制好外部和内部解冻所需时间差;尽量在半解冻状态下进行加工。

(2) 提高原料加工出净率。出净率越高,则原料的利用率越高;出净率越低,则菜肴单位成本就越大。

(3) 做好加工的规格标准。产品加工数量管理。原料的加工数量,应以菜肴销售预测为依据,以满足生产为前提,留有适当的贮存周转量,避免加工数量过多而造成质量降低。

2. 产品配份阶段的管理

配份阶段决定了每份菜肴的用料及其相应的成本,对配份阶段的控制既是保证产品质量的需要,也是经营盈利的需要。

(1) 产品配份数量的控制。为既保证消费者的切身利益,又使饭店获取应得的利润,在产品配份时应按照标准食谱规定的配份规格标准,用秤称量,论个计数。

(2) 产品配份质量管理。原料的配份必须相同。应按标准食谱,统一用料配菜。

(3) 健全配菜程序和工作制度。要严格防止配错菜(配错餐台)、配重菜和漏配菜等现象发生。

3. 产品烹调阶段的管理

烹调是餐饮产品生产的最后一个阶段,是确定菜肴色泽、口味、形态、质地的关键。为此,要求做到严格按照操作规范进行烹调,禁止厨师随心所欲、任意发挥。坚持菜肴少量勤烹。

(三) 餐饮产品原料成本核算

餐饮产品原料成本,就是产品所耗用的各种主、辅料和调味品的成本之和。正确地核算产品的成本,就能合理地制定产品售价,从而保证饭店的利润。

1. 单件产品制作核算方法

先算出产品中所耗用的主、配料和调味品的成本,然后逐一相加,即得出产品单位成本。

例如,咸菜黄鱼汤一份,用料如下:新鲜小黄鱼(净料)250 克,(毛料 12.00 元/500 克,净料率 80%),笋丝、咸菜等辅料共计 3.00元,调料 1.50 元。计算菜肴的成本。

解:小黄鱼(净料)单位成本为 12.00 元÷80%÷2=7.5 元(每 250 克)

则该菜肴的成本为 7.50+3.00+1.50=12.00(元)

2. 成批产品制作核算方法

先算出整批产品所耗用的主、辅料和调味品的总成本,再按其产品数量平均计算,即可得出产品单位成本。其计算公式是:

单位产品成本＝本批产品所耗的原料总成本÷产品数量

【任务拓展】

通过对饭店餐饮部的地位、作用、餐饮部业务和管理流程的学习,才能深入地理解饭店餐饮部的服务内涵。随着社会生产的高度发展和人们生活价值观念的改变,餐饮需求日益多样化,人们对餐饮产品的质量、用餐环境和就餐气氛、餐饮服务质量要求越来越高。为了满足消费者的这些需求,餐饮部在饭店的经营中所起的作用越来越大,所肩负的责任也越来越大。

不同类型饭店的定位、规模、文化和管理特点不同,餐饮部在业务和管理过程中会有所差异,为了更加深入了解饭店餐饮服务概况,结合本任务内容,通过网络等途径,调查你所在地区的一家星级饭店餐饮部的业务流程并进行分析。

【任务反馈】

饭店餐饮服务由有形和无形服务两部分组成,有形服务(可见实物)容易理解,对无形服务的理解往往存在困难,你呢?

释疑:饭店的无形服务是饭店服务产品的重要特征。相对有形实物服务而言,无形服务是由服务人员的行为或活动转化成的顾客需求,譬如服务员对顾客的舒心的微笑、全方位的关注、热烈的气氛等等。里兹·卡尔顿饭店集团的创始人里兹常说:人们喜欢有人服务,但是要不露痕迹。他把他的服务方法归纳为四点:看在眼里而不形于色,听在心中而不流于言表,服务周到而不卑躬屈膝,承志上意而不自作主张。

任务二 餐厅服务管理实务

【案例聚焦】

餐厅,是供就餐者进餐的场所,也是饭店餐厅工作人员为就餐者提供服务的场所。餐厅服务与烹饪加工工作一起构成膳食供应工作中的前台服务和后台服务。而作为前台服务的餐厅服务直接对顾客服务,其服务水平的高低,一方面影响着就餐人员的饮食效果,另一方面影响着饭店的声誉。即使后台工作人员的烹饪水平很高,制作的饭菜可口,若前台服务不热情,不周到,丢三落四,甚至对就餐者冷言冷语,让人好饭好菜吃不好,就餐人员也是不会满意的。

被撕碎的支票

某天的下午,某饭店楼层服务员 Mary 正在整理工作车,准备将垃圾运走。正在这时,402 房间的李先生急匆匆地来到服务台:"小姐,请问你收拾房间时,有没有看到垃圾桶里有张支票?"Mary 迅速地回忆了一下,这个房间是上午清扫的,如果有,也可能给收拾走了。"先生,您说支票在垃圾桶里?""对!"客人懊恼地说:"昨天晚上我喝醉了,将一张 5 万元的支票撕碎后扔进了垃圾筐。"

5 万元,可不是小数目,但要从一大袋垃圾中找出这张支票的小碎片,又谈何容易!可 Mary 又想到,饭店一直要求员工"想客人所想,急客人所急",在客人最需要我们的时候,更应该主动为他们提供服务。想到这里,Mary 微笑着安慰客人说:"请不要着急,先回房休息,我一定尽力帮您找到。"客人听了,非常感动,怀着希望走了。

Mary 将垃圾袋从工作车上取下来,翻开后,一点一点扒垃圾,仔细地查找着每一片纸片。垃圾袋中散发着刺鼻的臭味,但她仿佛没有注意到这些,仍然认真地寻找着,"功夫不负有心人",撕碎了的支票碎片终于找到了。Mary 又找来胶水,将碎片一一粘好,碎片又变成了一张完整的支票。

客人看到这张虽有污迹但完整无缺的支票时,激动得紧紧地握住 Mary 的手说:"小姐,太感谢你了,没想到贵饭店的员工服务这么好,住贵饭店将是我永远的选择。"

一张支票,被客人无意撕碎丢弃,服务员本可不承担任何责任,客人也没有责怪服务员,然而该员工却用自己对客人的热诚和对工作的认真负责,弥补了客人的失误。她弥合的不仅是一张支票,而且还弥合了客人在饭店的遗憾,为饭店提高了声誉。

标准化的服务,是必须做到的,这是我们的责任。个性化的服务则要有真情,真正把客人当做亲人,才能"想客人所想,急客人所急"。

【任务执行】
一、餐前服务管理

在餐厅开门营业前,服务员有许多工作要做。首先是接受餐厅经理的任务分配,了解自己的服务区域,然后检查服务区域和工作台,熟悉菜单及当日的特选菜。充分的餐前准备工作是优良、有效经营的重要基础和保证,因此是不可忽视的重要一环。

(一)任务分配

通常在餐厅里要将所有台子按一定的规律划分成几个服务区域。服务区域的分配方法因餐厅而异,服务人员的安排要根据服务区域而定,通常是每个服务区域安排两个服务员为一组,一人负责前台,一人当助手,这样始终保持前台服务区域内至少有一人值台,不会出现"真空"现象。服务员接到自己需要负责的服务区域的指令后,要了解本区域的台子是否有客人已经预订,客人是否有特别要求等。

(二)餐厅准备工作

(1)准备餐桌、餐椅。服务员开餐前,首先,要检查其值台的区域,检查场地。有时客人会将几张餐桌拼拢一起,要将餐桌搬回原位。其次,如有预订的客人,要为其安排好足够座位的餐桌。最后,要将餐桌、餐椅检查一遍,特别是餐椅,看看有没有污渍,比如积水、油渍等等。

(2)准备台布。台布要选择合适的尺寸,平时就应将台布按照规格大小分类存放,一般来讲,台布的大小是根据餐桌的尺寸大小定做好的,只需按规格铺放整齐就可以了。

(3)准备餐具。餐具摆台时要用干净

的托盘端出。在摆台时,拿餐具也要讲究,比如:瓷器要拿其边沿,水杯要拿其底部,餐叉要拿其把柄等。摆台前还要对餐具进行检查,不要把已经有破损或有油渍的餐具摆上台,破损的餐具容易弄伤客人,既影响餐厅的水准又不安全,而有油渍的餐具会给客人不卫生的感觉。摆好餐台后,服务员最后要再仔细检查一遍,以确保所有的餐具都是干净、齐全和按规格摆放整齐。

(4) 准备餐具柜。餐具柜用于储藏服务的设备,放在靠近服务区的地方,它可以避免服务员频繁地来往于厨房和餐厅之间取用餐具、台料等用品,有利于提高效率。服务员在开始营业前要负责将各种餐具、调料和服务用品领来储存在本区域的餐具柜中。

服务员必须养成保持餐具柜清洁的习惯。餐具柜内部的摆放也应分类存放整齐,以避免翻找时餐具造成噪音,影响客人用餐。

(5) 卫生保洁。服务人员按照分工做好餐厅的日常卫生保洁工作,包括地面、工作台、餐台、辅助工作等的卫生。

(三) 熟悉菜单

菜单是一个饭店的招牌,它往往能体现出饭店的特色、档次和服务水平。作为服务人员对本店的菜单是否熟悉直接影响着服务质量与经营效果。首先,熟悉菜单可以方便推销;其次,对菜单的了解有助于服务人员向客人提供建议,特别是初次到饭店来用餐的客人或者是外地的客人,都乐于从服务员那里得到帮助。

(1) 熟悉菜单的种类。餐厅菜单有零点菜单和套餐菜单;早餐菜单、午餐菜单和晚餐菜单;儿童菜单、特选菜单、酒单等。服务人员要熟记主要内容,经常关注菜单内容的变化。

(2) 熟悉菜单的内容。西餐通常有:开胃品(酒)、汤、沙拉、主菜(肉类或鱼类、海鲜)、蔬菜、甜品和咖啡、茶等;中餐通常有:厨师特选、冷盘、汤、鸡、鸭、鱼类、海鲜、牛肉、猪肉、野味、蔬菜、主食、小吃等。

(3) 熟悉菜品的烹饪方法。主要的烹调方法有炒、炸、烤、煮、蒸、焖、烘、炖、煨、烩、爆、氽等。

(4) 熟悉烹制时间。掌握某种菜肴的烹制时间,可以帮助服务员在不同的情况下恰当地给客人推荐菜肴。例如对赶时间的客人,你得为他推荐烹制时间较短的菜肴。

(5) 熟悉菜单的变化。餐厅的菜单有时会做定期的变化,一是为了使色彩多样化,二是由于原料或菜的季节以及成本所致,因此餐厅常常提供当日特选菜单或季节菜单,服务人员要及时掌握有变化的菜品。

(四) 餐前短会

在服务员已基本完成各项准备工作、餐厅即将开门营业前,餐厅经理或领班负责主持召开短时间的餐前会,餐前会议的主要任务和所要达到的目的是:

(1) 检查所有服务人员的仪容仪表,如头发、制服、名牌、指甲等;

(2) 使员工在意识上进入工作状态,形成营业气氛;

(3) 再次强调当天营业的注意事项,特别是有重要客人的接待工作或已知客人的特殊要求。

二、**餐中服务管理**

(一) 迎宾和领位服务管理

饭店餐饮部的迎宾和领位一般由餐厅经理或专职迎宾员完成。餐厅迎宾工作是营造宾客至上氛围的重要服务环节,应合理有效安排客人的流动,维持餐厅有序的就餐秩序。迎宾领位的程序如下:

(1) 欢迎问候客人;

(2) 询问有无预订和人数,根据客人数备好菜单;

(3) 根据客人特征安排空座并询问客人意见;

(4) 拉椅让座,询问用餐方式;

(5) 翻开菜单第一页递给客人；

(6) 协助安排儿童就座。

迎宾和领位要尊重客人的意愿，把客人安排同批同桌，要按人数安排餐桌，注意将吵闹的客人安排单间或靠里面的地方以免影响其他客人。在餐位安排过程中要特别注意把老年客人和残疾客人安排在便于行走的地方，年轻情侣或谈生意的客人安排在安静的地方，体面的客人安排在显眼的位置，高峰期要根据先来后到的顺序安排客人就餐。

（二）点菜服务管理

点菜服务既是重要的销售环节，更是餐厅优质服务的重要的体现。当领位员安排好客人就座后，服务员立即迎上去问候，严格按照点菜服务规范进行点菜，做到点菜服务姿势规范、准确。如果点菜期间服务区内有新的客人到来要立即打招呼请客人稍等。

在点菜服务过程中要热情回答客人提出的饭店和餐厅相关信息，耐心介绍菜肴知识，把握好推荐菜点的机会和尺度，多用建议性语言，做到为客人着想，要及时把点菜单传送至厨房。

（三）上菜服务管理

上菜服务管理的要点是：首先要核对菜肴食品，不要上错菜；其次要按照上菜程序规范上菜，正确摆放；最后注意安全，行走时注意保持平稳，留心周围情况，以免发生意外。

（四）餐间服务管理

就餐是一个动态的过程，随着客人就餐的进行，上菜、撤换餐具等一系列服务工作要有条不紊地继续。首先要掌握好上菜时机。做到既不让客人等菜，又不出得太快而使客人感到有催促之意。其次要积极做好台面服务，及时整理台面菜肴，照顾好老人小孩等特殊顾客，及时提供斟酒、更换骨盘和小毛巾等服务。

（五）餐厅服务特殊情况处置管理

1. 儿童宾客服务

(1) 耐心和加倍细心照顾，提供儿童座椅，尽量不安排在过道旁边或上菜的位置；

(2) 将糖盒、椒盐瓶等放在远离儿童的位置；

(3) 如有儿童菜单，应让其父母为其点菜，且不忘征求小朋友的意见；

(4) 尽量使用短小的杯具，不要将小孩的杯子斟太满；

(5) 为小朋友提供专用的围兜、坐垫和小礼品；

(6) 避免小朋友在过道上玩耍，影响其他客人；

(7) 不要抱小孩、逗弄小孩和摸小孩的头，没有征得父母同意不可随便给小孩吃东西。

2. 醉酒客人服务

(1) 值班餐厅经理先确认客人是否喝醉，再决定是否为其提供酒精饮品；

(2) 如客人已经喝醉或有醉意则要建议客人不可再饮用含酒精的饮品，同时安排客人到不易影响其他客人的座位上休息；

(3) 如客人呕吐或带来其他麻烦，服务员要耐心服务，迅速清除秽物，不可抱怨；

(4) 如醉酒客人住店要通知保安将其送回房间并提醒客房服务员小心照料；

(5) 非住店客人也要由保安护送离开；

(6) 记录事故处理情况。

3. 残疾客人服务

(1) 将坐轮椅来的客人推至餐桌旁，放好拐杖，尽量不要安排在靠过道的位置；

(2) 盲人要协助其点菜，上菜时注意提醒客人菜所放位置；

(3) 聋哑客人要注意使用肢体语言，上菜时可以轻轻触碰的方式提醒客人小心；

(4) 对于突然发病的客人要注意不可擅自处理，应立即通知医生前来处理。

4. 客人投诉

(1) 认真倾听；

(2) 表示同情；
(3) 站在客人的立场理性分析问题；
(4) 及时处理；
(5) 感谢客人的意见，并引起相关部门的注意；
(6) 记录投诉处理经过，培训员工。

5. 停电事故
(1) 安抚客人，值台服务员与迎宾员看好岗位避免一些客人浑水摸鱼跑单；
(2) 餐厅经理向工程部了解情况并向客人通报；
(3) 如立即来电则无需停止营业，如长时间停电需要点上蜡烛继续服务，并向客人致歉。

6. 对衣冠不整客人的接待
(1) 礼貌告知餐厅有关规定；
(2) 向客人致歉并欢迎其换好衣服再来；
(3) 感谢客人支持；
(4) 必要时请餐厅经理或大堂副理出面处理。

7. 对带宠物客人的服务
(1) 礼貌告知餐厅的有关规定，耐心解释宠物可能影响其他客人用餐；
(2) 必要时请餐厅经理出面处理；
(3) 感谢客人支持。

8. 服务员弄脏客人衣物
(1) 迅速清除客人衣物上的污渍；
(2) 经理出面向客人致歉；
(3) 对于住店客人为其送至洗衣房清洗；
(4) 非住店客人应由饭店付费为客人洗衣；
(5) 做好记录。

(六) 餐厅安全与卫生管理

1. 餐厅安全管理要点
(1) 在过道上行走时尽量靠右行走；
(2) 端托盘行走超越其他员工时要小声提醒；
(3) 小心推门以免撞到他人；
(4) 工作鞋要有良好的防滑功能；
(5) 食物或饮料洒在地上要立即清理，如来不及清理则要做好提示工作，以免滑倒；
(6) 行走时留心客人放在过道上的行李，帮客人放置妥当以免绊倒他人；
(7) 用托盘上菜或服务操作时要提醒客人，以免客人突然站立或举手撞翻；
(8) 合理装盘，严格按照程序操作。

2. 餐厅卫生管理要点
(1) 男服务员不留长发，女服务员盘发或短发，保持头发整齐美观，避免服务过程中掉发影响客人食欲；
(2) 保持工作服、围裙和手、指甲干净；
(3) 养成常洗手、注意个人卫生的习惯；
(4) 服务时要拿盘碗边缘、杯具底部、餐具把手，手指不可接触食品；
(5) 用消毒过的抹布擦拭餐桌和服务台，不可将小毛巾当抹布使用；
(6) 掉落餐具必须更换；
(7) 不可在服务场合做摸头、挖鼻、挖耳等影响客人食欲的动作，打喷嚏要用纸巾捂住口鼻；
(8) 客人询问有关菜品的事宜时要退两步再说话，不可对着菜肴说话。

三、餐后服务管理

餐后服务指宾客用餐结束后，由饭店餐饮部门为其提供的结账收银、收台等相关服务。

(一) 结账与收款管理

餐厅结账付款方式主要有现金、签单和信用卡等三种。

客人现金结账时，服务员应迅速到收银台为客人结账，用收银夹或小托盘送上账单；现金送收银台收银员加盖收讫章后，迅速将发票和找零送还客人；向客人致谢并欢迎其再次光临。

当客人为饭店的签约用户，可按照签单操作规范为客人提供签单服务。服务员要迅速到收银台取账单请客人签字；要特别注意核对签字人的权限。

使用信用卡已经成为餐饮消费结账的一个重要方式。要告知客人本餐厅可使用的信用卡类型，及时将账单送给客人过目，然后连同信用卡送交收银台，协助客人进行信用卡的身份认证等工作。

（二）收台服务管理

客人用餐完毕离开餐厅时，餐厅经理或引座员应主动向客人道谢，欢迎客人再次光临。在全部客人都离开餐厅后，各值台区域的服务员进行收台清扫工作。收台时要严格执行收台服务程序，领班和经理要及时检查收台服务质量，召集餐后会，简短总结，为下一个营业市口做好准备。

四、餐饮服务员岗位培训管理

（一）餐饮服务人员岗位技能培训内容

（1）应知培训，包括餐厅服务人员职业道德、规章制度、服务礼仪和服务心理知识、烹饪营养与卫生知识、语言与沟通技巧、菜肴知识等。

（2）应会培训，即操作技能培训，包括餐厅服务基本功，如托盘、餐巾折花、铺台、上菜分菜等基本技能；提升技能，如点菜技巧、菜点推销技巧、投诉处理技巧、侍酒技巧、茶艺服务等。

（3）管理知识培训，包括餐饮基层管理要求、餐饮运行规程、服务质量控制等。

（二）餐饮服务人员岗位培训实施步骤

步骤1：分析培训对象

餐饮企业的培训对象一般可以分为新员工和在岗员工，也可以根据员工的岗位进行分类，如服务员可以分为中餐服务员、西餐服务员和茶吧、酒吧服务员等。还可以根据员工的层级进行分类，如一线服务员、领班主管、部门经理等。不同的对象的经历、知识、技能差距很大，应针对性地编写培训教案，做到因材施教，提高培训质量。

步骤2：制定培训目标

餐饮企业的培训目标一定是为了满足企业的经营管理的需要，培训目标包括：

（1）发展培训，传授新理念、新的管理模式。

（2）巩固培训，强化业务知识和技能。

（3）警示培训，安全、卫生要求、工作纪律等。

（4）提升培训，专业技能培训鉴定、管理知识培训等。

步骤3：编写培训教案

依据培训对象和培训目标，遵循培训的基本方法，收集相关素材，进行构思加工，将培训内容进行有机的融合，形成科学、合理、生动、实用的教案。

步骤4：组织实施培训

制订培训计划，合理安排培训进度。根据培训进展情况，适时调整培训内容和进度。

步骤5：检查培训效果

培训效果可以通过以下几种途径来检验。

（1）学员的反馈。通过问卷调查、座谈会等形式，了解学员对培训教师、培训内容等方面的意见，检验培训的效果。

（2）听取部门意见。通过培训学员在岗位上的实际表现来检验培训效果。

（3）考核。通过闭卷考试、技能操作测试等多种考核措施检验培训效果。

步骤6：培训教学总结

培训总结是指在培训结束后开展的一项重要的培训教学活动，是检验培训计划的制订、培训教学组织实施过程、培训实际收效的重要环节。它一般由培训组织的管理部门组织，吸收培训教师、部门领导等相关的人员，通过听取培训教师汇报、各方信息的反馈等形式，总结培训取得的成绩和存在的问题，并对今后的培训提出改进措施。

（三）餐饮服务人员岗位培训管理要点

（1）积极培育优秀师资队伍。师资是餐

饮服务人员岗位培训实施的核心。饭店员工的岗位培训师资主要有三类：专职培训师、企业内部兼职培训师和外聘兼职培训师。这三支队伍既要质量高，具有互补性，又要保持相对稳定的比例。饭店要加大培训师资的培育投入，形成一支优秀的专兼职岗位培训师资队伍。

（2）精心设计整体培训计划。饭店餐饮服务人员的培训是一项系统工程，应根据员工的实际情况和餐饮部的实际需求开展培训，应根据培训需求整体设计培训计划，突出循序渐进、因材施教的原则，设计出长短结合、虚实相间、针对性强的培训计划。

（3）科学运用培训方式方法。餐饮服务人员的培训方式有现场培训、离岗培训等。在具体的培训过程中又有讲授教学法、演示教学法、启发教学法、案例教学法、操作训练教学法等，要针对不同的培训目标，选择不同的培训方式方法，以期达到最理想的培训效果。

（4）督查和检验培训效果。餐饮服务人员的培训工作是饭店一项重要的管理行为，其质量的高低直接影响到饭店的正常运行和服务质量。饭店高层管理人员要加强培训工作的督导，经常性开展培训工作专项督导，通过多种途径和方法检查培训效果，评价培训绩效，考核培训教师，提出培训工作改进建议，促进培训工作良性发展。

【任务拓展】

通过对饭店餐厅餐饮服务基本要求、餐饮服务方式和餐饮服务主要环节的学习，才能理解饭店餐厅管理的基本要求。餐厅服务工作和业务管理的内容比较多，概括起来可以指为客人就餐提供方便的一切工作。餐厅服务工作的内容因餐厅种类、经营项目以及餐厅档次的不同而有区别，但基本内容大致相同。为深入了解饭店餐厅的业务和管理流程，结合本任务内容，通过实地调研等途径，请作以下调研：

①调查本地区最具影响力的四、五星级饭店，全面分析餐饮服务主要环节，并指出其合理与不足之处。

②请为一家即将开业、定位为五星级的饭店的餐饮部员工制订一份岗前培训计划。

【任务反馈】

本任务中提及的"餐前服务"其实质性任务是在饭店客人就餐前进行的一系列"餐前准备"工作，你理解"餐前准备"和"餐前服务"表述的区别吗？

释疑：饭店餐厅餐前准备工作有清洁卫生、摆台、餐巾折花等一系列工作，这些工作是为客人正式就餐准备的，是为客人服务的一部分，虽然没有客人在，但是在进行每一项准备工作时均应做到心中有客人，做准备工作就是在为客人服务，只有这样，才能为客人提供一个完美的就餐服务，从这个意义上讲，进行餐前服务更能体现餐前准备工作的核心要求——一切为了客人。

任务三　厨房运行管理实务

【案例聚焦】

信息时代的厨艺开发

厨师长如何适应时代的快速变化，不断地在菜品研发、创新中发挥领先作用，从而使自己所在的餐饮企业于激烈的市场竞争中立于不败之地，这是个值得深思和研究的问题。获取大量信息，不断开阔眼界，拓宽思路，成为厨师长迅速捕捉市场信息的关键因素。对于厨师长而言，获取信息的渠道大概有以下几种：

（1）厨师菜品交流活动。国内大型的厨师节、美食节是展示、展览、烹饪技艺比赛、美食论坛的重要场所，厨师们不仅可以显示自己的高超技艺，也能从中受到启发或学习到新的技法。而且厨师长亲身参加比赛对自身技艺的提高也能起到很大作用。通过参加这样的交流活动，并将参会的体会运用到实际工作中,对餐饮企业营销力的提升也是大有裨益的。各餐饮企业经营者也应该认识到,自己餐厅的厨师在各类美食节、厨师节中获得荣誉,也为餐饮企业赢得了良好口碑,如能派多人参会,更有利于后继厨师人才的培养。

(2) 翻阅各类餐饮类美食类书、报、刊。通过书、报、刊等传统媒体获取信息是厨师长日常获取信息的重要途径。比如,目前,国内的专业烹饪杂志有《品味学院》、《中国烹饪》、《餐饮世界》、《东方美食》、《烹调知识》、《中国食品》等。经常阅读这类杂志有助于厨师长借鉴和学习新的原料、技法、器皿与摆盘方法,从而结合实际工作,创出更多更丰富的菜品。

(3) 浏览各类美食网站。国内厨师特别是厨师长需要加强对现代网络知识的学习与掌握。通过浏览中国饭店网、一厨网、中华美食网等,能搜集到更多的菜品创新信息,易于拓宽思路、另辟蹊径,不断地丰富创新菜的内容和形式,更有利于个人能力的提高。

(4) 有意识地走访同行。派厨师长到竞争对手的店内作为食客品尝菜品,以获取对手有关畅销菜品、创新菜品的信息,抱着学习和观摩的态度品尝各家的畅销菜品、创新菜品,吸取其他餐厅创新菜的长处,合理地为己所用。

(5) 观看各类电视美食节目。《天天饮食》、《满汉全席》、《食全食美》、《八方食圣》等强势电视美食节目吸引和感动着很多电视观众,这些节目或介绍各地美食,或举行厨艺比赛,其菜品、菜式都能给人启发和思考,非常有利于厨师长创新菜的研究和开发。

俗话说:功夫不负有心人。厨师长是身负餐饮企业产品技术和营销重任的核心人物,多方位的开拓信息渠道,无论对餐饮企业,还是自身能力的提高,都是有百利而无一害的。

近年来,由于西餐的进入,新的技法、新的菜式不断出现。而食客们在尝遍各式美味之后,也对菜品的样式与口味创新提出了新的要求。因此,厨师长如何适应时代的快速变化,不断地在菜品研发、创新中发挥领先作用,从而使自己所在的餐饮企业于激烈的市场竞争中立于不败之地,的确值得我们深思和研究。

【任务执行】

厨房管理是现代餐饮业管理的重要组成部分。不光从对于客人不断改变的餐饮要求方面看,仅从餐饮业获得最佳利润和长远发展的方面来看,厨房管理都是重要的。

一、厨师长日常管理

(一) 厨师长基本岗位职责(以中厨房为例)

(1) 在中餐部经理、行政总厨的督导下,全面负责中厨的组织、指挥和烹饪工作。

(2) 了解掌握各岗人员技术水平和工作特点,根据各人专长,合理安排技术岗位。

(3) 组织中厨房执行并完成月、季、年度工作计划。

(4) 组织调度、指挥大型宴会、酒会的菜品制作。

(5) 熟悉各种原材料种类、产地、特点、价格、淡旺季。熟悉掌握货源供应情况,与采购部保持良好的联系,保证货源供应及时,质量良好,遇有重要宴会,需亲自与采购部协商做好货源的采购工作,同时亲自检查。落实货源购进的验收和储存工作。

(6) 定期与中餐部经理、中餐营业部主任了解市场行情,竞争形势,以及宾客的意见。不断地研制、创新菜式。在保留餐厅传统菜式,保持特色不变的基础上,推陈出新,原则上每周出品一至两个新菜式。

(7) 与中餐营业部、楼面部保持良好联系,在做到稳定和不断提高出品质量的基础上,改进和提高技术水平、烹调方法。

(8) 经常与中餐部经理、中餐营业部、采购部调查了解市场货源进出、其他餐饮公司的出品价格,做好菜谱的合理定价,控制好毛利率。

(9) 控制食品成本、合理使用各种原材料,减少浪费。

(10) 做好每月的工作计划、材料领用以及月工作总结。

(11) 抓好厨师队伍管理和技术培训工作,保持餐饮特色,提高厨师技术水平。

(12) 严格贯彻执行《食品安全法》,抓好厨房卫生工作。

(13) 严格执行消防操作规程,预防火灾事故发生。

(二) 厨师长日常管理技巧

厨师的工作状态直接影响着菜点出品质量。如果员工的状态达到了最佳,才可能"生产"出高而稳的菜品,因为任何一个微小的细节都会影响菜肴的正常出品。因此,厨师长把每一位厨房员工的情绪调整到最佳状态至关重要。厨房员工最佳状态的实现应从以下五个方面入手。

1. 师傅和学徒分级教育

员工教育是一个长远工程,在树立员工好的心态方面具有很大影响。所以,厨师长在实际工作中应做到师傅和学徒分级教育。师傅级的人员有一定的社会经验,也熟悉工作流程,首先,应在其上任之前讲解成品菜出品的重要性,让他们充分认识到菜品质量决定自己的命运与前途即可。这样他们会很自觉地在生产前期细心做好准备工作和细节的检查。其次,教育他们把工作当成爱好,不要当成任务敷衍了事,应全身心地投入、认真细心地去完成。对待小师傅和学徒们,则是教育他们应从基础学起,养成良好的厨德,要不耻下问,虚心向师傅们请教。

2. 通过制度弥补教育不足

仅仅是教育还不够,因为说教多了便成了"唠叨",员工也会对此产生了免疫力。因此,厨师长在教育的基础上还应配合施行激励机制,即对后厨管理实行菜品责任到人制和成品菜销售排行制。这样,每一道菜品都

有了自己的"主人",如果菜品出错,"主人"就要买单。除此之外,对每一位师傅的菜品销售情况,实行一日一公布、一月一排行。每月对销售排行前位的师傅给予一定的物质奖励,排行末位的师傅取消下月休假资格,连续三个月排行末位者劝其自动离职。这样一来,每位师傅对自己的菜品从原料购进到初加工、保存乃至出品皆会尽心尽职、认真对待。

3. 文化信息调动工作激情

还可通过把文化带到后厨的方式来调动员工的工作激情。如:后厨定期创办黑板报,提出工作口号,并挂出条幅,每周都会组织员工观看烹饪光碟,每月举行不同岗位的技能比赛。通过这种方式培育后厨的凝聚力,每个岗位的人员都互相帮助、相互协作、密切配合,以确保共同提高,营造一个具有战斗精神的团队。

4. 抓好细节把工作做到最佳

很多师傅对待工作和菜品只抓表面现象,忽略细节。比如说,工作中很多师傅在工作完成以后,通常会自我感觉良好,但是到前厅听取客人反馈意见时却有这样的同感:这道菜明明不错,怎么顾客会有如此低的评价呢? 菜品在后厨出菜时色泽很好,汤汁也很到位,现在看来色泽变了,汤汁也出来了,整体效果怎会不到位呢? 这就是细节没有考虑到位。厨师长可要求每位师傅在出成品菜时,要把这道菜由传菜部到前厅,最后到台而形色会不会改变考虑到位,比如上了台面会不会因时间的差异、温度的改变而发生变化,并采取有效措施。

(1) 菜点出品前。必须做好七项准备工作:①使用工具排放是否顺手、是否已清洗干净。②使用调料是否准备齐全、调配到位。③火力、食用油是否调配到位。④菜品盛器准备是否齐全、点缀是否到位。⑤需要提前加工的菜品是否加工到位。⑥使用的小料、葱、姜、蒜等是否准备到位。⑦自己的出菜场地是否干净。

(2)每日工作时间表。为了使工作有序开展,厨师长拟订时间表,根据表格和实际情况灵活地掌握工作任务,这样避免了工作的盲目性。有了时间表,管理任务也更加明确具体,提高了工作效率。每天下午下班前,把第二天的工作时间表发放到各店厨师手里,然后据此制订自己的检查计划。检查结果出来后,不断地调整工作内容。

后厨生产时间内,思想状态和细节准备状态密切相关,只有把二者有机结合起来,员工的思想才能达到最高境界,工作状态才能达到最佳状态,饭店才能打造出一个良好、正规、完美的后厨。

5. 重中之重:管理者要做领头羊

要使员工进入最佳工作状态,除了上述的方法以外,其实最重要也是最关键的是管理者自身先要进入最佳工作状态,只有这样才能让自己的员工信服。

(1)调整好心态,把心静下来。①很多管理者由于心态不平衡,工作起来感到很累,缺少激情。平时和同行聊天时,很多同行都说自己一个月就挣那么点工资,而老板每月挣很多,辛苦工作太不值得了。作为打工者,心态必须平衡,不要有攀比心理,老板就是老板,他是投资者,担受着很大风险,作为打工者,得到了应得的回报,理所当然为投资者创造利益,工作中无条件尽职尽责。②人有很多私事、杂事、琐事,每天都会让人疲惫不堪,千万不可把这些带到工作中去,而应学会合理去解决。每星期抽出一天时间会会客人,陪陪家人,让自己心情放松一下。

(2)多做总结,勤写计划。理清自己每日、每月、每季度、每年的工作情况,好好回忆,及时总结出工作中的不足和优点,然后写出明日、下一月、下季度、下一年的工作计划,这样工作起来才不至于感到累和紧张。

(3)走出去,多交流,充实自己的知识,挖掘自己的潜力。作为餐饮管理者要与同行多交流,走出去看看同行的优点,这样才

能开阔自己的视野和思维,从而充实自己的潜力,这样工作起来才会感到轻松,不会让压力压倒自己。

把工作当成自己的爱好,在工作中找乐趣,而不是把工作当成任务去马虎地完成,应在工作中充满战斗力。

(三)中央厨房概述

所谓中央厨房,是将菜品用冷藏车配送,全部由直营店统一采购和配送。以前餐厅的进货方式是,除了毛肚、鸭肠等干货外,所有新鲜蔬菜由直营店实行单店采购。采用中央厨房配送后,比传统的配送要节约30%左右的成本。中央厨房采用巨大的操作间,采购、选菜、切菜、调料等各个环节均有专人负责,半成品和调好的调料一起,用统一的运输方式,赶在指定时间内运到分店。

中央厨房最大的好处就是通过集中规模采购、集约生产来实现菜品的质优价廉,在需求量增大的情况下,采购量增长相当可观。

为降低食品安全风险,形成集约化、标准化的操作模式,中央厨房对原料采购的要求也在不断提高。品牌原料不仅能够保证稳定的供应,良好的物流体系更能好地保证原料的新鲜与安全。集约采购将带来中央厨房深化发展的机遇。

中央厨房为保证原料质量的稳定,最佳方式是建立原料基地或定点品牌供应企业。拥有了自己的专业原料生产基地和厂家,在原辅料达到规范的前提下,产品才有统一的保证,产品质量才可能达到稳定一致。中央厨房从采购到加工都有严格的控制标准,甚至对原料的冷冻程度、排骨中骨与肉的比例等都有具体规定。对于一些特殊产品,可以指定厂家进行定制。由于进货量大,中央厨房可以对原料的规格标准、质量要求、运送方式等做出全面规定,保证原料新鲜优质,为生产制作统一优质的菜品提供前期保证。

集约化采购对餐饮工业化发展推动作

用明显,企业合作互惠互利。它为中央厨房带来的还有成本的降低,市场竞争力的提高。一方面是原料成本,中央厨房通过大批量进货减少中间环节,使产品具有价格优势。集中加工提高了原料综合利用能力,边角余料可以通过再加工进行使用,减少浪费,从而降低成本。另一方面是人力资源成本,中央厨房的设置,使经营点缩小了后厨面积或取消了自有厨房,这不仅可以改善环境,而且还扩大了一线店堂面积,减少勤杂人员。

建立中央厨房,实行统一原料采购、加工、配送,精简了复杂的初加工操作,操作岗位单纯化,工序专业化,有利于提高餐饮业标准化、工业化程度,是目前餐饮业实现规范化经营的必要条件,只有这样才能在一定规模基础上产出规模效益,让家庭厨房劳动社会化,更科学地保障市民餐桌的安全。

商务部2010年公布了《主食加工配送中心建设规范》。该规范着力解决主食加工配送中心食品安全检测、信息管理、冷链和配送等系统建设,此举会带动全国大中型城市基本建成大众化餐饮服务网络。

二、菜点设计创新与出品质量管理

(一)菜点创新基础

菜点创新是指在已有生产经营品种的基础上,研究、生产出富有一定新意的菜肴、点心。通过不断推出的新菜,能够吸引顾客,扩大市场占有率,在竞争中占据优势,从而为餐饮企业创造更高的经济效益。厨房不时研究、开发、推出新菜,使厨师既有发挥聪明才智的途径,也有互相学习,不断充实、提高的机会,厨房的凝聚力因此不断增强,员工的工作士气也会更加高涨。菜肴创新还为烹饪文化的繁荣发展作出切实贡献。

饭店要注重厨师创新精神的培育,只有具备创新精神,菜点创新活动才能持续、有效开展。厨房应发挥厨师、厨师长等技术骨干的聪明才智,鼓励他们爱岗敬业,激发他们的学习热情,培育他们的创造性思维和创新技巧。

饭店厨房创新可以通过精英创新、全员创新、借脑创新和引进创新等途径来推进,这几种方式各有利弊,应根据饭店企业的具体情况综合运用,才能达到最佳创新业绩。

1. 精英创新的利弊

精英创新,就是依靠本餐饮企业的技术骨干、业务尖子进行菜肴研发创新。

(1)优点:①研发的新菜具有较高水准,能把握菜肴发展方向,在企业内(尤其是集团、连锁餐饮)具有广泛的代表性,能覆盖全局。②新菜的成功率较高,即菜肴的受欢迎程度高,需要调整完善的空间不大。③开发菜的组织过程比较容易,新菜开发、定型、推广成本相对较低。

(2)缺点:创新的责任和压力集中在部分岗位、人员身上,有时精英们也会有江郎才尽、一筹莫展的困惑;部分思维活跃、富有新颖思路的员工因缺少创新机会而使积极性受挫。

2. 全员创新的利弊

(1)优点:①员工在相关政策的激励和要求下,利用各种机会学习、寻找灵感、吸收新知识,创新意识普遍增强。②创新重担大家挑,成功概率高,创新思路活跃,渠道广泛,有时会有一些意想不到、层次不一的菜点出现。

(2)缺点:每次创新活动举办期间,组织工作量较大,有时甚至妨碍一定时间段的开餐、经营活动;创新菜点水平参差不齐,有些创新菜点可能只是雏形或相当于半成品,提炼、完善、升华菜点质量的工作量较大。

3. 借脑创新

实际是利用社会资源为餐饮企业的创新提供帮助。

(1)优点:①创新范围广、思路开阔,容易创制出有别于本餐饮企业传统风格、新意突出的菜点。②通过向社会征集新菜肴、新菜点,可以培养一批关注本企业甚至宣传本企业的热心消费者,为培养乃至锁定更广泛的消费群体提供了纽带。

(2)缺点:①宣传、发动社会力量了解企业、参与创新的前期组织工作比较费事。②社会创新菜点,无论提供的是制作配方、标准食谱,还是到店现场制作,都需要进行试做、探讨,以认定新菜品的受欢迎程度和市场前景。③制定合适的费用标准、支付一定费用也是借脑创新所必须考虑和实施的。

4. 引进创新

借助餐饮企业自身以外的力量协助创新菜肴。

(1)优点:借助外界成熟力量,来本餐饮企业推出新菜,本店只要安排部分厨师协助即可;可以在消费者心目中形成印象,激发消费者关注本企业;为本企业厨师提供了较多的学习、提高技艺的机会,为丰富、充实本企业厨师技术素质提供了便利。

(2)缺点:容易产生依赖性,缺乏创新的动力和思维习惯;餐饮企业的人工成本支出有可能增大。

(二)菜点设计与创新原则和方法

菜点创新是一门科学,要在相对稳定的基础上适时创新;在不断积累信息的基础上指导创新活动,菜点创新有其自身的规律,应遵循创新的基本原则和方法。

1. 菜点设计创新的原则

(1)创新并不意味着重大发明。

(2)创新不必日新月异。

(3)创新不可轻易否定传统。

(4)创新必须适应消费者需求变化。

(5)创新不可机械离奇、违法违规。

(6)创新不应违反烹饪原理。

2. 菜点设计与创新方法

(1)原料拓新:即通过安全可靠的渠道获取、开发新的原料,并将其制作成具有新意的菜肴、点心。如:西料中用、土料洋用、药材菜用、一料多用。

(2)技法创新:在传统丰富多彩烹饪技法的基础上,打破中、西烹饪技法泾渭分明的固定格局,积极改良组合,或模仿,或借鉴,或综合,或逆创,以推出采用新烹饪方法制作的菜肴。

(3)口味翻新:西餐中烹、果味菜烹、旧味新烹、新味旧烹。

(4)组合出新:对装盘的方法与盛器和菜肴的组合进行调整,同样可以推出具有新的视觉效果、新的质感的菜肴,此为组合出新。具体技巧:器皿多变、组合多变。

(三)出品质量控制

由于种种因素的影响,菜点质量具有随时发生变动的可能性,而厨房管理的任务正是要保证菜点质量的可靠性和稳定性。要实现这一目的,就应采取切实可行的措施并综合采用各种有效的控制方法与控制形式。

1. 阶段控制法

厨房生产运转,可分为食品原料、食品生产和食品消费三大阶段。加强对每一阶段的质量检查控制,是保证餐饮质量可靠的根本。

(1)食品原料阶段主要控制原料的采购规格标准、验收质量把关和储存管理方法。

(2)菜点生产阶段主要控制原料申领与加工、菜肴烹调前的预制处理等环节。

2. 岗位职责控制法

利用厨房岗位的有效分工,强化岗位职能并检查督导,对菜品的质量亦有较好的控制效果。

(1)厨房所有工作明确划分、合理安排,毫无遗漏地分配至加工生产岗位,这样才能保证餐饮生产运转过程顺利进行,生产各环节质量才有人负责,检查和改进工作也才有可能。

(2)厨房所有工作不仅要有相应的岗位分担,而且厨房各岗位承担的工作责任也不应是均衡一致的。如:将一些价格昂贵、原料高档,或高规格、重要身份客人的菜肴的制作,以及技术难度较大的工作列入头炉、头案等重要岗位职责内容,这样在充分发挥厨师技术潜能的同时,进一步明确责任,可有效地减少和防止质量事故的发生。

3. 重点控制法

重点控制法,是针对餐饮生产与出品某个时期,某些阶段或环节的质量或秩序相对较差,或对重点客情、重要任务,以及重大餐饮活动而进行的更加详细、全面、专注的督导管理,以及时提高和保证某些方面、活动的生产与出口质量的一种方法。

三、餐饮成本控制管理

(一) 餐饮产品成本和费用结构的特点

1. 变动成本比例大

餐饮部门的成本费用中,除食品饮料的成本以外,还有物料消耗等一部分变动成本。这些成本和费用在营业费中占的比例大,并随销售数量的增加而成正比例增加。这个特点意味着餐饮价格折扣的幅度不能太大。

2. 可控制的成本比例大

除营业费用中的折旧费、大修理费、维修费等是餐饮管理人员不可控制的费用外,其他大部分费用及食品饮料成本都是餐饮管理人员能控制的费用。这些成本和费用的多少与管理人员对成本控制的好坏直接相关,而且这些成本和费用占营业收入的很大比例。这个特点说明餐饮成本和费用的控制十分重要。

3. 成本泄漏点多

餐饮成本和费用的大小受经营管理的影响很大。在菜单的计划、食品饮料的成本控制、餐饮的推销和销售控制以及成本核算的过程中涉及许多环节:菜单计划—采购—验收—储存—发料—加工切配和烹调—餐饮服务—餐饮推销—销售控制—成本核算。每个环节都可能影响成本。

菜单计划和菜单的定价决定菜品的成本率,也影响顾客对菜品的选择。对食品饮料的采购、验收控制不佳,或采购的价格过高、数量过多造成浪费,或采购的原料不能如数入库,采购的原料质量差等,都会引起成本提高。储存和发料控制不当,会造成原料变质或被偷盗、丢失和私用。对加工和烹调控制不严,不仅会影响食品的质量,还会增加原料的折损和流失量。对加工和烹调的数量计划不好,也会造成浪费。餐饮服务不仅影响顾客的满意度,也关系到顾客对高价菜的挑选,从而影响成本率。餐饮推销搞得好不好,不仅影响收入,也影响成本率。例如,加强宴会和饮料的推销会降低成本率。销售控制不严,售出的食品饮料得不到收入,也会使成本增加。企业若不加强对成本的核算和分析,就会放松对各个环节的成本控制。

总之,成本控制的每一环节都可能产生成本漏洞。造成原料丢失和浪费的原因主要是相关环节的人员工作效率低和不负责任。

(二) 餐饮管理的成本控制

赢得合理的利润是饭店餐饮经营目的之一。利润是收入总数减去支出总数的结果。所以欲提高餐饮的利润,最有效的方法当然是开源节流,也就是用促销的方法尽可能提高销售收入,同时用控制的方法使各项支出都能运用得当,将损失和耗费降至最低。有效的控制系统是非常重要的,通过控制程序,餐饮管理者可迅速根据市场变化的情况而重新定位,减少错误出现。

1. 餐饮成本分析

餐饮成本分析是指利用饭店餐饮成本核算资料及其他有关资料,全面分析饭店餐饮成本水平及其构成的变动情况,研究影响饭店餐饮成本升降的各个因素及其变动的原因,寻找降低成本的潜力。饭店餐饮收入一般占总收入的30%~40%,成为饭店收入的主要来源之一,其相应发生的成本也就成为成本控制的主要内容。饭店餐饮成本的分析是成本控制的前提条件。通过成本分析可以正确认识和掌握成本变动的规律,不断挖掘饭店餐饮内部潜力;降低餐饮成本,提高饭店的效益。通过饭店餐饮成本分析,可以对成本计划的执行情况进行有效控制,对执行结果进行评价。肯定成绩,指出问题,以便采取措施,为提高经营管理水平服务,为编制下期成本计划和作出新的经营决策提供依据,给未来的饭店餐饮成本管理指出努力的方向。

饭店餐饮成本控制要以成本分析为基础,才能落到实处。餐饮成本分析的重点是菜单标准成本与实际成本的分析、销售比率的分析、存货周转率的分析等。

2. 饭店餐饮成本控制步骤

餐饮成本控制关系到产品的规格、质量和销售价格,直接关系到餐厅乃至整个餐厅的营业收入和利润,是饭店餐饮经营管理工作的重点之一。积极的成本控制有利于满足宾客需要并维护宾客的利益,还可以改善餐厅的经营管理。餐饮成本控制的工作步骤包括以下四个阶段:

(1)制定标准成本,提供控制依据。成本控制是以制定标准成本为起点的。从理论上讲,标准成本有理想标准成本、正常标准成本和预算标准成本。理想标准成本是指在最理想的控制和效率条件下,在企业没有任何浪费,不出现废品、停工等情况下所达到的成本水平。正常标准成本是指以过去的统计资料为基础,结合实际情况所达到的平均标准成本。预算成本是指以事先估计为基础所制定的标准成本。在餐饮成本控制中,以正常标准成本和预算标准成本为主要依据。标准成本的制定要根据成本控制的各个环节分析成本对象、成本构成,确定各个成本项目的标准成本,其内容又可分为直接成本和间接成本。直接成本以食品原材料为主,包括采购成本、原料库存、生产加工食品销售过程中的各项成本。间接成本主要包括水电燃料消耗、客用消耗用品、餐茶用品、人工成本等计划期内的标准成本。

(2)加强实际控制,掌握成本消耗。标准成本制定后,各项实际成本消耗是在餐饮业务管理过程中发生的,如食品原材料采购成本、生产加工中各种菜点的成本、企业全部原料成本、水电费用、燃料消耗、餐茶用品消耗等等。管理过程中,要按照标准成本要求控制实际成本消耗,就必须掌握各个环节各项成本的实际消耗额,以便和标准成本比较,发现成本管理的问题。以食品成本为例,它是指食品原料或半成品购入时的价格,不包括人工费用和其他费用。食品成本比例取决于三个因素:①采购时的价格;②每一份食物的分量;③销售价格。

(3)分析成本差额,评价控制绩效。在餐饮业务管理过程中,各项实际成本每天都发生变化,其成本消耗不可能和标准成本完全一致。这时,管理人员要根据各项成本的实际发生额,同标准成本比较,分析成本差额。

(4)结合实际业务,提出改进措施。成本差额分析对成本控制业绩作出了评价,但对造成成本差额的原因还要结合实际业务进行具体分析。如价格差是市场物价变动造成的还是采购价格控制不当造成的;数量差是标准成本制定不合理造成的还是实际消耗数量背离标准成本规定的数量造成的。只有结合实际,分析具体原因,才能有针对性地提出改进措施,不断做好餐饮成本控制工作。

3. 餐饮管理成本控制的方法

餐饮产品始于原料采购,终于销售,每一过程都与成本有不可分割的关系。具体控制方法如下:

(1)菜单设计控制法。在菜单的设计中,每道菜制作所需的劳力、时间、原料、数量及其供应情况都会反映在标准单价上,所以设计菜单时要注意上述因素,合理调配主、辅、配料,谨慎选择菜品的种类和数量。

(2)采购成本控制法。采购成本控制是在采购预算安排和采购进货原始记录的基础上进行的。采购过量可能会造成贮存的困难,使食物耗损的机会增加(尤其是生鲜产品);但数量太少又可能造成供不应求、缺货的尴尬局面,而且所采购的货品单价也可能随之提高。所以准确地预测销售、定时盘点以及机动地改变部分菜单,以保证使用的安全量等,都是采购与库存管理人员需注意的要点。采购预算安排中的各种食品和饮料采购数量和规定价格形成标准采购成本。在分析采购成本差额的基础上,管理人员要进一步查明造成价格差和数量差的具体原因。如价格差可能是市场物价变动造成的,也可能是采购人员价格控制不严、高价进货造成的。数量差可能是计划数量制订不合理造成的,也可能是实际进货过多或过少造成的。在查明具体原因的基础上,有针对性地提出具体控制办法,可以控制采购成本,降低成本消耗,逐步提高采购成本控制水平。

(3)库房成本控制法。库房成本控制是在每月盘点的基础上进行的。其目的是控制库存资金占用,加快资金周转,节省成本开支。在库房管理中,要制订食品和饮料库存资金占用计划,由此形成库房标准成本占用额。随着厨房生产和餐厅销售业务的进行,库存食品和饮料不断采购入库,同时又不断发货。到了月底,管理人员通过库房盘点来掌握库存余额并了解其资金占用情况,分析库房资金占用差额。

库房成本控制是在分析库存资金占用中的价格差、数量差和成本差额的基础上,重点抓住那些价格高、存量大的食品原材料或饮料,控制库存资金占用。为此,要明确指出重点控制哪些品种,采用哪些控制方法,如暂停进货、调拨处理、尽快出库使用等,从而迅速减少库存资金占用,加快资金周转。

(4)生产成本控制法。生产成本控制是以厨房为基础,以食品原材料为对象,根据实际成本消耗来进行的。厨房餐饮产品生产花色品种很多,各种产品就要事先制定标准成本。绝大多数菜品是以净料为核算基础的,而市场上供应的原材料又多是毛利,如海河鲜、禽蛋肉、蔬菜,需要通过粗加工去毛皮,经过拣洗、涨发、宰杀、拆卸后才成为净料,然后才能投入使用,一些熟菜和烧烤过程中还会发生折损,为了便于控制成本,合理利用原料,必须对食品加工切配和烧煮折损进行控制。

(5)酒水、饮料成本控制法。酒水、饮料成本控制与食品的成本控制有不同之处,也就是不需要复杂的切配过程,但易携带、易丢失,因此对酒水、饮料成本控制需要特殊的控制方法。重点要控制酒水和饮料的消耗量和营业收入差异。

(6)标准成本控制法法。标准成本控制法在每月成本核算和控制时使用最多。常用的办法是对饮料库房和酒吧、餐厅的存货进行盘点,核算出饮料消耗的净成本,然后根据实际营业收入和标准成本率计算出标准成本额。

标准成本率的确定,最常用的方法是根据标准配方的饮料售价和标准成本,确定标准成本率和各种饮料的销售额百分比,一次性算出饮料综合标准成本率。

(7)人工成本控制法。人工成本控制是在保证服务质量的基础上,对劳动力进行计划、协调和控制,使之得到最大限度的利用,从而避免劳力的过剩或不足,有效地控制人工成本支出,提高企业利润。这主要通过定岗、定员,制定各项人工安排指南、确定劳动生产率和合理配备人员、提高工作效率和广泛运用用工技巧等措施进行控制。

四、食品安全管理

食品安全管理是指政府及相关食品部门在食品市场中,动员和运用有效资源,采取计划、组织、领导和控制等方式,对食品、食品添加剂和食品原材料的采购,食品生产、流通、销售及食品消费等过程进行有效的协调及整合,已达到确保食品市场内活动健康有序地开展,保证实现公众生命财产安全和社会利益目标的活动过程。

食品安全管理的这一定义包含了以下四层含义。

第一,食品安全管理的主体是政府食品安全管理相关部门,主要有国家食品药品监督管理局、农业部、卫生部、国家质检总局、国家工商总局、商务部、环境保护部等机关部门。国务院设立食品安全委员会。

第二,食品安全管理的客体是与食品有关的各个环节,包括食品生产和加工,食品流通和餐饮服务,食品添加剂的生产经营,用于食品的包装材料、容器、洗涤剂、消毒剂和用于食品生产经营的工具、设备的生产经营,食品生产经营者使用食品添加剂、食品相关产品,对食品、食品添加剂和食品相关产品的安全管理,从而保证实现维护公众生命财产安全和社会利益的目标。其受益对象是全社会。

第三,食品安全管理的内容集中概括为提高生活质量,保证社会公共利益。这就决定了食品安全管理是永久性存在的,而且随着社会发展会经常进行调整。

第四,食品安全管理只能通过对食品安全的一系列活动的调节进行控制,使食品市场表现出有序、有效、可控制的特点,以确保公众的人身财产安全及社会的稳定,促进社会经济发展。

国家政府部门非常重视食品安全的管理,希望食品加工企业自身严加管控,确保消费者利益及健康。

(一)食品安全管理制度

它包括:进货索证索票制度、食品进货查验记录制度、库房管理制度、食品销售卫生制度、食品展示卫生制度、从业人员健康检查制度、从业人员食品安全知识培训制度、食品用具清洗消毒制度、卫生检查制度。

(二)食品安全管理体系

食品安全管理体系英文简称"ISO 22000:2005"。随着经济全球化的发展、社会文明程度的提高,人们越来越关注食品的安全问题;要求生产、操作和供应食品的组织,证明自己有能力控制食品安全危害和那些影响食品安全的因素。顾客的期望、社会的责任,使食品生产、操作和供应的组织逐渐认识到,应当有标准来指导操作、保障、评价食品安全管理。这种对标准的呼唤,促使食品安全管理体系要求标准的产生。标准既是描述食品安全管理体系要求的使用指导标准,又是可供食品生产、操作和供应的组织认证和注册的依据。

(三)餐饮食品安全管理要点

(1)加强全员食品安全教育,提升员工的食品安全意识和法制观念。

(2)依据国家食品安全法和地方食品安全管理规定,制定本单位切实可行的食品安全管理制定和工作计划,并刚性贯彻执行。

(3)进行经常性的食品安全检查、督查,及时发现存在的食品安全隐患,保持食品安全工作的常规化。

(4)建立食品安全内部奖惩和问责机制,重奖食品安全工作先进个人和部门,重罚食品安全违规、不负责的行为。对发生食品安全问题的责任人要进行问责。

(5)主动接受上级食品安全卫生监督部门的业务指导,保持良好的食品安全美誉度。

五、厨师岗位培训

有效的培训,可以提高厨房人员的素质,增强企业在餐饮方面的竞争力。厨师是专业技术要求高的岗位,系统地提高厨房人员的烹饪技艺,能够有效地提高厨房的生产效率并改进工作方法,可以克服厨房生产中出现的各种问题,提高工作质量。通过各种培训,可使新员工能及时上岗并正确地使用厨房设备和正确进行烹饪操作,能保证出品厨房质量的稳定。对于厨房中的技术骨干,要做到有计划地培养,分期分批进行有目的的培训,向他们灌输管理的思想,增强他们的管理意识和管理能力。

(一)厨师培训的内容

厨师培训的内容广泛,主要分为职业道德和规章制度培训、专业理论和技能培训、厨房运行管理规程培训等方面。

专业理论知识包括食品原料知识、食品营养卫生知识、烹饪工艺知识、烹饪美学知识、各国各民族的饮食习惯和饮食禁忌、厨房生产成本核算知识、厨房管理知识、其他相关知识。专业技能知识可根据不同工种(如中式烹饪、西式烹饪、中式面点、西式面点),不同等级的技术人员进行不同方式的培训。主要有原料加工技术(新型原料加工以及干货涨发技术)、菜点制作技术、创新菜点推广使用、新的烹饪工艺技术、食品雕刻与盘饰、新调味料的使用与味型开发、其他相关技能(如新进厨房设备的使用和保养等)。基层管理运行规程也是厨师必须掌握的工作内容,通过工作流程、卫生控制流程、成本核算和控制流程、出品质量控制流程等环节的培训,形成良好的厨房运行环境,为提升厨房经营管理质量打下坚实的基础。

(二)厨师培训技巧

厨房培训工作技术性强、系统性强,需要坚持不懈、方法得当方可取得好的培训效果。可采取多媒体影像资料培训、名师示范、个人轮训、外出培训深造、研究开发学习小组等技巧,形成多元化、多途径、多时段的培训模式,形成一个团结向上、好学进取的厨师队伍。

(三)厨师培训质量管理

(1)建立好组织,设计好制度,制定好培训计划,形成厨师培训长效机制。

(2)培育一支威信高、技能强、懂培训的厨师培训师资队伍,厨师长要亲力亲为,起好带头示范作用,培训师资骨干要充分准备,精心授课,保证培训质量。

(3)突出培训重点,强化出品标准、质量、安全卫生等重点内容的培训。

(4)注重培训考核,通过技能考核、竞赛等方式检验培训结果,激励厨师勤奋好学,提高烹饪技艺。

(5)经常开展技术交流活动,通过交流,开拓厨师视野,汲取他人经验,激发创新意识,提高菜品活力。

【任务拓展】

通过对饭店厨房厨师长日常管理、菜点设计与出品质量管理、食品安全管理、成本控制技术以及厨师岗位培训等知识的学习,全面掌握饭店厨房运行管理实务,为今后从事餐饮、管理工作打下坚实的基础。

饭店厨房的产品、生产经营管理模式是饭店的个性和关键所在,也是一项技术性较强的管理工作,需要通过较长时间的实践才能不断提升自我的厨房管理能力。因此加强实践环节的训练,主动收集、整理、分析和研究现实饭店厨房管理的实际情况,是饭店初级管理者平时重要的学习任务,请深入饭店,结合本任务的知识和能力要求,通过考察、网络信息收集等途径,围绕厨师长基本素质要求、管理流程和食品安全管理者这三个重点内容进行深入学习研究,并思考回答以下问题:

①厨师长应该具备哪些素质?

②收集不同饭店的厨房管理流程三个,并进行比较分析。

③你认为饭店厨房安全卫生的隐患有哪些?这些隐患产生的原因是什么,如何进行预防和消除?

【任务反馈】

本任务以厨师长的管理工作为主线讲述了饭店餐饮企业厨房管理要求,部分大型饭店和餐饮企业一般设置行政总厨岗位,你知道行政总厨与厨师长的区别吗?

释疑: 前者属于所有领域的负责人,而后者只属于某个小领域的负责人。从根本的级别上来看是相差很远的,前者要大后者很多。

行政总厨是饭店厨房的总负责人,是饭店厨房行政工作的具体组织者,上对总经理或者餐饮总监负责,对下管理厨师长、厨房领班和厨师。厨师长在行政总厨领导下负责某一部分、方面的工作,如某五星级饭店设行政总厨1人,中餐厨师长1人,西餐厨师长1人。也有大型饭店在行政总厨下根据饭店的餐饮的结构分布设置迎宾楼厨师长、贵宾楼厨师长、宴会中心厨师长等。

任务四 餐饮销售管理实务

【案例聚焦】

描述性语言促销

某饭店的服务员是这样来介绍金牌乳鸽这道菜的。他的话不多,但是非常具有诗意。他说:这道竹篮里的乳鸽浓眉大眼,浑身散发着油亮的光彩,皮脆肉嫩,最有特色的地方是皮、肉之间似分似离,外皮好像是薄薄的一片羽翼,没有一丁点脂肪,脆极、香极……这里的鸽可是16天的妙龄少女鸽,难怪有人称之"金陵第一鸽"。

这位服务员用很简短的语言把这道菜的特点活灵活现展现在客人面前,让客人怦然心动,忍不住去点它。但是现在很多饭店的员工问他这是什么菜,他报一个菜名就算完事,菜上桌以后,没有一个完整的介绍,不能给客人全面的了解,这是营销中出现的弊端。

让客人白喝五粮液

在北京某四星级饭店,实习生晓云正在值台服务。这时,来了几位客人,她就过去接受点菜,客人要喝五粮液酒,于是晓云就去吧台取酒,晓云来到吧台,对吧台的服务员说某号台急要一瓶五粮液,吧台服务员就取了一瓶五粮液给晓云,晓云立马给客人送去了。当时正值用餐高峰,客人很多,晓云又忙着为其他客人服务去了。第二天,吧台服务生找晓云,问她昨天是否取了一瓶五粮液,当时,晓云也想不起来了。吧台服务员又回忆了当时的情景,晓云想起来了,确实给某台客人拿了一瓶五粮液,一查账,酒单没有开,晓云傻了眼。大家说:"得,让客人白喝一瓶五粮液。"

经餐厅领导研究,认为此事实习生晓云取酒不开单,使一瓶五粮液跑了账,应负主要责任;而酒吧服务员无单出酒也应负有责任。这瓶五粮液的款由晓云和吧台服务员二人六、四分担,共同赔偿酒款。这个教训让晓云牢牢记住了,她以后再也没有发生类似事故。

有些经理人称若控制好成本餐饮企业就会赢利,其实不然,如果餐饮产品在销售过程中没有得到预期的收入,那么成本控制的效率也就无法得以实现。如果缺乏餐饮销售控制环节,销售控制不利,就可能出现内外勾结、钻制度空子、使企业利润流失等问题。

【任务执行】

饭店餐饮营销是研究饭店在激烈竞争和不断变化的市场环境中如何识别、分析、评价、选择和利用市场机会,如何开发适销对路的产品,探求饭店生产和销售的最佳形式和最合理途径的一种营销,其目的就是以最少的劳动耗费取得最大的经济效益。一个经理人的商业意识直接或者间接地决定着一个饭店的未来发展前途。

一、餐饮市场现状分析

随着餐饮市场的不断发展壮大,我国餐饮行业已经成为投资热点,不同水平、不同档次的餐饮企业已经基本形成全方位市场竞争格局。餐饮业作为第三产业的重要组成部分,以其市场大、增长快、投入相对少和吸纳劳动力多的特点受到社会广泛重视,也是发达国家对中国进行资本和品牌输出的载体之一。

（一）中国餐饮业面临的挑战

1. 餐饮业面对 WTO 的承诺

（1）关于市场准入限制。跨境交付没有限制；境外消费没有限制；外国服务提供者可以合资企业形式在中国建设、改造和经营饭店和餐馆设施，允许外资拥有多数股权。中国加入世界贸易组织后的 4 年内，取消限制，将允许设立外资独资子公司；允许与在中国的合资饭店和餐馆签订合同的外国经理、专家包括厨师和高级管理人员在中国提供服务。

（2）关于国民待遇限制，跨境交付没有限制；境外消费没有限制；商业存在没有限制；自然人流动，除水平承诺中的内容外，不作承诺。

2. 外资餐饮企业带来的启示

调查显示，外资企业在中国市场的扩展迅速加快。肯德基、麦当劳等外国餐饮企业，已经在中国落地生根，遍地开花。百胜集团目前有三大品牌已进入中国，并在上海开设了"东方既白"的中式快餐店。麦当劳（中国）公司在中国也迈出了连锁经营发展的新步伐。同时，以百胜和麦当劳为代表的外资餐饮集团市场扩展已由一、二类城市向三类城市延伸，并利用餐饮品牌的影响力发展其他行业业务，增强自身经营实力并提升发展空间。有迹象表明，今后将会有更多的外国名牌餐饮企业进入中国市场，它们也将给中国的餐饮企业带来很多新的启示。

（1）先进的管理理念。外资企业来了，他们带来了先进的管理手段也带来了严格的控制标准。以麦当劳为例，"麦当劳不仅仅是一家餐厅"这句话精确地涵盖了麦当劳集团的经营理念。在全球麦当劳的整体制度体系中，麦当劳餐厅的营运是很重要的一环，因为麦当劳的经营理念和欢乐、美味是通过餐厅的人员传递给顾客的。然而餐厅并不是麦当劳这一世界品牌的全部，它只是冰山一角，因为在它后面有全面的、完善的、强大的支援系统全面配合，已达到质与量的有效保证，而这强大系统的支援当中包括：拥有先进技术和管理的食品加工制造供应商、包装供应商及分销商等采购网路、完善健全的人力资源管理和培训系统、世界各地的管理层、运销系统、开发建筑、市场推广、准确快速的财务统计及分析等等。每一个部门各尽职能，精益求精，发挥团队合作，致力于达到麦当劳"百分百顾客满意"的目标。

（2）全新的经营理念。现在的客人用餐，寻找的是轻松、愉快，有回家般舒适的感觉。这种趋势正在愈演愈烈，我们应该看准市场定位，积极地做出调整。有很多现代的餐饮企业管理者，会寻找一些名牌的对象承包餐厅，与其他品牌合作伙伴共同经营。星巴克咖啡在中国的发展不算早，但它的经营理念却是全新的，所以使其发展迅速。同样我们就不难理解为什么肯德基在中国短短十多年的发展就会成为拥有 1 000 多家店面，每间店面年销售额近千万元的企业了。

（3）完整员工培训体系。世界餐饮企业的进入，带给中国的不仅是异国风味、上万个就业机会，还有全新的国际标准的人员管理和培训系统。

（4）准确的品牌定位。在多元化的市场，非主流消费的时代，如何取得主流消费者的认同，是品牌定位面临的一个非常重要的问题。一个品牌如果不能取得主流消费群体的认同，那么它就很难产生影响力。就像卖饮料，如果你卖的饮料不能取得年轻一族的认同，就很难在这个市场上形成主流品牌。事实上，在多元化的分众时代，塑造主流品牌这一新的品牌游戏规则，我们可以称之为品牌定位的潜规则。

3. 中国餐饮业面对的挑战

（1）国际著名品牌的竞争和挑战。国际大型餐饮企业以其雄厚的经济实力进入中国，他们给中国消费者带来更多的选择。凭借丰富的企业管理经验和企业文化，准确地把握消费者的需求心理,国际品牌既快又多地进入中国市场,必将给中国餐饮企业带来极大的冲击。

(2) 人才流失的压力。外资餐饮企业,以其优厚的条件、雄厚的资金实力、更为广阔的发展空间、宽松的工作环境吸引餐饮技术、管理、服务、文化等方面的人才。人才流失将是中国餐饮企业面临的一大难题。

(3) 餐饮业两极分化加剧。一些不适应市场竞争的餐饮企业将会加速衰亡,特别是国有企业,如果不改制,势必衰退;而一些民营餐饮企业,由于机制灵活,则有很大的发展前景。

(4) 营业规模的竞争和挑战。中国餐饮业普遍是中小企业,很难同像麦当劳、肯德基等国际著名企业相比。

(5) 综合服务素质的竞争和挑战。中国餐饮业从业人员的文化水平大都是初、高中程度,而进入中国的国际著名品牌餐饮公司的从业人员文化素质普遍较高,研究能力雄厚。

(二) 我国餐饮业存在问题分析

(1) 企业规模小,现代化水平低。餐饮业总体上是由中小企业组成的,通过连锁经营,集团化发展的大型企业所占比重很小。由于餐饮网点缺少规划,同时由于一些大城市从居民居住环境角度出发禁止在住宅楼中进行餐饮经营,使得不少店铺委身于临时建筑、违章建筑,"短期"行为非常严重。由于投入和积累不足,加上市场进入和退出不规范,餐饮行业也被称为"开关行业",做大做强的基础很不牢固。

(2) 市场秩序有待整顿。市场秩序方面问题突出反映在餐饮业管理缺少法规来规范竞争行为。老字号、名字号被随意"克隆"仿冒;存在虚假宣传、价格欺诈和恶性竞争等行为;许多中小餐饮企业食品安全隐患突出;长期以来,我国一直没有关于保证基本服务质量、明确服务企业权利义务的法规,反不正当竞争的法律也对餐饮服务行业中存在的问题缺乏有效规范。

(3) 饮食卫生状况急需改善。中国餐饮业的进入门槛较低,大量企业涌入,导致业内某些企业运作欠规范,服务质量较低,卫生是一大问题。餐饮企业无证经营现象普遍,一些小型餐饮店、街头商贩和社区网点在没有办理任何证照的情况下就开业经营,也没有为接触食品的生产人员办理"健康证";进货渠道混乱,不到卫生部门指定的定点单位进购放心原材料,甚至用变质的原材料加工食品,使用非食用原料添加剂等;许多小型餐饮企业生产场地的卫生情况令人担忧,没有凉菜间,生熟混放,共用砧板造成交叉污染等。

(4) 行业标准体系不完善。餐饮业巨头麦当劳的标准化管理是值得我们学习的,无论国内国外,所有分店的食品质量和配料都相同,并制定了各种操作规程和细节,如"煎汉堡包时必须翻动,切勿抛转"等。另外,麦当劳还竭尽全力提高服务效率,缩短服务时间,例如要在50秒钟内制出一份牛肉饼、一份炸薯条及一杯饮料,烧好的牛肉饼出炉后10分钟、法式炸薯条炸好后7分钟内若卖不出去就必须扔掉。有如此严格的标准化运作,麦当劳没有理由不成功。

而对于国内的餐饮企业,由于中餐的烹调和食用特点,标准化似乎是一个奢侈的话题。我们国内餐饮业要想稳健发展,必须在口味、服务、管理、制作工艺等方面多做探索,制订出一套行之有效的行业标准体系。

二、餐饮销售模式

(一) 宣传式营销

宣传式营销实际上就是通过广告宣传、展示宣传等手段和方法来达到宣传推广的目的。

(1) 广告宣传。广告的方法有很多种,例如定期印制一些活动节目的节目单,做一些大堂宣传促销,在电梯旁,电梯内做宣传促销,在客房内做宣传促销,在餐厅做展示宣传,在报纸、电台、电视、杂志、网站上做广告等,这些都属于宣传营销当中广告宣传的手段和方法。

(2)餐厅展示。餐厅展示有很多种方法:①原料展示:在餐厅里做一个贵重原材料的陈列窗,把一些海鲜、干货、新品等做成一个个陈列品。②半成品的展示:半成品就是快要做好但还没做熟的菜肴。有的餐厅把这些半成品装盘,做成盘菜或刺身摆在柜台上,供客人观赏,以便引起客人的消费欲望。③成品的展示:成品即做熟的菜。供展示的成品一定要色、香、味俱全,不能说一盘菜摆个十天半月,都有味了,色泽也不鲜艳了,这样会让客人大倒胃口。④生产制作的展示:另外,餐厅展示还包括生产制作的展示,例如客前烹制,即当面为客人做菜,让客人眼见为实,又例如,厨房明档等,也属于一种展示宣传。⑤图片/模型:当然,还有其他的方式,比如图片、模型,要么是原料或成品的图片、模型,要么是用来烘托气氛的。总之,这些都是宣传的手段和方式。

(二)交流式营销

交流式营销有两个方式:

(1)把握真实时间的语言推销。就是通过和客人之间进行交流,在交流过程当中,达到营销的目的。这里面涉及语言艺术和语言技巧的问题。餐厅在日常培训中要将其作为重点来培训。

(2)顾客购买心理的八阶段与营销策略。经营者要去分析和研究它,在不同的阶段里面,采用不同的营销策略。

顾客在餐饮消费过程当中,会经历八个不同的阶段,在这八个不同的阶段中,企业要采取不同的手段和方法,最终达到达成交易的目的。宾客购买餐饮产品的内心变化分八个步骤,饭店营销的策略也应该有相应的方法。

①注目:客人是从注目开始的,企业通过宣传引起客人的兴趣,客人就开始关注企业。然后到餐厅就餐。

②兴趣:客人来到餐厅之后,服务员或管理者要向他推荐餐厅的情况,包括产品、服务、地理位置等。推荐的目的是引起客人消费的兴趣。

③联想:客人有了兴趣以后,再伺机接近他,让他产生联想。

④产生欲望:客人有了联想之后,再给他以说明,给他以劝诱,最后让他产生消费的欲望。

⑤比较思考:客人有了消费的欲望以后,企业就要跟进,向客人提供进一步的服务,让他去比较、去思考。

⑥信赖:当客人犹豫不决、比较思考的时候,企业要引证推荐方案,要用事实例子来举证,而不是强迫客人点餐。不能说你要不要这个菜,而是告诉他,这个菜有什么样的好处,那个菜有什么样的特点,甚至可以把以前的销售经验告诉他。

例如,当客人为选择一个菜犹豫不决的时候,服务员就可以告诉他,上个月我们餐厅的这个菜排在销售排行榜的第二位,上个月卖了多少份。这就是通过引证成功的经验来坚定客人的信念,缩短他的思考期,让他产生信赖感。

⑦行动:只要服务员举出的例子非常让人信服,客人马上就会产生信赖感,进而由思考产生行动,最后还感谢服务员。

⑧满足:因为客人的整个消费过程都非常开心,既得到了企业的支持和帮助,又在企业的营销策略的推动下,最后和企业达成了共识,促成了交易,所以他的心情也非常愉快,整个消费过程也非常愉快。

交流式营销实际上就是要求我们去研究和分析消费者在不同时期的消费特点,尤其是他的消费心理特点。因为客人刚到一个餐馆,对餐厅的所有产品都很陌生,菜单上的一百多道菜对于客人来说,都是很陌生的东西。这个时候,就看员工怎么去引导他,如何去发现他的需求,然后去引起他的兴趣。

(三) 奖励式营销

奖励营销的方法多种多样，现在很多饭店都在做，例如通过抽奖、摇奖、积分等方式提供的奖品，像奖券、奖金、奖品，又例如消费券、优惠卡、礼品券、旅游券、果盘、鲜花、蛋糕、酒水、日用品、巨奖等，这都是刺激客人消费的方式。消费者往往会有追求实惠的心态，企业通过奖励的手段和方法，让他得到额外的价值，他会很高兴。

(四) 增值式营销

所谓增值式营销，实际上就是提高顾客的享受价值，例如增加知识氛围的促销、提供附加服务的促销等，都属于增值式销售的手段和方法。

(五) 体验式营销

(1) 体验式营销的手段和方法。通过设计情调、增加顾客体验，或通过前卫的消费使顾客感受到一种前所未有的感觉。体验式营销常用的手段和方法包括设计情调、增加体验、前卫消费。它以餐饮服务为舞台，以餐饮产品为道具，以顾客为中心，创造能够使顾客参与，值得顾客回忆的活动。体验式营销令顾客在参与活动的过程中得到一种前所未有的体验，从而使顾客对企业留下深刻的印象。

(2) 站在消费者角度重新定义、设计促销方式。体验式营销是站在消费者的感官(Sense)、情感(Feel)、思考(Think)、行动(Act)、关联(Relate)等五个方面，重新定义、设计促销的思考方式。此种思考方式突破了传统"理性消费者"的假设，认为消费者在消费时兼具理性与感性。消费者在整个消费过程中的体验，才是研究消费者行为与企业品牌经营的关键。

(3) 注重顾客参与。实际上这也是要求餐饮的经营者和管理者在推行体验式营销的时候，注意顾客参与，注意顾客的现场表现。

餐饮的促销活动也要考虑顾客的参与，顾客在参与过程当中，才会把他们的需求充分地表现出来。只有这样，我们才能够获取有价值的信息，才有利于营销手段和方式的设计。

(六) 热迷式营销

热迷就是狂热的迷恋。因为现在的消费者越来越聪明，所以我们要采取与消费者合作，共创价值的营销策略。热迷式促销强调三种能力：

(1) 吸引顾客的能力。它指通过跟消费者合作，让消费者更好地了解企业，从而达到吸引顾客的目的。这要求员工要有这种吸引顾客的能力。

(2) 留住顾客的能力。光吸引顾客前来消费是不够的，这只是营销的第一步。吸引顾客的目的是为了留住顾客，让他成为餐厅的常客、老客户。吸引顾客不是特别难，难的是留住顾客，顾客如果被留住了，肯定是餐厅里的某样东西让他着迷，所以热迷式营销还强调员工或企业要有留住顾客的能力。

(3) 倍增顾客的能力。除了留住顾客之外，还需要企业有让顾客成倍增长的能力。这个倍增顾客，有可能是老顾客带来的，也有可能是通过广告宣传吸引来的，也有可能是员工靠个人能力发展来的。总之，不管通过什么方式，如果餐厅里的顾客成倍增长，那么餐厅的效益马上就能上一个新台阶。

(七) 故事式营销

故事式营销是餐饮文化的一个手段和方法。做好故事式营销，第一要关注细节，关注细节才能够发现故事的线索；第二要整编故事；第三是趣味渗透，也就是发现一些故事的元素，然后把它编创成故事，同时增加一些趣味性的内容，让消费者的消费过程变成一种全方位的体验过程。

(八) 演秀式营销

演秀式营销，就是增加餐饮服务的表演

性。例如深圳卖山坊的透明厨房里,厨师们在列阵大显身手,厨房外的顾客们可以一览无遗,且不用害怕油烟。因为厨房与餐厅之间隔了一道玻璃窗。这堵玻璃墙,既可以让顾客看到厨房里面的厨师,也可以让厨师在厨房里面充分地表演,这就是增加了餐饮服务的表演性:用厨房做舞台,厨艺就是演出,厨师在作秀。

（九）效应式营销

效应式营销就是通过名人、名士达到提升和扩大餐厅知名度、提高美誉度的手段。要做到这一点,要学会积累名人,要旁征一些轶事,通过名人效应,来达到市场推广的目的。因为消费者,甚至整个社会都很关注名人、明星,如果餐厅有这样的资源,一定能产生轰动效应。

（十）潮 IN 式促销

潮 IN 式促销也叫潮流式促销,也就是把时尚、新潮的元素——酷、炫、IN、摆、棒、劲、强、Boutique、Hip-hop、爽、秀、型、甩等融合到餐饮的营销当中去。

（十一）美食节的营销

美食节的营销,就是通过美食节来引起消费者的注意,吸引消费者的眼球,给顾客以消费的理由,给常客以新颖的感受,给管理以能力的展示,给员工以培训的契机。

美食节的策划和实施是美食节推广和营销的一个重要内容。在进行主题的选择和策划时要选择适当的时机,整个美食节活动要有周密的计划,在实施过程当中,要控制、把握和适当调整,结束以后要有一个总结评估。

以上讲的十一种营销方式只是营销方式的一部分,其实每一个餐饮企业都可以根据企业自身的状况,以及所面临的市场特点来选择或创造不同的餐饮营销模式。不论是选择还是创造,目的都是提高顾客的认知度和满意度,增加顾客的体验。在此基础上,达到提高企业赢利能力的目的。

三、餐饮销售管理

餐饮产品销售包括接待、介绍、成交和成交后的服务四个步骤。针对四个步骤制定相应的工作标准,形成每一个步骤的服务规范,加强销售人员管理,明确销售任务,采取有效方法控制销售过程,保证销售活动有序开展。

（一）餐饮产品销售价格管理

1. 价格的构成

价格的高低影响着产品的吸引力,也影响着产品的销售。价格构成由以下四个因素组成：

（1）食品或饮料成本。在计算食品原料的成本时,不仅仅计算其净料,而应该计算其购进时的毛料。饮料在计算成本的时候,要涉及滴漏损耗问题,在计算一杯净饮或鸡尾酒的成本时,应把滴漏、溢出的损耗考虑在内。

（2）费用开支。主要包括人工费、租金、折旧费、水费、电费、煤气费、行政管理费及其他杂费。

（3）税金。餐饮企业应向国家或地方税务局缴纳税金。餐饮企业应把营业税分摊到每份菜品或饮料上。

（4）利润。餐饮企业是以盈利为经营目标的,所以餐饮企业经营的主要任务是获取最大限度的利润。在制定价格时应考虑到我们的利润目标。

2. 餐饮定价目标

（1）以利润为导向的定价目标。管理人员根据利润目标,预测经营期内将涉及的经营成本和费用,然后计算出完成利润目标必须完成的收入指标。

要求达到的收入指标＝目标利润＋食品饮料的原料成本＋经营费用＋营业税

决定销售收入大小有两个关键指标,一是座位周转率,一是客人平均消费。通过预测餐厅的座位周转率,就能预测出客人的平均消费额指标:

客人平均消费额＝计划期餐饮收入指标/座位数×座位周转率×每日餐数×期内天数

(2) 以销售为导向的定价目标。管理人员出于经营的需要,在定价时追求增加客源和菜品的销售数量。例如,有些餐厅所处的地点过于僻静,或餐厅的知名度较低,管理人员为吸引客源,增加菜单的吸引力,往往在一段时间内将价格定得低些,使顾客喜欢光顾并吸引更多顾客,从而使餐厅的知名度提高;有些餐厅在遇到激烈竞争时,为了扩大或保持市场占有率,甚至为了控制市场,也以低价来增加客源。这些企业可能会因低价而生意兴隆,但可能得不到应得的利润,甚至不能产生利润。

(3) 以刺激其他消费为导向的定价目标。有些餐厅为实现企业的总体经营目标,例如以增加客房或其他部门的客源作为餐饮定价的目标,可能会以较低的价格来吸引会议、旅游团体以及公务客人,以此提高客房出租率,使企业的整体利润提高。

在餐厅中,菜单上的有些菜品是无利甚至是亏损的,但前提条件是这些菜品的销售必须能够刺激其他菜品的销售。

3. 餐饮定价策略

(1) 新开业餐厅的价格策略。

①市场高价策略。餐厅开发新产品时,将价格定得高高的,以牟取暴利。当别的餐厅也推出同样产品而顾客拒绝高价时再降价。这项策略适合用于企业开发新产品需要的投资量大、产品独特性大、竞争者难以模仿、产品的目标顾客对价格的敏感度小的场合。采取这种策略能在短期内获取尽可能大的利润,尽快回收投资资本。

②市场渗透价格策略。这项策略是自新产品一开发就将产品价格定得低低的,目的是为了使新产品迅速地被消费者接受,企业能迅速打开和扩大市场,尽早在市场上取得领先地位。由于企业获利低因而能有效地防止竞争者挤入市场,从而使自己长期占领市场。

市场渗透策略一般用于产品竞争性大且容易模仿,而且目标顾客需求的价格弹性大的新产品。

③短期优惠价格策略。暂时降低价格使餐厅或新产品迅速投入市场,为顾客所了解。短期优惠价格策略在产品的引进阶段完成后就提高价格。

(2) 心理价格策略。

①零头标价。零头标价使消费者产生一种商品价格低于实际价格的感觉。像澳洲带子,每斤98元,如果再增加3元,就变成一百多元一斤了,而98元对顾客来说就是几十元一斤,几十元一斤和一百多元一斤相差多少呢?

②心理高价。因为有好多顾客都坚持这样一种观点"便宜没好货"、"价格高,说明档次高"。低价的商品往往无人问津,一旦提价,却抢购而空,我们的餐厅或酒吧可以进行市场分析,如果确信其顾客具备这种心理时,可以尝试此种策略,但不可违背国家反暴力经营规定。

(3) 顾客定价策略。此种定价策略,对于素质较高的消费群体且消费行为成熟的群体比较适用。餐厅只标明菜点的成本价,顾客结账时,根据自己食用的多少,对质量、服务的感觉定价付钱,可多给或少给,甚至不给钱。在发达地区,如西方发达国家,大多数顾客付的钱都超过了食品的价格,使餐厅的效益大增。

(4) 诱饵定价策略。有些餐厅为吸引顾客光顾,将一些菜品的价格定得低低的,甚至低于这些菜品的成本价格。其目的是为了把顾客吸引到餐厅来,而顾客来到餐厅后一定还会点别的菜,这些菜品就会起到诱饵作用。

4. 价格折扣与优惠政策

(1) 团体用餐优惠。为促进销售,餐厅企业常常对大批量就餐的客人进行价格折扣,比如会议就餐、旅游团队就餐等,其价格往往比较优惠。会议和团队就餐通常以每人包价收费,在这个包价中提供各色菜肴。

(2) 累积数量折扣。饭店为鼓励常住客和常客经常在店内就餐,以折扣价格鼓励客人在店内就餐。折扣率的大小通常取决于客户光顾餐厅的次数和消费的金额。如有的饭店对常客发放银卡、金卡或白金卡,顾客持有不同的优惠卡,可享受不同程度的折扣。

(3) 清淡时段价格优惠。为鼓励清淡时段客人前来光顾,管理人员常在清淡时段给予价格优惠,这种推销手段特别对经营时间长的咖啡厅和快餐店十分有效。

5. 提价与降价的时机

影响餐饮产品价格上升或下降的因素主要有:

(1) 产品在市场上的定位。如果本餐厅的菜品在整个餐饮市场竞争中处于优势,餐厅可以考虑提高价格。这里所讲的竞争优势包括菜品质量、风味特色、店堂环境、服务员服务水平等方面的优势。相反,如果上述各方面都不如竞争对手,处于弱势地位,餐厅要么降价,要么改进提高。

(2) 竞争对手的价格策略。如果竞争对手降价,餐厅也应降低价格,尤其是那些与竞争对手的餐饮产品区别不大的产品。相反,如果竞争对手采取提价策略,餐厅也可考虑提价,这样可以获得很高的利润。

(3) 需求曲线的性质。对于需求弹性较大的菜品和饮料,餐厅可以考虑降低价格,这样,由于销售量增加,能使因降价造成的损失得到弥补,并有所盈余。对于需求弹性很小的菜品或饮料,提价增收,降价减收。

(4) 政府对餐饮企业价格的检查程度。一个负责、高效、廉政的政府对稳定价格具有积极的作用。

(5) 市场结构。如果某类餐饮产品属于完全竞争型的,则企业对产品价格的升降是无能为力的。有的餐厅或餐厅中有些菜品在某一地区处于寡头垄断地位,如果提价过多,也是不可能的,顾客会转向其他几家餐厅;如果降价过多,其他餐厅也不怕市场被你抢占。在独占市场的情况下,餐厅可以提高价格,但要受到政府的限制。

(6) 宏观经济形势。通货膨胀时餐饮企业是要对餐饮产品提价的。因为在此时,餐饮成本在增加的,如果不积极应对,将对餐饮经营带来伤害。

(7) 餐饮成本结构。如果餐厅成本的增加,是由于原材料的价格和人工费用的增加,那么餐厅为了保持边际利润,应减低采购成本,减低劳动力成本。

(8) 市场需求情况。如果餐饮产品的需求量增加,可以考虑适当提高菜品价格;如果需求量减少,则需降低价格。

(二) 餐饮销售过程控制

餐饮销售控制是从控制的角度来保证餐饮产品经过销售最终变化为餐饮商品的过程,餐饮销售控制的目的是要保证餐厅向客人提供的菜品都能产生收入。

有些经理人称,若控制好成本,餐饮企业就会赢利,其实不然,如果餐饮产品在销售过程中没有得到预期的收入,那么成本控制的效率也就无法得以实现。

例如:餐厅出售金额为 1 000 元的食品,耗用原料的价值是 350 元,食品成本率为 35%。如果餐厅销售控制不好,只得到 900 元的收入,则成本率会提高至 38.9%,这样毛利额就减少 100 元,成本率就提高 3.9%。

由此可见,对销售过程要严格控制。如果缺乏这个控制环节,就可能出现内外勾结、钻制度空子、使企业利润流失等问题。

1. 点菜单的控制

销售的第一个环节就是将客人所点的菜品及价格清楚而正确地记载在客人的点菜单上,如果销售的菜品不记载在点菜单上,现金短缺将难以追查。所以点菜单控制是我们销售控制中重要的一个环节。

(1) 点菜单的作用与基本内容。点菜

单是向厨房下达的生产指令,是向客人收费的凭证,是进行菜单设计和人员控制的依据,是核实收银员收款的正确性的依据,是统计餐厅各餐营业收入的数据来源。为使点菜单产生以上作用,点菜单应包括以下内容。

①基本信息:日期、桌号、服务员姓名(工号)、客人数、点菜单编号。

②点菜信息:客人所点菜品和价格。客人所点的菜名是对厨房下达生产的指令;点菜单上所记载的菜肴价格好似向客人收费的凭证。点菜信息也是产品销售信息,帮助确定菜品的生产计划和人员的配备安排。

(2)点菜单的检查核对方法。

①印章审核法。程序如下:点菜后将点菜单送交收银员,收银员检查内容后盖章或签字;厨房或酒吧根据盖章或签字的点菜单发菜或酒水饮料;营业结束后,各厨房把点菜单整理好送交稽核部,由收入稽核员审核(只需逐张检查点菜单上有无收银员的印章即可)。

②页数审核法。程序如下:厨房送交当班的点菜单给日间稽核人员;日间稽核人员将厨房送交的点菜单的数目与收银员送交的点菜单数目进行比较(若张数不等,查找原因,追究责任)。

(3)点菜单副本制度。

点菜单一般一式三份;点菜单的正联和副联应以不同颜色印制,但必须具有相同的编号;正联作账单,作为向客人收款的凭据;第二联送厨房,作为厨房生产的指令;第三联送出菜控制员,监督菜品的正确发出。点菜副本的作用如下:

①保存副联,营业结束时对照检查有无空号,若有空号,追究责任。

②可防止厨房生产和出售的菜品得不到收入,减少订菜服务员对客人订的菜不记账而私吞收款的机会。

2. 收银员控制

收银员的职责是记录现金收入和记账收入,向客人结账收款。根据餐饮收银员的职责进行有效的控制:①顾客已付款的账单要盖上"现金收讫"章;②将已收款的账单锁在盒子里。以上两种方法都是为防止已现金的账单再次被收银员或服务员利用而囊取企业的收入。

3. 出菜检查员控制

大型饭店的餐厅一般都在厨房中设置一名出菜检查员。出菜检查员一般委任于资深的专家或退休的餐饮经理人,必须要熟悉餐厅的菜品品种和价格,了解各种菜肴的质量标准,岗位设在厨房通往餐厅的出口处,是食品生产和餐厅服务员之间的协调者,是厨房生产的控制员。出菜检查员的主要责任是:

(1)保证订单上的菜品及时生产,并保证服务员取菜和送菜正确;

(2)保证厨房只根据点菜单副联所列菜品生产,可防止服务员或厨师无订单私自生产并擅自免费把食品送给熟人、朋友;

(3)检查客人点菜单上价格是否正确,防止服务员出于私利或粗心将价格写错;

(4)检查所生产的菜肴质量和分量是否符合标准;

(5)保管客人点菜单副联,防止丢失;

随着科技的进步、经济能力的许可,人们开发了越来越多的关于点菜系统方面的软件,得到了广泛运用。客人或接受点菜的服务员只需在操作盘上点出所需要的菜肴,厨房、收银台以及吧台等立即会收到信号,进行相关的操作,从而省去手写点菜单的麻烦,也提高了餐饮销售控制的效率。

【任务拓展】

通过对饭店餐饮市场预测与分析、餐饮销售模式与选择、餐饮销售活动与实施等内容的学习,深入理解饭店餐饮销售的重要性,掌握餐饮销售管理。

在供给普遍大于需求、现代信息技术增加了顾客对产品的选择机会与竞争激烈导致技术与产品更新加速的市场环境下,任何企业要生存下去,如沃伦·J.基肯教授所说,首先应该成为一家营销公司。同理，任何饭店要生存下去，也应该首先成为营销饭店。为深入了解饭店餐饮，结合本任务内容，通过实习、网络等途径，请作以下调研：

①分析预测本地区餐饮市场发展趋势。

②调查本地区最具影响力的四、五星级饭店，分析其餐饮营销模式。

③结合实际，选择一家餐饮企业，为其制定合适的餐饮营销方案。

【任务反馈】

根据调查显示，21世纪，饭店客人消费需求将更加追求个性化，饭店产品网络销售最大限度地满足顾客的个性化需求。通过网络，客人可以快速方便地得知饭店非常详尽的描述，不仅有饭店的基本信息描述，而且对饭店的交通、房型及价格、餐饮、服务设施都有专门的数据库描述。先进的数据库设计保证了客人可以按照各种条件选择适合自己的饭店，能使饭店建立诚信经营机制和更高的沟通平台，扩大知名度、开辟新的市场。饭店产品的网络销售方式很多，发展迅速，你知道目前饭店网络销售的主要形式吗？

释疑：目前网络营销的主要形式有三种，分别是：

①GDS预定（全球分销系统）。通过加入GDS全球分销系统进行网络营销，虽有客源保证但需支付高昂的系统架设费用，同时GDS的收取的预订代理费也比其他渠道的代理费高。

②网上饭店中介——网络订房系统。网络订房系统作为饭店一个预订平台，近年来的发展十分迅猛。从百度搜索"订房"，用0.009 4秒搜索出822 000篇相关网页，首页显示的订房中心都表示能够提供北京、上海、广州、深圳等主要商旅城市数千家会员饭店2至7折优惠预订，有的还承诺一小时确认，首页下还显示了其他网站的提示。由此可见：订房网络基本上是中介一统天下，其必然会通过竞争向集中化发展。但对饭店而言，此种方式增加饭店成本、部分订房网站回报率低下、缺乏预订管理自主性等成为主要缺陷。

③饭店独立网站。饭店建立自己的网站，等于在互联网上为饭店打开了一个窗口。相对于网络订房系统而言，饭店自己的网站可以对饭店设备设施、服务及产品进行比较详尽及个性化的介绍，同时通过网上调查及时了解客户的反馈的意见建议，并接受在线预订。这一形式在最初不少饭店趋之若鹜。此种方式同时也存在建设成本及后期维护推广费用高、回报效果低、投资回收期长等缺点。

◆模块评价

【知识/技能评价】

餐饮部是饭店中的一个重要部门，是为宾客提供食品、饮料和良好服务的部门。餐饮部的任务是在饭店餐饮部经理领导下，以经营计划为指导，以经营责任制为基础，全面筹划餐饮产品的生产、销售、服务等活动，科学合理地组织厨房生产和餐厅服务；组织客源，扩大销售、降低成本消耗，提高服务质量，满足客人的餐饮需求，以获得最大的经济效益。

随着社会生产的高度发展和人们生活价值观念的改变，餐饮需求日益多样化，人们对餐饮产品的质量、用餐环境和就餐气氛、餐饮服务质量要求越来越高。为了满足消费者的这些需求，餐饮部在饭店的经营中所起的作用越来越大，所肩负的责任也越来越大。作为饭店餐饮部门的经营管理者应该充分认识到饭店餐饮部门的特殊地位和作用，熟悉餐饮经营管理的任务，突出饭店餐饮的现场服务、出品质量、成本控制、全员销售等重要的环节，能够针对餐饮经营管理的特点合理选用好服务人员和厨师，加强服务意识和服务、操作技能培训，保持饭店餐饮质量的稳定。

课外复习思考题：

①简述饭店餐饮部的地位和作用。

②简述餐饮服务管理的主要内容。

③简述饭店餐饮物料管理的主要内容。

④餐饮产品生产过程各阶段应如何加强管理？

⑤餐前、餐中、餐后服务管理有哪些具体工作？

⑥如何对餐厅服务人员和厨师进行岗位培训？

⑦厨师长日常管理技巧有哪些？

⑧简述饭店菜点设计与创新原则和方法。

⑨餐饮产品成本和费用结构有何特点？

⑩什么叫食品安全管理？如何进行餐饮食品安全管理？

⑪我国餐饮市场存在哪些问题？

⑫餐饮业常用的营销方式有哪些？

⑬如何实施饭店餐饮销售过程控制？

⑭影响餐饮价格升降的因素有哪些？

【能力应变】

成功的餐饮经营需要技术和经验。在相同的条件下，饭店餐饮经营管理的好坏，取决于餐饮部经营管理团队的综合素质。除了本任务所讲述的知识和能力外，餐饮的经营管理是一个动态的过程，这个过程中，外部环境如社会经济形势和餐饮大市场的变化、新的食品安全管理政策的出台、顾客餐饮消费观念的改变、饭店内部经营战略的调整等等，都会对餐饮经营管理带来新的挑战和机遇。为此，优秀的餐饮经营管理工作者在具备丰富的知识和技能的前提下，要善于总结经验和教训，应具有良好的创新精神、敏锐的洞察力和快捷的反应性。只有这样，饭店餐饮的经营才能一直处于不败之地。

作为初学者，应注重自我餐饮经营管理应变能力的提高，在学习和实践过程中，勤于思考和总结。请思考以下问题，并与大家一起交流自己的看法。

①纯餐饮企业与饭店餐饮部的经营管理有哪些不同之处？

②某饭店的客源结构发生变化，饭店作出调整餐饮菜肴风味的决策，由原来的淮扬菜改变为川菜，请问餐饮部的经营管理环节应作哪些调整？

③某饭店的餐饮部生意不错，就是利润提不上去，你认为应该从哪些方面进行控制？

④目前饭店餐饮部厨房的厨师用工主要包厨、自建厨师团队这两种形式，请分析利弊？

【模块链接】

①通过浏览 http://www.cookcn.com/home/home.asp（中国厨师网）、http://www.canyin.com/（中国餐饮网）、http://www.xinshipu.com/（菜谱大全网）、http://www.canyin168.com/（职业餐饮网）、http://www.ccas.com.cn/（中国烹饪协会官方网站）等网站，跟踪餐饮发展，及时掌握饭店餐饮改革创新资讯，积累饭店餐饮经营管理的经验和教训。

②通过阅读《餐饮产品研发与创新》（中国轻工业出版社，2012）、《餐饮管理》（南开大学出版社，2010）、《中国餐饮产业发展报告(2011)》（社会科学文献出版社，2011），了解饭店餐饮理论研究前沿信息，全面了解我国饭店餐饮发展状况、最新的饭店餐饮产品创新理论和实践案例。

模块五 饭店非营业部门业务管理

◆模块目标

【行业要求】

充分认识饭店非营业部门的重要性,熟悉各非营业部门的任务、业务知识、工作流程,熟悉非营业部门的工作特点和过程管理要点,能根据非营业部门的特点,采取有效管理方法,实现部门运行最大绩效。

【学习目标】

①掌握饭店安全管理知识和安全技防管理要求,能针对饭店企业特点提出安全管理建议和实施安全管理工作;②掌握饭店信息系统管理要点,能提出饭店信息管理系统构建需求和操作饭店信息管理系统;③掌握饭店工程部一般事务管理运行要求,能处理饭店一般工程管理事务,提出饭店节能措施;④掌握饭店收入、利润管理要求及饭店财务管理方法和内容,能运行财务管理方法对饭店财务运行环节实施管理;⑤掌握饭店采供工作流程和采供部管理的要求,能在饭店经营活动运行采供技术实施科学采购;⑥掌握饭店会议服务、公文和行文处理、办公用品管理等总经办日常事务工作要求,能高质量组织会议、规范处理公文和行文。

◆模块任务

通过对本模块的学习,学生应充分认识饭店非营业部门的重要性,了解非营业部门的工作任务和要求、主要岗位职责和组织结构,能够掌握饭店非营业部门业务管理的要求,具备饭店非营业部门的具体业务的管理能力,通过岗位实践后,能胜任饭店非营业部门的管理工作。

本模块共有六项任务,分别是饭店保安部管理、饭店信息部管理、饭店工程部管理、饭店财务部管理、饭店采供部管理、饭店总经办管理。

任务一 饭店保安部管理

【案例聚焦】

烟感器发出报警声

一天晚上,杭州某饭店保安员小郝正在保安室值班,突然,烟感报警器发出尖锐急促的报警声。同时,913房的警孔上不断闪现红色信号。这异常的声音和闪光立即引起了小郝的警觉。"不好。913房出事了!"他立刻从座椅上跳起来,冲出房门,奔向913房。

913房门口挂着"请勿打扰"的牌子,小郝按电铃,没有回音,接连按几下,仍然没有动静,小郝便用力敲起门来,一面大声叫道:"913房客人请快开门。"里面还是死一般地寂静。小郝当机立断,叫来楼层服务员小范,让她用备用钥匙打开房门。小郝和小范闯进客房,只见缕缕浓烟直冲烟感报警器装置。原来是垃圾筒里的废纸冒出烟雾,废纸上火星点点……"好险啊!"

到这时,他们才发现客人正躺在床上呼呼大睡,被叫醒的客人醉眼朦胧。小郝向客人说明得到烟感器报警赶来抢救的过程,并请他说说事情经过。原来这位客人晚饭喝醉了,一个人跌跌撞撞回到客房,坐在靠椅上抽了一支烟,随手把烟头往垃圾筒里一扔,就蒙头睡大觉了,以后的事情他全然不知。"醉后抽烟,乱扔烟头,易造成火灾,后果不堪设想。刚才您差点酿成一场事故……"客人羞愧得低头认错,表示今后一定吸取教训。

本例中饭店保安员小郝及服务员小范面对烟感器报警采取了积极有效的措施,值得肯定。同时提出了一个值得深思的问题:如何正确处理好醉客?试想,本例中客人喝醉后,从餐厅到走道,从电梯到客房楼层,如果饭店员工都有强烈的安全意识,注意观察,及时发现醉客,从各个环节加强防范,本例中的事故苗子,可能早就避免了。可见,全员关心和投入安全保卫工作,十分重要。

【任务执行】

安全是饭店一切经营管理工作顺利开展的保障。现代饭店是开放式的经营企业,现代饭店的性质就是为社会大众提供各种服务的公共场所,饭店是否安全,不仅直接关系到饭店的正常经营秩序、饭店的声誉、饭店的经济效益,还关系到地区和国家的声誉。加强饭店安全管理的重要性显而易见,要充分认识到饭店安全运行管理的艰巨性,要依法推动,在错综复杂的情况下,做到全面管理,打持久战,突出突发性事件的预防和处置。

一、饭店安全概述

(一)安全部工作任务

安全部是在饭店总经理领导下,在公安机关、司法部门和上级主管部门指导下,对饭店内部的治安、消防、秩序等工作进行管理,通过检查、督促和防范等手段,实现饭店内部安全有序的职能部门。其主要工作内容包括:

(1)加强对饭店开业、作业、客人登记以及兼营舞厅、音乐茶座等直接面客场所的管理工作。

(2)加强对酒吧、咖啡馆、商场、游乐场等饭店内公众出入频繁场所的治安管理,维护内部治安秩序。

(3)加强对危险物品如枪支弹药等的管理。当前被列为治安行政管理的危险物品主要有:枪支弹药、爆炸物品、放射性同位素、其他易燃易爆物品、剧毒腐蚀性化学物品和列管的部分刀具。

(4)对有轻微违法犯罪行为的饭店内部员工进行教育、帮助。严肃查处各种治安案件。治安案件通常是指违反治安管理条例,依照《中华人民共和国治安管理处罚条例》的规定,应予处罚的案件。内部治安事件,由单位的保卫组织负责调查取证,需要给予治安处罚的按照治安管理处罚裁决权限的规定,报送公安机关裁决,对发生在饭店内部的反革命及其他刑事案件,安全部有责任协助公安机关做好侦破工作。

(5)完成公安机关的治安,保卫,刑侦,外事等部门交办的其他任务。

(6)落实饭店安全防范管理制度,积极推行安全保卫岗位责任制。

(二)安全部组织机构设置(如图5-1)和责任

1. 内勤工作责任

(1)负责饭店大堂,会议室等公共场所的安全和秩序,对无证或证件不全的客人,要协助总服务台问明情况后再伺机安排。

(2)负责餐厅就餐客人的安全,防止偷盗。

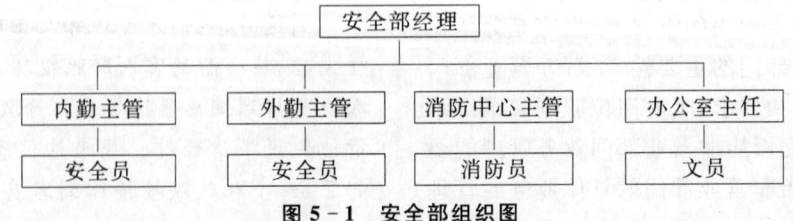

图5-1 安全部组织图

(3) 建立长住客户档案,负责长住客户在店期间的人身和财物安全。

(4) 协助客房值班员负责住店客人的安全,防止和处理突发事件。

(5) 对VIP客人进行重点护卫。

2. 外勤工作责任

(1) 负责饭店院内秩序,防止突发事件。

(2) 负责饭店院内的客人和财产的安全。

(3) 负责饭店院内车辆指挥和车辆安全,收取相关管理费。

(4) 保证饭店重要机构如机房、仓库等的安全和正常运转。

(5) 及时纠正本店员工中的仪容不整者。

3. 消防中心工作责任

(1) 严格执行国家、饭店制定的有关消防安全工作的法规,自觉做好饭店消防管理工作。

(2) 对饭店消防安全负有重要责任。

(3) 负责制定饭店防火安全管理措施并负责组织实施。

(4) 保管好消防中心的各种设施、设备,保证消防中心正常工作。

(5) 定期检查饭店消防系统,保证饭店消防系统的灵敏度。

4. 办公室工作责任

(1) 与当地派出所、公安机关保持联系,掌握当地的治安情况。

(2) 协调安全部的工作关系。

(3) 建立长期客户有关治安方面的档案。

(4) 整理和统计当天住店客人的证件资料。

(5) 制定突发事件的应急预案。

(三) 安全员岗位职责

安全员要树立高度的责任感和事业心,忠于职守,尽职尽责;认真学习饭店的各项制度和部门规定,严于律己,加强法制观念;上班着装整齐,仪容端庄,精神饱满,坚持文明礼貌执勤,严禁打人骂人,严禁侵犯他人人身权利,上下班交接手续要清楚明了。

1. 门口安全员岗位职责

(1) 维护门口交通秩序,引导车辆有序行使和行人安全过往,保证门前畅通无阻。

(2) 对来店客人要彬彬有礼,对乘车来的客人要协助迎宾员照料客人下车,将客人引导到适当的停车场;若没有停车场要向客人或司机解释清楚,并向客人介绍附近的公共停车场。

(3) 有旅游团入店时,若需疏通车道或有欢迎队伍,要在客人抵达饭店前10分钟疏通好车道和停车位置,做好迎接旅游团的安全准备工作。

(4) 对带有危险品、易燃品、易爆品入店的客人,要劝其将相关物品交安全部保管。

(5) 高度警戒,发现精神病患者、衣冠不整者和形迹可疑者,要坚决阻拦禁止入内。

(6) 做好门前警戒尤其是夜间警戒工作,对夜间23时以后开出的车辆要严格把好验证关,要做到"三对照",即对照驾驶证、行车证和身份证,发现手续不全和可疑情况要及时报告和记录。

(7) 对离店客人要表示欢送,欢迎他们下次再来。对带大件物品离店的客人要有礼貌进行查询,对实属于客人的行李要予以放行,并帮助行李员将行李搬上车。

2. 大堂安全员职责

(1) 认真履行自己的职责,保持高度的警惕,时刻注意客人的动向,细心观察,保证饭店和客人的生命财产安全;协助总服务台为客人办理入店和离店手续,照顾好客人行李。

(2) 维护大堂秩序,保持大堂的高雅肃静。

(3) 保护大堂内的公共设施,制止宾客躺在沙发上休息的行为,保持大堂文明的环境。

(4) 对夜间24时后进入大堂的客人要留心观察,发现可疑情况要上前询问并登记报告。

(5) 及时阻止在大堂内乱丢、乱吐、乱蹲、乱坐的行为。

模块五 饭店非营业部门业务管理

(6) 有小孩在大堂追逐打闹、玩耍及衣冠不整的客人进入大堂时,要及时劝阻。

(7) 安全员不得在大堂找服务员或与无关人员聊天,影响正常工作。

(8) 对客人的问询要热情礼貌周到地回答,严禁粗言恶语对待宾客。

3. 巡逻安全员职责

(1) 认真履行自己的职责,及时发现事故苗头,清除隐患,确保饭店和客人安全。

(2) 加强对重点区域的巡逻,发现可疑情况,应酌情上报。

(3) 在楼层巡逻时要重点检查客房安全防范情况,检查楼层通道、电插座、墙护板等是否安全。

(4) 对违反饭店规定,在楼层或客房闹事、斗殴,损坏客房设备者先劝其冷静再将其带到安全部酌情处理。

(5) 楼层若发生事故,如火警、盗警、凶杀、爆炸等,要迅速组织客人疏散,保护好现场,立即进行处理,防止事态扩大。

(6) 安全员不得借工作之便使用客房设施,如到客房睡觉、看电视、听音乐、打私人电话和与客房服务员闲聊等等。

(7) 保护饭店花圃里的花草树木,园林建筑不被损坏,对践踏草坪、采花折枝的人要进行干涉,制止和处理。

二、饭店安全知识

(一) 安全工作的出发点和目标

保证客人人身、财物安全和保护个人秘密;保证员工人身、财物安全;保证饭店财产不受破坏、不被盗、不遗失,不出任何安全事故。

(二) 安全工作总要求

防患于未然,勤查严防,确保安全。

(三) 安全工作"五防"

防火,防盗,防抢,防破坏,防治安灾害。

(四) 饭店内部重点安全防范部位

餐厅、歌舞厅、酒吧咖啡厅、大堂、机房、楼层、配电房、油库、仓库、商场、财务室、停车场。

(五) 饭店内部治安管理秩序标准

(1) 人员管理。不得在院内马路上打球和进行娱乐活动;不准小孩进入大堂、楼层及在马路上玩耍,禁踏草坪。

(2) 车辆管理。车辆进入饭店限速5公里/小时,大卡车、货车不得进入饭店,单车、摩托车一律放在指定的地点。对进出饭店停车场的所有机动车辆要做到检查,验证,登记。

(3) 物资流动管理。禁止搬走公家财产,禁止随便动用一切机械设备,若发现有人搬走饭店设施,要立即上前问清情况后,按规定处理。

(六) 消防知识及消防管理

(1) 防火的基本概念。火灾必须在可燃物,空气和一定的温度之下才会形成,这三者缺一不可。火灾扑灭的方法通常有窒息、冷却和拆除三种、窒息就是将火源和空气隔绝,让火源得不到所需的氧气而熄灭;冷却就是将火源的温度将下来,使火熄灭;拆除即将火源周围的可燃物移开。

(2) 火灾的种类。火灾通常分为普通火灾、油类火灾、电气火灾和金属火灾。

(3) 灭火器的种类和使用方法。通常的灭火器有泡沫灭火器,适用于普通火灾和油类火灾,使用时将灭火器倒下并左右摇摆,使药剂混合后产生二氧化碳,拔去灭火器的插销,用手压开关,就会喷出二氧化碳的泡沫溶液,阻断火源的氧气,而将火扑灭。其缺点为容易造成污染,不可使用于电气火灾类,每4个月必须检查一次,药剂一年后必须更换。二氧化碳灭火器,适用于油类火灾和电气火灾,使用时先拔出保险插销,握住喇叭喷嘴前的木质握把,再压下活门开关即受内部高压而喷出。每3个月应检查一次,重量减少应及时灌充。干粉灭火器,适用于普通火灾、油类火灾和电气火灾,使用时先拆断封条,拔起保险插销,喷嘴管朝着火点压下二氧化碳钢瓶压板即喷出。每3个月应检查压力表一次,压力表应维持在150至200磅,药剂有效期限为3年。碱化烷灭火器,适用于所有火灾类型,对油类火灾和电气火灾尤其有效。

(4) 饭店消防管理要点。严格执行饭

店所在地区公安机关的宾馆饭店消防安全管理规范,重点做好以下管理工作:①健全消防安全机构,配备合格的消防工作人员。②明确消防饭店各级安全职责,做到消防安全责任明确,分工到人。③建立消防安全制度和操作规程,并贯彻实施。④严格执行国家消防安全场所设置要求,消防安全管理措施得力。⑤开展常态化防火检查、火灾隐患整改、消防安全宣传培训、灭火和应急疏散预案和演练等消防常规性工作。⑥严肃处理火灾事故和火灾苗头。⑦建立消防档案,切实加强消防安全经费投入。⑧建立检查考评及奖励与惩处机制。

三、饭店安全技防管理

为了充分运用现代先进技术,构建实用、可靠、先进、经济的安全技术防范体系,维护旅馆的治安秩序,提高旅馆的安全技术防范能力和安全管理水平,保障旅客的人身、财产安全,根据国务院《企业事业单位内部治安保卫条例》、建设部 GB 50348—2004《安全防范工程技术规范》和有关行业标准的规定,各饭店均须在开业前实现了安全技术防范系统建设。管理好饭店的安全技术防范系统,是提高饭店管理水平的重要任务。

(一)饭店安全技防系统构架(表 5-1)

表 5-1 饭店安全技防系统构架一览表

序号	项目		安装区域或覆盖范围	配置要求
1	视频监控系统	彩色摄像机	三星级以上(含)旅馆、饭店的正门外、候车区	强制
2			与外界相通的楼栋出入口、地下停车场(库)与外界相通的出入口、地下停车场(库)层与层之间的车辆通道、停车场(库)内	强制
7			地下停车场(库)电梯厅、电梯轿厢、底层楼梯出入口、地下停车场(库)楼梯出入口、其他楼层电梯厅、楼梯出入口、非客房通道	强制
10			面积大于 60 平方米的前厅(大堂)	强制
11			配电间、水泵房等重要设备间	强制
12			会客厅、餐厅、酒吧、会议厅、咖啡座、功能转换层及康乐设施场所的楼层电梯厅、楼梯出入口和主要通道	强制
13			舞厅、KTV 等娱乐场所门口、客房通道	强制
16			自动扶梯出入口、各层安全出口、疏散出口	强制
17			总台接待处、收银处、外币兑换处、贵重物品寄存处	强制
21			重要工作室的通道	强制
22		人脸识别系统终端	购物中心、商务中心出入口和主要通道、旅馆外围周边或广场	强制
26		控制、记录与显示装置	重要管理人员办公室、高层饭店顶层出入口、安防中心控制室	推荐
29			总台接待处	推荐
30			安防中心控制室	强制

续表

序号	项目		安装区域或覆盖范围	配置要求
31	入侵报警系统	入侵探测器	建有围墙(栏)周界封闭屏障处	强制
32			重要管理人员办公室、重要物品库、财务室	强制
35			设备层、水泵房和房屋水箱部位、配电间等重要设备间	强制
38		紧急报警装置	总台接待处、收银处、外币兑换处	强制
41		防盗报警控制器	重要工作室、重要物品库、财务出纳室	强制
44		电子地图	贵重物品寄存处、小件行李存放处、安防中心控制室	强制
47			安防中心控制室及相关独立的设防区域	强制
48			安防中心控制室	强制
49	出入口控制系统		客房	强制
50			贵重物品寄存处、小件行李存放处	推荐
51	停车库(场)管理系统		出入口	推荐
52			停车场(库)出入口(道闸)	强制
53	声音复核装置		总台接待处、收银处、外币兑换处	推荐
54	电子巡查系统	巡查点	配电房、锅炉房、电梯机房、空调机房、总机房、电脑房、油库、停车场(库)、避难层、各楼层出入口及其他重要部位	强制
55		控制、记录、显示	安防中心控制室	强制
56	电话通信系统	来电号码显示	对外公开的直线电话	强制
57		来电通话记录	对外公开的直线电话	推荐
58	实体防护	防盗门、金属防护门	财务室、重要工作室、重要物品库	强制
59		防盗保险箱	客房门、安防中心控制室	强制
61			财务室	强制

(二)饭店技防管理要点

(1)加强设备维护管理,确保技术监控等体统的正常运行。

(2)加强技防队伍建设,全面提升安保人员操作技防系统的技能,建立适合饭店管理需求的技防保安人员素质拓展机制。

(3)加强系统 24 小时值班制度,记录好安全技防日志,加强保卫过程的基础材料建设。

(4)加强过程监控,推行保卫工作量化管理和标准化管理。对预警信号实现同步反应并在第一时间内处置。

(5)强化服务意识,延伸和拓展安全技防服务领域。

【任务拓展】

饭店安全工作面广量大,政策性强、技术性强,防患于未然是每一位饭店经营管理者必须树立的饭店安全管理工作理念。

本任务只从饭店组织机构、基本管理制度、饭店安全知识、消防管理、安全技防管理等饭店安全管理基础和重点入手,阐述了饭店管理基本要求,饭店是社会的缩影,许多社会安全问题也是饭店安全问题。请通过网络资料查询、图书资料检索、课外讨论等方式获取饭店以下安全问题的处置方法,整理后在学员中共享。

①饭店内发生恐怖事件如何处置?

②在自然灾害面前(地震、洪水、海啸等),饭店应如何应对?

③饭店内发生顾客或者员工涉毒时间应如何处理?

④如何应对外界对饭店的诽谤?

⑤饭店发生食物中毒事件应如何积极处置?

【任务反馈】

饭店安全工作意义重大,许多现场监控录像资料需要妥善保存,你知道饭店的安全监控录像资料的保存期限吗?

释疑:各省市的旅馆业安全管理规定录像监控资料的保留时间有差异。《北京市旅馆业安全管理规定》《江苏省特种行业治安管理条例》中明确规定,监控录像资料留存不得少于30日,以备查。

任务二　饭店信息部管理

【案例聚焦】

信用卡的快捷与"麻烦"

王林先生于18日入住808房间,该客人是用工商银行的信用卡来支付费用,入住时收银员做了1 000元的预授权处理。入住2天后,客人要求续住3天,这时已授权1 000元的信用卡不够支付以后的费用,收银员请客人再出示信用卡进行压卡授权,客人不同意,拒绝出示信用卡。收银员向客人解释牡丹卡一张手工卡纸只能填写一个授权号码和一笔授权金额,这是工行的规定,请求客人谅解由此给他带来的不便,并向客人道歉。最后客人同意了出示信用卡。

持有信用卡的客人在消费中一般都有优越感,希望在办手续方面能够得到快捷服务,不希望出现麻烦的事情,这是我们必须知道的客人心理。同样,在收银员用信用卡进行预授权时,要对客人的疑问及时予以解释,接待员在为客人办理入住手续时要尽量问清客人打算入住天数,以便收银员确定授权金额。另外在开通电话授权的情况下,也可通过电话授权的方式进行预授权,在结算时再请客人出示信用卡作压卡处理即可,尽可能地避免客人的麻烦。作为饭店的收银员还应该了解更多的关于国内外信用卡使用信息,以便更好更快捷地为客人服务。

【任务执行】

在现代饭店管理中,信息资源的重要性已被饭店管理者充分认识到,信息技术已经成为现代饭店的重要组成部分。掌握信息技术并服务于饭店管理,按照信息的要求去管理饭店已成为现代饭店管理者的共识。信息技术在饭店管理中的广泛应用正改变着人们对饭店管理的理念,同时提高了饭店的市场竞争能力。

一、饭店信息管理概述

(一)信息部工作任务

信息部在不同规模和类型的饭店有不同的名称,有电脑部、网络部、技术支持中心等名称。其主要的任务为:①饭店所有电脑的维护;②饭店计算机应用系统的开发与维护;③饭店计算机网络的开发与维护;④饭店计算机信息数据备份与运行安全管理;⑤饭店计算机系统应用层技术支持。

(二)信息部组织结构

部分饭店信息部挂靠财务部或其他部门,现在很多饭店已建立独立的信息部,一般分为技术和管理两部分,其常见组织结构见图5-3。

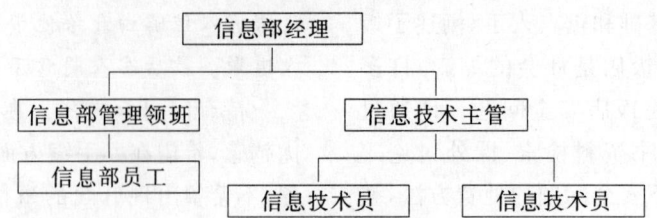

图 5-3 常见饭店信息部组织结构图

（三）信息部岗位职责

1. 信息部经理岗位职责

A. 全面负责饭店信息部的运行管理，确保饭店信息管理系统的运行畅通。

B. 负责信息部与其他部门之间的协调工作。

C. 组织解决信息运行过程中的技术问题、安全问题和应用问题。

D. 负责进行计算机应用技术培训。

E. 负责信息部的规章制度制定和执行督查。

F. 主持饭店计算机信息系统的应用开发和技术升级工作。

G. 负责信息部人员的考勤、考核和培养工作。

H. 负责饭店信息保密工作。

I. 完成上级交办的其他工作。

2. 信息部主管岗位职责

A. 协助电脑部经理对各电脑系统进行维护和保养，确保饭店各电脑系统正常运行。

B. 掌握设备的运行情况，认真做好巡检工作，做到有问题，早发现、早解决。

C. 带领员工及时处理使用部门上报的电脑问题。

D. 根据工作的需要及时做好下属员工的技术培训工作。

E. 贯彻上级精神，听取下属意见，及时协调解决工作中出现的问题。

F. 指导下属做好绩效目标的制定。

G. 协助电脑部经理做好电脑机房的日常安全、消防以及卫生等工作。

H. 负责安排员工的日常工作并履行检查、督导职责。

I. 协助电脑部经理检查下属员工日常维护工作的完成情况、交接班情况及工作日志的记录情况，负责部门考勤。

J. 完成电脑部经理交办的其他工作。

3. 信息部领班和员工岗位职责

（1）信息部领班（技术级）岗位职责。

A. 负责饭店所有电脑设备的日常维护和保养。

B. 及时解决各种电脑故障，对于不能解决的问题要查明原因，及时向上级领导汇报。

C. 指导、帮助使用部门或个人正确操作，确保各计算机系统的正常使用。

D. 认真做好各电脑系统的日常检查、安全自查以及数据备份工作。

E. 严格执行门禁制度，严格遵守各项保密制度，严格遵守机房管理制度，严格遵守操作规程。

F. 做好工作日志，认真进行交接班，做到"谁在岗、谁负责、谁操作、谁负责"。

G. 认真制订个人绩效目标并付诸实施。

H. 保持电脑机房良好的卫生环境，所有设备表面清洁、排放有序。

I. 完成上级领导交办的其他任务。

（2）信息部员工岗位职责。

A. 负责饭店所有电脑设备的日常维护和保养工作。

B. 及时解决各种电脑故障，不能解决

的问题要查明原因及时向上级领导汇报。

C. 指导、帮助使用部门或个人正确操作，确保各计算机系统的正常使用。

D. 认真做好各电脑系统的日常检查、安全自查以及数据备份工作。

E. 严格执行门禁制度，严格遵守各项保密制度，严格遵守机房管理制度，严格遵守操作规程。

F. 做好工作日志，认真进行交接班，做到"谁在岗、谁负责、谁操作、谁负责"。

G. 认真制订个人绩效目标并付诸实施。

H. 保持电脑机房良好的卫生环境，所有设备清洁有序。

I. 完成上级领导交办的其他任务

二、饭店管理信息系统

计算机科学的飞速发展，给饭店计算机应用带来了蓬勃生机，出现了饭店计算机管理信息系统、安全保卫系统、电子门锁系统、饭店信息服务系统、客房电脑保险系统以及计算机娱乐系统。计算机在饭店中的应用，已深入到饭店的各个部门，特别在信息处理领域，计算机已成为最重要的工具。在饭店现代管理理论中，饭店管理信息系统已成为饭店现代科学管理的重要内容，是饭店经营必不可少的现代科学工具。

（一）饭店管理信息系统发展历史

饭店管理信息系统是 MIS 中的一个重要分支，它实现的是计算机管理系统在饭店中的具体应用。它最早是于 20 世纪 70 年代初在国外开始发展起来的，到了 80 年代，国外的饭店管理系统，如 EECO、HIS、CLS 等，整个模式已基本定型，技术较成熟，功能也较齐全。

国内最早的饭店管理信息系统是在 80 年代初开始的，从事该方面工作的有清华大学自动化系之金国芬教授、西安交通大学和浙江省计算技术研究所。到了 80 年代中后期，随着国外饭店计算机系统的大规模引进，国外饭店的先进管理技术进入我国，进一步促进了我国饭店管理技术的发展。国内系统充分吸收了国外管理系统的精华，再结合国内的实际情况，逐步发展成熟。到 90 年代初期我国形成了几个较成熟的软件系统，同时产生了许多专职从事饭店计算机管理系统的公司。到了 90 年代中期，随着计算机在饭店中的普及应用，以及计算机技术的不断发展，饭店计算机系统的发展到了一个新的时期，新的系统平台、新的软件功能、新的系统特点及发展方向不断涌现。

（二）饭店管理信息系统作用

饭店计算机管理就其表现形式看就是对饭店大量的常规性信息的输入、存储、处理和输出过程，其作用主要表现在以下几个方面：

（1）提高饭店的管理效益及经济效益。应用饭店管理系统通过节省大量的人力物力，增加饭店的服务项目，提高饭店的服务档次，减少管理上的漏洞，从整体上提高饭店的经济效益。如完善的预订功能可防止有房不能租出或满房重订的情况出现，可随时提供准确的房间使用和预订情况，从而提高客房出租率。客人费用的直接记账，可有效防止逃账的发生。完善的分析功能可用于市场销售，如确定宣传的重点地区和如何掌握价格的浮动等。正确控制房价，控制客人优惠，从而减少管理漏洞，提高客房收入。

（2）提高服务质量。由于计算机处理信息的速度很快，使用饭店管理信息系统可以大大减少客人入住、结账的等候时间，提高对客服务质量。快速的客人信息查询手段，使客人得到满意的答复。餐费、电话费、洗衣费等费用的一次性结账，不仅方便了宾客，也提高了饭店的管理水平。回头客自动识别、黑名单客人自动报警、VIP 客人鉴别等功能均有利于改善宾馆的形象。清晰准确的账单、票据、表格，使客人感受到高档次的享受。完善的预订系统,使客人的入住有充分的保证。完善的客史档案管理更使对客人的个性化服务得以很好的实施。利用计算机保存大量的客人历史资料,通过统计分析,可对常客或消费额达到一定数量的客人自动给予折扣;也可对客人的消费特点进行分析,总结出客人生活方面的要求和特点,研究如何为客人提供更合适的个性化服务。

(3)提高工作效率。计算机管理可大大提高业务运作的速度和准确性。如电脑的自动夜间稽核功能结束了手工报表的历史,电脑资料的正确保存避免了抄客人名单的低效工作,严格的数据检查避免了由手工操作的疏忽而造成的错误,票据的传送、登记、整理、复核等一系列的繁重劳动也可大为减少。电话自动计费并由开关控制,使话务员的工作只是接电话而已。

(4)完善饭店内部管理体制。科学、正规、系统的饭店软件系统在饭店管理体系中还发挥着强有力的稳定作用,可明显地减少员工及管理人员的流动对饭店管理运作的不良影响。系统提供的多种安全级别,能保证各类数据不被无权过问的人查阅和操作。每天的审核制度,各种费用的优惠控制,应收账款的管理,员工工作量的考核,员工操作过程的跟踪,均可加强饭店管理。

(5)全面了解营业情况,提高饭店决策水平。饭店信息系统能提供完备的历史数据,又可提供各种分析模式,可使管理人员很方便地完成复杂的统计分析工作,并加强对饭店运营的内部控制,增强管理人员的控制决策水平。

(三)饭店管理信息系统构成

1. 计算机硬件

硬件指电脑设备,系统软件指系统的运行平台,它们一起构成饭店电脑系统的体系结构。饭店管理系统使用的体系结构一般有三种类型:单机系统、集中式和分布式。这三种结构随计算机技术的发展而产生,至今还在不断地发展变化着。

早期的单机系统,由一台主机、显示器、键盘、打印机等和一定的软件组成,能完成一些简单的饭店业务,该结构目前已很少有人使用。

集中式处理结构,采用一台或二台小型计算机或超级微机作为主机,使用人员通过各终端与主机联系,进行各类数据处理作业。它数据处理能力强,数据安全性、可靠性高。缺点是终端本身没有处理能力,系统处理速度将随终端数量的增加而明显减慢,而且一般终端只有字符界面,用户界面不美观。

分布式处理结构以高档微机或小型机作为网络服务器,通过网络连接各个工作站,而各工作站都是一台独立的微机,本身具有数据处理的能力,需要时可联机入网在服务器内进行数据处理,这是目前理想的体系结构。以前流行的局部网络系统(文件服务器结构,基本上是DOS系统,属已淘汰),目前流行的C/S结构(即客户机/服务器结构)都是分布式结构。C/S结构中,客户机支持用户的前端处理,而且一般是Windows图形界面,服务器用于支持应用的系统环境,包括数据库的管理及查询。它结合了局部网络和集中式多用户系统的优点,由服务器和客户机协同处理,充分发挥系统的各种优越性,是目前饭店中最佳的体系结构。

随着通信技术的发展,互联网的普及,分布式结构实现了远程数据处理。这种广域网分布结构更适合饭店集团的信息管理。集团总部可以通过互联网有效地管理各地的饭店,及时了解各饭店的经营情况,各饭店之间也可通过互联网实现信息互传。从计算机应用的发展趋势看,基于B/S(浏览器/服务器)结构的广域网方式是今后发展的方向。

2. 计算机软件结构

一个饭店管理信息系统从使用者的角

度看,软件结构就是饭店管理系统的功能结构。各种功能之间又有各种信息联系,这样就构成了一个有机结合的整体,形成一个完整的软件功能结构。因此,系统一般可分为前台(对客服务)和后台(内部管理)两大部分,另外还可包括对前后台系统的功能补充的扩充系统(有的系统把扩充系统直接包含在前后台系统中),以及各种各样的系统接口。图 5-4 是一般饭店软件的功能结构图。

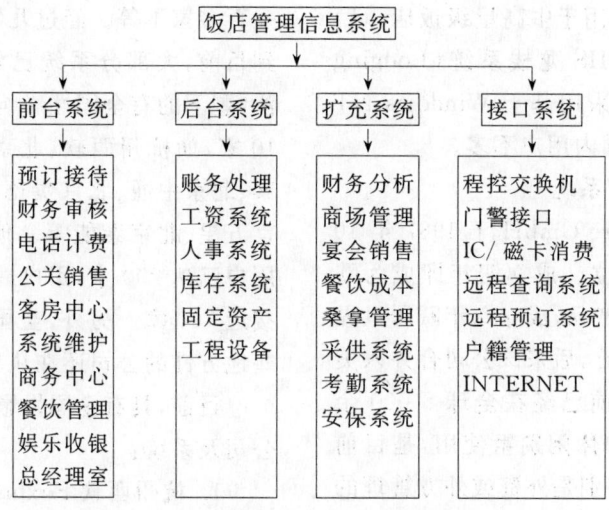

图 5-4　饭店管理信息系统功能结构图

事实上,饭店管理软件可以是一个覆盖整个饭店管理所有方面的非常庞大的系统。对某些饭店,这样的功能模块还可增加和完善,如与饭店床头柜的联结接口、与饭店内部寻呼台的联结接口、办公自动化 OA 系统、预测决策支持系统等,而且各种软件系统之间的功能名称和分法均可不一样。

(四)国外饭店管理软件系统

在国外,美国 ECI 公司最早使饭店前台业务实现了计算机管理,主要包括了预订、排房、结账、客户、餐厅、查询、夜间作业及市场分析等。以下简单介绍国际上著名的、在国内使用较多的软件系统:

1. ECI(EECO)饭店系统

ECI 系统是美国易可(ECI)电脑公司最早于 1969 年开始发展的饭店管理电脑系统,被全世界公认为装置饭店电脑系统的翘首。ECI 公司是美国加州电子工程公司(Electronic Engineering CO.,简称 EECO)属下的子公司,因此该软件也称 EECO 系统。1970 年,在美国夏威夷(WAIKIKI)的喜来登饭店(SHERATON HOTEL)装设了全世界第一台 ECI 饭店电脑系统。经过 20 年发展,到了其鼎盛时期,在全世界有 600 多家用户(中国有 60 余家),如杭州香格里拉、桂林文华、广州中国大饭店、北京天伦、青岛海天等。ECI 系统采用的是集中式标准多用户系统,目前已被淘汰,还在使用的是其第三代产品 GEAC/UX 系统。

2. HIS 饭店系统

饭店业资讯系统有限公司(Hotel Information Systems,简称 HIS)于 1977 年成立,总部位于美国三藩市(旧金山),目前是美国上市公司 MAI Systems Corporation 的全资公司,全盛时期在全世界 80 多个国家拥有 4 000 多家用户,如中国的北京王府、北京中国大饭店、上海锦江等,而香港采用 HIS 系统的高星级饭店最多时占了 75%

左右。目前该系统已有许多被更换。

HIS系统原采用标准多用户系统,名称为 Paragon System,主机采用 IBM 公司的 AS 400 小型机,数据库采用 DB2,一般用于高星级饭店。之后推出 Innovation System,采用 Novell 局域网络,数据库使用 Btrive/Oracle,一般用于中高星级饭店。后来推出的产品是 HIS 龙栈系统(Lodging Touch System),它采用基于 Windows NT 的 C/S 体系结构,国内用户不多。

3. Fidelio 饭店系统

Fidelio Software GmbH 于 1987 年 10 月在德国慕尼黑成立。成立四年即成为欧洲领先的饭店软件产品,成立六年跃居世界饭店管理供应商之首,后来该公司合并入美国 Micro 公司。目前已经在全球 8 000 余家饭店、豪华游艇和休闲别墅使用,是目前国内高星级饭店(特别是外资或外方管理的饭店)采用最多的软件。

Fidelio Software Limited 于 1991 年在中国香港成立,指导中国内地/大陆、台湾、香港、澳门、菲律宾、关岛、韩国等地的市场开发工作。1995 年,Fidelio Software (China) Limited 在香港成立,专门开发中国大陆市场。1996 年 8 月,其在北京注册了办事处,随后又在上海成立了办事处。

Fidelio 系统在中国主要有以下版本:

DOS 版,采用文件服务器形式的局部网络方式,操作系统采用 Novell 系统,数据库使用 xBase 系统,工作站运行 DOS 平台。

Windows 版,采用文件服务器形式的分布式处理结构,操作系统采用 Windows NT 系统,数据库使用 xBase 系统,工作站运行 Windows NT Workstation 平台。

Windows 版,采用 C/S 结构,操作系统采用 Windows NT 系统,数据库使用 Oracle。最新推出的是 Micro Opera 系统。

(五)国内饭店软件系统

据 1996 年初步统计,全国各地大大小小从事饭店计算机管理系统开发、经营的公司有 100 余家。它们起步较早的在 20 世纪 80 年代初期,后来者则在 90 年代初期;有国有企业、合资企业、外资企业,也有民营企业;产品有多用户版、DOS 版、Windows 版(又可分成几个类别);用户数量从十几家到一百多家不等。经过几年激烈的市场竞争,到目前,大部分系统已经被淘汰或将被淘汰,剩下的有全国性影响的软件开发商不到 10 家,如杭州西软、北京华仪、北京中软好泰、北京中通、北京贵德、广州万讯、深圳天言五星、北京泰能等。他们中,最少的系统用户已达 200 家,用户最多的杭州西软已经接近 700 家。另外,全国各省市中,尚有一些地方性的公司还在从事该方面的工作。

目前,具有全国性影响的国内主要软件公司及系统:

1. 杭州西软 Foxhis 饭店管理系统

杭州西湖软件(西软科技)有限公司,简称"西软",成立于 1993 年 6 月,前身是浙江大学计算机系人工智能研究所下属的一个课题组,从业历史始于 1988 年。到目前,其推出的 FOXHIS 系列产品已成为国内用户数最多(近 700 家)、高星级用户最多(150 家)、用户增长最快(月均 14 家)的饭店管理软件,连续多年被中国软件行业协会评定"中国优秀软件产品",通过了国家信息安全评测认证中心认证,被列为国家级火炬计划项目。公司本身也成为中国最大规模的饭店软件供应商,其资产规模、综合实力在国内遥遥领先。公司于 1993 年推出 DOS 版,1997 年推出 Windows 版(采用 C/S 结构,操作系统用 Unix 或 Windows NT/2000,数据库用 Sybase,开发工具用 Powerbuilder),2000 年底推出 Windows 五星版(专用于高星级饭店)。

2. 北京中软好泰 CSHIS 管理系统

北京中软好泰饭店计算机系统工程公司是金士平等自然人与中软总公司合作所建的专业从事饭店计算机管理系统开发、推广及服务的专业化公司,自1990年开始推广中软饭店管理系统CSHISV 1.0以来,已拥有基于WINDOWS与DOS平台的两大系列产品,在全国各地拥有400余家用户。CSHISV 1.0及CSHISV 2.0为DOS版,建立在NOVELL环境之上,用C语言开发。CSHIS 96/97/2000系统采用C/S结构,用DELPHI开发,采用Windows NT/2000平台,使用MSSQL Server数据库。

3. 北京华仪饭店管理系统

北京华仪系统工程有限公司是国内第一家从事饭店计算机管理系统开发的专业性公司。其创始人金国芬教授于1979年,为北京前门饭店用BASIC语言,在单机上开发了一个具有查询功能的饭店管理软件,开创了国内饭店计算机软件管理的先河;于1984年开发了国内首个基于微机局域网系统的饭店管理系统;于1987年正式成立华仪公司,是国内最早成立的专业公司。多年来,华仪公司为全国各地300余家用户提供了三个版本的管理软件:① DOS 版,称HUA - YI 饭店管理系统,是最早的产品,采用NOVELL系统平台,使用BASIC语言编程;② CHIMS 系统,1995年推出,采用NOVELL系统平台,用ACCESS数据库,用VC/VB编程,工作站用Windows 3.1/3.2;③HY 2000系统,采用Windows NT平台(C/S结构),使用SQL Server数据库,用VC/VB编程,客户端使用Windows 95/98/2000系统。

4. 广州万迅千里马饭店管理系统

千里马饭店管理系统最初由广东劳业电脑系统开发公司于1993年推出DOS版,1998年推出Windows版(采用C/S结构,用VB开发,采用Windows NT/2000平台,使用SQL Server数据库),到目前有300家左右饭店用户,主要分布在广东、湖北、湖南、四川等省市。劳业公司于1998年被香港万达电脑系统有限公司收购,改名为广州万迅电脑软件有限公司。

5. 北京泰能公司饭店信息系统

北京泰能计算机系统工程公司成立于1993年,在1994年推出了国内最早的Windows版饭店管理软件(采用Paradox数据库)。目前的Windows版软件采用C/S结构,用SQL Server数据库,用Delphi语言开发,目前有近300家用户。

三、饭店信息部基本业务管理

饭店信息部的业务工作具有很强的技术性,其日常运行管理无论是管理层面还是技术层面一般都按照规范的工作程序与操作标准,本部分只举例说明,不作详细叙述,相关信息管理人员可以参考相关信息技术专业资料。

某饭店电脑系统日常维护程序与标准说明书

1 退出所有用户
1.1 所有使用者退出使用状态。
1.2 断开所有与本系统连接的系统。
2 停机
2.1 以管理员身份登录系统。
2.2 在系统中键入停机命令,正确停止系统的各项服务。
2.3 关掉电源开关。

某饭店电脑服务器日常维护工作程序与标准说明书

1 外观检查

1.1 外观无破损、无污垢。

1.2 各固定螺丝禁锢。

1.3 表面温度不超过人体温度。

1.4 各按键灵活有效。

2 线路检查

2.1 各数据连线连接牢固。

2.2 网线接插牢固。

2.3 电源线接插牢固。

3 系统检查

3.1 卸载多余的应用程序。

3.2 磁盘数据优化（删除临时文件和数据整理）。

3.3 校对系统时钟。

3.4 查看系统日志文件。

3.5 升级各安全程序（"防火墙"软件和病毒定义库）。

3.6 查杀本机病毒。

某饭店电脑终端设备日常维护工作程序与标准说明书

1 外观检查

1.1 外观无破损、无污垢。

1.2 各固定螺丝禁锢。

1.3 表面温度不超过人体温度。

1.4 各按键灵活有效。

2 线路检查

2.1 各数据连线连接牢固。

2.2 网线接插牢固。

2.3 电源线接插牢固。

3 系统检查

3.1 卸载多余的应用程序。

3.2 磁盘数据优化（删除临时文件和数据整理）。

3.3 查杀本机病毒。

某饭店处理上网问题工作程序与标准说明书

1 测试线路

1.1 用侧线仪测试网络接口到网络设备的连接情况。

1.2 用侧线仪测试网络接口到电脑终端设备的连接情况。

2 电脑操作系统检查

2.1 检查网络设备的驱动程序。

2.2 检查网络应用协议的配置情况。

3 网络应用程序检查

3.1 检查应用程序的代理连接情况。

3.2 检查应用程序的其他设置情况。

四、饭店管理信息系统的新发展

21世纪是网络信息化时代,高新技术的迅猛发展给饭店信息化管理带来了冲击,将推动饭店管理的网络化、智能化、虚拟化和数据化发展。

(一)电子门锁的智能化

电子门锁是随着电子技术的发展而发展起来的,在安全性、方便性和智能化方面有着机械锁无法相比的优势,在现代饭店得到了广泛的应用。智能电子门锁的发展经历了磁片机械锁、磁卡锁、IC插卡锁(和TM锁)、射频卡电子门锁等阶段。智能卡门锁的核心是智能卡,此智能卡担当了结算和支付、房门钥匙、节能钥匙牌和广告功能。智能卡门锁依靠智能卡门锁管理系统来管理,该系统可以通过接口系统与饭店计算机管理系统相连接,实现饭店管理的自动化和智能化管理。

(二)先进的 VOD 技术

VOD 是视频点播 Video On Demand 的缩写,是近几年才发展应用的视频传媒方式。VOD 技术依靠计算机技术、网络技术、通讯技术、多媒体技术、电视技术和数字压缩技术的支持,是一门多学科、多领域的综合应用技术。目前,VOD 主要有 NVOD(近式点播电视)、TVOD(真实点播电视)和 IVOD(交互式点播电视)三种类型。VOD 系统在饭店有着广泛的应用,可以为顾客提供影视和歌曲的点播,提供饭店内部的信息查询(如客人账目、服务信息等),提供互联网访问服务。VOD 成为饭店无形的服务助理,给客人带来了方便,同时提高了饭店的服务效率。

(三)宽带网络入户客房

现代饭店提供的互联网服务反映了一家饭店的服务水准。宽带网络技术应运而生,成为饭店改造和发展的首先服务项目。饭店宽带业务不是简单的宽带网络提供商提供的业务。宽带业务进入饭店应该进行技术升级,方便顾客使用(即插即用)和加入饭店的服务信息,建立饭店的宽带计费管理系统并与饭店计算机管理系统相连接。

(四)GPS 的应用

GPS 是全球定位系统(Global Positioning System)的缩写,是在海、陆、空进行全方位实时三维导航与定位能力的新一代卫星导航系统与定位系统,具有高精度、全天候、高效率、多功能、操作简便、应用广泛等诸多优点,在各个领域广泛应用,已经进入人们的日常生活。在 GPS 技术中车辆 GPS 导航系统在饭店旅游车辆管理上有着良好的应用前景。饭店的旅游车辆装配上 GPS 车辆导航系统后,可以大大节省车辆的运行时间,增加旅客的安全感,在旅途中为旅客提供良好服务,如选择住所、商场等。

(五)CRM 为饭店管理注入活力

CRM 是客户关系管理(Customer Relationship Management)缩写,专门收集整理

客户与公司联系的所有信息。在当今核心经营理念由"以产品为中心"转向"以客户为中心"的时代,CRM十分适合饭店经营管理的需要。(如图5-5)

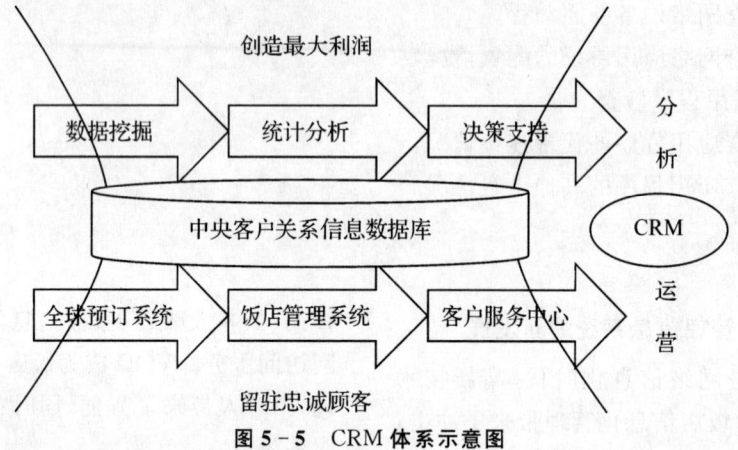

图5-5 CRM体系示意图

随着互联网热潮的降温,制造业纷纷引入ERP(企业资源规划),而服务业则把视角焦点落在了客户关系管理(CRM)上。CRM是一种旨在改善企业与客户之间关系的新型管理机制,它应用于企业的市场营销、销售、服务与技术支持等与客户相关的领域。CRM的目标是通过提供快速和周到的优质服务吸引和保持更多的客户,提高客户忠诚度,最终为企业带来利润增长。

我们可以想象一下:通过与全球预订系统的信息交换,一个新客人进行第一次预订时,他/她的个人喜好就可以被记录下来,进入客户关系数据库。饭店在为客人安排房间时,运用这些资料可以使得顾客称心满意之余获得意外的惊喜。饭店可以改变销售习惯,和顾客主动进行沟通,如果发现一个顾客好几个月没有光顾您的饭店,可以发送电子邮件,给他/她一个特别的优惠政策,鼓励他/她下次出差时选择入住。集团总部如果发现某个重点顾客经常光顾旗下的商务饭店,可以邀请他/她下次度假时光顾您的度假村。经过与顾客几次这样的互动,你可以从顾客的回复里面收集到更多的个性化信息,从而增强与顾客的联系。

(六)饭店决策支持系统

决策支持系统(DSS)是以信息技术为手段,应用决策科学以及相关学科的理论和方法,特别是人工智能技术,针对某一决策问题,通过提供背景材料,明确问题,修改完善处理模型,并列举出可能解决的方案,通过分析比较等方式,为管理者作出正确的决策,并提供帮助的人机交互式的信息系统。

决策支持系统能够整理并及时提供本系统和本决策问题内、外的相关数据,及时收集各种活动的反馈信息,用一定的方式来存储与决策有关的各种模型并提供数学与运筹学的方法,使系统处于实时的动态,通过灵活的处理,使管理者得到所需要的信息和预测信息。管理者通过人机交互运作,系统将十分友好地、迅速地提供所需要的各种信息,并帮助管理者有条件地获取信息。

DSS在饭店有着广泛的应用前景,在饭店的信息管理系统的基础上,结合饭店管理的实际需要,超越饭店管理信息系统功能的系统。在现代饭店里,DSS可以分为财务计划决策支持系统、投资决策支持系统、成本核算决策支持系统和销售计划决策支持系统等。随着饭店DSS的广泛应用,群体决策支持系统、智能决策支持系统、决策支持中心等新技术在饭店得到推广,为饭店科学化管理注入了新活力。

（七）人工智能与专家系统在饭店的应用

人工智能是利用智能解决问题的计算机程序,机器人的应用就是人工智能应用的典型。专家系统是一种智能的计算机程序,它能够运用知识来进行推理,解决只有专家才能解决的问题,可以把专家系统理解为可以模拟专家决策能力的计算机系统。专家系统的开发对现代饭店具有重大的影响,专家系统与决策支持系统相配合,大大提高了饭店的现代管理水平。

专家系统在饭店有着广泛的应用,它可以应用于饭店人力资源的管理,帮助管理者选择优秀的员工,对员工业绩科学考核,预测员工发展前景等领域,大大提高了人力资源的管理质量和效率。把模糊专家系统用来设计饭店的音乐喷泉,可以设计出优质、高效、大量、个性化的表演程序,极大地提升了饭店音乐喷泉的艺术魅力。

【任务拓展】

饭店管理信息化是饭店经营管理的重要理念,也是实现饭店现代化管理的重要工具。作为饭店经营管理者必须了解饭店信息化管理的基本理论知识,掌握饭店信息管理系统的操作方法,充分利用饭店信息管理系统的支持来改进管理方式、解决经营管理中的重点和难点问题,从而提高经营管理效率。

由于个人信息技术掌握的程度不同和对信息技术兴趣差异,作为一名饭店经营管理者没有必要掌握较深的饭店信息技术。饭店信息技术的运用可以通过购买和设置部门,由专业人士来实现,重要的是管理者必须具有强烈的信息化管理意识和具体的行动。

请以小组为单位,收集饭店网络销售实现的途径,设计一份饭店网络销售所实现的需求报告。具体要求如下：

①提出您的网络销售饭店产品的思路。
②设计网络销售的饭店产品 10 个。
③提出需要网络工程师实现的销售功能。

【任务反馈】

网络安全、企业信息安全已经成为当今企业信息化工作的重点和难点问题,饭店企业应如何加强网络安全工作？

释疑：建立和完善饭店网络安全体系,建立和健全饭店的网络安全管理制度；通过网络入侵防护技术、内网安全管理技术、安全网关（SG）、数据容灾技术、安全审计（SAS）、通讯机密等技术手段实现饭店网络信息安全；定期评估饭店的网络安全,通过不断改进、改善,实现饭店网络的持续安全。

任务三　饭店工程部管理

【案例聚焦】

改变维修工作的被动局面

北京 Q 饭店工程部张工程师主管维修工作,他在工作中感到很被动。一是饭店领导总是批评工程部维修工作不及时,有时造成客人投诉。如餐厅空调风口偶尔吐出土来,影响客人就餐；餐厅的洗碗机用一般水温就加不上去；等等。二是工程部维修人员总是充当消防队,不是这个设备出现问题就是那个机器有故障,四处抢修,饭店对此不但投入了很多人力,而且维修人员还要加班加点,被动局面时有发生,如正当厨房忙于开饭时,突然排风机的皮带断了,油烟排不出去,反而跑到餐厅,熏得客人不得不离开饭店,影响餐厅正常营业。即使工程部派人及时修复,可大家心里总不是滋味。三是张工程师还发现由于维修不及时,有的设备寿命大大缩短，造成资金的浪费，恶性循环越来越严重。针对这个问题，张工程师建议工程部经理，当务之急要尽快改变这种被动的工作局面，摸索工作中的规律，制定可行和科学的维修计划，否则后果不堪设想。

工程部需要负责饭店的设施设备正常运行，首先在设备使用前和使用时要充分了解设备的功能、性能、使用方法等，帮助使用者或操作者正确使用和操作，及时了解设备的使用情况。其次，做好设施设备的维护、保养和维修工作计划，做到预防在前，根据生产周期及机器使用情况，定期维护、保养为主，提高设备使用率，延长设备使用时间。

【任务执行】

工程部负责为饭店的运营提供良好的设施、设备，以保证饭店能够为客人提供一个良好的居住、工作与生活环境。

工程部是保证饭店正常运转的动力保障部门，负责饭店的能源供应、设施设备的管理与维修保养，负责供水供电，是饭店正常运转的心脏。工程部设施设备种类多，数量大，工作技术性强，业务繁杂。任何一个环节的中断，都会直接影响到整个饭店的运营。所以，工程部的良好管理显得至关重要。

一、工程部的任务和组织

（一）工程部的任务

（1）负责饭店所有设备设施的配置。设施设备包括全部在用的和暂时未用的各种设施设备。要对配置作出初步决策，提出配置方案，负责设施设备的选择、购买、运输、安装、使用、保养和更新。

（2）保证设施设备的正常运转和使用。在设备使用前和使用时要充分了解设备的功能、性能、使用方法等，帮助使用者或操作者正确使用和操作，并做好设施设备的三级保养工作，提高设备使用率，延长设备使用寿命。

（3）设计、安装、保全饭店系统设施。饭店系统设施是指具有共同功效和性能的设施设备，由一定管线连接成为的一个系统。主要有上下水道系统、供电系统、空调系统、电话系统、闭路电视系统、计算机管理系统、消防报警系统、排污系统、电梯系统、音响语言系统。一般在饭店土建安装时已完成了这些系统的设计安装工作，工程部主要是对新增加系统或原系统改造进行设计和安装。饭店系统设施在使用运转过程中，工程部要负责三级保养工作。

（4）负责饭店电、水、气、冷暖气的供应。饭店是服务行业，在为客人提供的服务中涉及生活的各个方面，饭店必须保证供应动力用电、生活用电、用水、各种用途的用气；同时，还必须按照饭店计划和部门计划的要求限量消耗各种能源、原材料和资金，在可能的情况下，还要尽量节约能源消耗。工程部负责记录全饭店能源使用和消耗情况，实施能源管理计划。

（5）负责饭店一定规模的土建以及设施改造和保养。一般小规模的土建可由工程部负责设计、施工。一些装修项目也可由工程部来完成。工程部还负责部分建筑设施的日常维修工作，如外墙粉刷墙面、墙纸贴补、设施维修、各种装饰物的损坏修补等等。一般家具的损坏修补、修理、油漆翻新等工作也由工程部承担。

（6）节日装饰。无论是彩灯、霓虹灯等传统装饰，还是喜庆节日或特殊节日装饰，其中的电路电器安装、机械装置安装、土木搭建及音响安装调配等工作，也需要由工程部来完成。

（二）工程部的组织机构设置

工程部的组织机构视饭店客房规模的大小和工程部经理选用人员的不同，可分为技术型组织和管理型组织，分别如下图5-6、5-7。

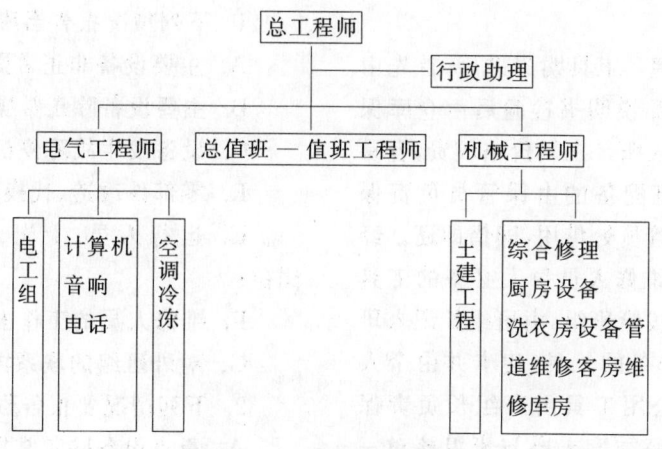

图 5-6 工程部技术型组织

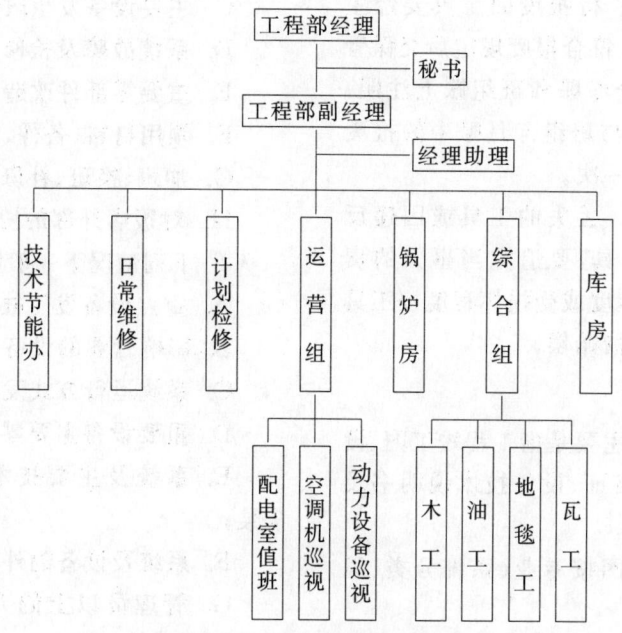

图 5-7 工程部行政型组织

（三）饭店设施设备

工程部管理着饭店的各类机器、用具、仪器仪表和建筑物。这些设施设备具有长期使用、功能发挥安全稳定的特点。

（1）建筑物：指饭店房屋建筑，包括主楼、辅楼、配套用房和景观建筑等。

（2）基础设备：包括供水设备、供气设备、供暖设备、供电设备等。

（3）系统设备：包括照明系统设备、上下水道系统设备、排污系统设备、弱点系统设备、安全技防系统设备等。

（4）生产设备：厨房设备、清洁卫生设备、信息管理系统设备、通讯设备、电梯设备、家具设备、娱乐健身设备等。

二、工程部一般事务管理

（一）工具管理

工程部使用的工具主要有电工仪器、电动工具、测量工具、制作工具等。保持工具的良好状态和完好无损是饭店降低消耗的重要环节。

(1) 工具管理。工具购买进后,首先由主管工程师按产品说明书检验后由仓库保管员验货后登记入账。工具价格较贵,容易损坏,没必要每班配备的由保管员负责保管。使用时在保管员处借用,即借即还。经常使用的工具和维修人员每人必备的工具由仓库保管员调拨给班组,由班组长记入班组工具账;每人必备的工具,建卡并由个人负责保管,班组公用工具由班组长负责保管。仓库保管员每季度末要与班组核对一次工具账。

(2) 工具报废。待报废的工具要经主管工程师检验,确认符合报废规定后交保管员统一处理,并在仓库账和班组账上注明,仓库保管员工具账与班组工具账中的报废工具数额每年核定一次。

(3) 工具赔偿。丢失的工具或因违反操作规程损坏的工具,要追究当事人的责任,按工具的新旧程度或受损坏程度按工具原价的一定比例酌情赔偿。

(二) 资料管理

工程部的资料主要是指工程竣工图、设备维修单、产品合格证、设备技术说明书及专业工具书等。

(1) 工程竣工图按专业、系统分类、编号、登记和保管。

(2) 专业工具书按专业分类登记、保管。

(3) 饭店配套设施及更新增加的设备资料和技术说明书一般可按下列分类登记保管:洗衣房设备;炊事机械设备;电器设备;空调、采暖系统设备;给排水系统设备;多功能娱乐设备;电讯设备;音响设备;消防设备;升降梯设备等。

(4) 借阅。班组需借阅的资料由班组长负责办理借阅手续;借阅资料需按规定及时归还。

(三) 报告制度管理

一般情况下,可履行下列报告制度。

1. 下列情况报告当班技师
A. 主要设备非正常操作的开停;
B. 主要设备除正常操作外的调整;
C. 设备发生故障停机检修;
D. 零部件改造、代换或加工;
E. 运行人员、上岗人员短时间暂离岗位;
F. 维修人员的工作去向;
G. 对外班组的联系内容。

2. 下列情况要报告班组管理人员
A. 重点设备除正常操作外的调整;
B. 采用新的运行方式;
C. 主要设备发生故障或停机检修;
D. 系统故障及检修;
E. 重要零部件改造、代换或加工修理;
F. 领用材料、备件、工具;
G. 加班、换班、补班、病假、年假等;
H. 对饭店外部的协作联系。

3. 下列情况下一般应向经理报告
A. 重点设备发生故障或停机检修;
B. 影响营业的设备故障或检修;
C. 系统运行方式发生较大的改变;
D. 重要设备主要零、备件的更换;
E. 系统及主要技术设备改造或移位安装;
F. 系统及设备的外协加工;
G. 管理员以上的人员调整及班组重大组织机构调整;
H. 管理员及员工的请假批示。

4. 报告程序
A. 一般情况下逐级上报;
B. 紧急情况下可根据制度规定直接报告经理,但同时还要逐级报告,并说明已经报告、处理的情况。

(四) 设备事故管理

1. 设备事故范围和分类

由于使用操作、保管或维修不善而造成设备或设备主要部件损坏均可称为设备事故。

（1）特大设备事故。设备损坏造成饭店停水、停电、停气 72 小时以上，或修复费用估计在 50 万元以上。

（2）重大设备故障。设备损坏影响饭店营业 36 小时以上，或修复费用在 20 万元以上。

（3）一般设备事故。设备损坏影响饭店日收入 20% 以上，或修复费用在 2 万元以上。

（4）微小设备事故。设备损坏对日收入的影响或修复费用低于一般设备事故的。

2. 损失计算

修复费用即损失部分的修复，包括人工、材料、配件和附加费用等；收入损失等于饭店年度月收入计划除以当月天数再减去当月实际收入即得。

3. 设备事故的调查处理

（1）设备事故调查：坚持事故原因分析不清不放过、事故责任者没有受到教育不放过、没有防范措施不放过的原则。

（2）事故原因分类：设备缺陷；安装、调试缺陷；违章操作、指挥；巡回检查不及时或超期检修；维修保养不周；检修技术方案失误；野蛮检修作业或检修质量差；安全附件或仪器仪表失灵。

（3）事故处理：找出事故原因，提出防范措施研究修改方案，事故部门和工程部应及时提出事故报告，由事故调查组提出处理意见。

（五）值班制度管理

A. 坚守岗位，定时巡查，如离开值班室去巡查或抄表应报告。

B. 注意观察，及时发现和处理隐患。

C. 接到维修报告后要及时通知和安排。

D. 发现故障无法处理时要及时上报。

E. 在规定的时间就餐，要轮流就餐，保证值班。

F. 做好值班记录和交接班。

（六）交接班制度管理

交接班人员应至少提前 10 分钟到岗，做好接班准备。

A. 查看交接班记录，听取上一班情况介绍。

B. 查看仪表、工具，在交接班记录上签名。

C. 检查设备运行情况。

下列情况下不得交班：

A. 上一班情况未交代清楚。

B. 当班负责人未到或未经管理员统一指定合适的负责人。

C. 交接班人数未达到需要人数的最低限度。

D. 设备故障影响运行或营业时。

E. 交接班人员有酗酒现象或神志不清时。

F. 不能正常交班时，应立即逐级上报，寻求解决。

（七）安全制度管理

A. 加强治安防范意识，执行饭店治安管理制度。

B. 未经经理批准，外来人员禁止进入配电室、电梯机房、锅炉机房、空调机房、煤气调压室等重要场所。经批准进入人员必须办理登记手续，由管理员负责带领执行。

C. 各机房钥匙不得随意配制，不得外借。

D. 严格执行防火规定。

E. 坚持安全例会。

F. 特殊工种上岗必须按规定穿戴劳动保护用品，使用器械工具。

G. 对重型设备、设施、压力容器要定期检查。

H. 随时检查和处理设备使用中的不安全因素，禁止违章作业和违章指挥。

三、饭店能源管理

能源管理是饭店管理的一项重要的工

作,节约能源、降低能源消耗,从实际意义上讲,为饭店节约了开支,从另一个意义上讲,也为饭店赢得了利润。

(一)饭店能源管理的意义

(1) 影响饭店利润。饭店利润下降的原因主要有能源成本的上升,导致能源价格上涨、顾客能源消费量增加以及饭店员工和管理者忽视引起的能源浪费。控制能源成本处于较低的水平是保证饭店利润率稳定的重要途径。

(2) 影响饭店经营管理。一方面饭店经营管理者要把能源成本和能源供应作为工作的一个重点,避免因为能源问题影响经营业务的开展;另一方面要加强能源供给维护管理,确保设备设施运转正常,避免水压过低、电压过低等问题引起的饭店服务质量下降。

(3) 影响饭店经营决策。饭店在投资兴建和经营决策时,能源是一个重要的因素,如能源类型选用、能源配套设备选用决策等,因为能源相关决策的正确与否,将直接影响到饭店开业后能否正常经营运行和收益。

(二)饭店能源管理的内容

(1) 建立健全饭店能源管理体系,明确各级管理者的职责范围。

(2) 贯彻落实国家有关节能的方针、政策、法规、标准及有关规定,制定并组织实施本饭店的节能技术措施,完善各项节能管理制度,降低能耗,完成节能任务。

(3) 建立健全能耗原始记录、统计台账与报表制度,定期为各部门制定先进、合理的能源消耗定额,并认真进行考核。

(4) 完善能源计量系统,加强能源计量管理,认真进行能源分析研究,针对突出的问题,提出解决方案。

(5) 按照合理的原则,均衡、稳定、合理地调度设备运行,避免用能多时供不应求、用能少时过剩浪费的现象,提高能源利用率。

(三)饭店能源管理的方法

(1) 建立管理机构、明确管理职能。设置专门从事能源管理工作的组织机构,统一饭店能源有效管理。能源管理部门应贯彻国家的能源法令,管理饭店的能源并监督饭店合理使用能源;应建立饭店能源管理制度、节能年度计划和长远计划,完善饭店能耗计划网络;科学制定饭店的能耗定额和有关部门能耗定额,并实施考核;经常性组织学习节能经验,组织开展节能教育和培训工作,定期组织各部门能源管理工作的检查,进行评比和奖励。

(2) 建立管理制度,推行制度化管理。为了使能源管理科学化、制度化,必须建立健全一套管能、用能、节能的规章制度,明确饭店能源管理组织及管理人员的分工和岗位责任制,饭店各有关部门在能源管理组织及管理人员的分工和岗位责任制,饭店各有关部门在能源管理工作中的相互关系,以及对能源的生产、使用、节约等各个环节的要求。饭店的能源管理制度包括设备的经济运行管理制度、能源使用管理制度、各部门能源管理制度等。

(3) 突出工作重点,节能工作常抓不懈。能源工作有基础工作,更有重点任务。能源部门的责任不仅仅是保证能源的供应,节约能源也是该部门的工作重点。饭店节能是否成功取决于管理者的决心以及实施措施。既要有各类宣传节约能源的举措,又要有具体的计划和措施。应积极推行节能人人有责,节能工作责任到部门、到人等节能管理方法。同时要积极依靠节能技术节能,在财力上倾斜、智力上投入,做到奖罚分明。

四、饭店工程部运行管理要点

（一）明确管理工作目标和工作标准

饭店的工程部技术性强、服务目的明确，只有明确工作目标和标准才能保证工作质量。

某饭店的工程部工作标准

(1) 饭店各处的环境和建筑外观完好，整齐、干净，无破损。

(2) 饭店内各处的公共标志正规、整洁。

(3) 各种照明灯具完好有效。

(4) 客房及所有服务区的服务设施完整有效。

(5) 后勤区干净、整洁、明亮。

(6) 各工程系统的运行安全可靠，运行标准达到政府的要求，并取得运行合格证书。

(7) 各区域分散设备外观整洁，运行正常。

(8) 所有机房干净、整洁、明亮。

(9) 工程管理制度齐全有效。

(10) 各种工程资料齐全完整。

(11) 所有员工分工明确，服务制度规范化、标准化。所有员工着装整洁，精神面貌、行为举止符合服务标准。

(12) 各类日常管理表格齐全有效。

(13) 各类设备档案保存完好，记录真实可靠。

(14) 准确按时地完成各种年度计划及预算。

（二）突出团队负责人的作用，发挥工程部团队合力作用

工程部的工作十分繁杂，大型设备设施运行正常的同时，一个细小设施设备故障都应该在第一时间内给予排除，否则将直接影响服务质量。因此，工程部从经理到员工的每一项工作均直接影响着工程部的工作质量，只有发挥合力，才能保证服务质量的稳定和提升。

（三）强化运行过程和维护记录管理

饭店的各类设施设备遍及饭店的每一个部位，许多设施设备具有隐蔽性、装饰性和安全性，及时发现、及时维护方能保证饭店整体服务质量。因此，饭店工程部的工作过程管理就显得十分重要和必要。饭店工程部必须制定定期、定时巡回检查制度，认真做好维护记录，保证每一个设施设备处于良好状态。

某饭店工程部运转电工巡视标准

(1) 筒灯应无破损、下垂现象，保持灯具干净、常明。

(2) 出口灯应外观良好，稳固，常亮，电池电量充足。

(3) 射灯应牢固，应准确照在指示牌上。

(4) 壁灯灯具应端正稳固，完整无缺，保持常亮。遮光板无烤糊痕迹，如烤糊损坏的应立即更换。

（5）插座无破损烧糊，无松动，表面应干净。

（6）消防楼梯照明应常亮，灯具无损坏，节能部分灯管应配齐。

（7）餐厅调光器应完好无缺，使用灵活，损坏的立即更换。

（8）花园灯、围墙灯应外观良好，损坏立即修理或更换，灯内要干净。

（9）楼体射灯、照牌灯坏的立即修复，灯具严重损坏的立即上报，每周五夜班做楼体射灯的表面清扫工作。

（10）公共区照明灯应常亮，灯具完好，灯板无断裂、缺角现象，无异常现象、异味。

（11）客用卫生间干手器固定可靠，使用灵活。

（12）霓虹灯完好，损坏处做交班记录。

（13）每日巡视时注意时钟，保证开关时间准确，各处时钟同步，不准确及不同步的立即调整一致。

（14）筒体各种开关、钟控、接触器等设备，无异声、异味，定期清扫，做一次清扫尘土工作，保持筒体干净整洁。

（15）楼层放备料的风机房内不得存放坏件（如坏的镇流器、灯管、灯泡等），更换下来的坏件及时送至垃圾房，保证备件最低储存量，每种4件，并保持机房内清洁卫生，备件码放整齐。

（16）以上各种灯具及设备，每班按照各自的责任区逐一巡视，不能当时修复的均要立即上报当班运转主管，同时详细交班，做好记录。

【任务拓展】

饭店工程部是饭店正常经营管理活动开展的重要后勤保障部门，其管理质量的高低直接影响了饭店整体服务质量高低。工程部与饭店的其他非营业部门不同，具有较强的技术性，工程部的管理人员和员工需要通过相关的专业训练，持有上岗证书方可从事工程部的工作。本任务主要从工程部的任务、组织机构、一般事务管理和运行管理要点等方面介绍了工程部管理的过程和要求，作为具体负责工程部的管理人员和工作人员还需要根据自身的工作需求掌握相关工程专业技术知识和技能。

为检验学习效果，请阅读分析案例，并回答问题。

设施更新选购工作不能马虎

B饭店是一家四星级的饭店，设施齐全。工程部刘经理在这家饭店工作十几年，他发现有些设备在使用中存在着不同问题，从而影响了饭店的服务质量，加大了设备维修量和维修费用；有些设备还因原设计考虑欠佳造成使用后浪费能源的现象，如生活水泵，风机造型过大等；有些设备由于需要和技术的发展不相适应，如长途电话收费增加了节假日的话费计费时间段，设备不升级就应付不了这样的变化等等。几个月来，工程部几位主管对此进行了反复研究，但从何着手改造更新，刘经理也心中无数。他认为设备更新是一项责任重大的事情，既要保证新购设备质量，又要不浪费资金。刘经理决定找几位主管工程师研究后再作决定。

思考并回答：工程部刘经理必须为设备更新选购做些什么工作？

【任务反馈】

饭店的设施设备和其他企业一样，需要采取科学的维护技术加以管理，本任务中多次提及设施设备"三级保养"概念，你知道什么是"三级保养"吗？

释疑：饭店设备保养的要求是整齐、清洁、润滑和安全。饭店设备保养工作按照工作量大小和难易程度分为三个等级，即日常保养、一级保养和二级保养，统称为三级保养。

(1) 日常保养：包括清洁、润滑、紧固易松动的螺栓、检查零部件的完整等。日常保养的项目和部位少，很少涉及设施设备的内部，一般情况下，一名维护人员可以独立完成。

(2) 一级保养：由操作工操作为主，维修工指导配合，一般设备累计运行500小时要进行一次一级保养。按计划对设备进行局部拆卸和检查、清洗规定的部位，疏通油路、管道，更换或清洗油线、油毡、滤油器，调整设备各部位配合间隙，紧固设备各个部位。

(3) 二级保养：以维修工为主，操作工配合。设备累计运行2 500小时要进行一次保养。设备进行部分解体检查和修理，更换或修复磨损件，清洗、换油，检查修理电气部分，局部恢复精度，满足运行精度的最低要求。

任务四　饭店财务部管理

【案例聚焦】

周先生的欠费该谁付？

2005年1月18日，A宾馆大厅人来人往，像往常一样忙碌有序。到下午，总收银台向中班小张反映，2215房客人朱先生超支907元。小张及总收银台均向周先生催账并送去了催账单。稍后，周先生送来一张支票放在收银台。

小张与销售部联系，得知销售部认为周先生信誉态度有待观察，持保留态度，故不愿为其担保。小张与总收银台商量后，以该账户未在防伪鉴定中心登记为由，将支票还给周先生，并要求其用现金补交。周先生称第二天上午10点交，并将其护照扔在总台，说他会用现金来取。鉴于其信誉度，小张决定暂时将其在馆内的签单权改为观察级，采取内紧外松的策略，向客房部了解其房间行李情况（房间有较多行李），同时通知客房部、保安部关注该房动向。

此后，每班小张均与周先生联系催账事宜，但其一直未来补交费用，上午推下午，下午推晚上，再推至第二天，一推再推，至20日仍未付，此时，已超支1 500多元。期间，周先生曾经与宾馆的长包客户某公司联系好，他的费用由该公司支付，但小张向该公司相关负责人确认时，得知该公司不会为其支付费用，明确表示周先生费用应由其自理。小张将催账情况向经理作了汇报，经理肯定了小张的工作，并指示加大催收及监控力度。到元月21日，某公司老总通知小张，周先生的费用由本公司付清，随即在周先生的相关单据上签了字。

直到周先生退房离店，宾馆员工对周先生的服务都保持了热情礼貌，服务周到，小张还亲自送周先生离店，周先生对宾馆的优质服务表示了相当的满意和感谢，并对因欠费而造成的麻烦表示了歉意。

这个案例颇有戏剧性，也反映了财务部催账工作的复杂性。这一结局，很可能为饭店留住了周先生这个老客户，尽管今后向他收账仍然可能会有很多麻烦，但毕竟他还是一个可能常来入住的客户，同时，也使饭店方面避免了一次不希望发生的特殊处理。本案中所采取的这些措施，都是按照饭店的程序规定进行的，这也反映了预先制定出具有指导性和可行性的有关业务规定对于饭店工作的重要性。同时，该饭店的收银程序和收银过程控制与让顾客100%满意还存在差距，财务部的管理需要进一步改进。

【任务执行】

饭店一切经营活动的目的就是为了赢

得效益,这当中包括社会效益和经济效益。没有了效益,饭店将无法生存下去,财务部担当了此重任。财务部担负着为饭店聚财理财的重要任务,是整个饭店经营管理工作的信息中枢,是反映饭店经营成果、为总经理进行市场预测和经营决策提供信息和数据资料、督导各部门改善经营管理、提高经济效益的职能部门。

一、饭店财务机构的设置和主要职责

(一)财务部组织机构

饭店财务机构的设置一般有两种形式,即财务采供一体化和财会一体式。前者是指财务工作、会计工作和物资采购工作都由财务部门来完成。这样有利于对资金尤其是物资储备资金的控制,但管理跨度和难度较大。后者是指物资采购供应工作由专门的职能部门负责,财务部门只负责财务会计工作。这种组织形式较难控制采供环节的资金占用情况,不利于资金的合理利用,但这种组织形式管理专业化较强。本节主要分析后一种形式。

财务部管理的一般组织结构形式如图5-8所示。

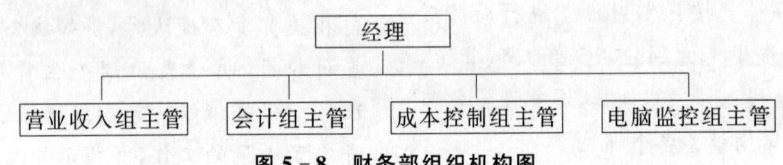

图5-8 财务部组织机构图

(二)财务部主要职责

财务处的主要工作职责是建立各种会计账目;处理日常财务工作,稽核各类营业收入和支出;制定对商业往来客户和客人的信贷政策并负责执行;负责成本控制和定价事宜;负责处理各种应收、应付款事宜;负责固定资产及其电脑系统的管理;负责编制财务预算;代表饭店对外处理银行信贷、外汇、税务、统计等;负责定期向饭店管理层提供各种财务报表和经营统计资料;负责召集客房和餐饮两大营业部门的月底财务分析会议;负责发薪。

财务部设置不仅要明确财务部各级管理人员的职责,同时也要明确财务部和其他各部门的权责,以实现对饭店财务活动综合全面的管理设计。饭店其他部门要做到,根据财务部下达的指标,组织制定本部门财务预算;检查分析财务预算的执行情况;组织基层单位的财务管理工作,建立基层单位财务控制制度;填写多种原始记录和报表,做好各项基础工作等等。

二、饭店收入和利润管理

饭店的营业收入和利润是反映饭店财务状况和经营成果的两个基本因素。所以,做好饭店营业收入管理和利润管理的工作是非常重要的。

(一)饭店营业收入管理

饭店以一定价格,通过提供劳务和出租客房、出售商品或其他服务项目获得的货币收入都称作饭店的营业收入。

1. 建立完善的客账管理系统

(1)住店客人账务管理系统。住店客人账务管理系统应包括设立客人账户、记账核对和结账三个方面。

客人入住饭店,首先是在总服务台办理入住手续,填写"住宿登记单",由前厅开出客人账单及其他文件。结账处要进行核对,无误后将客人的总账单及有关部门附件放入相应房号的账夹内。

将客人住店期间在饭店各营业点的消

费状况如实记录在客人账户上,并入稽核组核对。

客人离店时,通知各营业点将客人账单迅速汇集前台,以防出现跑账漏收现象。每日下班前要编制收款员收入明细表、收款员收入日报表和收款员缴款袋,分别投于缴款箱内并交给夜间稽核员。

(2) 非住店客人账务管理系统。非住店客人往往是在饭店的餐饮部、商品部或康乐部等营业点进行消费。以餐饮消费为例,首先根据客人点菜要求填写点菜三联单,并在厨房联上盖上收款员印章,交服务员,在财务联上填列日期、桌号、人数、服务员工号、品名、数量及单价等,放入账单架,待客人结账;若客人增加点菜,应继续填写在原账单内,一般不要重新开立新账单,以防漏收。客人要求结账时,应立即计算出应付款额,交服务员呈送给客人,接受客人付款后将客人联交付客人。收款员下班前也要编制收入明细表、日报表和缴款袋。

2. 保证客账管理系统的正常运行

完善的信息传递系统是做好账务管理工作的基础。要求饭店要做到记账准确,走账迅速,结账清楚。如果信息不畅或传递速度达不到要求,就有可能造成跑账漏收的后果,给饭店带来无法挽回的损失。目前的信息传递方式主要有人工传递、电话传递及网络传递等。人工传递是指各类营业点的账单由专人负责传递到前台,这种方式速度慢,成本高,衔接不好易造成跑账漏收;电话传递速度较快,但不能提供文字单据的传递;网络传递是用电脑将各营业点终端联结起来,通过计算机终端记录和传递信息的一种方式,是目前普遍采用的方式。

在建立畅通有效的信息传递渠道的同时,还必须健全和完善饭店的内部牵制制度,完善各环节的操作规程,以前后工序的相互配合和制约为基础,健全内部牵制制度,完善收入稽核制度。稽核一般分为日间稽核和夜间稽核。夜间稽核是指在每天营业结束时检查核对所有营业部门的销售记录是否准确无误,同时编制出客账汇总表。日间稽核的工作主要是进一步检查营业记录是否真实,并对夜间稽核工作进行复查,以保证销售记录的真实性和正确性。稽核后编制营业日报表,通过营业日报表为管理者了解营业情况,进行科学决策提供了信息保证。

3. 核算营业收入的管理

按照《旅游、饮食服务企业财务制度》的规定,饭店应采用权责发生制来核算营业收入。饭店应在劳务已提供,商品已售出,同时在收讫价款或取得收取价款权利证据时,确认营业收入的实现。这样就会出现应收收入和预收收入。预收收入是指本期或前期已收到并已入账,但要到以后的会计期的部分才能作为当期的收入。应收收入是指本期已经获得,但尚未收到款项的收入,如客人已住宿但尚未付款的收入,根据权责发生制,这些应收收入应作为本期的营业收入。

4. 结算业务管理

饭店营业收入的取得主要有三种形式,即预收、现收和事后结算。

(1) 预收是在提供服务之前预先收取全部或部分服务费的形式。对于预收服务费的项目,饭店一定要按照合同规定认真执行合同项目,如果饭店单方面违约,就要部分或全部退还预收款甚至要进行赔偿,更重要的是影响了饭店声誉和形象。所以,预收款能否真正留下取决于饭店是否遵守合同约定。

(2) 现收是在为客人提供服务的同时收取服务费的形式,这种形式保持有效的关键是内部牵制制度健全程度,保证稽核质量高低。

(3) 事后结算是在向客人提供服务后,一次性或定期结算的形式。这种形式常在单位之间进行,如饭店和旅行社之间就多采用这种方式。事后结算需注意的是保证及时结算,不要等积压款项过多时才去控制结算时间和金额。

(二)利润管理

利润是一个相对复杂的概念,在饭店经营中,我们一般会涉及以下几个与利润相关的概念。一是经营利润,经营利润是指饭店营业部门营业收入扣除营业成本、营业费用和相应营业税之后的余额。二是营业利润,营业利润和经营利润概念范围不同,营业利润是经营利润再扣除相关管理费用和财务费用后的净额。而饭店总利润是在营业利润的基础上再加上营业外收支(净额)和投资净收益三大方面的总和。

1. 饭店利润的评价

评价饭店利润,通常有利润额和利润率两大指标。

(1) 利润额就是上文提到的总利润,绝对利润额可以全面反映饭店经营活动的效果,并对饭店利润预算的完成情况进行考核。但对于不同饭店和饭店的不同时期,绝对利润额无法很好地来进行比较,而人均利润额则弥补了这一不足。人均利润额,是在一定时期内,饭店总利润和全体员工数的比率,即:人均利润额=总利润/员工人数。这一指标较能恰当地反映员工总体的劳动效率。

(2) 另一个评价指标是利润率,它是衡量饭店经营质量管理的相对性指标。我们通常用到的利润率指标有营业收入利润率、成本费用利润率和总资产利润率等。

营业收入利润率即利润总额和营业收入总额的百分比,即:

营业收入利润率=(总利润/营业收入总额)×100%

成本费用利润率是饭店利润和获得该利润所花费的成本费用的比例,即:

成本费用利润率=(总利润/成本费用)×100%

它反映的是一定营业收入中利润的比重。

这一指标越高说明饭店经营状况越好,但也不是越高越好,因为成本过高可能影响到产品质量,最终还是会影响到利润实现。

总资产利润率是总利润和总资产(平均)占用额的比例,即:

总资产利润率=(总利润/总资产占用额)×100%

总资产利润率反映了总资产的利用效率,进而反映了总资产投资决策的合理程度。

2. 饭店利润的分配

遵循相关财务制度的规定,饭店在交纳所得税后的利润,按以下顺序分配。

(1) 支付被没收财物损失和各项税收的滞留金、罚款。

(2) 填补饭店以前年度亏损。

(3) 归还贷款。

(4) 提取法定盈余公积金,比例为当年税后利润的10%,当法定盈余公积金已达注册资金的50%时可不再提取。

(5) 提取公益金,主要用于员工集体福利支出。

(6) 向投资者分配利润,前几年度未向投资者分配的利润可并入本年度分配,国家作为投资一方从饭店分得投资收益。

股份制饭店在提取公益金后按如下顺序分配:支付优先股股利、按公司章程或股东会议提取任意盈余公积金、支付普通股股利。

三、饭店财务制度

为适应社会主义市场经济体制发展的需要,规范各类企业财务行为,促进企业公平竞争,加强企业财务管理和经济核算,1992年11月30日,财政部颁布了《企业财务通则》,同时颁布了《企业会计准则》。我国财务制度的第二个层次是行业财务制度,财政部根据《企业财务通则》的要求,制定的

《旅游、饮食服务企业财务制度》也于1993年7月1日起执行。一般地，各饭店还会针对自身的实际特点，结合《企业财务通则》和《旅游、饮食服务企业财务制度》制定自身的财务管理规章制度。同时，随着社会的发展，我国改革开放的深入，国家财政部等政府部门将适时调整财务相关法规，财务人员应及时掌握。

四、饭店内部审计内容

（一）饭店资产审计

包括验证饭店各项资产的购入、领用、摊销、盘点和报废等环节的内部控制是否健全、合理和有效；审查各项资产的计价、核算是否正确、合规；审查各项资产的账证、账账、账实、账表是否相符，有无漏计多计资产等问题；审查应收账款是否清楚；审查饭店长期投资、短期投资业务中的各种股票、债券的购入、支出和收益的计价、核算是否正确、合规；审查固定资产折旧的计提是否正确、合规，有无多提少提，有无人为地调节利润。

（二）饭店负债审计

包括验证饭店有关负债的内部控制是否行之有效，各项债务的发生和偿还的审批手续是否齐全完备；审查饭店各项债务的来源是否正确、合规；审查饭店预提费用的计提是否正确、合规；审查长期借款的利息支出和有关费用以及外币折合差额的计算是否正确、合规；审查饭店发行债券是否合理、合规，应付债券价值的计算是否正确，利息费用和应计利息的计算是否正确、合规。

（三）饭店所有者权益审计

包括审核饭店资本是否真实、合规、财产估价是否合规、合理；审查饭店法定盈余公积金的提取是否正确、合规；审查饭店应缴所得税的计算是否正确、合规；审查饭店弥补以前年度亏损的核算程序是否正确、合规；审查股利的分配和发放是否正确、合规。

（四）饭店成本费用审计

包括审查构成饭店成本的直接材料和计价是否正确、合规；审查待摊费用的摊销的计算是否正确、合规；审查开办费、无形资产摊销是否正确、合规；审查计入财务费用的利息支出是否正确、合规；审查有无不应列入成本费用的支出。

（五）饭店损益的审计

包括验证有关销售业务的内部控制是否健全、合理和有效；审查饭店各部门营业收入的计数是否正确并如数入账；审查营业收入应缴纳的各种税金的计算和账务处理是否正确、合规；审查应属于营业外收入的款项是否如实列收，营业外支出是否正确、合规；审查利润总额，核实营业收入、管理费用、财务费用、投资收益、营业外收支的结转是否正确、合规。

（六）饭店财务报告审计

包括对资产负债表、损益表、现金流量表和部门收益表等的审计。重点审核财务报告与总分类账、明细分类账、日记账所反映的数字是否一致，报表与报表之间的有关数字是否衔接，有无编制虚假决算，在编制报表的会计计量和填报方法上是否保持前后会计期间的一致性；财务报告中的各项应当填列的项目和补充资料是否齐全、合规；本饭店的内部管理的会计报表是否及时正确和可靠；对有关报表指标进行对比分析，发现先进部门和个人，找出存在问题及其关键所在，发掘潜力，堵塞漏洞，增加饭店效益。

五、饭店财务管理的方法和内容

（一）进行财务预测

财务预测是根据财务活动的历史资料，考虑现实的要求和条件，对饭店未来财务的科学研究和对财务成果进行的预计和测算。财务预测通过对不确定性未来的预测，使饭店防患

于未然,处乱而不惊。其目的是:

(1) 为计划和管理提供信息。饭店财务计划是财务控制的依据和绩效考核的基础,所以财务计划的准确性和科学性是非常重要的。而只有将精心预测到的信息进行科学的归类加工整理,才能为计划的制订提供有效的信息。

(2) 为经营决策提供依据。财务预测得到的资料和信息为准确的财务决策提供了依据,财务决策是饭店经营决策的核心,所以说财务预测为整个经营决策提供了依据,奠定了基础。

进行财务预测的一般步骤是:首先确定预测的目的和对象。财务预测通常包括销售收入预测、成本费用预测、利润预测、货币流量预测、资金需要量预测等。其次是收集和整理资料。根据预测的目的和对象,广泛收集各种相关资料,还要对资料进行分类汇总,使它们符合财务预测的需要。再次是确定计算方法。常见的财务预测的方法包括现金流量法、时间序列分析法、回归直线法、量本利分析法、投资回收期预测法等。最后是确定最佳方案。将制定的各种方案进行对比分析研究,确定一个最佳方案,为今后的财务管理工作奠定基础。

(二) 制定财务决策

财务决策是饭店经营管理的核心,其目的在于确定最令人满意的财务方案。只有确定了效果好并切实可行的方案,财务活动才能取得好的效益,完成企业价值最大化的财务管理目标。

财务决策需要有基础与前提,它是对财务预测结果的分析与选择,是一种多标准的综合决策。决定方案的取舍既有货币化、可计量的经济标准,又有非货币化、不可计量的非经济标准,因此决策方案往往是多种因素综合平衡的结果。在决策过程中,"成本效益分析"贯穿始终,成本效益分析的结果就成为选择决策方案的依据。

效益最大或成本最低的备选方案就是管理人员应采取的方案。

(三) 编制财务预算

在财务预测的基础上进行财务预算,是财务管理的重要内容之一。

进行财务预算一般包括以下步骤:首先是进行财务预测。其次是编制部门预算草案。每年第四季度由各部门制定出部门预算指标。考虑到饭店的季节性特点,预算指标要有一定弹性。再次是在各部门预算指标基础上编制饭店财务预算,财务部门对各部门的各项指标进行核对和研究,本着综合平衡的原则编制财务预算草案。最后由总经理召开预算会议,由财务总监宣布财务预算草案的各项指标,经过讨论修订后,正式下达各部门。

(四) 实施财务控制

财务控制是财务管理的重要手段和内容之一,是以财务预算指标和各项定额为依据,对资金的收入、支出、占用、耗费等进行计算和审核,找出差异,采取措施,以保证预算指标的实现。要做好财务控制,首先要制定控制标准,制定成本费用定额和资金定额,实行定额管理,结合各项定额将财务预算指标分解落实到各部门、各班组以至个人;其次是制定日常执行标准,对资金的收支、设备的占用等情况,运用各种手段进行记录、计算,将标准和实际发生额对比,找出差异,对不符合标准的支出要予以限制;最后要将差异形成的原因找出来。

(五) 组织财务分析

财务分析是以会计核算资料为主要依据,对饭店财务活动的过程和结果进行分析对比,对预算完成情况及财务状况作出评价,并提出改进的措施。通过财务分析,一方面可以掌握财务预算的完成情况,发现影响财务成果实现的因素及其影响程度;另一方面可以及时总结经验,发现问题,为下一轮的财务预算工作的改善提供依据。

（六）执行财务内部审计

饭店内部审计是审计人员对饭店一定时期内的财务收支及其经济效益从真实、合法、效益三方面进行审查和评价的活动，目的是加强饭店内部管理和控制，挖掘内部潜力，提高饭店效益。饭店内部审计包括对饭店的财务报告及其反映的资产、负债、所有者权益、成本费用和损益方面的审计。

【任务拓展】

饭店财务部门肩负着饭店聚财和理财的重任，应及时反映饭店的经营成果，为经营管理者提供经营管理决策所需要的信息，督导饭店的各部门提升经营管理水平，降低成本消耗、提升经营管理绩效。饭店经营管理者必须熟悉饭店财务及财务管理工作。

请认真阅读案例，通过讨论，回答案例提问。

协力解决宾客投诉

（财务收银结算服务案例）

某日中午，一批来自某签约单位的客人来餐厅用餐。餐后客人提出该单位在我店约有两万元内存，要求签单。经信用结算组查阅，发现客人所报金额和签单人姓名均与原始记录不符。为维护签单人权益，信用结算组便通知餐务中心该单位并无内存，而宾客坚持称确有内存，一定要签单。餐务中心与客人协调，提出先将本次餐费结清，由账台出具收条，待有确切证明能够签单，再退还此款，在内存中结算餐费。客人当时表示同意。

过两天，经该签约单位存款当事人与饭店联系，说明上次餐费可以签单，饭店立刻退还了钱款。而此时宾客以我店工作有疏漏为由提出投诉，并要求餐费折扣。餐务中心与信用结算组共同向客人解释了缘由，再三说明这也是为维护该单位内存账户的安全以及保密性而执行的一项工作制度，并对于此事给宾客造成的不便表示歉意，餐务中心给予该单位用餐8.8折优惠，信用结算组也提出将尽快改进工作方法，避免类似的误会发生。

最终，宾客满意而归。事后，质管办召集两部门针对此投诉进行分析。财务部态度非常积极，提出了一项改进方法，向各内存单位签单人发放临时卡片，其他客人消费时只需出示此卡同样签单有效，这样能够使工作做得更圆满一些。餐务中心也表示将增强两部门之间的协调与合作，促使服务产品更完美。

请思考：

①餐饮部和财务部门在此投诉中应承担什么责任，同时总结他们的处理此投诉的成功之处。

②通过查阅资料，制定一份客户预存资金店内消费签单的管理办法。

【任务反馈】

饭店企业审计分为内部审计和外部审计，你知道两者之间的区别吗？

释疑：所谓内部审计和外部审计，是按审计主体的不同对审计进行的分类，内部审计的主体是单位设立的内部审计机构或专职审计人员，只对本单位负责，属于内部审计监督。外部审计包括国家审计和社会审计。国家审计是指由国家审计机关所实施的审计。国家审计的主体是审计署以及各省、市、自治区、县设立的审计机关，社会审计是指由经政府有关部门审核批准的社会中介机构进行的审计，其主体是注册会计师，其审计行为对国家权力部门或社会公众负责，属于第三者身份提供的签证活动。内部审计与国家审计、社会审计都是我国完整的审计组织体系的重要组成部分，三者特征突出、自成体系、各司其职，又相互联系、相互补充。

任务五　饭店采供部管理

【案例聚焦】

"豪华"水晶灯毁掉了饭店前程

X饭店在鲜花和鞭炮的喧嚣中开业,大堂里的一盏绚丽夺目、熠熠生光的水晶灯吸引了社会各界人士的眼球。这盏价值120万美元的水晶灯是王副总亲自组织货源,向奥地利某珠宝公司高级购买的,不仅全国罕见,国外也只有在少数著名星级饭店才能见到。这盏灯成为X饭店开业的重磅新闻,使X饭店一举成名,同时带来了生意兴旺的良好开端,王副总也得到了赞扬。

然而,好景不长,两个月后豪华的水晶灯出现了状况:灯体光泽暗淡、灯杆出现锈斑、灯珠脱落,败象丛生,当日高档水晶灯的雄风不复存在,王总再也笑不起来。经查实,该水晶灯不是从什么外国珠宝商处购得,而是从W代理商处购买的赝品,王总中饱私囊,贪污受贿,一手操纵了从确定供应商家、协议签订、验收入库和付款等整个采供过程,收受了W代理商的巨额好处费,最后得到了法律的制裁。但是X饭店因此蒙受了巨大损失,更为严重的是饭店的名誉受损。这件事成为同行笑柄,对一家新开业的饭店形成了致命的打击,使X饭店一蹶不振,亏损严重,最后出卖转让。

在这里需要反思的是,"悲剧"是如何发生的?饭店应该如何防范呢?本案例暴露出该饭店很多采供漏洞。饭店的大型物资应该通过招标等一系列的采供规范程序,必须监控采供过程,必须建立风险防范措施等。该饭店漏洞百出的采供体系导致了一家饭店的毁灭。

【任务执行】

采购部即饭店经营业务所需物资的采购供应部门。它的主要任务是在饭店计划管理指导下,按质、按量、按时、适价地组织和采购饭店经营所需要的物资,确保经营管理活动的需求。

采购部是饭店的主要的费用支出部门,其采购供应的计划和组织工作对饭店经营及其效果都有着重要影响。其职责是根据领导指示和饭店现状,结合市场的供应情况,审定采购计划,及时组织和购买饭店运营所需的各种物资,并保证物资与饭店的星级、档次相适应;同时,在采购过程中要严格控制,努力降低成本,科学使用采购资金,合理有效掌握人力和车辆的投入,广泛建立供货渠道,真正做到"开源节流,增收节支"。

一、饭店采供部管理概述

（一）采购部工作任务

组织市场调研,根据市场供应情况和饭店要求审定价格合理、质量可靠、信誉服务上乘的供应厂商,确定供需联系;负责与厂商进行业务洽谈,审查所有供货合同和其他业务合约;积极开发市场货源,努力创造提高采购质量,降低采购成本;掌握、指导库存商品周转和存量,了解所采购商品的有效使用率;审查采购申请单、订货单;认真落实经济、海关、检疫、卫生等相关法律法规在有关部门、项目的执行,及时处理发现的问题。

（二）采购部组织结构

采购部组织结构如图5-9。

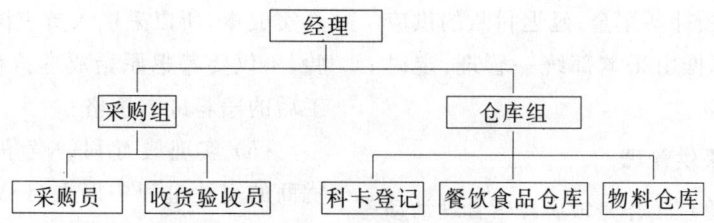

图 5-9 采购部组织图

二、采供工作规程

（一）采购项目的申请

凡仓库储备的项目由仓库根据库存限额及各部门的使用情况反馈，认真测算后提出；各部门所需仓储之外的物品，由各部门填写"零星物品采购申请单"（三联单），附书面申购说明，经部门经理签字后交采购部；各厨房所需仓储之外食品材料由各部门厨房填写"零星食品/物品采购申请单"（三联单）经厨师长认可后交采购部。

厨房日耗品采购申请单须在前一天16时之前交采购部；本地低值易耗品采购申请单须至少提前四天交采购部，本地非低值易耗品采购申请单须至少提前一个月交采购部；异地采购申请单应至少提前一个半月交采购部；需采购货物最少要有三个月供货时间；特殊情况则需具体商议安排。

（二）采购的确认、报价

厨房日耗品由供货商每周报价一次，采购部负责进行调研、比价和评估后将确认的价格交各厨房和收货员存查。

仓库常备用品和营业常备用品的加工和采购实行"综合考核，对比择商，定点供应"的原则组织进货。改变供应渠道须有书面说明并经采购部经理同意。

供应厂商的优惠、赠送、折扣、回扣等归饭店所有，并在报价中注明。

"国外采购申请单"可以传真、函电方式向国外供货商询价。属国家控制进口的商品要向国家有关部门办理申报审批手续。

对有特殊要求或需特殊加工的采购项目，需方要做详细说明或提供完样，供方提供样品由需方确认。确属疑难采购项目，采购部和使用部门要及时沟通联系，研究对策。无力解决的要及时上报。

（三）采购项目的审批

各厨房日耗品须由厨师长签字，采购部经理审批；库存补充计划提出后由财务部审核，总经理签批；各部门营业物品采购计划提出后交财务部审核，采购部询价后报总经理签批。所有采购项目须经审批成为有效订单后，才能实施购买。

（四）采购项目的购买

依据有效订单，原则上由采购部统一购买，其他部门一律不得自行购买。所有购买活动必须依据有效订单规定的项目、数量、价格、时限、供应厂商及其他要求进行。

（五）采购项目的验收

到货前填写"采货查验联系单"（两联单），说明货物的品牌、规格、数量、质量要求等项目，一联留存，一联交收货员。收货员据此将货物入库，同时出"收货单"（三联单），一联交供应商一联留存。要进行货品抽样检验，根据检验结果发"验货单"（三联单）。

（六）采购项目的结算

须预付货款的采购项目，在交易前须签订供销合同，付款时，凭供销合同填写"付款申请单"或"支票领用申请单"向财务部申请付款；即时付款的供应项目，凭有效采购申请填写"支票领用单"或"付款申请单"向财务部申请付款；以现金支付的采购项目，以核发的备用金支付，采购手续办理完结后，向财务部申请领补备用金；延迟付款的供应项目，其付款单据由采购部统一管理，定时核对无误后付款。

三、饭店采供管理

饭店采供管理工作是饭店经营管理活动的重要行为之一。采购部门是饭店资金支出大户，其管理工作质量的高低，既影响到饭店的经济效益，又影响到饭店的服务质量。

（一）采供管理的内容和目标

1. 采供管理的内容

（1）通过统计分析，掌握饭店所有业务活动的物资需要，依据市场现实情况，科学合理地确定采购所需物资的种类与数量。

（2）通过市场调查，掌握物资的供应价格变化规律，根据饭店各部门对物资的质量需求与价格需求意向，选择最为合适的供货商，并及时订货或直接采购。

（3）控制采购活动全过程，堵塞每个环节中可能存在的管理漏洞，使物资采购按质、按价、按时到位。

（4）制定采购各种物资的严密程序、手续和制度，使控制工作环环有效。

（5）制作并妥善保管与供货商之间的交易合同，保证合同合法有效并对饭店有利。

（6）协助财务部门做好饭店对供货商的贷款清算工作。

2. 采购管理的目标

（1）按时、不间断供应饭店所需物资，这是采购工作的中心任务和最低目标。

（2）控制采购费用，用最小的投入保障饭店物资在质量上、数量上和时间上的需求。

（3）做到所采购的物资质量最理想化，在保障的前提下，在相同的投入下尽可能提高物资的整体质量。

（4）降低净料成本。采购的物资经去毛取净后，净料的价格才是饭店物资消耗的真实成本，所以采供人员应该具有丰富的经验，不仅要考虑原始成本价格，还要清楚加工后的净料成本价格。

（5）实现最有利的竞争地位。在与供货商的交往过程中确立自己最有利的竞争地位是减低采购成本，提升采购物质质量的有效做法。可以通过采购规模、饭店的声誉等来提升和巩固竞争地位。

（二）采供计划管理

对采购什么、采购数量、采购时间等采购要素必须提前做好计划，并按管理规定来规范其编制行为，保证采供计划科学、合理，满足饭店经营管理对物资的需求。

（1）计划申报。一般由饭店的基层使用单位提出采购需求，经各职能部门审核、归类汇总后，确定本部门计划期内的物资需求明细，上报采供部。

（2）需求汇总。采供部逐项检查部门申请采购的每种物资库存和实际需求数量，按照规范的采供报告格式，形成完整的饭店采供计划书。

（3）财务审核。财务部门应根据饭店的资金和预算执行状况，审核修正无法实施和不合预算的采购项目，使采供计划书更加可行、合理。

（4）总经理审批。总经理或者分管副总经理依据部门申请、采供部意见、财务审核意见，以及饭店的经营管理策略，综合平衡，最终批准采供计划书。

（三）采购价格管理

要获得理想的采供价格就必须进行充分的价格比较，并将价格比较作为采供管理的重要的管理环节。理想的采购价格是指在某一价格水平上能够获得所采供的物质的理想使用价值，包括良好的物资质量和理想的供货服务。

1. 饭店物资比价原则

(1) 相对最低原则。指在同一的时间段、同等质量条件等前提下价格最低。

(2) 物资质量原则。价格比较必须坚持质量第一的前提,而不是压价后再看质量。

(3) 供货商信誉原则。应注重供货商的一贯服务质量和诚信情况,相同的价格应优先考虑信誉高的供货商。

2. 价格比较的程序

采供价格的比较需要较强的技术性和丰富的采供经验作为支撑。饭店的一般比价程序见图 5-10。

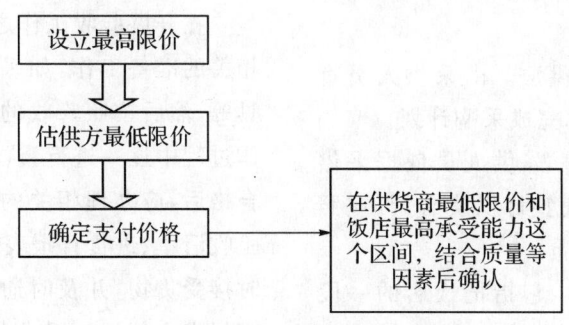

图 5-10 采供比价程序图

3. 获取理想价格的手段和途径

首先,饭店可以充分利用企业形象资本,采取集中批量订货的方式来获得理想价格。其次,要注意物资价格等信息的采集和分析,选择恰当的采购时机进行采购。再次,要建立长期的购销合同,减少中间商,直接进货,选择恰当的支付方式,与供货商进行谈判,通过富有技巧的讨价来压低供货商的报价等措施来降低价格。最后,寻找合适的替代品。一旦没有获得理想的价格,采取替代品是规避风险的重要措施。

(四) 供货商选择管理

供货商是饭店重要的合作伙伴,在选择供货商时要坚持平等、公开、广泛的原则。公平对待每一位供货商,公开选择供货商的每一个环节,让更多的供货商参与公开竞争,只有这样才能选择到最理想的供货商。在坚持供货商选择原则的基础上,还应该考虑以下因素:

(1) 供货商距采购单位的空间距离。较短的距离可以缩短供货时间、提高物资的新鲜度和减少运输成本,规避因道路中断等因素造成的供货中断风险。

(2) 供货商的信誉。供货商良好的信誉既减少了供货的风险,又提升饭店自身的形象。

(3) 供货商的供货能力和合作精神。供货商供货能力包括接受订单量、存货量、日供量、物资质量、加工能力和加工技术等。另外,供货商合作意识和服务意识等合作精神也是选择时应考虑的因素。显然供货能力强、具有合作精神的供货商,供货质量就高,供货的风险就小。

(4) 供货商的内部管理水平。包括员工队伍、卫生管理、财务管理等,直接和间接影响着供货的质量。

饭店一旦选择了供应商,应主动与其建立良好的供货关系,互通信息,相互体谅,认真履行合同条款,尤其要按时支付购货款。一切交易手续清楚,不留纠纷隐患,保证双方长期愉快合作。

(五) 采供方法管理

采供是一门技术,只有科学的采供,才能满足饭店经营管理活动对物资的需求。目前饭店的采购方法有市场直接采购法、预先定货法、外包采购法、集中采购法、团购等五种。

(1) 市场直接采供法。由采供人员直接与供货商进行洽谈,完成采购计划。

(2) 预先定货法。采供人员依据采供计划,与选定的供货商签订供货合同,按照合同约定供应相关物质。

(3) 外包采购法。它指把饭店的一段时间内的相关物资供应以外包的形式,一次性发包给信誉好、实力强的供货商,一次订货、分期到货。

(4) 集中采购法。这是饭店集团常采用的方法,由饭店集团下的采供中心完成对集团下多家饭店的物资集中供应。

(5) 团购。团购(group purchase)就是团体购物,指认识或不认识的消费者联合起来,加大与商家的谈判能力,以求得最优价格的一种购物方式。根据薄利多销的原理,商家可以给出低于零售价格的团购折扣和单独购买得不到的优质服务。团购作为一种新兴的电子商务模式,通过消费者自行组团、专业团购网站、商家组织团购等形式,提升用户与商家的议价能力,并极大程度地获得商品让利,引起消费者及业内厂商甚至资本市场关注。团购的商品价格更为优惠,尽管团购还不是主流消费模式,但它所具有的爆炸力已逐渐显露出来。

(六) 物资验收与仓储管理

1. 物资验收管理

饭店物资采购成功后,必须经过验收环节方可入库和使用,物资的验收工作直接关系到物资管理工作质量。

物资的验收包括物资的检验和收货两部分工作。物资检验主要是检查物资的相关凭证是否符合采供计划,检查物资交货时间与订货单是否一致,检查数量是否与订货单一致,检查质量是否符合订单要求,检查物资的价格是否与市场行情一致、质量和价格是否相符合。

在开展验收工作之前,验收人员要做好相关的准备工作,如采供计划、相关检验工具等,然后按照验收的要求验收入库,在操作过程中逐一进行,认真细致。在物资验收合格后,应办理相关的登记手续,包括填写验收清单、进货日报表等,记录验收结果,同时接受货物,并及时通知相关部门,按照管理规定由部门领用或者仓库保存。

在验收过程中发现物资不符合采供计划,出现时间不对、品种不符、质量不符等情况应当行使拒收权,下达拒收通知书,并把相关物资未正常采购的信息告知有关部门,协助其做好补救工作。

2. 物资仓储管理

物资进入饭店后,部分直接使用,部分需要进入仓库保管,供以后使用。饭店保管工作是保证饭店经营管理活动所需要物资的重要环节,应做到进入仓库的物资不短缺、不积压、不破损、不变质,发挥仓库保质、保量、保安全、保成本和保急用的功能,具体应从以下几方面加强管理。

(1) 加强仓储环境的管理。选好仓库是保证物资仓储管理质量重要的基础性工作,仓储的场所应考虑方便领用和存放、方便日常维护管理等因素。

(2) 加强物资安全管理。做好防盗工作,防止物资遗失。

(3) 加强仓储物资质量管理。应做到先进先出、保持储藏条件的稳定,经常性检查物资的质量状态,对质量呈下降趋势的物资要有应急处理方案。

(4) 加强物资的盘点管理。定期对所存储的物资进行仔细点数检查,做到账物相符合。通过盘存来了解库存数量,为采供计划决策提供及时的信息。

(5) 加强保管人员的管理。仓库保管人员需要有良好的职业道德,具有较强的敬业精神。平时要加强教育,通过考核、激励等措施,确保仓库物资供应及时、物资保管安全可靠、物资账物一致、仓库内部清洁卫生、物品放置规范。

【任务拓展】

采供部是饭店降低经营成本和提升服务质量关键的控制点,加强饭店的采供部的管理是饭店经营管理活动的重要环节。饭店无论大小、类型和档次,都应加强对采购人员的管理,严格执行采购规程,强化采购过程的控制管理,通过科学管理,实现饭店经营效益的提升。

采供工作是一项需要丰富实践经验、强烈的责任心和良好的职业素养的饭店重点工作岗位,也是饭店经营管理者日常重点控制和容易发生问题的岗位。加强采供管理,在确保质量的前提下,在适当的时间、以适当的价格、购入适当的商品,才能满足饭店经营管理的需求。

请分析以下案例,指出该饭店在采供工作过程中存在的问题。

某饭店的采购工作实况

某南方城市海鲜大酒楼,开业半年来生意十分红火,采购人员每天忙得不亦乐乎。但是各方对采购人员的评价不高,批评声不断。该酒楼经常出现以下情况:有些海鲜品种经常断货、部分海鲜压货严重;厨师长经常埋怨部分原料不新鲜,并向总经理反映了顾客食物中毒采购人员却不负责任的情况;厨师长提出的采购清单经常缺货,原因是该饭店的固定的一家供应商没有货;每天的进货时间均在临近营业时间,为了保证正常营业,大量的货物无法逐一验收就进入了加工,等等。此类情况发生了很长时间,厨师长、餐厅经理均向总经理反映过,但都因为采购组的人员均是老总的亲戚而不了了之。半年后酒楼的生意下滑,相互埋怨、推诿责任,总经理十分烦恼,苦思破解之道。

假如你是总经理,请拟一方案解决该饭店存在的问题。

【任务反馈】

团购已经成为一种家庭、企业流行采购方式,团购有自发行为的团购、职业团购行为、销售商自己组织的团购以及通过组建"消费者联盟"建立持续、稳定团购渠道来创业的"个人特许加盟型团购",饭店采供人员应积极调研,根据采购计划,运用团购方式来降低采购成本,提升饭店产品的竞争力。你知道饭店团购要注意哪些问题吗?

释疑:饭店采供部门要加强团购环节管理,注意以下问题:

(1) 防止供货商买空卖空。防止供应商没有所需物质而从市场上倒卖或者拼凑饭店所需物资,从中牟利,损害饭店的利益。

(2) 防止重复付款或超额付款。由于饭店的物资需求量大、品种多,加上定期结算货款的支付方式,货款支付往往出现差错,如多支付、重复支付、供货商恶意骗付等。加强验收、签字和核对等环节的管理,才能避免货款支付错误的发生。

(3) 防止供货商在交货时以次充好。不诚实的供货商,往往要以次充好的伎俩:如表面质量高,里面质量差;第一次质量好,以后的质量差;通过不法手段掩盖质量问题;等等。

(4) 加强采供凭证管理。供货凭证是饭店采供工作的最基础的经营活动资料,应加强归档和保管工作。所有凭证应专人保管,定期按日期装订归档,对与供货商之间的重要书面文件(如:拒付通知、索赔文件等)应与相关凭证合并装订后存档,还要注意对空白凭证统一管理,防止丢失,不得私自销毁处理。

任务六　饭店总经理办公室管理

【案例聚焦】

失败的营销员会议

某饭店总经理在周一早上告诉总经理办公室文员小刘,本周四上午9:00到11:00召开饭店营销员会议,要求小刘通知有关人员。小刘刚到公司不久,不清楚公司有多少营销员,她来到饭店营销部,营销员均已外出。因总经理办公室主任出差,总经理办公室的工作很杂很忙,接下来小刘忙于办公室的事情,几乎把通知的事忘了。

一直到周三下午,总经理问她会议通知了没有,她才匆忙在公司的布告栏里写了如下的通知:"兹定于星期四上午在会议室召开营销员会议,会议重要,请务必出席。"

星期四上午8:30左右,有两个销售员到了会议室,但会议室里没有人招呼,以为会议不开了,坐了一会就走了。9:00左右有6名没有任何准备的营销员来参会,其中两个说,他们已经约好客户在10:00见面。到了10点,只剩下4位营销员,也谈不出什么东西,会议草草结束了,总经理很不高兴。公司一共有12位营销员,事后去问另外4位,他们说,根本没有看到通知。总经理对小刘非常不满。

本案例告诉我们,作为饭店总经办工作人员,组织好饭店的会议是重要职责。弄清参会对象和会议要求,发出有效的会议通知,适时确认,会前做好各项会议准备工作,是确保营销员会议成功的关键环节之一。

【任务执行】

总经办是饭店总经理办公室的简称。总经办是饭店的办事机构,它的职责可以概括为"三服务"和"四作用":为饭店领导服务,为各部门服务,为员工服务;起到上承下达,联系协调,沟通信息,参谋咨询的作用。它是饭店承上启下的重要职能部门。

一、总经理办公室任务和组织

(一)总经理办公室工作任务

总经理办公室的主要工作任务是切实执行总经理的工作指令,认真贯彻党和政府的方针及有关法律、法规,坚持"以市场为导向,以效益为中心,以质量为生命"的经营方针和"让客人完全满意"为服务宗旨,合理调配使用和有效发挥饭店的人力、物力和财力资源,制定严格的管理规范和管理制度,实行科学管理,加强对饭店经营管理的监控力度,加强管理队伍的思想建设和作风建设,树立良好的饭店形象,取得最佳经济效益和社会效益,达到最好的管理水平和质量水平,并统筹和协调饭店与社会各界、上级主管部门或业务协作部门以及饭店内部的横向、纵向等各方面之间的关系,为提高饭店的经济效益和社会效益服务。

(二)总经理办公室工作职责与组织结构

1. 组织结构图(如图5-11)

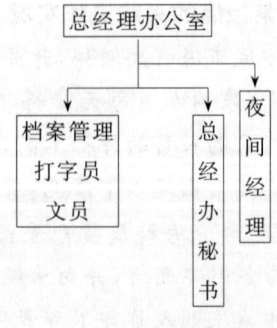

图5-11　常见饭店总办组织结构图

2. 岗位设置图(如图 5-12)

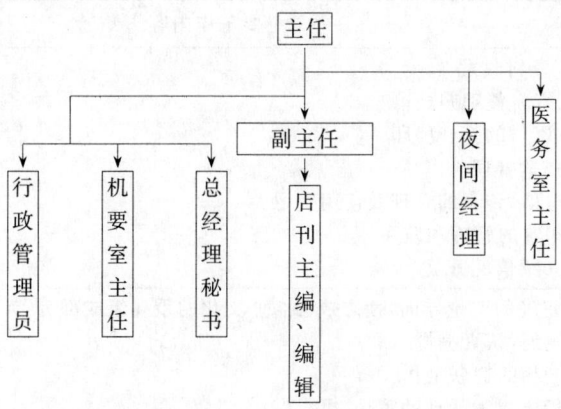

图 5-12　常见饭店总经办岗位设置图

3. 岗位职责与主要工作内容

表 5-2　总经办各岗位职责与主要工作内容

岗位	主要工作内容
行政办公室主任	A. 做好承上启下、左右协调工作,及时向各部门传达领导的指示和要求,并抓好催办;同时向领导反映各部门的意见和建议,做好信息反馈工作 B. 做好组织计划工作,综合情况,研究政策,提出改进工作的建议,为领导提供决策依据,当好领导的参谋和助手 C. 按照领导意图组织安排各种会议,并督导会议精神的贯彻落实 D. 组织秘书草拟各类文稿,并负责文稿的审定 E. 主动与经营性部门保持经常联系,掌握经营情况,适时向领导汇报 F. 根据工作安排和领导指示,负责组织对重点工作进行调研,并及时口头或书面向领导汇报 G. 负责办公室工作安排,制定办公室工作制度;负责所属人员的调配、教育、培训工作,督导办公室内部各项工作 H. 审查办公室人员考勤、工资、奖金、劳保福利的发放 I. 负责对外联系,处理好饭店与各级政府部门和社会各界的关系 J. 完成领导交办的其他任务
总经理秘书	A. 记录总经理的指示,打印、复印各种文件、资料和信函 B. 按总经理的意图撰写信函、电报、电挂稿件,写好并复核校对后交总经理签署发出 C. 拆阅和处理信函、文、电,并进行分类整理 D. 对总经理阅示后的内、外部文件及时上传下达并定期归类整理,装订成册 E. 参加总经理办公会议和行政会议,做好会议记录并检查议定事项的贯彻执行情况,及时了解和反馈信息 F. 及时承办各部门递交总经理批阅的请示、报告等,并按批示的意见及时处理 G. 加强与各部门的联系,掌握经营管理服务情况,以便迅速答复总经理问询 H. 汇集各部门营业报表交总经理审阅 I. 完成总经理交办的事项,处理日常工作中其他不可预料的问题 J. 经常向行政办公室主任汇报工作

续表

岗位	主要工作内容
机要室主任	A. 文件、资料收发 B. 文件、资料整理归档 C. 文件、资料的打（复）印 D. 文件档案管理 E. 长途电话、传真的管理及使用登记 F. 饭店印鉴的管理和监用 G. 行政介绍信的开具
店刊主编	A. 把握正确的舆论导向，使之成为企业文化的重要组成部分 B. 总体规划，认真编排 C. 负责刊物的通联工作 D. 负责饭店重大活动的采访、摄影 E. 负责与新闻单位的联系，及时对外报道饭店重大活动，树立企业良好形象 F. 负责相关人员培训 G. 参加相应年会、协会等，促进相互交流
医务室主任	A. 负责制定医务室工作制度，计划并组织实施 B. 参与医疗工作，组织好对员工和住店客人的医疗服务 C. 掌握药品进销账目，审查、签报员工的医药费用，增收节支 D. 积极宣传、落实《食品卫生法》和《公共场所卫生管理条例》，定期进行督导检查 E. 组织各部门做好卫生防疫工作 F. 保证计划生育和医疗保养工作按政策落到实处
行政管理员	A. 受理并安排饭店员工住房的日常维修 B. 受理家庭住房困难员工的申请，对其进行调查了解，并向直接上级汇报 C. 定期将房屋使用情况汇总上报 D. 负责受理员工提取住房公积金的申请，进行初步核对，对符合提取条件的员工申请进行登记，报行政办公室主任批准 E. 负责对下属工作进行检查督导 F. 完成上级领导交办的任务

二、总经理办公室事务管理

（一）会议管理

召开会议是饭店总经理开展饭店的经营管理活动的一种重要形式，总经办是为总经理召开各类会议提供准备、过程服务和会后落实的职能部门，应从以下几方面对会议进行全程管理。

（1）充分准备。总经办应明确会议的性质、目的、时间、地点、出席会议对象和主持人等要素。做好会议议程的起草、会议通知的发布、参会人员的落实、会议文件等材料物品的准备等工作；要提前一个小时做好会场的布置等工作，安排好会议接待服务工作。

（2）会议记录。记录会议的主要精神是总经办的重要工作。会议记录包括会议的主要议题，每一个议题的主要内容，领导讲话的主要精神，与会人员的发言记录，有书面材料的要做好材料的收集工作，根据的会议重要性，安排全程录像和录音工作。会议记录要做到记录格式正确、内容基本准确、无遗漏。在会议结束的一个工作日内（重要会议应立即）整理会议记录形成会议纪要并发放到相关部门和人员。

（3）督查执行。总经办负有对会议精神贯彻执行的督查责任。对会后材料收集、工作任务的落实情况、会议召开后的效果等信息向总经理室反馈,为总经理进一步经营管理做好参谋。

(二)公文收发及内部行文管理

公文收发和行文是总经办的一项常规工作,应做到专人负责,程序清晰,管理有序。

(1)公文收发管理。公文是指来自政府、行业协会等部门的文件,是指导饭店经营管理的重要依据。公文收发要做到签收、处置规范,及时呈送领导批阅,依据领导的批示意见做好文件的落实执行、跟踪管理工作。对每一份公文及处置情况及时收集归档,按照档案管理规定进行保管。

(2)内部行文管理。内部行文是指饭店领导下达的经营管理指令、各部门的请示报告批复等。内部行文是饭店经营管理活动的重要形式,应该按照行文规范进行处理。内部行文应包括发文者、致达者、抄报者、发文时间、发文编号、事由等项目,统一拟稿格式和印刷要求,按照管理权责签发生效。

(三)接待服务管理

接待饭店到访客人是总经办的日常事务工作之一。对到访客人应区分不同情况分别作出接待安排。总的接待原则是热情礼貌、了解目的和及时处置。对重要客人(VIP)应按照饭店 VIP 接到程序做好接待服务工作。对预约来访客人要按照预约安排及时安排与相关人员会谈。对没有预约突然来访的客人,应摸清目的,分别处置,特别是对无法接待来访的情形要说明情况,表示歉意。

(四)办公用品管理

办公用品是饭店行政管理和业务管理的重要工具,大部分属于低值易耗品,包括稿纸本、笔类、记事本、胶水、曲别针、大头针、订书钉、打印机碳粉、墨盒、文件夹、档案袋、印台、印台油、订书器、电池、计算器、复写纸、软盘、支票夹等。饭店办公用品应从采购、发放等环节加以管理。

(1)办公用品的采购。根据各部门的申请,库房结合办公用品的使用情况,由保管员提出申购单,交主管会计审核,再交总经理室批准后实施采购。

(2)办公用品的发放。按照各种办公用品发放标准和范围实施发放。

某饭店的办公用品发放标准

①员工入职时每人发放圆珠笔1支,笔芯以旧换新。
②每个部门每月发放1本原稿纸。
③部门负责人每人半年发放1本记事本,员工3个月发放1本记事本。
④胶水和订书钉、曲别针、大头针等按需领用,不得浪费。
⑤办公用打印纸、墨盒、碳粉等须节约使用,按需领用。

(五)饭店店刊店报管理

饭店"文化"是优秀饭店企业的灵魂。饭店内部报刊作为传递信息的载体,也是饭店文化的重要表现形式。饭店通过这个平台,加强了和员工间的沟通,凝聚了集体的力量;加强了同外部的联系,树立了饭店的品牌形象。饭店经营管理者应重视内部报刊的编辑出版工作,加强饭店店刊店报的管理。

（1）突出主题，注重选题，彰显饭店管理特色。内容是店刊店报的灵魂，要在栏目多样化、内容的及时、准确和深度上下功夫，做到正面宣传、风趣幽默、图文并茂。

（2）加强采编网络建设，培育一线通讯员，提升店刊店报的内容质量。店刊店报的总编和责任编辑的聘任是办店刊店报的关键。一线通讯员的培养是店刊店报生机活力、约稿质量的保证。

（3）扎实做好编印工作。编印工作是店刊店报质量的根本，应从统稿、审稿、划版、校版和付印环节上把好质量关。

（4）做好发行工作。对外及时向新闻媒体、上级单位、兄弟饭店等外部邮递发放；对内选好发放地点，在客房、休息区、员工食堂等地点设置发放点。

【任务拓展】

总经理办公室是总经理们工作的助手，是饭店经营管理、行政运行的重要参谋部门，是饭店高层管理与中低层管理衔接的枢纽，管理好总经办，发挥好总经办的作用，对饭店提升形象、提升业绩、提升管理水平具有重要的意义。

我们回到本任务的开始案例，通过本任务的学习，请在课后时间做以下三件事：

①每人收集饭店店刊店报一份，并组织一次饭店店刊店报展示活动。

②做一名兼职通讯员，自定选题，为你理想的店刊店报写一篇稿件。

③饭店可以不设总经理办公室吗？说出你的理由。

【任务反馈】

拟办公文是饭店总经办一项经常性工作，各饭店对公文均有规范格式，你知道饭店公文的基本格式吗？

释疑：以下是某高星级饭店公文规范格式范例，在饭店具有一定的代表性。

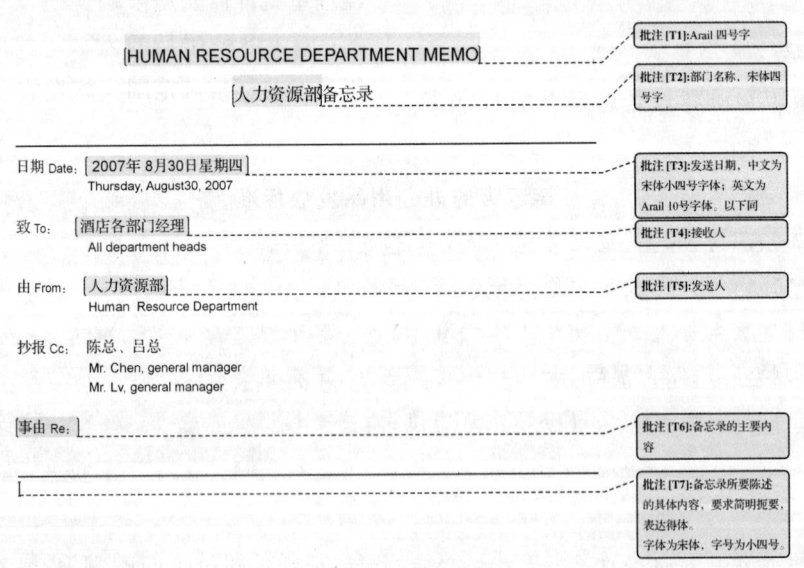

图5-13　人力资源备忘录公文格式

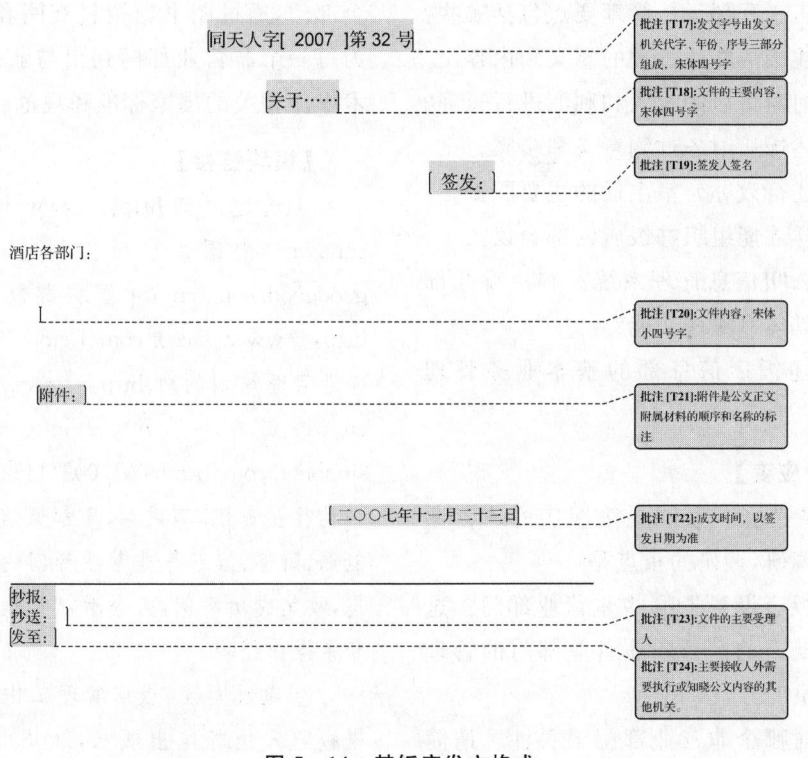

图 5-14 某饭店发文格式

◆模块目标

【知识/技能评价】

本模块详细讲解了饭店的安全、信息、工程、财务、采供部和总经办等六个非营业部门的工作任务、组织结构、岗位职责、业务管理等内容。为饭店初级管理者提供了一个较全面的、针对性强的饭店部门基层管理实务,与其他专业课程一起帮助学生构建一个较为完整的饭店非营业部门业务运行和管理的知识和技能体系。

饭店非营业部门虽然不直接与顾客打交道,也不直接产生经济效益,但是它是饭店正常运行必不可少的职能部门。这些部门技术性强,管理难度和管理要求高,对饭店的整体经营管理水平的提升作用直接,因此,非营业部门与营业部门同样重要。

通过本模块学习,你应该形成了饭店非营业部门的结构框架、工作任务和业务管理要点等理论知识,通过案例分析,形成了非营业部门业务管理的实战经验。由于饭店非营业部门涉及的专业工种门类多,学生应根据自己的兴趣爱好和专业知识的结构,有针对性地深入学习和思考一两个饭店非营业部门的管理知识和技能,为今后进入饭店非营业部门工作打下坚实的基础。

课外复习思考题:

①饭店安全部门的主要工作内容有哪些?

②作为一名饭店管理人员应该了解饭店哪些安全常识?

③简述饭店安全技防管理要点。

④简述饭店采购工作规程。

⑤怎样才能选择好饭店的供应商?

⑥饭店工程部运行管理要点包括哪些？
⑦简述饭店能源管理的意义和内容。
⑧如何对饭店的收入和利润进行管理？
⑨简述饭店财务预测意义和步骤。
⑩简述行政办公室主任的主要职责。
⑪怎样才能组织好饭店内部会议？
⑫什么叫信息管理系统？它由哪几部分组成？具体有哪些功能？
⑬简述饭店信息部的基本业务管理要求。

【能力应变】

（1）请选择一家四星级饭店的非营业部门进行调研，调研的重点是：

①该饭店设置了哪些非营业部门？这家饭店最缺乏的是哪些非营业部门的管理和技术人员？

②你对哪个非营业部门最关注？请简述该饭店赋予它的主要职责。

③通过参观走访后，对该饭店你最关注的一个非营业部门的管理作出评价。

（2）饭店的非营业部门的业务管理有许多国家的技术标准和规范，如财务管理有《会计准则》等。请结合本模块讲授到的六个部门，通过图书馆资料查阅和网络检索，为每一个非营业部门列出与业务管理和技术操作相关的国家标准和规范。

【模块链接】

①通过浏览 http://www.hotelsupplies.com.cn/（中国饭店供应网）、http://www.goodgood.com.cn/（中国旅游饭店培训网）、http://www.szceo.com/Lgldt/76.htm（神州企业管理培训网）、http://www.newasia.sh.cn/（锦江在线）、http://info.hotelsupplies.sinobnet.com/html/001/002/14522.htm（饭店采购行业资讯）等网站，了解饭店安全、采购、能源、财务、信息等非营业部门的业务管理动态，收集成功案例，为今后从事饭店经营管理积累操作经验。

②通过阅读《饭店管理工作细化执行与模板》（人民邮电出版社，2008）、《饭店计算机信息管理》（中国水利水电出版社，2010）、《饭店管理实践案例精粹》（中国旅游出版社，2009）、《旅游企业财务管理》（旅游教育出版社，2005）等专业书，进一步了解饭店非营业部门的业务管理要求和实战经验，拓展饭店非营业部门的管理知识和技能。

发展篇

模块六　饭店可持续发展管理

◆模块目标

【行业要求】

饭店经营管理者应具有良好的文化素养和文化管理能力,重视饭店的品牌建设,具有敏锐的经营战略眼光、强烈的改革创新精神。能够针对现状加强具有特色的饭店文化建设,能善于分析饭店市场,制定饭店经营管理战略并付诸实施,能设计、培育和维护饭店品牌,能带领饭店员工大胆创新,推动饭店企业可持续发展。

【学习目标】

①掌握饭店文化内涵和建设要求,能识别不同饭店文化特征并提出建设意见;②掌握企业经营战略内涵和制定过程,能分析不同的饭店经营战略,具有较强的饭店经营战略意识;③掌握饭店品牌内涵和管理要求,能对饭店的品牌进行正确的维护和推广;④掌握饭店创新的原则、内容和途径,培育创新精神,能根据市场需求模仿设计饭店创新服务产品。

◆模块任务

通过对本模块的学习,学生应深入理解饭店文化、饭店战略、饭店品牌和饭店创新在饭店持续发展过程中的重要作用,全面掌握饭店文化、饭店战略、饭店品牌和饭店创新的内涵和管理要点。通过案例的导读分析,提升饭店文化的建设能力、饭店战略的分析和制定能力、饭店品牌的推广和维护能力,以及提升饭店的创新意识,形成饭店服务产品的模仿创新能力。在对饭店可持续发展的知识和能力整体提升的前提下,为今后饭店经营管理实践奠定扎实的基础。

本模块共有四项任务,分别是饭店文化建设管理、饭店经营战略管理、饭店品牌建设管理、饭店创新管理。

任务一　饭店文化建设管理

【案例聚焦】

某饭店的企业文化

经营管理方针:文化、形象、品质、效益。

文化理念:以人为本,以德为本;点滴改进,超越自我;顾客至上,利润第二;唯才是用,公私分明;铁的纪律,爱的管理。

服务宗旨:让我们服务得更好。

服务准则:热情、礼貌、迅速、周到。

核心价值观:求实、勤奋、创新、卓越。

管理理念:以顾客为导向、以员工为中心、以质量为灵魂、以文化为源泉。

工作作风:现场看,现在办;迅速反应,马上行动。

成功秘诀:一是检查,二是检查,三是检查。

管理追求:高、严、细、实、新、活(高—标准高、严—管理严、细—服务细、实—作风实、新—思路新、活—经营活)。

【任务执行】

文化是人类社会历史实践过程中所创造的物质财富和精神财富的总和。一个成功的企业必须有一个强有力的企业文化支撑。没有文化意识的企业，如同丢失了灵魂的人、丧失了精神的民族。企业文化是现代企业支撑发展最本质的东西，随着市场的逐步规范和竞争的深化，所有竞争的方式、内容最终都将升华成为企业文化的竞争。

一、饭店文化概述

（一）企业文化的形成

企业文化理论形成于 20 世纪 80 年代初期。第二次世界大战结束后，世界各国，尤其在西方国家，随着科学技术的迅猛发展及其在生产领域的广泛应用，企业规模越来越大。传统的企业管理理论和管理方法受到严重挑战，那些基于"机械人"、"经济人"看法的经验型管理和靠组织技术严密控制型的管理已经落伍，并逐渐被以人为中心的管理模式所取代。

二战结束后，世界各国流行的以人为本的管理方法，改变了以物、事、任务为中心的传统管理模式，重视把人的需求和价值实现放在第一位；改变了单纯依靠严格规章制度和严密监督体系进行管理的强制性管理方法，重视对员工心理、行为的深入研究，通过培养人的自主性，实现自主管理和自我控制；改变了金字塔式的科层组织体系和独裁式的管理方式，通过建立大森林式的扁平组织结构和分权式管理方式，鼓励员工参与管理、参与决策；传统的权力纽带和资本纽带作用递减，而文化纽带却在日益发挥巨大的凝聚作用和导向作用。同时，企业也正在逐渐摆脱"一切以利益为中心"的传统经济伦理的束缚，坚持顾客利益至上，谋求企业利益和社会利益的融合，追求企业与社会的同步发展。

在美国，多数公司积极倡导个人能力主义的管理方式，企业把原来人事部的牌子换成人力资源部，以加强对人力资源的开发。在西欧各国，企业强调员工参与制度和弹性工作制度，让员工通过员工管理委员会、工作改善委员会等组织表达意见，直接参加企业的决策与管理。在中国，大批的民营企业、三资企业和管理意识较超前的国有企业正积极地进行企业文化的建设。众所周知的海尔集团，在 2002 年 12 月 26 日出版的《远东经济评论》杂志公布的亚太最佳企业排名中居中国最佳企业之首。海尔的成功，除得益于改革开放的大好机遇外，重要的一条是从创业初期就开始注重建设海尔文化，坚持不断地推进管理与文化创新。海尔文化的创新实践，为海尔的技术创新、产品创新和市场创新，为海尔的品牌塑造提供了巨大的动力。

可以说，在当今社会，没有无文化的企业，一个企业如果离开了企业文化的建设便无法在日趋激烈的竞争中求得生存与发展的机会。

随着经济全球化进程加速，加之世界各国文化相互渗透，经济和文化的结合日益紧密，企业文化理论得以迅速传播与发展，并成为企业管理学科的一个新的里程碑。

（二）企业文化的内涵

企业文化是一种微观文化现象，也是一种管理方式，还是一种管理理论。关于企业文化的概念，国内外学者众说纷纭，理解上有一定的差别，但他们都认为企业文化是一种重视人、以人为中心的企业管理方式，代表着企业管理理论发展的新阶段。企业文化决定着企业的生产效率，决定着企业的生命力，强调要通过文化的力量把企业建成一种人人都有责任感和使命感的命运共同体。因此，企业文化可作如下表述：企业文化是指在一定的社会大文化环境影响下，经过企业领导者长期倡导并在全体员工的积极认同、实践与创新下所形成的整体价值观念、信仰追求、道德规范、行为准则、经营特色、管理风格以及传统和习惯的总和。

企业文化作为一个完整的概念由企业整体价值观、企业精神、企业伦理道德、企业形象四个基本要素组成。这四个要素以企业整体价值观为核心，相互影响，相互制约，形成一个系统的整体，体现出企业文化的全貌。

（1）企业整体价值观。企业整体价值观主要指企业的基本信仰、追求和经营管理的基本概念。它是整个企业的文化系统，乃至整个企业经营运作、调节、控制与实施日常操作的文化内核，是企业生存的基础，也是企业追求成功的精神动力。

（2）企业精神。企业精神是一个企业基于自身特定的性质、任务、宗旨、时代要求和发展方向，为谋求生存与发展，在长期生产经营实践基础上，经精心培育而逐步形成的，并为整个员工群体认同的正向心理定势、价值取向和主导意识。企业精神是企业员工群体健康人格、向上心态的外化，是员工群体对企业的信任感、自豪感和荣誉感的集中表现，是企业赖以生存和发展的精神支柱。它对企业的成败兴衰起决定作用。

（3）企业伦理道德。企业伦理道德是指调整企业与员工、管理者与普通员工、员工与员工、企业与社会公众之间的关系的行为规范的总和。企业伦理道德以公众舆论、规章制度等形式表现出来，对规范员工的个体行为、协调大家的行动、保证个人目标同企业目标一致性起到教育、引导和制约作用。

（4）企业形象。企业形象是企业从事生产经营活动和管理活动所表现出来的外部行为特征、视觉特征以及企业风格、风气等等，表现为企业在社会上的知名度、美誉度、忠诚度的高低和企业内部精神面貌的好坏。良好的企业形象作为企业的无形财富，对于企业员工的工作追求、工作干劲、凝聚力、创造力及企业整体竞争力都有直接的影响。

上述四个基本要素在企业文化结构中处于不同层次。其中，企业整体价值观和企业精神处于企业文化结构中的深层，企业伦理道德处于企业文化结构的中层，企业形象处于企业文化结构的表层。深层文化是企业文化的核心，决定着企业文化的方向、本质；中层文化直接把深层文化转换成一种成文或不成文的规则，对组织成员的言行起引导和制约的作用；表层文化体现着企业文化的整体风格和品位，也以一种特有的氛围对组织成员起教育作用。表层文化和中层文化是由深层文化决定的。

（三）饭店文化的内涵

饭店文化是指在一定的社会大文化环境影响下，饭店在经营管理活动中形成的具有本企业特色的整体价值观念、信仰追求、道德规范、行为准则、经营特色、管理风格以及传统和习惯的总和。作为一种特殊的企业文化，饭店企业文化也有着自己的丰富内涵。

（1）饭店的整体价值观。饭店的整体价值观是饭店企业文化的核心，为饭店生存与发展提供精神支柱，也对员工行为起到导向和规范作用。在饭店的发展过程中，企业价值观的内容经历了最大利润价值观、经营管理价值观和企业社会互利价值观三次演变。早期的最大利润价值观是指饭店的全部管理决策和行动都围绕着如何获取最大利润这一标准来进行。经营管理价值观是指饭店除了尽可能地为投资者获利以外还非常注重饭店内部人员自身价值的实现。在当代，企业社会互利价值观要求在确定饭店利润水平时，把员工、饭店、社会的利益统筹起来考虑，不能失之偏颇。

饭店希望通过一切管理手段使饭店领导者和所有员工认同饭店的价值观，由此形成共同的理想、信念、追求、宗旨和目标，增强饭店的合力。

(2) 饭店的企业精神。饭店的企业精神是饭店价值观的形象概括,是饭店向心力、凝聚力和员工对饭店信任感、自豪感的集中表现形式。每个饭店都有各具特色的企业精神,它往往以间接而富有哲理的语言形式加以概括。

(3) 饭店的企业伦理道德。饭店是一个小社会,饭店内部存在着股东、管理者和普通员工相互之间错综复杂的关系,饭店对外与社会公众也有多方面复杂的社会关系。正确处理和协调好这些关系,促进饭店的健康发展,就必须有相应的伦理道德作支撑。一个合格的饭店应建立伦理道德规范,即规章制度,来确保工作团队的良性运作。饭店的规章制度包括各种职责、条例、规范和操作程序,涉及饭店的方方面面,成为饭店中每个人的行为准则和工作业绩的衡量标尺。

(4) 饭店的企业形象。饭店的企业形象的内容相当广泛。包括:

①理念形象。理念形象反映了企业的价值观念和企业精神,往往通过向社会公开昭示的企业精神、经营方针、服务宗旨、主打广告语等反映出来。成功的企业理念宣传能够为饭店树立起一面鲜艳的旗帜,作为企业形象的象征深入人心。

②产品形象。产品形象是企业形象的物质基础。饭店出售给顾客的产品包括有形产品和无形服务两大类。饭店要塑造良好的产品形象和服务,从而提高企业的美誉度和知名度。

③员工形象。员工形象指饭店劳动者的整体形象。企业是人的集合体,饭店又是劳动密集型企业,员工的形象直接影响企业的形象。饭店员工的形象好,可以提高社会公众对饭店的信任度,为饭店长期稳定发展打下牢固的基础。

④经营管理形象。经营管理形象是饭店的经营过程、经营方式、管理组织、管理制度、管理基础工作、经营成果与效益等在社会公众和员工中留下的总体印象。它是饭店实力的表现。

⑤公共关系形象。公共关系形象是饭店为了获得社会公众的信任和支持,求得自身事业的发展,创造最佳社会关系在所进行的各种活动中树立的形象。现代饭店不仅是一个经济组织,而且也是一个社会组织,只有争取公众舆论的理解和支持,优化社会环境,才能求得生存与发展。公共关系以被现代企业视为一种无形资产,它与企业的资产、技术和人才并列,是企业发展的"四大支柱"之一。

⑥环境形象。环境形象是一个饭店内外生产、生活条件的总体表现。环境形象能影响人的心理,对于饭店来说,为顾客提供一个"家外之家"的舒适环境;为员工提供一个愉悦舒畅的工作环境是至关重要的,它不仅会吸引消费者并且能够激发员工的积极性和创造性,获得意想不到的情感表述效果,从而使饭店形象大为增色。

随着中国加入世界贸易组织成为现实,我国饭店业面临着市场环境的转变、企业制度的转型、国外饭店集团的竞争等诸多问题。在这种情况下,饭店如何解决好对外坚持以顾客为主,扩大市场,树立良好的诚信形象,提高竞争力,对内坚持以员工为本,激发员工积极性、主动性和创造性,提高饭店凝聚力等问题显得特别突出。饭店只有培养现代企业价值观、塑造现代企业精神、建立新型的企业伦理道德,树立个性鲜明的企业形象,才能在未来竞争激烈的市场中立于不败之地。

(四) 饭店文化的功能

饭店企业文化在饭店管理过程中表现出来的功能是多方面的。这些功能主要有:

(1) 凝聚功能。饭店企业文化是被饭店全体员工所接受的共同信念,它像一根纽带把员工的个人追求和企业的追求紧紧联系在一起,并使所有员工产生相同的集体意识和价值归属，从而产生强大的凝聚力，获得整体效益。

（2）导向功能。饭店企业文化在员工及其行为方面起着引导作用。企业价值观是企业多数人的共识，因此，这种导向功能对多数人来讲是建立在自觉的基础之上的。他们能够自觉地把自己的一言一行经常对照企业价值观进行检查，纠正偏差，发扬优点，改掉缺点，力求使自己的行为符合企业的目标要求。对于少数未取得共识的人来讲，这种导向功能就带有某种强制性，使他们按照企业的目标、规章制度行事。优秀的饭店企业文化可以长期引导员工为实现饭店的发展目标而自觉地努力工作。

（3）教育功能。具有优秀企业文化的饭店是一所学校，它能为员工创造良好的工作环境，使人树立崇高理想，锻炼人的意志，学会为人处世，学会生产经营的知识和经验，不断提高员工的整体素质。

（4）辐射功能。饭店企业文化通过与外界的接触，包括业务洽谈、宣传促销、参加各种社会活动，以及员工与社会各界的交流，向社会展示饭店成功的管理风格、良好的经营状态和积极的精神风貌，使消费者更加了解饭店，从而为饭店塑造良好的整体形象。

（5）优化功能。优秀的企业文化一旦形成，就会产生一种无形的力量，对企业经营管理的方方面面起到优化作用。如当饭店目标偏离企业价值观时，它可以自动加以纠正。企业文化对组织活动和个人行为起到必要的预防和监督作用。

饭店企业文化的五大功能在饭店经营中发挥着十分重要的作用，各个功能有机地组合能达到整体的效应。

二、饭店文化层次

饭店文化是一个由表及里、由浅入深组成的一个完整结构体系。一般饭店企业文化分成三个层次：表层（物质和服务）结构、中层结构（体制和机制）和深层（精神和理念）结构。

（一）饭店文化的表层结构

饭店文化的表层结构体现在饭店的环境与建筑风格、装修与美化、广告和饭店用品等方面。

（1）饭店环境与建筑风格文化。一家饭店的环境文化包括其所处地理位置、所处区域的社会大环境和企业内部的体制、机制等。

饭店的地理环境包括位置、交通和自然环境等因素。有地处繁华商业区、交通方便、车水马龙的环境，有地处风景如画的旅游区、山清水秀、曲径生幽的环境，不同的环境文化吸引的顾客类型以及给顾客留下的印象存在很大差异，同时也使经营管理者对饭店文化取向产生很大的影响。

饭店的建筑设计风格是饭店形象的标志。迪拜的阿拉伯塔饭店的独特造型，HCM饭店独特的欧洲中世纪建筑风格，不仅代表了饭店的层次，往往还代表着一个城市形象，更体现着饭店人的文化价值取向。它们是现代化的或者是古典主义的，是充满东方气息或者是散发着西方浪漫情调的。无论哪一种风格，其内在都蕴涵着文化根基，给顾客留下的是建筑文化的魅力和震撼。

（2）饭店装修与美化文化。饭店开业和经营一段时间后，需要进行装修和内部的美化，构建和重塑饭店的形象。饭店的装修和内部美化水平是饭店文化水平的集中体现，往往反映了饭店决策者的文化修养。从提升饭店文化内涵的角度出发，饭店的装修和内部的美化应做到：

①装修和美化的水准要与饭店的档次相符合。一家五星级饭店，按照星级饭店的标准，其装修的豪华程度和美化的艺术要求都非常高。在星级饭店标准中有明确的要求，饭店的装修和美化必须与之相吻合。

②整体和局部要协调一致。任何优秀的文化艺术表现一定是整体和局部的高度一致。例如，饭店在处理过渡区格调和环境格调时，在饭店一般把各类通道称为过渡区，把通过这些通道到达消费目的地的空间称为环境，过渡区和环境的协调是饭店装修和美化的重点和难点，要达到既显示饭店的文化艺术品质，同时方便顾客活动，能给客人留下美好的印象，充分体现饭店的文明意识、管理意识和艺术修养。

③艺术呈现和服务特性要和谐统一，任何装修和美化时的艺术呈现要满足饭店服务过程的需求，切忌好看不中用，甚至影响服务质量的稳定和提升。

饭店装修风格迥异，有现代、古典、西方、东方、抽象等不同风格，任何一种风格的选取均应与饭店定位相匹配，特别要与饭店确定的顾客群相一致，这样才能引起顾客的共鸣。仅仅从饭店决策者自身的文化修养出发，决定饭店的装修风格，往往难以达到设定的文化效果。

饭店内部有多种美化途径，一般通过工艺品的陈列、绿化等形式达到美化环境的目的。饭店陈列的工艺品是饭店价值和民族文化的体现，通过名人字画、古董的价值能够提升饭店的价值，彰显饭店的高雅情趣，显示饭店所在的地域文化和民族文化特征，能够给客人形成鲜明的文化艺术享受，达到调节顾客心理的目的。饭店绿化以绿色植物和花卉为主，能让饭店充满生机和活力，给顾客带来舒适和回归自然之感，选取不同的植物、花卉能够体现饭店的不同文化价值取向，通过不同的摆放、组合，能够产生奇妙的环境艺术效果，达到陶冶情操、烘托气氛、平静心情的作用。

(3) 饭店广告和印刷品文化。饭店广告是饭店经营管理活动的重要手段，有内部广告和外部广告。一个好的广告，无论做在公共媒体上，还是体现在饭店的服务指南、各种引导指示牌上，均能给顾客留下深刻的印象，表现出饭店的魅力、档次和先进的经营管理理念。

饭店的印刷品包括服务指南、客房用文件夹、信笺、各种贺卡、请柬和菜单等等。这些印刷品一般印有饭店的标识、标语等，是饭店与顾客进行文字交流的一种重要方式，这些印刷品一般会被客人随身带走，成为饭店的活广告。饭店印刷品的设计和印刷水平体现了饭店的文化修养，同时保持饭店印刷品充足、整洁光亮和全新状态，是饭店文化意识和文明修养的重要体现。

(4) 饭店产品文化。饭店产品包括菜点、酒水、宴会、服务等。它是顾客消费的主体，也是饭店文化的主要载体。具有饭店鲜明特色的菜点名称，在一定区域享有声誉的名宴，在服务细节、服务过程和服务方式等方面融入地方民俗、人文等等，是饭店产品文化的具体表现，成为饭店整体文化不可或缺的组成部分。许多饭店十分重视菜名的确定，往往赋予其定位饭店文化主题，体现饭店文化意境的重任。

某市鸿运大饭店的菜名文化

某市一家名叫鸿运的大饭店，菜名中有"金牌鸿运蹄"、"鸿运千岁面"、"鸿运大包"等名菜、名点，吉祥的菜点名称显示了饭店以鸿运为主题的文化价值观，同时这种"鸿运高照、大展宏图"的传统文化的巧妙运用，为其带来了良好的商机，成为喜庆、商务宴请的首选饭店。

加强和提升饭店产品质量管理,使之成为饭店品牌战略的一个组成部分,是饭店产品文化建设的重要目标。品牌是代表某一种产品或服务的广为人知的名称,是饭店最重要的无形资产,也是饭店建立竞争优势和未来盈利的基础。拥有一个强势品牌是饭店竞争力的源泉,它可以长期为饭店创造优良的经营业绩;品牌具有提升饭店价值的作用,品牌特色越鲜明,就越容易获得顾客的认知,越能增强顾客的购买信心和忠诚度。一个好品牌是提升饭店竞争力最为有利的武器,也是饭店文化的重要体现。

另外,饭店区域饮食文化、饭店特色服务文化、各类活动文化也是饭店文化表层结构中重要的组成部分。

(二)饭店文化的中层结构

饭店文化的中层结构包括饭店的体制文化、制度文化等。它在饭店文化层次中起到承上启下的作用。

1. 饭店体制文化

我国饭店体制不断在创新发展之中。从第一家北京建国饭店引进外资、引进管理形成"建国模式"开始,饭店的体制在近40年内,不断朝着适合饭店健康发展和经济全球一体化的方向发展。从星级标准制定、推行到星级饭店的快速扩张;从"先仿后创"的单体经营到打造品牌集约化连锁饭店的急速发展;从饭店投资结构以国营饭店企业一枝独大到民营资本全面介入,饭店私有化进程加速,同时境外资本在饭店业的比重逐渐增多;从观光游览为主的旅游饭店为主到多业态发展。在不同的时期,不同饭店体制为饭店业的发展注入了新鲜血液,成为我国特有的饭店体制文化风景线。饭店体制的不断创新发展,体现了我国饭店行业与时俱进的体制文化特征。

经济体制文化是饭店体制文化的重要组成部分,饭店的经济体制一般分为全民所有制、集体所有制、"三资"和私有制等形式。

(1)全民所有制饭店即国有饭店,其体制文化中渗透了政府行为和行政意识,在经营过程中要维护饭店的财产不受任何单位和个人的侵犯,其经营的业绩为国家所有,其领导一般由国家相关部门任命,实现统一领导,员工的待遇执行国家的统一政策。在经营过程中占有天时、地利、人和的优势,能够得到政府的全力支持。但是,全民所有制饭店存在许多影响饭店发展的不利因素,主要表现在:传统观念影响了饭店的经营管理绩效,队伍的老化形成了饭店的沉重负担,行政的干预扭曲了饭店的管理、经营规律等等。这些不利因素需要国有饭店在体制上进行创新,扬长避短。事实证明,一批国有饭店在我国改革开发的进程中,不断进行体制创新,成为当今我国饭店的主力军。

(2)集体所有制饭店创建于我国城市基层组织和农村,开始的规模小,实力弱。其特征为饭店的资产归集体所有,自主经营,独立核算,自负盈亏,决策权在集体或者股东,经营业绩的好坏决定了饭店的命运。集体饭店创建于我国的基层组织,传统文化对饭店的影响十分明显,同时集体所有制饭店积极吸取先进饭店的管理模式,在饭店管理文化方面兼有国有饭店和外资饭店的特征,形成了经营方式灵活、注重经营业绩、主动适应社会发展,不断改进经营管理机制的集体所有制饭店体制文化。

(3)"三资"和私有制饭店是我国饭店经济体制改革的重要成果。"三资"饭店有外商独资(含公司和个人投资,属于私有制)和合作、合资饭店,这类饭店的私有制成分占主导,饭店在管理理念、管理机制等方面特征鲜明。总的来说,"三资"和私有制饭店的管理理念先进,代表了时代先进的饭店经营管理思想。这些饭店的管理方法先进,运用了世界上最成功和最领先的管理方法,使饭店的管理水平与世界饭店的现实管理水准同步。管理绩效高,总体上实现了较高的经营管理业绩。

2. 饭店制度文化

饭店制度是饭店运行管理过程中所遵循的领导体制、组织结构和各项管理规章制度的总和，饭店制度文化包括领导体制文化、饭店组织结构文化和饭店管理制度文化等方面。

（1）饭店领导体制文化。饭店领导体制是饭店制度文化的核心内容。饭店领导体制的产生、发展、变化，是饭店生产发展的必然结果，也是文化进步的产物。饭店领导体制是饭店领导方式、领导结构、领导制度的总称，其中主要是领导制度。饭店的领导制度，受生产力、上级行政领导体制和文化的多重制约，上级行政领导的更替、生产力水平的提高和文化的进步，都会产生与之相适应的领导体制。不同时期的饭店领导体制，反映着不同的饭店文化。在饭店制度文化中，领导体制影响着饭店组织机构的设置，制约着饭店管理的各个方面。

（2）饭店组织机构文化。饭店组织机构是指饭店为了有效实现饭店目标而筹划建立的饭店内部各组成部分及其关系。如果把饭店视为一个生物有机体，那么组织机构就是这个有机体的骨骼。因此，组织机构是否适应饭店经营管理的要求，对饭店的生存和发展有很大的影响。不同的饭店文化，有着不同的组织机构。影响饭店组织机构的除了企业制度中的领导机制，饭店文化中的饭店环境、饭店目标、饭店生产技术以及饭店员工的思想文化素质也是重要因素。

（3）饭店管理制度文化。饭店管理制度是饭店为求得最大效益，在经营管理实践活动中制定的各种带有强制性义务并能保障一定权力的各项规定或条例，包括饭店的人事制度、民主管理制度等一切规章制度。饭店管理制度是实现饭店目标的有力措施和重要手段。它作为员工行为规范的模式，能使员工个人的活动得以合理地进行，同时又成为维护员工共同利益的一种强制手段。因此，饭店的各项管理制度是饭店进行正常的生产经营管理所必需的，是一种强有力的保证。优秀饭店文化的管理制度必然能够体现科学、完善、实用的管理方式。

（三）饭店文化的深层结构

饭店文化的深层结构是饭店经营管理精神理念形态的体现，包括饭店的人员文化、礼仪文化、沟通文化、道德文化以及饭店的经营管理风格文化等。它是饭店的深层文化和内核文化，稳定且不易被改变，是饭店文化的灵魂。

1. 饭店员工文化

饭店员工是饭店的经营管理的主体，也是饭店文化的核心成分。优秀的员工队伍必然会形成先进的、特色鲜明的员工文化形态，从而使饭店文化大放异彩，更使饭店经营管理业绩非凡。一个好的饭店员工文化形态的形成是一个漫长的过程，应该从员工的素质入手，在员工的修养、知识、身体等方面加以培育。

饭店员工的修养是饭店员工文化最重要的成分，饭店员工修养直接影响到饭店的经营管理和服务水准，是饭店形象和口碑的重要载体。员工修养的提升来自员工的学习和知识积累，来自员工良好行为习惯的形成和培养，来自员工自制力的加强和锻炼，来自于员工责任心的教育和培育，来自员工对饭店企业的忠诚和强烈的社会责任感的建立。

饭店员工的知识结构是饭店员工素质提升的重要标志。一支优秀的饭店员工队伍一定是勤奋好学、进取上进、崇尚科学、热爱学习的集体。他们不仅掌握了饭店经营管理与服务的知识和技能，而且在文学、科学等知识方面也积极吸取，形成了良好的追求意识和知识结构。员工之间的知识体系形成了和谐的、互补的、有利于饭店文化打造的良好状态。

饭店员工的身体素质也是员工文化不可忽视的一个方面。良好的身体是从事经营管理活动的保证，是知识和道德的载体，是员工成才的基础。一名称职的员工应该保持生理健康和心理健康。生理健康的标志是具有健康的体魄，能够在饭店的各种环境下工作，具有坚强的艰苦环境承受能力。心理健康是指员工智力发育正常，情绪稳定，行为协调，工作专心一致，能够进行有效的沟通，形成良好的人际关系。

2. 饭店礼仪文化

有礼走遍天下，无礼寸步难行。我国是一个文明礼仪大邦，具有许多优秀的传统文明礼仪习惯，并与时俱进，形成了现代礼仪规范。饭店礼仪是饭店经营管理与服务过程中的礼节礼貌的规范形式，是饭店道德风尚、文化修养、文明行为的外在表现，是饭店文化的深层次表现。

饭店是接待宾客并为其提供优质服务的场所，礼仪服务在饭店服务中具有十分重要的地位，成为饭店优质服务和服务特色的重要组成部分。饭店礼仪文化主要表现在饭店的员工服饰、员工的形象和员工的语言等诸方面。饭店的服饰首先应该潇洒自然、符合时尚、干净整洁，同时具有饭店文化取向和地方文化印象。饭店员工的形象应该在外表上落落大方，化妆得体，仪态端庄，处处体现礼貌待人，讲究礼节。饭店的语言是礼仪文化的重要元素，使用礼貌语言，亲切、贴切但有分寸，热情、热烈但有尺度，准确、及时但有区别。饭店的礼貌语言表现在饭店每一秒的经营活动中，表现在每一个服务细节过程中，体现在饭店的每一位员工的身上。

3. 饭店公共人际关系文化

饭店是与人打交道的地方，有人说，不懂人际关系的人无法成为合格的饭店员工。一个饭店如何去建立公共人际关系，公共人际关系的状态如何，将直接影响到饭店的整体形象，从而影响饭店的经营管理业绩。饭店人际关系可分为内部人际关系和外部人际关系。

（1）形成良好的饭店内部人际关系。一是要建立管理者之间协调的人际关系。二是要形成员工之间友好的正常的人际关系，使员工士气高、凝聚力强、效率高，在愉快的情感体验中强化员工对饭店的关心程度。三是要处理好上下级关系，做到管理者对员工的尊重、信任和关怀，员工对管理者的尊敬、信赖和拥护。四是要重视各部门之间的有效配合，充分发挥其效能，饭店的整体功能就会充分地发挥出来。五是要处理好饭店与股东之间的人际关系，重视股东的地位和作用。

（2）建立良好的外部人际关系。一是要认识到宾客的重要性，树立"宾客至上，服务第一"的经营服务思想，通过建立良好的宾客关系，通过"宾客满意"、"建立忠诚顾客"等策略来争取和扩大客源。二是要与同行处好关系，要经常保持与同行之间的接触、互通信息，及时消除误解、增进友谊。通过相互学习，取长补短，达到互相促进、携手并进的目的。三是要积极与社区形成合作关系。在社区中树立良好的形象，争取社区公众的信赖、支持和合作，创造一种对饭店生存和发展有利的"地利、人和"环境。四是要主动与业务合作者协调关系，在业务上形成相互依存、相互促进的良好合作局面。五是要在社会上塑造饭店良好形象，与新闻媒体等公众建立良好的关系。六是要搞好与政府机关的关系，提高政府部门对饭店的信心和重视程度，促进饭店的经营活动。

三、饭店文化建设

饭店企业文化建设是一项复杂的系统工程。这一工程周期长、涉及的因素多。只有遵循企业文化的演变规律，系统规划、组织、协调好各方面的建设力量，广泛吸收群众参与、不断创新，按照科学的原则、程序和方法办事,才能确保工程建设的速度和质量。

(一)饭店企业文化建设的基本原则

(1)目标原则。在饭店企业文化建设中坚持目标原则,首先意味着要科学合理地制定企业文化的发展目标,即明确企业的基本信念和基本哲学。这种理念性的目标一旦确定下来,就不会轻易改变。其次,意味着要采取有效的办法实现既定文化目标。

(2)共识原则。饭店企业文化建设必须强调共识原则。企业文化的形成过程,就是企业成员对企业所倡导的价值标准不断认同、内化和自觉实践的过程。只有全员参与达成共识,才能使企业产生凝聚力。可以说,优秀的企业文化本身就是共识的结果。

(3)一体原则。所谓一体原则,即坚持饭店管理人员和一线员工之间的关系一体化。坚持一体原则能够有效地建设起组织内部人与人之间相互信赖的关系,为实现价值体系的"一体化"创造条件。那么,如何实行一体原则呢?最重要的是弱化等级制度的影响。把原来"干部—工人"、"管理者—被管理者"等带有浓厚等级文化色彩的关系转变为一种带有人情色彩的分工协作关系,赋予一线员工更大的权利与责任,建立内部一体化关系。

(4)卓越原则。卓越是一种心理状态,也是一种向上精神,饭店首先应当建立标准,建立反馈和激励机制,营造一种积极向上的氛围,使每位员工自觉地追求卓越。其次,造就模范人物也是不可缺少的。企业模范是体现卓越文化的典型代表,这些人曾经为或正在为饭店实现企业理想目标而拼搏、奉献。他们取得的显著业绩会影响许多员工,进而使员工仿效模范的行为。

(5)绩效原则。绩效是一项工作的结果,也是下一项工作的起点。在企业文化建设中坚持绩效原则,要善于根据人们工作绩效大小进行奖励,以鼓励他们以更好的心理状态、更大的努力投入下一轮工作当中。坚持绩效原则能够改善员工在管理中的被动性,增强其主动性及创造精神。

(二)饭店企业文化建设

饭店企业的文化建设应在企业文化理论的指导下,结合饭店的实际情况,制定饭店文化建设的具体方案和实施程序,循序渐进,扎实推进。

企业文化建设在健全的领导机构领导下,要做好以下四个环节的工作,即对企业文化现状的调查研究与评价,企业文化理念的定格设计,企业文化的传播、推展与实践巩固,企业文化的完善与创新。在实践中,这四个环节构成饭店企业文化建设的一个循环,循环往复,促使企业文化不断升华,趋于成熟。

(1)饭店企业文化现状的调查研究与评价。建设一种新文化,必须对现有文化进行清理。即通过调查研究,把握企业现有的文化状况及影响因素,对现有文化的优势及总体适应性做出适当的评价,为企业文化的科学设计做好准备。调研和评价的主要内容有:①饭店经营领域及其竞争特点;②饭店管理的成功经验及优良传统;③饭店领导者的个人修养和精神风范;④饭店员工的素质及需求特点;⑤饭店现有企业文化及其适应性;⑥饭店发展面临的主要问题;⑦饭店所处地区的经济与人文环境。

(2)饭店企业文化理念的定格设计。饭店企业文化理念的定格设计,是在分析、总结和评价企业现有文化状况的基础上,充分考虑到饭店内外环境因素的影响,用确切的文字语言,把饭店的价值观、伦理道德观表述出来,形成固定的文化理念体系的过程。饭店的企业文化理念的定格设计主要内容有:①饭店的使命和战略目标;②饭店的价值观;③饭店的伦理道德;④饭店的企业精神;⑤饭店的企业形象;⑥饭店经营念与经营方针;⑦饭店管理理念及人才观;

⑧饭店的服务观念及服务规范;⑨饭店员工基本行为准则。

(3) 饭店企业文化的传播、推展与实践巩固。饭店的企业文化理念定格后,就要积极推展,创造条件付诸实践,并巩固下来。采用的主要手段有:①组织编写饭店的企业文化手册;②举办文化理念导入仪式;③强化文化训导;④开展文化演讲和传播活动;⑤利用或"制造"重大事件;⑥建立文化网络;⑦营造文化氛围。

(4) 饭店企业文化的完善与创新。饭店的企业文化在实践中得到推展和巩固后,尽管其核心的和有特色的内容不易改变,但随着企业经营管理实践的发展,内外环境的改变,企业文化需要不断充实和完善,以更好地适应饭店变革与发展的需要。饭店可适时地通过组织企业文化研究会进行研讨,组织各种总结会、演讲会等进行交流,开展合理化建议活动,积极鼓励各部门营造具有特色的部门文化,接受来自各方的新思维、新建议,从而促进饭店对原有的文化进行完善,推动文化的创新。

饭店企业文化的建设工程巨大浩繁,应结合不同时期、不同饭店的具体情况,采用不同的方法,系统地开展工作,使企业文化的精神实质融入到饭店经营管理的每一个环节中。

【任务拓展】

阅读以下两则案例并思考案例后的问题,可以通过相互讨论、网络咨询等方式,以便检验你对饭店文化建设管理理论知识的掌握情况和对饭店文化建设的实际管理技能。

案例一

以文促商——雅士文人最钟爱

背景资料:从不同的角度来考察饭店产品,它具有不同的产品特性。例如从销售来看,饭店产品具有季节性和不可储存性;从质量结构上来看,它具有高度职业化和不稳定的特征;从与其他行业相比,在外观上给人最明显的不同就是饭店对环境细节、人员礼仪素质等要求特别高,而在这种能给顾客以震撼人心的鲜明感受的气氛中,饭店内在的文化底蕴和积累才是真正的决定性因素。认识到这一点,饭店就应该多从文化营销的角度来考虑饭店的经营政策。事实上,文化营销也已成为继价格战、硬件战以后的新竞争阶段的现实选择。

端州古郡,肇庆新城,这个广东省西部著名的风景城市,其奇秀山水曾赢得多少文人雅士、英雄豪杰的击节赞叹,叶剑英元帅将这里的星湖和七星岩比作:"借得西湖水一圈,更移阳朔七堆山"。丰富的文化资源自然也就成了端城饭店业的特色资源。今天的星湖之侧,在造化的杰作之外更添了一重文化奇景:论标准仅属"三星级"的端城大饭店,却因其独到的经营策略和高超的文化品位,缔造出一个"五星级"的艺术殿堂,藏逾千幅明清、当代书画及大家精品于一堂,广结海内外墨缘、艺缘,不但知名度辐射至大江南北,宾客如云,更在当代旅游界、艺术界留下一段佳话。

步入饭店大堂,荡然古意扑面而来,一幅"我有嘉宾"的斗字横幅圆浑苍润,神采秀发,系出自中国书法家协会副主席黄绮之手;登楼而至艺术中心,300多平方米的展厅内,琳琅四壁的是赵朴初、朱屺瞻、启功、何海霞、舒同、黄胄、关山月、黎雄才、尹瘦石、张仃、程十发、沙孟海、刘勃舒等艺坛泰斗的题词和作品,如飞鸿戏海,舞鹤游天,令满室生辉;饭店的镇楼之宝是清乾隆皇帝在北宋经文背面手书的《素尚斋》诗轴,此轴保存完好,具有极高的收藏和研究价值,它的重新面世是轰动文化界的盛事,端城大饭店珍藏的书画其价值远远超出固定资产,其无形资产之价值更难以估量。

"端城"董事长,当今岭南一代名医梁剑波所书嵌于饭店大门两侧的一副楹联"端城千载享嘉名,喜人杰地灵,文采风流传此郡;饭店万邦来雅客,值时和世泰,居停饮宴上斯楼",道出了"端城"的形象设计和经营策略经营理念。1988年,成立才一年多的端城大饭店在激烈的市场竞争中举步维艰,只有确定新的经营策略,才能在竞争激烈的餐旅业中脱颖而出。在这种情况下,出身于书香门第的饭店经理钟汝以中国传统书画艺术为切入点,以浓厚的艺术氛围树立了饭店的独特形象。书通情韵,画写意趣,书法与国画向来是国人品格与审美情趣的集中体现,钟汝更认为:以书画创造饭店的艺术环境,以饭店作为弘扬传统艺术的窗口,将民族文化的精粹,渗透到生活中去,可以使人们得到更高雅的精神享受。1988年以来,钟汝更几上北京、上海等地,结识了不少当代书画名家,并先后10多次邀请全国各地著名书画家来"端城"研讨、创作,名家即席挥毫,宾客芝兰满堂的盛况是"端城"内的寻常景象。"端城"更辟出一楼大厅中百余平方米的面积作为常年的书画展场,辟出七楼整层数百平方米的地方,轮流展出饭店珍藏的书画艺术品;同时与肇庆电视台合作,每天在黄金时间播出介绍一幅中国书画艺术品,为传统书画艺术在当地的传播与繁荣作出了较大的贡献,而"端城"雅名传四海,肇庆这座旅游名城也借助端城大饭店的文化声誉吸引了更多的海内外游客,其社会效益、经济效益都非常可观,正可谓"缘结翰墨中,意在丹青外"。以文促商,以商养文,端城大饭店在文化与经济上的结合为我们提供了新的启迪。

▲同行动态

北京老舍茶馆的特别节目单

老舍茶馆是一家以人民艺术家老舍先生及其名剧命名的茶馆,始建于1988年。这座茶馆京味十足。厅内陈设清新、古朴、典雅。在这里每晚都可欣赏到来自曲艺、戏剧等各界名流的精彩表演。来到老舍茶馆,除了品用各类香茗外,还将为您提供多种宫廷细点及就季北京风味小吃。

海外饭店的"菜单文学"欣赏

美国爱荷华州哈兰市的米歇尔酒家,在欢迎顾客光临的菜单上写道:"……我们高兴,因为我们能为您烹制全市最好的美食;我们感谢,因为您赐予我们机会,让我们展示自己的服务和好客;我们荣幸,因为您挑选我们来满足您的好胃口。感谢您对我们的信赖,我们将永远竭尽全力,不负您的友谊和惠顾。"

法国一家餐馆在他们的菜单上对牛排作了这样的补充描述:"犹如一件跨越时空的艺术品,牛排追求着完美卓越。然而,这种完美唯有训练有素的欧洲名厨,以数十年不懈的成功探索加上质量叫绝的牛肉,才得以信手创造。结果如何?我们的厨师亲手烹饪的牛排杰作,其中美味,包您品尝之后难以忘怀,直到您再次光临……"

有一家名叫"沙斯卡"的餐馆,在其菜单上有一首这样的赞美诗,文字非常精妙:"生活中可以没有诗歌,没有音乐,没有艺术;生活中可以没有良知,没有心肠;生活中可以没有书刊,没有亲朋;没有厨师,可有人活在世上?没有书刊,我们依然生活,知识只是忧伤;没有希望,我们依然生活,希望只是欺骗;没有情爱,我们依然生活,情爱只是渴望;不吃不喝,可有人活在世上?"

"穷汉理查德饭店"的菜单上则有这样一段文字,它将平淡的内容表述得很有情趣——致我们尊敬的顾客:首先,我们奉劝各位随意使用各类信用卡。其次,我们恳请各位切莫遗忘衣帽之类随身物品。如有遗忘,我们概不负责。最后,让我们自吹一番:我们提请各位注意,穷汉酒家是经美国汽车协会批准的定点餐馆,我们的酒家乐见于美孚石油公司编制的东北部旅行指南,而且从福特汽车时代起,就在指南中得到整版的介绍。但是,我们并不经营汽油、汽车,我们只供应超级菜肴。

▲行家点评

文化营销能出奇制胜

著名经济学家于光远认为，经济发展的深层次是文化，文化是根，经济是叶，根深才能叶茂。越来越多的企业家已认识到高品位高层次的企业文化，正成为企业生存立足、谋求制胜市场的根本。世界著名的跨国饭店，美国的"肯德基"，以及我国北京的"长城"、上海的"新锦江"等国内外知名饭店，无不高举"文化兴店"的旗帜，以文化之"窗口"扬企业之美名，树企业之形象。端城、长城、老舍等都是国内饭店业中响当当的名牌，是通过市场提炼出来的，以其高品位、高附加值、高质量、高文化含量、高服务水平而被广大消费者喜欢的著名品牌。尤为引人注目的是，其文化含量远远高于其产品自身的价值。文化营销的创意和成功进一步证明了，当前经济与文化的关系已经越来越密切，名牌的竞争已经不单纯是经济的竞争，说到底是文化的竞争。名牌立足于市场，必须依赖于文化，只有文化才能对名牌产品有着巨大的推动力。名牌一经确立，本身便是一种文化，能使名牌的诸多外延作用得以发挥，因此，文化又发展了名牌。书画中心只是端城大饭店文化战略的一部分，作为一家三星级的饭店，端城之所以区别于普通饭店，更重要的在于其独特而又深厚的文化个性。美国著名的广告专家大卫·奥格威说："最终决定品牌市场地位的是品牌总体上的个性，而不是产品间微不足道的差异。"端城大饭店以书画收藏为特征，但真正形成书画、文化，并把书画、文化的优势充分展现出来、创造奇迹，则是宾馆科学运用企业文化营销的成果。饭店在市场导向的指导下，在店名和地理特征的基础上创立一套自身的精神风貌，"缘结翰墨中"，以书画会友，扩大影响，并通过电视专题节目推销自身的文化形象。有了主动塑造整体特征风格的企业文化意识，才会有以书画为特色的五星级艺术殿堂，才会使海内外的名人诗句、江南的工艺品及知名人士的字画统统为我所用，集书画、文化之大成，好像打开了一座宝库，取之不尽，用之不竭。企业文化营销必须符合企业竞争战略的要求。不同的企业需要不同的竞争战略，也就要求有不同的企业文化策略。在市场环境相对稳定时期，根据竞争战略的要求搞好企业文化建设，可使竞争实力较强的企业取得良好的经营成果。但是，如果企业的价值观念和行为准则不能促使管理人员根据市场环境变化迅速地改变市场竞争战略，企业就不可能长期保持卓越的经营实绩。国内外许多成功的企业的经验证明，要使企业长期保持卓越的经营实绩，企业文化营销必须强调企业对市场环境的适应性。管理人员应善于预见并密切注视市场，强调企业市场环境中的有关变化，抓住机遇、主动改变竞争战略和经营管理方法，不断地提高企业的竞争实力。

结合本案例，由教师推荐考察当地一家具有显著文化特征的饭店，写一份饭店文化考察报告。

案例二

"锦江模式"的企业文化

上海锦江集团是一个以饭店为主体的多元化涉外集团，有中国特色和锦江风格的《锦江集团饭店管理模式》是锦江集团宾馆文化的显著标志。其文化的核心价值表现在：

①在赶超世界先进管理水平上，锦江是中国唯一榜上有名的。

②"利"在"义"面前淡化，这在锦江有着深厚的基础。

③视政治任务为第一，视社会效益为第一。"锦江"的全方位服务不仅是方法、程序和标准，更是服务意识和服务道德，与社会主义精神紧紧相连，注重发挥思想政治工作的优势。

④"锦江"的文化气息流着中国传统，注重饮食的饭店文化。

⑤吸收外国先进管理方法与经验，参与国际竞争与合作。

⑥全方位服务——锦江模式的核心。

锦江在认真总结经营管理理论和实际工作经验的基础上，学习和吸收外国科学的管理方法，编写了《锦江集团饭店管理模式》，它是锦江集团宾馆文化的显著标志。对一个能体现企业文化的纲领性文件的起草，如能作为一个文化建设的过程，让全体员工共同参与起草企业纲领，就能促使企业上下对企业的使命、追求、核心价值观达成共识。

锦江集团在建设"锦江模式"的企业文化过程中值得学习和借鉴的经验有哪些？

【任务反馈】

多元文化缔造了丰富多彩的世界，各国的饭店受本国文化影响，具有鲜明的本国、本地区的文化特色。随着我国改革开放的深入，我们身边的中外合作饭店越来越多，中外合作饭店企业的文化建设成为热点、难点和重点问题，你知道跨文化概念和管理知识吗？

释疑：所谓跨文化管理（Transculture Management）又称为交叉文化管理（Crossculture Management），是指涉及不同文化背景的人、物、事的管理，也就是在跨文化条件下如何克服异质文化的冲突，进行卓有成效的管理。其目的在于在不同形态的文化氛围中，设计出切实可行的组织结构和管理机制，最合理地配置企业资源，特别是最大限度地挖掘和利用企业人力资源的潜力和价值，从而最大化地提高企业的综合效益。中外合作的饭店应从以下几方面加强跨文化管理：

①立足长期才会有回报可观的企业战略，在经营中，协调双方共同利益，精诚合作，从整体出发，兼顾双方需求，实现"双赢"目标。

②消除彼此种族优越感，加强文化间的尊重和理解，实现企业价值观的整合与重塑。

③要控制文化差异，搞好跨文化管理依靠于一批高素质的跨文化管理人员。加强高层管理者的培训、学习，选用具备良好的技术和管理水平，思想灵活，平等意识强，善于与不同文化下的人合作，有较强的移情能力和应变能力的高素质人才。

④处理好东道国分公司与母国总部的沟通、分公司内部不同文化背景员工之间的沟通、分公司所在国其他组织与企业的沟通、分公司与当地公众环境间的沟通。

⑤正确对待冲突的正负效应，要恰当评估冲突源，通过本土化策略、文化相容策略、文化创新策略、文化规避策略、文化渗透策略、借助第三方文化策略、占领式策略等化解跨文化冲突。

只有正确认识不同国家的文化差异，做到相互理解，求同存异，发挥多元文化的交叉优势，才能实现文化融合，建立自己的企业文化，用文化力增强饭店的市场竞争力。

任务二　饭店企业战略管理

【案例聚焦】

山居小栈的经营策略

山居小栈位于一个著名的风景区边缘，旁边是国道，每年有大批旅游者通过这条公路来到这个风景名胜区游览。

罗生两年前买下山居小栈时是充满信心的，作为一个经验丰富的旅游者，他认为游客真正需要的是朴实但方便的房间——舒适的床，标准的盥洗设备以及免费的有线电视。像公共游泳池等没有收益的花哨设施是不必要的。而且他认为重要的不是提供的服务，而是管理。但是在不断接到顾客的抱怨后，他还是增设了简单的免费早餐。

然而经营情况比他预料的要糟，两年来的入住率都维持在55%左右，而当地的旅游局统计数字表明这一带旅店的平均入住率是68%。毋庸置疑，竞争很激烈，除了许多高档的饭店宾馆外，还有很多家居式的小旅社参与竞争。其实，罗生对这些情况并非一无所知，但是他觉得高档宾馆太昂贵，而家庭式旅社则很不正规，像山居小栈这样既具有规范化服务特点又价格低廉的旅店应该很有市场。但是他现在感觉到事情并不是他想的这么简单。最近又传来旅游局决定在本地兴建更多大型宾馆的风声，罗生越来越发觉处境不利，甚至决定退出市场。

这时他得到一大笔亲属赠予的遗产，这笔资金使得他犹豫起来。也许这是个让山居小栈起死回生的机会呢！他开始认真研究所处的市场环境。

从一开始罗生就避免与提供全套服务的度假饭店直接竞争，他采取的方式就是削减"不必要的服务项目"，这使得山居小栈的房价比他们要低40%，住过的客人都觉得物有所值，但是很多游客还是转转，然后去别家投宿了。

罗生对近期旅游局发布对当地游客的调查结果很感兴趣：①68%的游客是不带孩子的年轻或年老夫妇；②40%的游客两个月前就预定好了房间和旅行计划；③66%的游客在当地停留超过三天，并且住同一旅店；④78%的游客认为旅馆的休闲娱乐设施对他们的选择很重要；⑤38%的游客是第一次来此地游览。

得到上述资料后，罗生反复思量，到底要不要退出市场，拿这笔钱来养老，或者继续经营？如果继续经营的话，是一如既往，还是改变山居小栈的经营策略？

问题：

①导致山居小栈经营不理想的主要原因是什么？

②你认为山居小栈的发展前景如何？

③如何改变山居小栈现在的不利局面？

【任务执行】

"战略（Strategy）"一词源于军事术语，指军事统帅指导战争全局的谋略。现代饭店企业广泛运用战略管理理论，在竞争激烈的饭店业市场保持可持续发展。饭店企业战略是指饭店在市场经济、竞争激烈的环境中，在总结历史经验、调查现状、预测未来的基础上，为谋求生存和发展而做出的长远性、全面性的谋划或方案。饭店战略管理就是制定饭店企业战略并付诸实施的过程，由战略分析、战略选择和战略实施三个部分组成。

一、企业战略层次和类型

（一）企业战略层次

从战略的指导层面来看，战略有公司战略、竞争战略和职能战略三个层次。公司战略是战略管理的第一层次，是一个企业的整体战略总纲，是企业最高管理层指导和控制企业一切行为的最高行动纲领。公司战略关系到企业5到10年的整体经营活动。竞争战略是战略管理的第二层次，是在公司战略的指导之下，各个战略事业单位制定的部门战略，是公司战略之下的子战略。它关系到企业1到5年内如何在市场上竞争。职能战略是战略管理的第三层次，是为了贯彻、实施和支持公司战略与竞争战略而在企业特定的职能管理领域制定的战略。它关系到企业1年内在营销、融资、生产服务、资源、行政管理、产品开发等方面如何为公司战略和竞争战略服务。

（二）企业战略类型

（1）按时间长短可以把企业战略分为长期、中期、短期和即时战略四类。长期战略是企业制定的远景蓝图，具有高度的灵活性，可为10年左右，可长至15到20年；中期战略是在估计未来市场及环境变化的基础上,有企业高层制定的投资战略,筹集资金战略,设备更新战略等。一般为3到5年。短期战略是由经营事业部或分公司经理制定的各种经营战略及职能战略,一般不超过3年。即时战略是因为环境变化,在一个很短的时间段实施的战略对策及权宜战略,它具有针对性和实效性,是中长期和短期战略的具体化。

(2)按实施效果可以把企业战略分为发展战略、维持战略和撤退战略。发展战略是核心战略,包括企业扩张规模、利润增加和人力字眼优化等一系列的开拓型战略;维持战略是应市场变化采取保持现有利润、维持现状的战略;撤退战略是由于某种原因退出某市场、某产品从而减少损失的战略。

(3)按性质可以把企业战略分为稳定性战略、反应性战略、先导性战略、探索型战略和创新型战略。采取稳定型战略的企业着重维持现有产品和市场的状况。采取反应型战略的企业往往对现有的产品进行局部的革新,以保持发展的目标。选择先导型战略的企业着力产品和市场的深度发展,采取系列产品和使用不同市场需求的策略达到最佳的境遇管理目标。使用探索型战略的企业采取超越过去经营范围的方法,推出新的产品并进入新的市场领域。使用创新型战略的企业着重自我创新的服务产品和开发新的市场领域,这显然存在很大的风险,一旦成功也将获得丰厚的回报。

二、企业经营战略

(一)经营战略的定义

经营战略,是指企业面对激烈变化的环境,严峻挑战的竞争,企业经营战略为谋求生存和不断发展而作出的总体性、长远性的谋划和方略,是企业家用来指挥竞争的经营艺术。

(二)企业经营战略要素

美国著名战略学家安索夫在其所著《企业战略论》一书中,把企业战略的构成要素概括为四个方面:即产品与市场领域、成长方向、竞争优势和协同作用。他认为这四种要素可以在企业中产生出一种合力,形成企业的共同经营主线。所谓共同经营主线,是指企业目前的产品与市场组合和未来的产品与市场组合之间的关联。企业在制定战略模式时,应当从产品、技术以及市场销售等方面的类似性出发,为自己确定出一条共同的经营主线。

1. 产品与市场领域

企业经营战略管理的第一步是确定企业的产品与市场领域。这里产品与市场领域不仅包括企业现在所从事的事业活动(即企业"正在做什么"),而且还包括企业将来的事业活动范围(即企业"应该做什么"),以便于企业具有持续和广阔的成长空间。

2. 成长方向

成长方向是指在上述产品与市场领域,以及企业的经营活动应该向什么方向发展。企业可以采取以下四个方向发展的战略。

(1)市场渗透战略,由现有产品领域与现有市场领域组合而产生的一种企业成长战略。

(2)市场开发战略,由现有产品领域和新市场领域组合而产生的一种企业成长战略。

(3)产品开发战略,这是通过向现有市场投放新产品、改良产品或追加不同规格的产品,实现扩大销售额和市场占有率的成长战略。

(4)多元化战略,由新产品领域和新市场领域组合而产生的成长战略,它是通过向未曾涉足的新市场投放新产品,开发新的经营领域而使企业获得发展的战略。具体分为以下三种具体形式:A.同心多元化,即企业利用原有的技术、特长、经验等发展新产品,增加产品种类,从同一圆心向外扩大业务经营范围。B.水平多元化,即企业利用原有市场,采用不同的技术来发展新产品,增加产品种类。C.集团多元化,即大企业通过收购、兼并其他行业的企业,或者在其他行业投资,把业务扩展到其他行业中去,新产品、新业务与企业现有的产品、技术几乎没有关联。

3. 竞争优势

竞争优势是指在特定的产品与市场领域中,企业有比竞争对手更具优势的特征和条件。它常常表现为企业所拥有的资源与竞争企业相比,在数量上或质量上形成的有利差别。

4. 协同效应

协同效应指若干因素的有效组合可以比各个因素单独作用产生更大的效果,也就是可以取得 $1+1>2$ 的效果。企业中的这种协同效应可以表现在销售、生产、投资和管理等方面的协同效应。

(三) 企业经营战略的特点

(1) 长期性。经营战略是对企业未来较长时期如何生存和发展通盘筹划的结果。它是着眼于未来的,关注的是企业的长远利益、经营方向和目标。

(2) 全局性。经营战略是以企业的全局为对象,根据企业的总体发展的需要制定的。全局性是战略的最根本的特征,因此,就不能称为战略。

(3) 稳定性。企业战略与其他战略一样,要求具有稳定性,不能朝令夕改。这就要做深入细致的调查研究,客观地估量企业在发展过程中可能出现的各种利弊条件。作出科学的预测,使企业战略建立在既先进又稳妥可靠的基础上。

(4) 竞争性。企业是在激烈的竞争中求得生存和发展的。经营战略是企业在激烈竞争中如何与竞争对手抗衡的行动方案。

(5) 指导性。经营战略是饭店经营思想的集中体现,是饭店发展的根本要求,是饭店制定计划和进行经营决策的基础。

(四) 企业经营战略的内容

(1) 战略方向。首先确定企业未来的发展方向。它要求饭店企业要在市场调查和预测的基础上,确定自己的客源市场和经营范围。其次确定饭店企业开拓市场的发展方向。确定企业开拓市场的发展方向,目标市场的确定是核心。它要求饭店企业要在客源市场需求分析的基础上,结合自己的特点,确定自己的服务对象、服务标准及基本的营业方针。再次确定企业未来的规模和发展水平。企业的领导者应当确定企业在一个相当长的时期里主要干些什么,达到什么样的规模以及协作和联合的程度,在国内外同行业中应居于什么地位,是争取世界一流还是国内一流,等等。

(2) 战略目标。企业的战略目标是以一个或两个目标为主导的一组相互联系和相互制约的目标体系,其核心是以销售额和利润额为主导的战略目标体系。它要求饭店在高效率、低成本、不断扩大市场的基础上,以销售额保证利润额,两者同步增长。因此,可以说饭店的战略目标是实现企业战略的一系列经济指标的总和。确定饭店企业的战略目标应当注意的问题有:研究考虑和预测未来的市场发展趋势;利用过去和现在的数据来推断和预测未来的发展需要;分析饭店内部所具有的发展因素,其中包括可运用的发展资金、饭店员工的素质,同时也要估计饭店的设备情况,检查本饭店是否已经具备了实现饭店战略目标所应具备的条件;饭店经营战略制定的目标系统,它是企业的总目标体系和部门的目标体系的结合,确定战略目标,要使部门目标同总目标系统保持一致,并使部门之间的目标得以协调。

(3)战略方针。企业的战略方针,一般是企业在经营战略上的重点,是围绕企业为实现战略目标所制定的行为规范和政策性的决策。它涉及饭店经营的目标和方法,饭店和顾客、员工合作的关系等。战略方针将随着企业内部环境的变化而变化,在不同的时期会采取不同的战略方针。饭店经营的总方针通常是由饭店的最高领导者来制定的。为了能把总方针落实到各项具体工作中去,饭店各个部门也都有自己的一套方针,这套方针称为局部方针。局部方针是以总体方针为基础形成的,是对总方针的扩大化和具体化。

(4)战略措施。企业的战略措施是企业为实现其战略目标,在战略方针的指导下,就企业发展中的中短期的、局部的经营问题所采取的各种对策与措施的总称。战略措施是企业经营战略的重要组成部分,是企业经营战略的具体体现和实际运用,是确保战略目标实现的有效手段。战略措施的制定,集中体现在饭店一系列的经营计划和经营决策的制定上。从这一意义上说,饭店的经营计划和经营决策是以饭店的经营战略为基础的,是经营战略的具体化。

(五)饭店企业经营战略的制定过程

饭店经营战略的制定过程,就是在正确的战略思想的指导下,在对饭店企业所面临的特定环境和内部条件进行分析的基础上,确定饭店的战略目标、明确企业的经营领域,以及饭店对所从事的经营领域采取的经营方针和策略的过程。它一般包括以下几个步骤:

(1)确定企业的使命。这一要素实际上是为了回答战略的核心定位问题,即"我们的饭店应该是什么样的饭店",只有那些能够正确认识到自己使命的饭店,才能制订出行之有效的战略规划。

(2)研究经营环境和经营能力。在明确了现代饭店的企业使命之后,需要进行经营环境和经营能力的分析,分析其现状和未来趋势,以便为进一步确定企业的战略目标收集各种相关的经济信息,为确定经营战略提供必要的资料和依据。

(3)确定战略目标。确定企业的经营战略目标就是把企业的经营环境和经营能力结合起来,将企业的使命化为一系列具体的经营目标。饭店使命是内在的、永恒的、原则性的;而饭店目标则是外在的、阶段性的、具体化的,并且目标是在饭店使命的指导下设定的。

(4)确定战略行动。当企业的使命、战略目标确定以后,就要考虑如何来实现这些目标,使企业由小到大、由弱到强、不断成长发展。战略行动的确定,要依靠企业全体成员的共同努力。首先,要进行广泛讨论,让企业各级人员畅所欲言,提出自己的见解,使战略行动方案具有群众性、民主性。其次,由企业的智囊团,必要时外请一些专家,运用现代科学方法进行系统综合,经过科学论证,提出可行的战略行动方案。最后,由企业领导抉择,确定企业的战略行动。

(5)经营战略的总结、评价与修正。经营战略是主观思维活动的产物,它在实践中会或多或少地与客观现实产生一些差距。因此,在经营战略的实施过程中,企业必须对经营战略进行总结、评价,并加以修正。饭店要密切掌握外部环境和内部条件变化的动向,及时地修正战略中与现状不适应的部分,使经营战略始终保持适宜性,保证经营战略对饭店经营活动的指导作用。

三、饭店企业基本经营战略

(一)饭店企业经营成本领先战略

饭店企业力求达到生产成本和分销成本最低化,这样就可以以低于竞争对手的价格赢得较大的市场份额。

1. 概念

它主要强调以很低的单位成本价格,为敏感用户生产标准化的产品。

2. 采用成本领先战略的前提条件

①市场中有很多对价格敏感的用户;②购买者、消费者不太介意品牌间的差异;③存在大量讨价还价的消费者、购买者;④实现产品与服务差异化的途径很少。

3. 实现途径

①规模经济;②联合成本;③经验控制。

4. 成本领先战略的优、缺点

(1) 优点:夺取对手的市场份额、承受原材料的涨价、大量采购的优惠、对付买方和客户的讨价还价、建立并进入壁垒。

(2) 缺点:投资大、新技术的威胁、后来者的优势、需求的变化、退出壁垒高。

经济型饭店如家快捷的总成本领先战略

经济型饭店第一要务就是把价格降下来,达到"经济"的标准。如家饭店有严格的成本控制体系,使得饭店的平均房价控制在200元/天左右,这仍然有足够的利润空间。如家快捷的具体做法是:

(1) 降低物业成本,同时发挥规模经济优势。

传统的星级饭店一般先购买土地然后兴建饭店,而如家饭店则采用另外一种轻资产的方式——租赁直营。通过租用和改造陈旧学校、厂房等,如家大大缩短了饭店的建造周期,同时减轻快速扩张带来的资金压力。星级饭店的建设一般要2到3年,而如家租用和装修的饭店只要6个月就能开业。为了更好地节约时间和资金,如家饭店的筹备和建设采用的是一种"平行工序"——在改造和装修的同时,市场推广、组织培训和质量检查等各方面的工作同时开展,并且有非常严格的时间约束。

为了更好地发挥单家分店的规模经济优势,如家把每家分店的客房数定在120间左右,同时尽可能地减少其他设施占用的空间:不设宽敞的大堂、没有娱乐中心和购物设施、餐厅面积也尽可能小。这些措施在饭店经营成本的控制上起到了重要的作用。

(2) 在不降低服务标准的前提下,提供有限的服务。

在客房装修成本的控制上,如家比其他经济型品牌饭店做得好一些。锦江之星和汉庭饭店约花费7万元/间,莫泰、格林豪泰约花费6万元/间,如家饭店则花费约5万元/间。相比于传统饭店提供的多样化服务,如家的服务是有限的,它明确地把最好地满足客户的住宿需求作为企业定位。其他超出"住宿"的需求,如桑拿、KTV、酒吧、购物等,如家均不提供。最能体现住宿服务质量的是床和卫生间。如家十分重视客房及卫生间的清洁卫生,而且给顾客享用优质的床及床上用品,并提供叫早服务,致力于提升客户的住宿质量及舒适度。

(3) 工作人员占比低,较少人力成本。

在人力成本上,如家饭店也比一般星级饭店要低。该饭店实行店长负责制,饭店经营上的大小事务由店长负责,没有部门经理和领班。因此,如家饭店的客房员工比例为1∶0.3到1∶0.35之间,每100间客房仅需要30至35名员工,比一般的高星级饭店节省70%左右的人力。

资料来源:《如家快捷饭店的企业竞争战略分析》

（二）饭店企业经营差别化战略

企业通过对整个市场的评估找出某些重要的顾客利益区域。集中力量在这些区域完善经营。企业可以在服务、质量、款式、技术等方面成为领先者，以培养在某些效益范围内产生差别化经营利益的优势。

1. 概念

它为对价格相对不太敏感的消费者提供独特的产品与服务。

2. 产品差异化实现的条件

①企业较强的创新能力、适应能力、应变能力；②企业在服务、技术、网络等方面的独特性。

3. 实现途径

①产品的物质层面（外观、风格）；②核心层面（产品的价值差异）；③附加层（人性化、超值）；④品牌差异。

4. 差异化战略的优、缺点

（1）优点：避开对手、形成顾客忠诚、有力地对付供应商的讨价还价、提高顾客的转换成本、有利于对付替代产品。

（2）缺点：顾客对差异化的认可程度下降、顾客对价格的接受程度降低、成本较高、竞争对手的模仿和进攻使已经建立起来的差异化缩小或转向。

（三）饭店企业经营集中化战略

饭店企业将力量集中在几个细分市场上，而不是追求全部市场。企业在选中的细分市场上，运用总成本领先、产品差别或两者兼有的战略。

1. 概念

它提供满足专一群体需求的产品与服务。

2. 实施要求

①所经营的产品与服务有足够的市场规模，有良好的市场增长潜力。②购买者需求上存在差异、没有强大的对手窥视这一战略、企业没有实力关注广泛的目标市场、目标市场有足够的吸引力。

3. 实施途径

①市场细分；②市场定位。

4. 市场细分的依据

①地理因素；②人口特征；③消费者心理因素；④消费行为。

5. 集中战略的优、缺点

（1）优点：目标集中和资源集中、以精取胜、高度专业化、实现规模和低成本、避免与对手的正面冲突。

（2）缺点：适应能力差、强大的对手进入同一细分、市场新技术、替代产品的出现、细分市场过小难以支撑必要的规模、可能带来高成本的风险、需求发生变化。

住宿行业的重点集中战略

Motel 6和里兹·卡尔顿在住宿行业中参与竞争的市场部位恰好相反，他们都获得了成功。Motel 6满足的是那些很注重价格的旅行者的要求，他们所想要的是一个干净的没有附加服务的地方来过夜。Motel 6采取了以下措施：

（1）选择相对便宜的地点来建筑住宿房间，通常是在州与州的交界处和高速公路地段，都避免支付高额的黄金地段费用。

（2）只建设一些基本的设施，没有饭馆和酒吧，也极少有游泳池。

（3）依靠标准的建筑设计，只需要一些并不昂贵的材料和低成本建筑技术。

(4) 房间设施和布置也很简单。这样一来,既降低了建筑成本,又降低运作成本。由于没有饭馆、酒吧和各种顾客服务,所以在 Motel 6 一间住房的运作只需要前厅人员、房间清扫人员、房架及地面维修人员就可以了。为了在那些要求简单过夜的旅行者中推进 Motel 6 概念,Maotel 6 连锁利用了独特的易于辨认的收音机广告,这些广告是由全国联合的收音机广播名人 Tombodett 来制作的,它们描述了 Motel 6 干净的房间、没有附加项目的设施、友好的氛围以及较低费用。

相反,里兹·卡尔顿的对象却是那些愿意支付且支付得起高级的住宿和一流个人服务的旅行者和度假者。里兹·卡尔顿的特色是:

(1) 黄金地段——从很多房间都能够看到如画的视野风景。
(2) 定制式的建筑设计。
(3) 幽雅的饭店,食物精美、名厨主理。
(4) 雅致的休息间和酒吧。
(5) 游泳池、健身设施以及其他休闲设施。
(6) 高级的房间住宿条件。
(7) 适时适地的顾客服务和娱乐休闲机会。
(8) 大量安排经过专业训练的工作班子,他们会为每一位顾客竭尽全力并提供惬意的服务。

通过本案例,我们可以清晰地看到 Motel 6 和里兹·卡尔顿都采取了适合自己、定位准确的经营战略,正因为他们设计了符合市场需求的经营战略,虽然战略内涵存在差异,但是同样获得了成功。由此可见,战略对饭店是何等的重要。

【任务拓展】

战略发展的眼光,是每一位饭店经营管理者应具备的管理思想素质,更是应具备的管理技能。请你从高层经营管理者的视角,思考并回答以下问题:

①饭店经营管理者在饭店战略管理方面应具备哪些基本素质?

②饭店经营管理者应具备哪些战略管理的知识和技能?

③饭店的战略管理与饭店日常管理运行之间的关系是什么?

④谈谈你对"战略管理是饭店高层管理者需要做的事情"以及"大饭店需要战略,小饭店只需要实干"的认识。

【任务反馈】

核心竞争力是指某一组织内部一系列互补的技能和知识的结合,它具有使一项或多项业务达到竞争领域一流水平、具有明显优势的能力。饭店核心竞争力是在经营过程中形成的不易被竞争对手效仿、能带来更多利润的独特的能力,包括资源治理能力、组织协调能力、对外影响能力、市场营销能力、市场应变能力和人力资源优势,其本质内涵是让消费者得到真正好于、高于竞争对手的不可替换的价值、产品、服务和文化享受。其中创新是核心竞争力的灵魂,主导产品(服务)是核心竞争力的精华。你知道饭店核心竞争力包括哪些内容吗?

释疑:①饭店声誉:知名度和美誉度的高度结合形成了饭店声誉,一个饭店的声誉是消费者选择饭店的关键因素,是饭店获得核心竞争力乃至生存的根本。

②管理能力：服务产品无形化和劳动力密集是饭店的典型特征，科学的管理和成熟的管理模式成为饭店产品质量和服务质量持续稳定关键。

③企业文化：饭店文化是饭店管理理念和实践的结晶，是全体饭店员工共同的愿景，良好的企业文化是提高饭店经营管理效率、扩展市场份额的重要利器。

④营销技术：先进的营销技术是体现饭店竞争力的重要方面，在消费者主权的时代，营销技术是饭店业重要的竞争力因素。

⑤人力资源：员工是企业的财富，饭店的竞争就是人才的竞争，饭店应该通过有效的手段和激励机制，集聚饭店优秀人才，充分调动员工的工作积极性，确保饭店经营管理水平和服务产品质量不断提升。

⑥服务产品：服务产品是饭店竞争的核心要素，谁拥有了消费者喜爱的特色产品，就满足了消费者的需求，留住了顾客。

任务三　饭店品牌建设管理

【案例聚焦】

锦江的饭店品牌建设

锦江国际饭店管理有限公司一直致力于完美的饭店管理业务。其管理实践始于20世纪20年代，核心竞争力近年来迅速提高，专业管理团队具有丰富经验，品牌有很高的知名度，公司有先进的订房系统，管理有完善的政策程序和体系。锦江成功的秘密之一是其精准的品牌定位以及精心的品牌建设和维护。

1. 精准的品牌定位

品牌	定位
锦江经典型饭店	融和不同西方建筑风格，文化传承丰富，气氛独特，多用于款待外国皇室显贵和国际商界巨贾。大部分经典饭店均在上海优越位置、商业和旅游旺区
锦江五星级饭店	饭店装潢华丽、服务周全，为旅客提供现代化的服务设施。临近商业区、旅游区和交通枢纽，切合高端商务旅客和游客的需要
锦江四星级饭店	价格较豪华饭店偏低，但提供全方位服务
锦江三星级饭店	饭店房价较低廉，主要为国内商务旅客和游客提供较经济的住宿服务
"锦江之星"经济型饭店	有限的服务和设施，经济型旅馆，价格低于传统星级饭店
度假村饭店	位于景区和度假区，为旅游者的休闲和度假提供需要，提供全方位的服务
饭店式公寓	中档价格，面向较长时间居住的旅行者和商务旅客，设施齐全

2. 精心的品牌建设和维护

（1）用心塑造鲜明的锦江饭店品牌形象。锦江的企业品牌与产品品牌是一致的，所有的饭店只有"锦江"和"锦江之星"商标。"锦江"品牌在饭店行业中历史悠久、文化积淀深厚，容易被消费者认知和信任。品牌识别的主标志以"锦江"汉语拼音的首字母"JJ"和中国宫殿的飞檐为主要构成元素。该标志以便于国际化人士所识别的字母JJ表达锦江饭店服务全球市场的理念和国际化战略发展方向；同时，依照中国传统，宫殿为尊贵的居所，喻示品牌旗下的饭店以符合国际标准的中国待客之道，给客人以嘉宾之礼遇。"锦江之星"坚持品牌发展战略，实行专业化管理、网络化经营，实施统一的管理标准（硬件和软件）和保障体系，确保客人在每一家"锦江之星"消费都能感受到相同的服务。"锦江之星"已成为受到消费者信赖和忠诚的中国经济型饭店品牌的代表。

（2）多途径提高锦江饭店品牌的知名度。首先，锦江采取了以不断扩大规模来扩大品牌知名度的发展战略。锦江饭店采取全权管理、特许经营、带资管理、开业管理、顾问管理、租赁经营等多种方式输出资本、品牌、管理和人才，扩张饭店管理版图。启动了旨在拓展全国市场网络的"全国攻略"，以规模提升品牌知名度。其次，利用各种营销媒介，扩大品牌影响力。全面开展饭店品牌立体营销，一方面花费巨额资金在电视广播、旅游杂志、宣传册、海报、户外广告等传统营销媒介上开展品牌宣传。另一方面运用以互联网为核心的高科技营销手段推广饭店品牌。例如"锦江饭店"与美国德尔集团合资成立了锦江德尔互动有限公司，引进了先进的 GenaRes 订房系统，并开发中央预订系统（CRS）。集团下属经济饭店品牌"锦江之星"呼叫中心也趋于成熟，因此"锦江饭店"建设并开通了具有中、英、法、日四国语言和实时预订功能的"锦江饭店"电子商务网站，提高了销售业绩。

（3）全方位努力经营品牌，保持良好品牌形象。推进锦江品牌、发展企业文化的核心是价值观，其落脚点是实现企业的品牌发展战略。锦江集团通过不懈努力，结合自己悠久的历史，使锦江企业文化被社会和消费者所认同，由此使锦江形成了具有鲜明服务个性和中华民族文化的企业文化。与此同时，锦江积极探索以国宾接待服务的水准服务于普通宾客的新思路，在总结所属饭店几十年经营管理经验的基础上，结合国家旅游局规定的饭店星级标准要求，并借鉴国内外同行的专长编辑而成《锦江集团饭店管理模式》，以确保锦江下属饭店服务的高水准和质量的稳定性，初步形成了一整套与国际接轨，适合于中国国情，具有锦江特色的饭店专业化管理规范。正是锦江的独特企业文化和确保服务质量的管理模式培育了忠诚的客人和赢得了市场的信赖，有效地推进了锦江品牌的发展。

【任务执行】

"品牌资本"管理理念由 S&S 公关公司总裁乔·马克尼提出，并奠定了品牌管理在企业管理中的重要地位。品牌管理的思想与模式克服了传统管理模式中"只关注单一产品和市场"的弊端，实现了从战术管理到战略管理的根本转变。在品牌战略管理模式中，品牌的作用不仅能增加销售和提升利润的短期效益，更能在客户心目中建立企业的品牌识别，以为企业带来长期效益。

在饭店市场上，企业依靠品牌营销战略获得成功的案例比比皆是。闻名世界的假日、希尔顿、雅高等是早已为人们所熟知的洋品牌。国内近年来也涌现出一大批在全国乃至全球具有影响力的饭店品牌，如上海锦江、香格里拉、如家等。

一、饭店品牌概述

（一）品牌的定义

美国市场营销学会对品牌的定义是：品牌是一种名称、术语、标记、符号或设计，或是它们的组合运用，其目的是借以辨认某个销售者或某群销售者的产品及服务，并使之与竞争对手的产品和服务区分开来。品牌是顾客用来区分产品和服务的名称、标志等，通过品牌，顾客可以获得附加利益。

（二）饭店品牌的内涵要素

饭店品牌包含品牌属性、品牌利益、品牌价值、品牌文化、品牌个性和饭店品牌的使用者等六个要素。

（1）品牌属性。饭店品牌能够带给顾客某种特定的属性。例如，丽思卡尔顿饭店以其"最完美的服务、最奢华的设施、最精美的饮食与最高档的价格"被誉为饭店之中的梅赛德斯·奔驰,而不再单单是一个提供食宿的普通机构。

(2) 品牌利益。饭店品牌只有转化为相关的利益才能够使顾客的食宿需求以及更高层次的意愿得到满足。例如:"无锡鸿运酒楼"品牌以"来鸿运、交好运"被消费者认同,就餐、住宿消费转换成了"交好运"的情感利益。

(3) 品牌价值。饭店品牌能体现饭店的某些价值观。例如:香格里拉饭店为客人提供体贴入微的具有浓郁东方文化的优质服务,体现了"尊重备至、温良谦恭、真诚质朴、乐于助人、彬彬有礼"的核心价值观,入住宾客认同并产生共鸣。

(4) 品牌文化。某些饭店品牌代表了一定的企业文化,甚至代表了一个地区的文化传统。凯宾斯基饭店的品牌创立于一百多年前的德国,是历史最悠久的豪华饭店品牌之一。它所传达的豪华、可靠性和高效率准确地代表了德国文化。此外,还有假日的"热情"、希尔顿的"快捷"、喜来登的"关怀体贴"和香格里拉的"亚洲式"亲情服务。

(5) 品牌个性。每一个饭店品牌均具有不同的个性。就像面对一个招待所和一家五星级饭店,或看到一辆面包车和一辆奔驰车,您联想到的事物肯定大不一样。

(6) 品牌使用者。饭店品牌除了显现个体特性外,还能透视出其目标顾客。例如经济型品牌的目标顾客是对价格敏感、追求经济实惠的顾客,选择豪华饭店品牌和度假饭店品牌也有自己的特定顾客群体。

(三) 饭店品牌的外显要素

任何一种饭店品牌,均可通过名称、标志、商标、建筑设计、室内装修风格和服务特色等外显要素展示给顾客。

(1) 名称。饭店的品牌名称是可以用语言表达的部分,例如雅高的豪华饭店品牌索菲特(Sofitel)、高档品牌诺富特(Novotel)、经济型饭店品牌宜必思(Ibis)等。语言在人类文明传播中的重要作用也使饭店名称成为饭店品牌中"最重要的一致性特征",它是服务质量的保证,也直接减少了客人的搜寻成本。

(2) 标志。饭店品牌的标志是可以被识别而不能用语言表达的部分,包括饭店品牌的特定符号、图案、专用色或专用字体等。

(3) 商标。饭店品牌或其部分经注册核准后就成为商标,注册商标有"®"标记,或"注册商标"字样。商标一经注册,注册人就享有所有权和专用权,并受法律保护。

(4) 表现形式。按照使用范围的不同,饭店品牌可分为企业品牌和服务品牌两种形态。企业品牌是以饭店公司或单体饭店的母公司作为整体形象而设计的品牌,如圣达特集团、雅高集团、万豪国际。服务品牌是依托饭店产品最显著的特质设计而成,如香格里拉饭店集团的"豪华"饭店品牌。

(四) 饭店品牌的价值

(1) 对饭店企业来说,品牌是客人认知饭店的重要元素,它是饭店企业一笔巨大的无形资产,有助于维护饭店的竞争优势,有助于饭店实现市场扩张,有助于减少企业的经营风险,有助于提升企业的凝聚力。

(2) 对顾客来说,品牌影响着顾客的需求和选择,减少了客人搜寻所需要饭店的成本,帮助客人树立消费信心,满足了客人更高层次心理需求而使客人获得归属感。

(3) 对社会来说,饭店品牌为公众监督提供了有效的工具,成为推动饭店服务产品创新的动力,维护了饭店行业市场的竞争秩序,彰显了饭店所在城市、地区和国家的竞争力。

二、饭店品牌建设

(一) 饭店品牌定位

饭店的品牌定位就是通过设计一个独特的饭店品牌,使其在目标市场的顾客心中占据一个独特的位置。每一个饭店经营管理者都希望通过品牌定位树立一个良好的品牌形象,但是如果使用错误的方式表现品牌,或者表现的力度不够,在顾客感受方式的影响下,市场上表现出来的品牌形象也许与我们预期的品牌个性大相径庭。

1. 饭店品牌定位原则

(1) 创造原则。创造独特性,使自己的品牌与竞争对手的品牌有明显的区别,这无疑是任何产品或服务的品牌定位所应遵循的首要原则。它注重品牌的特点,让顾客感觉产品的与众不同或无与伦比,从而在市场中最先引起顾客的注意,这种品牌定位原则在饭店业等服务行业比较常用。

(2) 信誉原则。有的饭店凭借强大的品牌推广产品,就是用良好的品牌信誉为产品定位。在饭店集团中实行基于饭店信誉的品牌定位战略,可以通过一两个优秀的单体饭店或饭店品牌让新的饭店或品牌获得很高市场地位。

(3) 认同原则。饭店在深入了解其目标消费群的需求后,即在品牌的内涵得到顾客的认同后,才能够有效地把饭店品牌定位于不同的消费群体,有利于品牌顺利进入并维护客户市场,建立密切的客户关系。

(4) 盈利原则。有效的品牌定位应该使饭店获得更多的利益,包括饭店利润增加、市场占有率提高、忠实客户增多等。

2. 饭店品牌定位方法

(1) 需要定位法。这种定位就像用放大镜把我们的产品属性展示给顾客,满足顾客的需要,加强顾客对该属性的认知。

(2) 竞争定位法。饭店品牌也可以定位于竞争对手所没有的属性或利益,通过对比强烈的广告宣传,加深客人对本品牌的印象。

(3) 渴望定位法。利用顾客的身份地位与威望以及自我改善自我表现的渴望,帮助人们实现这种自我表现的欲望,依托饭店品牌展示顾客的经济实力和个人成就。

(4) 价值定位法。价值定位不仅与顾客支付的价钱有关,还包括性价比(饭店能提供给顾客的价值与价格相符),以及情感价值(顾客和品牌之间的情感纽带)。后者的重点是价值而非价格,但是如果过于重视价格就会导致产品中心论,不利于打造知名品牌,获得更高的品牌溢价。

(5) 情感定位。通过情感交流和沟通实现品牌形象。如家的品牌定位"家外之家"就很好地抓住了这一点,它的口号"洁净似月,温馨如家"就具有很强的亲和力,它的设施、服务等都紧紧围绕"家"这一情感定位。

3. 饭店品牌定位步骤

饭店企业的品牌定位是一个立体的全方位的,要从市场、顾客、竞争和饭店自身等方面来思考。

第一,要研究竞争态势和饭店环境,还要确定顾客对呈现在他们面前的饭店产品的选择依据,明确什么样的产品利益对顾客来说是最重要的,这些利益对不同的顾客群具有何等的重要性。如果顾客需求在这一阶段发生重要差异,则这种基于利益的分化对形成细分市场十分重要。

第二,要确定与饭店构成竞争的其他品牌和饭店自身在重要属性上的表现,以发现在不同的指标下各品牌所处的市场地位。

第三,用同样的指标确认顾客的要求,找到顾客眼中理想品牌的各项指标的数值。顾客要求的差异将有助于形成基于不同消费偏好的细分市场。

最后将上面所有因素组合起来,选择目标顾客和差异优势,实施定位。

(二) 饭店品牌管理

(1) 品牌创建期间。饭店在品牌的创建期间可以通过饭店内部设立了专门的品牌管理机构或者外部的品牌专业咨询公司来创建品牌。这个阶段的主要工作是确定品牌定位和品牌个性；确定品牌名称、设计品牌标志（标志字、标志色和标志语等）；完成商标的登记注册；建立品牌识别系统等等。饭店还应该建立品牌发展规划，确定在未来的若干年内饭店品牌要达到的目标。

在设计好品牌以后，饭店品牌管理结构需要与采购部门、各使用部门配合，及时与饭店用品供应商联系，订制带有品牌标志的饭店用品，包括办公用品（饭店内部各种单据、标牌、名片、传真纸、便签、信纸、信封、档案袋、文件夹、记事本、手提袋等），旗帜（管理公司旗帜、成员饭店旗帜、桌旗），饭店客用品（餐具、矿泉水、房卡、棉织品、洗涤用品等）和户外用品（户外牌匾、导向牌、车体标志等）。由于涉及的饭店用品种类很多，要与多个供应商联系，同时这些饭店用品的生产和安装等也要耗费较长时间，因此，需要考虑哪些用品不必印上品牌标志。

（2）品牌运营期间。这个阶段，饭店的品牌管理机构主要负责制定出切实可行的品牌管理制度和质量标准，在饭店内部进行推广实施，加强品牌知识培训，保证品牌在饭店内部能得到深刻理解；制定出品牌推广计划，通过广告、公共关系等方式推广品牌，建立品牌认知度和忠诚度；监控自身的品牌运营情况，研究竞争品牌的特点与竞争战略，为决策层提供信息；发现自身品牌的不足，及时进行品牌更新工作；监督本饭店品牌有无被侵权，联系工商管理部处理相关问题，如涉及法庭诉讼，需要准备相应文件和证据，并聘请律师；及时了解注册商标是否到期，完成将要到期商标的申请续展工作；适时地聘请专业权威的评估结构，对饭店品牌的价值进行评估，申请成为驰名品牌；组织对饭店品牌的相关市场调查，领导饭店品牌的创新和完善工作。

（3）品牌扩张期间。品牌的扩张往往是一个饭店扩张的重要形式，主要包括多品牌、品牌延伸、对外的品牌特许经营和管理合同等。如果饭店决定进行品牌延伸，品牌管理部门需要重新进行市场调查，分析其可行性，为饭店高层经理决策提供依据。如果涉及特许经营和管理合同，品牌管理的内容将会进一步增加，这时品牌管理部门需要与负责接管饭店的项目拓展部门合作，使接管的饭店达到统一的品牌标准。

（三）饭店品牌推广

饭店品牌的创建只是品牌管理的第一步，接下来就需要通过各种途径向外传播品牌，让市场了解并接受该品牌，让品牌接受市场的考验。饭店品牌的推广是一项长期的饭店经营管理工作，相关部门要善于通过推广技术和艺术实现品牌的最大影响力和认同度。

（1）广告推广饭店品牌。广告作为一种重要而常见的营销工具，是饭店品牌不可或缺的品牌推广方式。饭店可以利用某种广告宣传媒介，如电视、广播、报刊等，向饭店品牌的目标消费群体进行推销，在目标顾客群中树立品牌形象、刺激消费需求、应对竞争的需要，从而实现市场占有率的提高。

（2）促销推广饭店品牌。促销可以在短期内刺激顾客或中间商较快地或更多地光临饭店。如果广告在于告诉顾客为什么购买的话，促销则是为了引起顾客的注意，并采取让步、诱导或赠送等方法使顾客获得某些好处，从而激励其购买。越来越多的饭店开始使用促销来推广品牌。饭店促销需要饭店全员参与，更要把握好促销的力度和频率，达到强化饭店的品牌定位，建立顾客对品牌的忠诚度等目标。

（3）公共关系推广饭店品牌。在饭店品牌培育的过程中，公关是一种有效的品牌推广手段。主要的公共关系有新闻界、顾客、员工、政府和行业协会、学术界等。公共关系能为新品牌的推出造势，影响特定的目标群体，能够帮助树立饭店品牌形象，有利于饭店危机的处理。公关活动的主要工具包括出版物、各类活动、新闻、影视和社会服务活动、饭店的标志等。

（四）饭店品牌提升

1. 建立品牌知名度和美誉度

通过对品牌现状的调查，可以了解一个饭店品牌的一系列指标情况，突出品牌知名度、美誉度并提升顾客的忠诚度。

（1）品牌知名度的提升。饭店要谨慎进行品牌的开发和设计，建立有效的品牌识别系统；应选择正确的传播工具和传播策略，避免陷入传播的误区；要围绕品牌定位、立足本地市场，提高在本地的知名度；采取提升本饭店的行业知名度和社会知名度的方法来提高顾客知名度。

（2）品牌美誉度的提升。建立良好的企业信誉，履行品牌承诺品牌对顾客来说，代表着企业的一种承诺。饭店首先要把承诺落到实处，使现实与宣传承诺完全一致，将实际的质量通过各种方式转化为顾客可感知的质量，将无形的饭店服务通过看得见、摸得着的方式展示出来，围绕品牌定位进行管理和服务创新，形成新的服务和产品竞争优势，在与其他饭店的强烈对比中得到顾客的赞誉。另外，不可忽视顾客投诉和危机事件，努力圆满解决问题以期望顾客的认可，提升企业的美誉度。

2. 顾客品牌忠诚度提升

品牌忠诚就是顾客对品牌的偏爱和信任，并试图重复购买。忠诚顾客指的就是那些偏爱某个品牌又经常购买的人。品牌忠诚度是衡量品牌忠诚的指标，可以通过顾客重复购买意向和购买次数等来测量忠诚度。提高品牌忠诚度，至少有三个基本条件，即忠诚的顾客、忠诚的员工和优质产品或服务。只有三者协调一致、互相促进，才能共同提高品牌的忠诚度。具体可以从以下几个方面提升顾客对品牌的忠诚度。

（1）品牌忠诚度的调查和自检。饭店需要清楚地回答如下问题：饭店品牌的忠诚顾客是谁？饭店品牌为忠诚顾客提供的独特价值是什么？饭店品牌的承诺是否兑现？饭店如何与顾客沟通、建立感情？忠诚顾客的需求是什么？有何变化？忠诚顾客对饭店的新产品是否满意？忠诚顾客喜欢哪种公关、促销活动？为什么？品牌的转换成本如何？竞争对手的品牌忠诚度如何？饭店通过以上自检，就能发现问题，如忠诚度下降的原因、竞争对手品牌的优势等，并提出改进意见，采取相应措施，从而维系老顾客，争取新顾客，更好地与对手展开竞争。

（2）寻找忠诚顾客。通过对顾客资料数据库统计的分析和统计，饭店依据制定的标准，如消费总额或消费次数，确认自己的忠诚顾客。在此基础上，进一步分析这些忠诚顾客的记录，然后得出他们的共同特征，包括地理分布的特征、人口统计的特征、顾客心理的特征、顾客行为的特征，从而可以更好地做出预测，更有针对性地争取潜在的忠诚顾客。

（3）精心设计忠诚顾客的奖励计划。目前，国际知名的饭店集团都有自己忠诚顾客的奖励计划，一般称为 FP（Frequency Program），即常客计划。奖励计划一般采取积分制，饭店一般会与航空公司、旅行社和银行等合作伙伴联合推出，给予顾客更多更好的价值组合。饭店根据客人的消费金额给予相应的积分，当积分达到一定数量时，会有相应的奖励。这些奖励往往是饭店内的免费房间升级、免费房间、免费早餐或是某个航空公司的里程积分、免费旅游度假机会、享受更优惠的折扣服务和更多的额外服务等。同时顾客还会更优先、更便利地享受到饭店服务，得到更高的尊重和礼遇，这也是顾客身份的一种象征。

（4）提供个性化的产品和服务。一些研究成果和企业的实践表明，顾客的情感和偏好是提高忠诚度的关键。因此，饭店在确定了它的现有和潜在忠诚顾客后，就应该着重研究他们的需求特点、消费心理和消费行为，并根据这些因素设计更具个性化的产品和服务，让顾客感觉到真正被关注和重视。

（5）培养忠诚的员工。顾客忠诚度与员工忠诚度密切相关，有忠诚的员工才可能有忠诚的顾客。饭店应通过招聘、培训和激励等环节，发现并留住那些具有敬业精神、热爱企业的优秀员工。在招聘过程，应着重考察应聘者的求职动机、工作态度、工作理念和对本饭店的看法。在培训环节，应着重培养员工对企业的认同感、敬业精神和主人翁责任感。在员工激励方面，可以实行公开透明的管理方式，鼓励员工积极参与管理，适当授权给员工，对优秀员工及时给予奖励。发现人才并善待自己的员工，实际就是在维系忠诚的顾客。

（6）开展顾客关系营销。饭店争取和维系忠诚顾客的过程，就是与顾客建立良好关系的过程，这种关系已经超越了简单的或一次性的交易关系，而包含了更多的相互信任、互惠互利、长期合作和情感交流等内容，这是建立和维护顾客忠诚的核心理念。首先，饭店要在企业文化建设上下工夫，在企业文化中提出相应的企业宗旨和服务理念，更好地培训员工，让员工充分理解饭店倡导的顾客关系。其次，要鼓励员工对顾客开展关系营销，与顾客建立长期的合作关系。饭店可以灵活选择具体的方法，唯一的原则就是不要只为了销售而拉关系。第三，饭店需要为顾客提出意见、建议或参与饭店管理提供有效的途径。忠诚的顾客希望发挥主人翁的作用，饭店对此的具体的方法很多，可以利用自己的网站在线收集顾客信息，也可以通过对顾客进行跟踪调查、召开顾客座谈会、定期拜访顾客等方法，不断与顾客沟通。饭店在顾客消费之后更应该发挥关系营销的作用，这是培养忠诚顾客的关键环节。

【任务拓展】

本任务讲述了品牌的定义、内涵和外显要素，企业的品牌价值，从品牌的定位、不同阶段饭店品牌的管理、品牌推广和维护管理等方面讲述了饭店品牌建设的要求。饭店的品牌建设与每一位饭店员工有着密切的联系，品牌的建设管理需要每一位饭店员工的参与。没有饭店全体员工共同呵护的饭店品牌是没有生命力和竞争力的品牌。

饭店经营管理初学者，应了解成功饭店品牌的成长之路，从国内外著名饭店品牌内涵中汲取有价值的养分，要善于分析和研究成功饭店品牌成长轨迹，学习成功品牌的成功经验，形成正确的饭店品牌建设和管理理论知识和技能。

请在课后完成以下任务，以提高自己的品牌建设管理能力：

①分别收集10个国内和国外著名饭店品牌的LOGO，并简单说明其寓意。

②分别收集10各高档饭店、中档饭店和经济型饭店的企业品牌名称和服务品牌内涵阐述。

③虚拟设计一个饭店品牌及推广维护计划，包括名称、LOGO、主要产品和特色、推广方案和维护措施等内容。

【任务反馈】

本任务围绕饭店品牌建设进行了论述，与品牌密切相关的名牌，你能正确理解和区分品牌和名牌的关系吗？

释疑：品牌和名牌区别在于主动和被动。品牌是进入知名阶段的第一状态。作为品牌，所有的设计、营销必须针对固定消费者的需要。在这个阶段，厂家还处在被动状态，要去考虑消费者的需要，然后根据需要再提供适合的产品。名牌可以带动消费者，而不再处于被动的阶段。名牌的意念、设计等，可以引导消费者做出相关的反应。消费者的消费理念、喜好都追随着名牌。这就是说，一个名牌的价值比一个简单品牌的价值高许多，因为它不再是提供，而是引导，这时候消费者对这个品牌或者说名牌的认识就会更加深刻,也会更加忠诚。

任务四　饭店经营管理创新

【案例聚焦】

假日酒店的创新

假日酒店成功的重要因素是其持续经营管理创新发展理念和实践:第一个将特许经营方式引入酒店业,为世界酒店业的发展提供了一个全新的思路和最佳的模式,让投资者购买假日酒店的品牌使用权,使假日在世界各地迅速扩张,重而改变了世界酒店的发展史;成立了"酒店服务中心",鼓励加盟酒店到酒店服务中心购买建材装饰用品以保证酒店装潢方面的统一标准,确保了所有假日酒店都是一样的;首家采用电脑联网预订系统——Holidex,客人可以通过电脑预订任何一家假日酒店,这种系统也很快在其他酒店启动,并一直沿用至今,假日酒店被业界称为电脑预订系统的领导者;首推付费800电话服务,假日酒店在20世纪70年代为便于客人查询假日酒店的价格等各方面的资讯,假日酒店在电话局买下了1-800-HolidayInn的特别号码,凡是拨打这个号码的电话,都由假日酒店统一付费,这一举措把假日酒店的服务水准推向了又一个颠峰;率先采用佣金集中付款系统、LANmark综合酒店电脑管理系统以及提供国际互联网预订是假日酒店在20世纪八九十年代利用高新技术所进行的创新之举;创建带有玻璃天顶的 Holidome 室内娱乐中心、E-ZONE 电子游戏厅以及设立儿童套房等是假日酒店在服务设施完善方面的创新。创新给假日酒店带来了永恒不落的地位和声誉。

【任务执行】

在经济发展过程中,企业的出现本身就是一种组织制度的创新。对于饭店企业来说,创新活动与其生存和发展息息相关。在市场经济条件下,随着市场环境、企业内部条件、价值观念、管理理论的发展,没有创新,就没有饭店企业的发展之路。

对饭店企业而言,客人来自世界各地,探新求异是其最本质的消费心理,这种消费心理外在的表现就是消费偏好变化较快。同时,多数饭店产品技术扩散的自然壁垒和市场壁垒都比较低,容易被竞争对手仿效。所以,建立一种使饭店服务产品、经营管理运行过程不断地得以创新的战略体系就显得尤为重要。

一、创新与管理创新涵义

(一)创新含义

创新是一个古老而宽泛的概念,其原意是引入新东西、新概念,如今创新一词成为使用最频繁的词汇之一。所谓创新,是指人在认识、利用、改造自然,认识和改造社会,完善自身的过程中,为推进物质文明和精神文明建设首次产生崭新的精神成果或物质成果的思维与行为。创新的内涵包含四层意思:

第一,认识自然,改造自然,认识社会,改造社会,完善自身是创新的要求,推进社会的物质文明、政治文明和精神文明建设是创新的目的。

第二,人是创新的主体,创新是人特定的思维或行为。形式多样的创新活动可以归纳为两种主要形式:一种是人的创新思维活动,属于认识的范畴,另一种是创新思维活动的外在表现,即行为,属于实践的范畴。在多数情况下,作为创新的思维活动和行为表现是有机地结合在一起的,相辅相成,难以分割。

第三,创新思维或行为(或两者结合)产生了一定的精神成果或物质成果。创新成果的表现形式多种多样,可以是发现新事物、总结新规律,也可以是建立新理论、提出新观点或创立新学说,可以是发明新技术、提出新方案或新方法(新工艺),也可以是开发新产品、创作新作品等等。

第四,创新成果以首次获得为条件,以前所未有、超越以往或推陈出新为特征,其共性是新。新是创新的核心或本质属性。

熊彼特关于创新的概念,后来被美国和其他国家的经济学家作了许多深入的研究,提出了几个具有代表性的论点。如曼斯菲尔德的论点:一项发明的第一次应用;伊凡的论点:科学研究成果的第一次商品化应用;伊诺斯的论点:创新是使一种新思想变为商品,并在市场上销售得以实现其价值,从而获得经济效益的过程和行为。诺贝尔奖获得者索罗在1951年发表的《在资本化过程中的创新:对熊彼特理论的评论》一文中首次提出了技术创新成立的两个条件,即新思想来源和后阶段处理,这种"两步论"被认为是技术创新界定研究上的里程碑。

创新是生产要素的重新组合,其目的是获取潜在的利润。经济中存在着潜在的利润,但并不是人人都能发现和获取的,只有从事创新的人才有可能得到它。从事创新活动,使生产要素重新组合的人称为创新者。在这里,创新者并不是指发明家,而是企业家。企业家必须具备三个条件:一是要有发现潜在利润的能力;二是要有胆量,敢于冒风险;三是要有组织能力。

(二) 创新特点

创新与人类的其他活动相比具有显著的特点:

(1) 新颖性:创新活动是一个前所未有、与众不同的活动。

(2) 普遍性:行行需要创新,创新活动存在人类的一切活动之中。

(3) 永恒性:从古到今,人类在不断创新,不断推动社会前进,人类社会的发展就是一部伟大的创业史。

(4) 超前性:任何一个创新成果都是"第一个",它超前于社会认识,是创新活动的客观规律。

(5) 社会性:任何创新活动都离不开社会的现实,社会的需要,脱离社会的创新活动是不可能有生命力的。

(6) 规律性:创新的方法很多,但就其本质而言是有规律的。

(7) 实践性:创新是一种实践活动,从实践中来到实践中去,是创新的共性。

(8) 无界性:创新没有条条框框,任何创新都是"未完成的创新",最好的创新是"下一个创新成果"。任何人在任何地方、任何时间、任何部门、任何专业都可以进行创新活动。

(三) 创新类型

(1) 按照创新活动中的对象不同可以分为技术创新、制度创新和知识创新。

(2) 按照创新不同主体之间关系和创新形式可以分为自主创新、模仿创新和合作创新。

(四) 管理创新

管理是把组织的物质资源、技术力量、人力资源等企业资源要素结合起来,实现组织目标的过程。管理创新是指创造一种新的更有效的资源整合范式,包括提出一种新的经营思路加以有效实施,创造新的组织机构并使之有效运转,提出一种新的管理方式、方法,设计一种新的管理模式,进行一项制度的创新等等。

有人认为,饭店经营利润有五大来源:景气利益、机会利益、创新利益、管理利益和资源整合利益,其中创新利益和管理利益最有潜力可挖。由此看来,面对日新月异的经营环境和竞争环境,饭店要想提高利润率,赢得竞争优势,就要在管理创新方面有新的突破。

二、饭店企业创新

饭店创新是指把与传统服务产品在功

能、结构、技术、规格、实物、符号、服务等方面具有显著差异的产品引入饭店生产经营服务体系的一种过程,它必须不断调整组织活动的内容和目标,以适应饭店经营市场环境变化的要求,或在一定程度上改造饭店经营市场环境,从而为饭店的发展创造更好的条件。

(一) 饭店企业创新原则

(1) 市场导向原则。饭店市场的顾客主导时代已经来临,能够迎合顾客需求的饭店才能做大做强,占据更为广阔的市场空间。因此,饭店业必须树立让顾客满意的经营理念,进行详细周密的饭店的市场调研和可行性分析,再根据调研结果作出创新开发决策。

(2) 特色性原则。饭店产品创新要有特色和新意,尽量做到"人无我有,人有我特",这样才能达到开拓和占领市场的目的。如果饭店创新具有鲜明的特色和主题,就能使饭店区别于竞争对手,更好地发挥自身的优势,避免或减少同质性的市场竞争,从而有利于饭店产品的市场定位和市场促销。因此,饭店必须充分发挥自身优势,创造被广大消费者甚至竞争对手认可的特色。

(3) 文化性原则。饭店是具有高文化附加值的企业,必须注重企业文化的建设。因为一个没有文化内涵的饭店只能提供没有生命力的产品和服务,无法满足日益注重文化消费和精神享受的现代消费者需求。因此,饭店应进行全方位的创新活动,不断开发出文化含量高的新型产品和服务,来满足饭店顾客和员工的需求。

(4) 参与性原则。饭店顾客消费心理的一个重要变化就是追求一种令人难忘的独特经历。饭店创新需要有顾客和员工全程参与,因为顾客是最了解自身需求的,而员工长期与顾客接触,除了了解自身需求之外,通常也比较了解顾客的需求。

(5) 可行性原则。饭店创新能否获得良好的经济效益,是衡量饭店创新成功与否的重要标志。良好的经济效益不仅要给饭店带来经济效益,而且要有利于整个国家经济的发展和社会的稳定。同时,饭店产品的创新要考虑到饭店的生产和销售能力,便于消费者了解及购买这些新产品。

(二) 饭店创新类型

(1) 根据创新的程度分:连续性创新和非连续性创新。连续性创新是指持续发生的小的量变性的创新,它是在原有基础上进行一定程度改进的创新。非连续性创新则是根本性的变革,是本质上的革命性的变化。由于创新本身具有延续性特征,所以创新的非连续性是相对的,连续性是绝对的。

(2) 从创新的规模和涉及的范围分:局部创新和整体创新。局部创新是在饭店的个别部门、个别生产服务环节进行的创新,而整体创新则是由饭店组织所有员工共同参与、涉及整个饭店方方面面的创新。

(3) 按创新的组织程度分:自发创新和有组织的创新。自发创新是指由饭店的员工自发进行的创新活动,有组织的创新则是在饭店的统一领导和规划下进行的创新。自发创新比较容易遭到保守势力的反对,而且由于进程、程度和影响难以控制,会使创新结果充满不确定性。有组织的创新则容易得到饭店其他部门以及饭店管理者的支持、配合和协作,因而容易取得成功。由于饭店不同部门或员工对创新的必要性、迫切性的认识不同,创新在最初往往是自发的,而管理者的职责之一就是对出现的创新活动及时予以正确的引导,变自发创新为有组织的创新过程。

(三) 饭店创新内容

(1) 理念创新。是指形成能够比以前更好地适应饭店内外部环境的变化并更有效地利用资源的新概念、新看法或新构想的活动。理念创新是其他一切创新活动的先导和基础。饭店的管理者只有根据内外环境的变化和饭店自身发展的要求不断更新自己的理念，转变自己的认识，才能做出正确的管理决策并付诸管理实践，引导饭店健康发展。

（2）知识创新。是指通过科学研究，包括基础研究和应用研究，获得新的基础科学和技术科学知识的过程。饭店知识创新就是饭店经营管理的新思想的产生、演化、交流并应用于饭店实践的过程。知识创新的目的在于发现、探究饭店新的运行规律、创建新的学说和操作方法，从而为饭店谋求更有利的竞争地位创造条件。

（3）组织创新。是指饭店机构的设置和结构创新重构。饭店组织创新要受饭店活动的内容、特点、规模、环境等因素的影响和制约。在不同时期同一饭店活动的内容、特点、规模和所处的环境可能完全不同，所以组织的机构和结构也需要不断调整。

（4）制度创新。是指饭店根据内外环境要求、变化和自身发展壮大的需要，对饭店的运行方式、原则、规定等进行的调整和变革。饭店制度创新包括产权制度、经营制度和管理制度的创新。这些制度都直接影响着饭店的正常运行和市场竞争力，因而需要不断优化更新和调整，以适应不断变化的饭店市场。

（5）技术创新。所谓技术，就是饭店在生产过程中采用的手段、方式和方法。技术水平往往是饭店实力的重要标志，它在相当程度上决定了饭店的竞争力。因此，饭店技术创新就是饭店在生产服务过程中采用的手段、方式和方法的变革和突破。饭店要在激烈的竞争中胜出，就必须不断进行技术创新，以引导行业的技术进步。

（6）产品创新。是指创造与原有产品在功能、结构、技术、符号、规格以及服务等方面都有显著差异的产品的过程。包括对现有产品的改良，对竞争者产品的仿制以及对原有产品的重新组合等。饭店只有通过对自己产品的不断创新，才能够满足不断变化的顾客的需求，并获得良好的经济效益，求得生存和发展。

（7）环境创新。是指饭店与供应商、销售商、顾客、政府以及其他公众的关系创新和市场需求创新，它影响和制约着饭店的正常运行和发展，是饭店创新的重要内容之一。饭店应通过积极的创新活动改造环境，引导环境朝有利于饭店可持续发展的方向变化。

（8）人才创新。是指在发掘人才、培育人才、开发人才、使用人才、激励人才上采用一系列的创新机制，使所有员工产生价值共识并凝聚员工的创新精神。饭店要有一套新的机制，在引进人才、发挥人才作用、留住人才等方面发挥效能。

三、饭店经营管理创新实践例证

（一）饭店经营管理理念创新实践例证

观念决定思路，思路决定出路，管理理念的创新已成为饭店业竞争的"软实力"。饭店业的经营管理理念必须以顾客需求为导向，在不断总结、研究、探索和实践下，为保持饭店可持续性发展的良好态势夯实基础。

现代饭店低碳理念

低碳经济和低碳生活是饭店低碳理念的核心。对饭店经营管理者来说,利用一切现有的资源,大幅度降低生产成本,减少对社会资源的损耗,增加企业效益,提升饭店经济效益和市场核心竞争力是饭店业低碳经济理念的重要体现。对员工来说,低碳理念是一种生活态度,用珍惜的态度来对待生命,用俭朴的态度来对待日常生活,用节能的态度来对待日常的生产服务工作,用保护的态度来对待周围的生态环境,用感恩的态度来对待我们的社会和行业,要科学充分地利用好大自然赋予我们的一切资源。

人力资源比财物更重要。人力资源与财物资源是企业资本的两个重要部分,而人力资源比财物资源更为重要。道理其实很简单,财力资本是靠人力资本推动保持增值的,没有人力资源或人力资源不佳时,财物资源也不能发挥作用,所以宁可没有财物也要造就人才。

用好人才比选择人才更关键。在实际工作中,选择人才一般能够受到重视,选才是一个动态过程,不光要有胸怀与眼光,还要把人用在最适合的位置上。我们既要选聘优秀人才,又要充分发挥人的才能,用感情、待遇、事业发展空间留人。

某饭店的人才创新理念

企业只是一个舞台,不仅要靠组织去发现人才,更需要个人充分地表现自己的才能。只有将具有聪明才智的不同的人才充分地识别、运用、培育,才能形成饭店最大的资源;倡导"知人、容人、用人、做人、育人"的人才理念,才能形成饭店的核心竞争力。

物质激励比精神激励更有必要。追求物质利益是经济人、社会人的特性,这决定了物质激励是使人发挥才能的基础。在现阶段还不能把我们的事业、饭店的发展寄希望于个人的思想觉悟上,发展企业关键还要靠制度约束,其中之一是激励制度的约束。我们需要精神激励,更需要采取多种措施实行物质激励,并将其同强有力的约束机制有机结合起来。

留住人才就是盘活企业资产。人才是我们饭店最重要的资源,我们要用企业愿景留住人才,用职业生涯规划留人,用创业激情留住人才,靠文化留人,靠事业留人。

(二)饭店经营管理方法创新实践例证

经营管理方法是一个饭店个性的体现,是区别于其他饭店、形成市场竞争力的重要法宝。许多著名饭店也都十分注重经营管理方法创新,并将其不断完善,成为饭店持续发展、获取竞争优势的经典饭店管理范式。

(三)饭店的服务产品创新实践例证

好产品是饭店经营制胜的法宝,饭店创新好的服务产品更是饭店出奇制胜、赢得市场保持竞争优势的重要方法。饭店可以通过以下四种方法进行服务产品创新:

(1)改进产品,指采用各种技术改进现有产品的性能,它是饭店产品创新的基本形式和初级形式。

(2)换代产品,指采用新的材料或新技术制成,且性能有重大改进的新产品。这是原产品在市场已经逐渐进入生命周期的衰退阶段,饭店需要对现有产品进行大规模更新时的创新产品。

(3)新用途产品,指为了适应新的市场需求而生产的,其性能有特殊要求的新产品。它往往是为了某种特定需要而开发的,如无烟楼层、单身女性套房等。

(4)全新产品,指在新观念的指导下,

采用新原理、新材料、新技术等生产的创新产品。这类产品是饭店以前从未生产过的,创新难度较大,但是这种难度的产品可以形成一种"壁垒"以阻止其他饭店模仿,从而使创新的产品市场相对稳定,使饭店获得最大利益。

【任务拓展】

创新已经成为饭店行业的必然选择。面对饭店市场激烈的竞争形势,坚持创新,勇于创新是饭店持续发展的灵魂和不竭动力。本任务讲授了创新的概念和特点,饭店企业创新原则、类型和内容,通过典型案例分析了饭店创新实践过程。通过本任务的学习,在掌握饭店创新的基本理论的基础上,强化创新意识,形成饭店管理创新实践的动力,为今后从事饭店经营管理活动并在管理中积极进行创新实践奠定基础。

请通过网络搜索等途径,每人收集饭店创新服务产品和创新经营管理模式或方法10种,以班级为单位举行一个饭店创新案例交流会。

【任务反馈】

在饭店,年轻人充满创新激情,也经常得到来自老员工的批评,如不脚踏实地、好高骛远等,你能接受和正确对待这些批评吗?

释疑: 在饭店企业中,确实存在创新和保守两股力量,年轻员工以创新力量为主,老员工往往偏向保守。年轻人应积极对待,首先要务实,做好本职工作;其次是要理解,理解老员工批评的出发点,更重要的是要得到老员工们的认同,这就需要沟通,争取被理解;最后要掌握正确的创新方法,通过努力取得成绩。

◆模块评价

【知识/技能评价】

本模块围绕饭店持续发展的要素,从文化、战略、品牌和创新等四个方面讲述了饭店发展相关的知识。先进和优秀的企业文化是饭店企业持续发展的基础,精准定位战略构架为饭店企业的发展指明了方向,优秀的饭店品牌是饭店在激烈的饭店市场竞争中立于不败之地的法宝,而饭店创新是饭店可持续发展永恒的话题。

饭店文化、战略、品牌和创新是相互作用、相互依存、相互促进、相互制约的饭店可持续发展体系。优秀的饭店文化为饭店战略的制定实施、饭店品牌的塑造推广、为饭店创新实践活动提供了一个良好的运行环境;在饭店战略影响力、饭店品牌的美誉度和知名度、饭店创新实践活动中渗透和彰显了饭店文化;战略建设为创新和文化建设指明了方向,品牌建设为文化和创新建设提供了舞台。

古人云:开店容易守店难,难在坚持。保持饭店的持续盈利需要坚持正确的经营战略、坚持优秀的企业文化、维护好饭店品牌,持之以恒去创新企业管理流程和服务产品。国内外著名饭店的发展过程、成功经验告诉我们,只有坚持正确的发展战略,坚持优秀的企业文化,坚持维护和推广饭店品牌,坚持不断创新,饭店才能永葆青春,发展壮大。

课外复习思考题:

①什么叫企业文化和饭店文化?
②饭店文化具有哪些功能?
③简述饭店文化表层结构的内涵。
④简述饭店文化中层结构的内涵。
⑤简述饭店文化深层结构的内涵。
⑥饭店文化建设的原则是什么?
⑦简述战略、企业经营战略的含义。
⑧简述饭店经营战略的构成要素和制

定过程。

⑨饭店有哪些基本经营战略？

⑩什么叫饭店品牌，如何定位饭店品牌？

⑪如何推广饭店品牌？

⑫简述饭店创新的原则和内容。

⑬如何进行饭店创新活动？

【能力应变】

饭店可持续发展不仅仅需要科学理论的指导，更需要饭店经营管理者的大胆实践，从理论到实践，再从实践上升到理论，这样才能不断丰富饭店可持续发展管理体系。对于饭店经营管理的初学者，在掌握饭店可持续发展理论知识的同时，更重要的是到现实饭店中去实践，通过实践来提升自己在饭店可持续发展方面的管理能力。

在课后，通过对自己熟悉的一家饭店的现场考察和媒体信息收集，完成以下任务：

①描述该饭店的企业文化特征、发展战略、主要品牌及特征以及创新成果，并作出简要的评价。

②为该企业设计一到两个文化建设活动。

③为该企业创新设计一到两个服务产品，并提出推广建议。

【模块链接】

①通过浏览 http://www.7158.com.cn/（企业文化网）、http://www.wccep.com/（世界企业文化网）、http://www.ce-c.com/（中国企业文化网）、http://www.drcnet.com.cn/（国务院发展研究中心信息网）、http://www.globrand.com/（全球品牌网）、http://www.chinahightech.com/（中国创新网）、http://www.kjcxjyw.com/（中国科技创新教育网）、http://www.china1847.com/（中国创意网）等网站，了解企业文化建设的最新资讯和成功经验，拓展品牌建设、饭店企业创新等方面的知识面，为提升饭店文化建设能力、饭店战略实施能力、饭店经验管理创新能力服务。

②通过阅读《现代饭店·饭店文化与饭店管理》（广东旅游出版社，1999）、《企业文化世界名著导读》（经济管理出版社，2009）、《饭店战略管理》（旅游教育出版社，2006）、《饭店品牌建设》（旅游教育出版社，2005）、《饭店创新经营与策划》（中国旅游出版社，2004）、《中国饭店发展创新之路》（旅游教育出版社，2011）等书，全面提升饭店可持续发展管理的权威理论知识和实践经验，为全面提升自我在饭店可持续发展建设方面的能力服务。

参考文献

[1] 黄震方主编.饭店管理概论.北京:高等教育出版社,2001.
[2] 齐善鸿主编.现代饭店管理新原理与操作系统.广州:广东旅游出版社,1999.
[3] 丁力编著.饭店经营管理原理.天津:南开大学出版社,2001.
[4] 吴本主编.饭店服务与管理.北京:旅游教育出版社,2000.
[5] 何建民主编.现代酒店管理经典.沈阳:辽宁科学技术出版社,1996.
[6] 程新建主编.饭店管理概要.北京:中国工人出版社,1999.
[7] 李力主编.现代酒店管理概要.大连:东北财经大学出版社,1995.
[8] 骆静珊主编.饭店管理学概论.昆明:云南大学出版社,1997.
[9] 余炳炎主编.现代饭店管理.上海:上海人民出版社,1996.
[10] 吉小青主编.饭店管理概论.济南:山东大学出版社,1998.
[11] 黎洁,等主编.饭店管理概论.天津:南开大学出版社,1999.
[12] 吕建中主编.现代旅游饭店管理.北京:中国旅游出版社,1993.
[13] 戴昌钧主编.人力资源管理.天津:南开大学出版社,2001.
[14] 徐桥猛主编.旅游信息管理技术.上海:高等教育出版社,2007.
[15] 邹一峰,等主编.生产管理.南京:南京大学出版社,1998.
[16] 沈建龙主编.饭店管理基础知识.北京:高等教育出版社,1998.
[17] 蒋丁新.饭店管理概论.大连:东北财经大学出版社,2000.
[18] 李维冰,等主编.饭店管理概论.北京:中国商业出版社,2002.
[19] 蔡日增主编.创新原理与方法.北京:高等教育出版社,2003.
[20] 徐桥猛,李丽主编.酒店管理经典案例分析.广州:广东经济出版社,2007.
[21] 徐桥猛主编.餐厅服务员(初级、中级、高级).北京:中国劳动社会保障出版社,2010.
[22] 高建华主编.不战而胜.北京:企业管理出版社,2003.
[23] 魏新生主编.饭店管理.北京:科学出版社,2009.
[24] 杨柳主编.中国餐饮产业发展报告(2001).北京:社会科学文献出版社,2011.
[25] 赵西萍主编.旅游市场营销.天津:南开大学出版社,2001.
[26] 黄文波主编.餐饮管理.天津:南开大学出版社,2010.
[27] 王成荣主编.企业文化学教程.北京:中国人民大学出版社,2003.
[28] 李原主编.现代酒店管理原理.成都:四川大学出版社,2001.
[29] 张宗道主编.饭店管理知识大全.广州:广东旅游出版社,2000.
[30] 冯文昌主编.酒店管理概论.北京:科学出版社,2009.
[31] 饶勇主编.现代饭店营销创新500例.广州:广东旅游出版社,2007.
[32] 邱萍主编.饭店质量管理.北京:科学出版社,2009.

[33]陆诤岚主编.饭店设备管理.北京:旅游教育出版社,2005.

[34]蔡树棠主编.现代旅游服务业督导管理.北京:中国旅游出版社,2004.

[35]师萍主编.旅游企业财务管理.北京:旅游教育出版社,2004.

[36]王大悟主编.酒店管理实践案例精粹.北京:中国旅游出版社,2009.

[37]邹益民,等.饭店战略管理.北京:旅游教育出版社,2006.

[38]戴斌.饭店品牌建设.北京:旅游教育出版社,2005.

[39]宋雪鸣主编.饭店创新经营与策划.北京:中国旅游出版社,2004.

[40]魏小安.中国饭店发展创新之路.北京:旅游教育出版社,2011.

[41]冯玉珠.餐饮产品研发与创新.北京:中国轻工业出版社,2012.

全国高职高专旅游类"十二五"示范教材
（黄震方总主编）

旅游概论	旅游法规实务	景区服务与管理
旅游英语	旅游电子商务	会展服务与管理
旅游经济	旅游服务礼仪	导游操作实务
客源国接待实务	旅游企业财税基础	模拟导游
旅游心理与人际沟通	饭店经营与管理	酒店前厅实务
旅游文化	餐饮服务与管理	酒店客房实务
旅游市场营销	旅行社经营与管理	（待续）
中国旅游地理		

读者反馈表

感谢您长期以来对南师大版旅游类教材的关注和支持，为了践行一体化教学理念和全程为师生服务的理念，我社建立了旅游类教材互动反馈平台，每一位选用我社旅游类教材的读者均可享受免费获赠旅游类教研参考资料、书讯、最新教材样书以及免费使用我社旅游类教材教学和学习资源包，长期参与互动者，可成为我社高教部读者俱乐部高级会员，定期获赠样书。为了加强我社对每位读者服务的针对性和有效性，烦请填写如下反馈表。

姓 名		单 位			地 址		
院 系		电 话		邮 编	E-mail		
授课科目		学生数		其他授课科目	学生数	欲开设科目	
第__学期 春季□ 秋季□	教材选择者		第__学期 春季□ 秋季□	教材选择者		第__学期 春季□ 秋季□ 学生数	教材选择者
研究方向	欲出版教材（有□无□）	书稿名		欲出版专著（有□无□）	书稿名	欲出版其他类（有□无□）	书稿名
对我社教材反馈意见	内容质量 印刷质量			编校质量 体例设计		装帧质量 定价	

填妥后请选择以下任一方式将此表返回。
电话：025 - 83598887　　025 - 83598187 转 1057
E-mail：lvyoubianjishi@126.com　　邮编：210097
地址：江苏省南京市宁海路 122 号南京师范大学出版社高教部
注：登录我社门户网站"资源下载"栏目免费下载旅游类教材教学资源包、学习资源包和"读者反馈表"等相关资源，请使用图书配套下载码 lgyyjdf13。